Für Frau Lotte Schulze, geb. Kiene, Pellworm,
die mich in nordfriesische Kochtöpfe und Backöfen schauen ließ.

Antje Erdmann-Degenhardt

Das Theodor-Storm-Kochbuch

Die Küchengeheimnisse eines Dichters und seiner Landschaft

Husum

Umschlagbild vorne: Carl Ludwig Jessen, Friesische Küche, 1863 (Abdruck mit freundlicher Erlaubnis des Nordfriesischen Museums Nissenhaus, Husum); hinten: Punschbowle aus Theodor Storms Besitz, Steingut (Abdruck mit freundlicher Erlaubnis der Theodor-Storm-Gesellschaft, Husum).

Die Deutsche Bibliothek – CIP-Einheitsaufnahme

Erdmann-Degenhardt, Antje:
Das Theodor-Storm-Kochbuch : die Küchengeheimnisse eines Dichters und seiner Landschaft / Antje Erdmann-Degenhardt.
– Husum : Husum, 1995
ISBN 3-88042-677-5

Satz: Fotosatz Husum GmbH
Druck und Verarbeitung: Husum Druck- und Verlagsgesellschaft
Postfach 1480, D-25804 Husum

ISBN 3-88042-677-5

Geleitwort

Manche Besucher, die nach Husum kommen, um hier auf den Spuren Theodor Storms durch die Stadt oder die nordfriesische Region zu wandern, fragen, wo der Immensee liegt oder wo der Schimmelreiter entlanggeritten ist. Sie sind enttäuscht, wenn man ihnen sagt, daß es weder einen Immensee gibt, noch daß jemals ein gespenstischer Reiter auf den Deichen vor Husum gesehen wurde; beide weltbekannte Details aus Storms Erzählwerk sind bloße Fiktion, sie sind vom Dichter in seiner Fantasie erfunden und mit der Vorstellung wirklicher Personen zu einer neuen Erzählwelt verknüpft worden. Deshalb gibt es diese Örtlichkeiten bloß in der Vorstellungswelt des Dichters, und nur die Fantasie seiner Leser kann sie als Vorstellungen wieder entstehen lassen.

Manch einer möchte auch gerne wissen, welche Getränke man bei der Hochzeit von Elisabeth und Werner gereicht hat oder wie der Gänsebraten zubereitet wird, den der Deichgraf Tede Volkerts als seine Lieblingsspeise bezeichnet hat. Bei diesen Fragen liegt die Sache anders, sie können sehr viel genauer beantwortet werden. Zwar hat Storm darauf verzichtet, seinen Novellen Rezepte beizugeben, was auch zu umständlichen Unterbrechungen des Erzählflusses geführt hätte; trotzdem enthalten seine Erzählungen eine Fülle von Hinweisen darauf, wie sich die in ihnen agierenden Menschen ernährt haben. Denn wie bei den Handlungsräumen, die aus wirklich wahrgenommenen und erfundenen Lokalitäten zu einer neuen Wirklichkeit zusammengesetzt wurden, konnte Storm auch bei dem, was die Personen in seinen Novellen essen und trinken, auf die vielfältigen eigenen Erfahrungen zurückgreifen, die er als Sohn wohlhabender Bürger und später als Vater einer vielköpfigen Familie in punkto Essen und Trinken ein Leben lang gesammelt hat.

Es ist viel von dem geschrieben worden, was das Leben in der Familie für Storm und seine Novellen bedeutet hat; gerade weil der Dichter aus Husum sich als Glied einer langen Familientradition verstand und weil er in seinen Novellen das Gelingen oder Mißlingen von Beziehungen der Menschen in der Familie immer wieder thematisierte, sind seine Erzählungen, aber auch seine Briefe Fundgruben kulturgeschichtlicher Details. Sie können uns Auskunft geben über das alltägliche Leben der Menschen seiner Zeit, aber auch darüber, wie sie Festtage oder besondere Anlässe begingen.

Nach unseren heutigen Vorstellungen ist Storm zwar kein Feinschmecker gewesen, aber er kannte sich gut aus in der bodenständigen Küche seiner Heimat, deren Töchter neben hervorragendem Backwerk auch allerlei Gesottenes und Gebratenes hervorzaubern konnten, das den hier ab und zu gefeierten Festen auch einen kulinarischen Glanz zu verleihen vermochte. Ein poetisches Leben zwischen Braunem Kuchen und Gäsenbraten hat er geführt, der Dichter des Nordens; und wenn wir uns mit seinem Leben und Werk beschäftigen, dann erfahren wir manche Einzelheiten über die Vielfalt der bodenständigen Küche.

Man mag fragen, ob die detaillierte Kenntnis dessen, was ein Dichter seine erfundenen Figuren essen läßt oder was er selbst gern gemocht hat, das Verständnis seiner Werke wesentlich zu erhellen vermag; doch selbst wenn diese Frage verneint wird, bleibt es aus biographischen Gründen interessant, mehr über die damaligen Lebensgewohnheiten zu erfahren, denn der Bereich der Ernährung ist ein unverzichtbarer Teil unserer kulturellen Tradition. Die direkten und indirekten Hinweise auf Essen und Trinken, die im Storm-Archiv gesammelt wurden, belegen diese Bedeutung.

Wenn man sich im Anschluß an die Lektüre Storms mit alten Kochbüchern der Region beschäftigt, so kann man feststellen, daß sich die meisten Zubereitungsarten bis heute nicht wesentlich verändert haben, wohl aber die Eßgewohnheiten, denn wir hüten uns heute vor den allzu gehaltvollen Mehlspeisen und bevorzugen die mageren Fleischstücke. Die geschmackliche Ausrichtung der zeitgenössischen Küche hat sich allerdings gewandelt; ein wenig vom Bäuerlich-deftigen der regionalen Küche Schleswig-Holsteins aber ist geblieben.

Zusammenhänge herzustellen zwischen dem, was der Dichter an Äußerungen hinterlassen hat und dem, was wir aus dieser Zeit aus anderen Quellen wissen: das hat sich die Autorin dieses Buches vorgenommen. Und was sie hier vorlegt, überzeugt schon durch die Fülle des Materials, das sie vor dem Leser ausbreitet. Und was da alles mit Storm gewürzt und garniert wird! Man wird neugierig, gleich ein paar der Rezepte auszuprobieren!

Gerd Eversberg

Einleitung

Wer an den Dichter Theodor Storm (1817–1888) denkt, dem fallen seine gefühlsstarken Liebesgedichte, seine entsagungsvollen Novellen oder seine phantastischen Kindermärchen ein.

Wem drängt sich bei seinen malerischen Landschaftsschilderungen oder seinen wohlgesetzten Dialogen der Gedanke auf, daß dieser Mann im alltäglichen Leben ein Feinschmecker war, dem eine harmonische Mittagstafel oder eine gehaltvolle Teestunde über alles ging? Und doch durchzieht sein literarisches Werk der Duft – nicht nur nach den längst verblaßten Maienglocken und blauen Veilchen – sondern auch nach Roastbeef, Kalbsbraten, Karpfen, Räucherschinken mit und ohne Spargel, süßen Suppen, Grützen und – vor allem Kuchen!

Storm war ein leidenschaftlicher Kuchenesser. Nicht ohne Grund hat er daher mit viel Verständnis eine kleine Erzählung „Zwei Kuchenesser der alten Zeit“ genannt. Er sah es offenbar als keinen genierlichen Zug an, begeistert von den unterschiedlichsten Gebäcksorten zu schwärmen. Hierbei war er ein Freund von so altertümlichen Machwerken wie „Systerkuchen“, „Bieschen“, „Eiermahnen“, „Prophetenkuchen“ und „Butterkringel“.

Ohne Peinlichkeit bekennt er in einem Brief an seine Eltern vom 29. März 1859 aus Heiligenstadt: „. . . ich kam halbtot von diesem Spaziergang ins Singkränzchen, . . . wo endlich einige Tassen Tee mit vielen guten Kuchen (erfahrungsmäßig essen alle Poeten gern Kuchen, Poeten und Kinder) mich wieder auf die Beine brachten.“

Mein Anliegen soll es sein, den Dichter und Menschen Theodor Storm aus dieser, letztlich unpoetischen, Perspektive zu beleuchten. Hierdurch vermittelt er uns ein anschauliches Zeugnis des alltäglichen Lebens seiner Zeit. Und so möge der Leser mit mir wandern durch die Stormschen Küchen, wo immer sie sich befanden, ob in Husum, Segeberg, Potsdam, Heiligenstadt oder Hademarschen. Wir erleben den Menschen Storm als Familienvater, Nahrungsbeschaffer und Genießer. Obwohl er kein „Hausmann“ im heutigen Sinn war, schildert er uns eindrucksvoll die Speisen einer vergangenen Epoche, überwiegend die des ausklingenden Biedermeiers in Schleswig-Holstein und der beginnenden Gründerzeit. Die bodenständigen Rezepte seiner Heimat nahm er mit bei seiner politischen Emigration in das damals so ferne Ausland Preußen.

Er vermittelt Hinweise auf das Schlachten, Entsaften, Musbereiten in einer Zeit, die noch über Köchinnen, Servier- und Kindermädchen verfügt, nicht jedoch über Waschmaschinen, Mixgeräte und Mikrowellenherde. Bei manchen von uns ist heute die Hauptsorge: „Wie nehme ich möglichst wenig Speise zu mir?“ Bei ihm hingegen verspürt man, insbesondere in den Briefen, die Dankbarkeit, ausreichend Nahrung für die Familie zu haben. Für ihn ist das Quantum Mehl, das sein Ehegespons Constanze alljährlich beispielsweise zum weihnachtlichen Kuchenbacken benötigt, eine Kostbarkeit, die nur unter finanziellen Opfern beschafft werden kann. Liest man dann allerdings von den Mengen, hat man für ihn Verständnis. Denn 1855 benötigte Constanze im Dezember 125 Pfund, 1863 sind es sogar 150 Pfund Mehl. Frische Landbrote, Buttersemmeln, hausgemachte Wurst, die ersten Birnen und Zwetschen, ein Korb Äpfel sind für ihn wahre Köstlichkeiten! Ihre Beschaffung und Verwertung versteht er nur zu gut zu würdigen. Die Dauer der Zubereitung auf dem mit Holz oder Torf beheizten Herd oder höchstens auf einem Spirituskocher macht jede Mahlzeit zu einem Ereignis!

Eigentlich ist die ausführliche Schilderung des familiären Essens und Trinkens auch im vorigen Jahrhundert keine Männersache. Die drei berühmten „K" – Küche, Kirche, Kinderstube – sind selbstverständlich das Ressort der Frauen. Diese verteidigen es auch selbstbewußt. Storms übergroße Sorge um das Hauswesen hat seine Ursache keinesfalls etwa in einer hauswirtschaftlich unbegabten Ehefrau. Sein auffallendes Interesse für die Küche, insbesondere in den Jahren in der Fremde, mag vielmehr von einem nicht eingestandenen Schuldgefühl herrühren. Denn er hat seine Familie, durch seine Entscheidung, Husum und damit den auch materiell sicheren Schoß der Großfamilie zu verlassen, fast in das soziale Elend geführt. Die Schilderung der bescheidenen Tafelfreuden kann daher als eine unbewußte Rechtfertigung zu sehen sein. Er will möglicherweise hierdurch Eltern und Freunden demonstrieren, daß die Familie noch nicht am Verhungern sei. Die Darstellung der großbürgerlichen Mahlzeiten im Hause der Eltern, die auch stellenweise in seinen Novellen Niederschlag findet, ist daneben wie eine Rückbesinnung auf eine märchenhafte vergangene Zeit in Husum zu werten.

So sind Storms Hinweise auf die unterschiedlichsten Speisen gleichzeitig eine eigene Biographie. Er erinnert sich hierbei an die Kindheit und Jugend im Hause der Großmutter und beschreibt insbesondere der in der Verlobungszeit in Segeberg in ihrem Elternhaus noch weilenden Braut Constanze seine kärgliche Junggesellenküche. Frisch verheiratet, schweigt er über die Tafelfreuden der ersten Ehejahre. Später läßt er sich in fast epischer Breite über die Ernährungslage der Familie in Potsdam und Heiligenstadt aus. Heimgekehrt nach Husum, sind seinen Briefen nur sporadisch Hinweise auf die Mahlzeiten zu entnehmen. Aus der Hademarschener Zeit erfahren wir dann fast gar nichts mehr über die Eßgewohnheiten der Familie Storm. Dieses mag auch an Storms fortschreitendem Magenleiden gelegen haben, das möglicherweise eine strenge Diät gebot. Seine Aufmerksamkeit hat aber auch im Alter, nachdem die Kinder „aus dem Gröbsten heraus" sind und der Alltag ungetrübt verläuft, subjektiv bedeutsameren Dingen gegolten als der Familienversorgung.

Storms Interesse am Kochen und Essen geht leider nicht so weit, daß er der Nachwelt komplette Speiserezepte hinterlassen hätte. Nur wenige ausführliche Anleitungen für Mus, Punsch und einige Kuchen sind bekannt. Er hat jedoch auf eine Vielzahl von unterschiedlichsten Gerichten in seinen Briefen und Novellen verwiesen.

Hierbei stellt sich die Frage, wie diese Speisen hergestellt wurden. Anhand der umfangreichen Lektüre von vielen Kochbüchern aus dem 19. Jahrhundert, insbesondere hier aus Norddeutschland, sind gewisse Übereinstimmungen bei all den Grundzubereitungen festzustellen: Pfannkuchen, Pförtchen, Mehlklöße, Milchsuppen, Hasen- und Gänsebraten werden in allen Kochbüchern ähnlich beschrieben. Daraus darf man mit einer gewissen Berechtigung die Schlußfolgerung ziehen, daß Storms Mutter Lucie (1797–1879) und ihre Schwester Elsabe Esmarch (1795–1873), die bekanntlich seine erste Schwiegermutter wurde, sowie seine beiden Ehefrauen Constanze (1825–1865) und die jüngere Dorothea (1828–1903), alle als Töchter des Landes auch ähnlich gekocht haben, wie es in diesen Anleitungsbüchern beschrieben ist. Vielleicht war ihnen sogar das eine oder andere Kochbuch bekannt.

Eines der frühesten regionalen Kochbücher des 19. Jahrhunderts schrieb „Im Holsteinschen" der Altonaer Koch Friedrich Bechtold. 1807 erschien bereits die 4. Auflage. Das Buch befaßt sich zwar mit der neuen niedersächsischen Küche, doch hat es zahlreiche Berührungspunkte mit der schleswig-holsteinischen. Das Exemplar, das sich in der Schleswig-Holsteinischen Landesbibliothek befindet, weist folgende Eigentümereintragung auf: „Dorothea, Margaretha, Louise Petersen, Kiel, 26. August 1816". Daraus ist zu schließen, daß das Buch, welches sich an Köchinnen und „Hausfrauen, welche ihre Küche selbst besorgen, oder unter ihrer Aufsicht besorgen lassen wollen", auch im Norden bekannt war. Die Rezeptsammlung bietet zwar noch nicht durchgehend genaue Maßangaben, ist aber dennoch recht praxisnah. Letzteres kann man leider von dem Werk des aus der holsteinischen Uradelsfamilie stammenden Carl Friedrich Felix von Rumohr (1785–1843), „Geist der Kochkunst", nicht sagen. Der Kunsthistoriker Rumohr, der zeitweise auf seinen lauenburgischen Gütern bei Lübeck lebte, ließ die erste Ausgabe 1822 unter dem Namen seines Mundkoches Joseph König erscheinen. Typische norddeutsche Gerichte sind in dem Buch nicht zu finden. Vielmehr stellt es eine Sammlung von internationalen Rezepten dar, die Rumohr auf seinen zahlreichen Reisen kennenlernte. Darüber hinaus war es sein Anliegen, durch die Küchenanregungen auf eine gesunde Volksernährung hinzuwirken, was ihm jedoch mißlang.

Von einem großen küchenhistorischen Wert für die Zeit Theodor Storms ist die Sammlung einer unbekannten Amalie S., „Die Holsteinische Küche", erschienen in Hamburg 1843. Sie war Köchin „in bedeutenden herrschaftlichen Küchen des In- und Auslandes, in Hotels großer Hauptstädte, wie am einfachen Heerde des Bürgermannes", wie sie sich selbst vorstellt. Möglicherweise schöpfte auch die junge Constanze hieraus die höhere Küchenweisheit; war sie doch oft, insbesondere in der Brautzeit, bei Altonaer Verwandten ihrer Mutter, der Familie Scherff, zu Besuch. Vielleicht hat man sie dort auf das Buch dieser Hamburgerin hingewiesen.

Vier Jahre später veröffentlichte Doris Stender in Oldenburg in Holstein das „Schleswig-Holsteinische Kochbuch". Die Sammlung basiert auf dem „Kochbuch für den bürgerlichen Hausstand" einer unbekannten Verfasserin, die Haushälterin auf einem adeligen Gut in Holstein war. Hierin findet sich ein Großteil von den Gerichten, die Theodor Storm benennt und schätzt.

1856 erschien in Altona erstmalig „Die Holsteinische Küche" von Johanna Kuß. Dieses Buch sollte ein regionaler Bestseller werden, denn noch Anfang des 20. Jahrhunderts erlebte es weit über die 20. Auflage. Johanna Kuß (geb. 27. April 1813 in Kellinghusen), die auch eine Sammlung mit Hamburger Rezepten verfaßte, führte ihrem Vater, dem bekannten Landeskundler Christian Kuß (1769–1853), der von 1809–1839 Pastor in Kellinghusen war, den Haushalt. Beide zogen, als der Vater alt wurde, nach Segeberg. Johanna schrieb ihre eigenen Küchenerfahrungen nieder und befaßte sich hierbei vermutlich vorwiegend mit den Speisen des Kellinghusener und Segeberger Raumes. In Segeberg lebte sie in der Kieler Straße 31, jetzt Kurhausstraße 33, schräg gegenüber dem Altersdomizil von Bürgermeister Ernst Esmarch (1794–1875), dem Schwiegervater Theodor Storms, Kieler Straße 18, jetzt Kurhausstraße 22. Möglicherweise haben die jüngeren Schwestern Constanzes, die noch lange nach deren Verehelichung am 15. September 1846 zu Hause lebten, sie gekannt. Ohne Jahresangabe erschien etwa in dieser Zeit in Altona ein „Neues Schleswig-Holsteinisches Kochbuch" von Sophie Barthmann, das in die zweite Auflage ging. Aus der Mengenbezeichnung ihrer Zutaten kann auf das erste Erscheinungsjahr, etwa um 1850, geschlossen werden. Ähnlich wie Amalie S. und Doris Stender gibt sie die Maße noch nach Loth, Quart und Metze an.

Der Sekretär der Theodor-Storm-Gesellschaft, Dr. phil. Gerd Eversberg, entdeckte erst in jüngerer Zeit im Bestand des Nissenhauses in Husum aus dem Nachlaß von Storms Tochter Gertrud ein altes Kochbuch, das Gebrauchsspuren zeigt und in dem auf dem Vorsatzblatt ein Rezept von Storms Hand für „Futjen" niedergeschrieben ist. Es ist zu vermuten, daß dieses in Bremen erschienene Kochbuch, von Betty Gleim bearbeitet und von Auguste Köhler ergänzt, dem jungen Ehepaar Theodor und Constanze Storm im Jahr nach der Eheschließung oder auch später zum Geschenk gemacht worden ist. Es erschien 1847 bereits in der 8. Auflage und war schon mit den Vorauflagen über das, so die Verfasserin, „ganze nördliche Deutschland" verbreitet. Natürlich besteht auch die Möglichkeit, daß erst Doris Jensen nach der Eheschließung mit Theodor Storm dieses Kochbuch erworben oder es mit in die Ehe gebracht hat. Wie stark es im Hause Storm benutzt wurde, kann man dem Exemplar aufgrund seines Alters und der zwangsläufig sich ergebenden Altersflecken des Papieres nicht mit Sicherheit entnehmen. Wenn aber Theodor Storm es für nötig befunden hat, gerade in dieses Kochbuch ein Rezept für seine heißgeliebten „Futjen“ zu schreiben, so besteht eine gewisse Wahrscheinlichkeit für die Vermutung, daß es im Hause Storm, wann auch immer, benutzt wurde.

Fast allen diesen genannten Autorinnen wird wahrscheinlich als großes Vorbild Henriette Davidis (1800–1876) gedient haben. Sie verfaßte als Hauswirtschaftslehrerin an der Mädchenarbeitsschule in Sprockhövel (Westfalen) im Jahre 1845 das lange Zeit für ganz Norddeutschland tonangebende „Praktische Kochbuch“. Dieser Küchenklassiker erlebte im 20. Jahrhundert, nämlich 1902, bereits die 42. Auflage!

Als Rezeptsammlung der ausklingenden Storm-Ära ist zu nennen:

Julie Köller, „Allgemeines Schleswig-Holsteinisches Kochbuch“, aus dem Jahre 1874. In der 1879 erschienenen zweiten Auflage nennt es sich „Hausbuch, Ein Koch- und Wirtschaftsbuch für deutsche Hausfrauen“. Das Buch vermittelt in der zweiten, überarbeiteten Auflage allerdings nicht nur die heimatlichen Küchengeheimnisse, sondern auch die Süddeutschlands und Österreichs. Das Reizvolle an diesem Werk ist die Zusammenstellung und bildliche Darstellung der unterschiedlichen Küchengeräte, vom Sparherd über die Petroleum-Kochmaschine bis zur Apfelschälmaschine oder gar einer „Waschmaschine“. Dem Buch ist zu entnehmen, daß sich im letzten Drittel des vorigen Jahrhunderts küchentechnisch manches getan hat, um die Hausfrau zu entlasten. Man kann nur hoffen, daß Storms zweite Ehefrau Doris im Altersdomizil in Hademarschen, der „Casa Storm“, noch in den Genuß dieser Küchenneuheiten gekommen ist. So hat sie hoffentlich mehr Zeit und Kraft für den alternden Poeten gehabt, als es der jungen Constanze Storm mit den kräfteverschleißenden Utensilien und langwierigen Zubereitungsarten einst vergönnt war! Küchenarbeit wurde durch die neuen Errungenschaften leichter. Auch das mag ein Grund dafür gewesen sein, daß Storm in den letzten Lebensjahren darüber schweigt.

Kochrezepte, insbesondere im traditionellen ländlichen Raum, sind nur einem sehr langsamen Wandel unterworfen. So kann man durchaus noch neben den heimischen Kochbüchern, die zu Lebzeiten Theodor Storms erschienen, auch diejenigen zu Rate ziehen, die nach seinem Tode auf den Markt kamen, da sich die Kochgewohnheiten nicht innerhalb weniger Jahre grundlegend geändert haben.

Fast zehn Jahre nach Storms Tod erschien 1895 in Schleswig von Luise Keck ein „Kochbuch für Norddeutschland, insbesondere für Schleswig-Holstein und Mecklenburg“. Es fragt sich, ob sie nicht die Ehefrau, Schwester oder Tochter des Pädagogen Karl Heinrich Christian Keck (1824–1895) war. Dieser war 1849 Lehrer in Glückstadt, 1853 in Plön, 1864 Rektor der Domschule in Schleswig. Von 1870–1887 war er Direktor des Gymnasiums in Husum. Er wurde als Literaturkritiker und Schriftsteller bekannt und veröffentlichte unter dem Pseudonym „Karl Heinrich“. Storm hat ihn gut gekannt und erwähnt ihn mehrfach in seinen Briefen. Die Tochter Marie Keck sang zeitweise in den siebziger Jahren des vorigen Jahrhunderts in dem von Storm gegründeten Gesangverein mit.

Vergleicht man diese Rezepte mit den älteren Sammlungen aus der Mitte des 19. Jahrhunderts, kann man beruhigt feststellen, daß sich die meisten Kochverfahren im Prinzip nicht verändert haben und daß die Geschmacksnuancen der speziellen norddeutschen Küche ähnlich geblieben sind. Süße Suppen mit Milch oder Obst, Grützen und Reisspeisen, Pfannkuchen, Obstaufläufe, Kompotte, Kohlgerichte, Seefische, Geflügel, Wildgerichte, Rinder- und Schweinebraten sowie unzählige Kuchenvarianten – das waren und sind noch immer die Säulen der schleswig-holsteinischen Küche. Dazu besteht eine geschmackliche Grundtendenz zu einem süß-sauren Abschmecken. Dieser „sööt-suure" Ton hat hier eine lange Tradition. Er hat seine Ursache in den Mängeln einer monatelangen Konservierung der Speisen während der einst frischgemüse- und frischfleischarmen Zeit. Da übertönte man möglicherweise leicht muffigen Beigeschmack mit viel Obst oder Zucker und Säure.

Aus den Kochbüchern des 19. Jahrhunderts ist, in Verbindung mit den Lebensstationen des Dichters und Juristen Theodor Storms, untermalt von seinen Bemerkungen zum Essen und Trinken in Schleswig-Holstein, ein spätbiedermeierlicher Bilderbogen aus den damaligen Herzogtümern zwischen den Meeren entstanden. Er soll zum Nachahmen oder nur zum gedanklichen Nachvollziehen und Genießen anregen und soll uns an die heimischen Fleischtöpfe und Kuchenschüsseln führen.

Seien Sie daher zu Gast bei Theodor Storm, seien Sie zu Gast im alten Schleswig-Holstein!

Die Verfasserin

Tafelfreuden im Urgroßelternhaus

Theodor Storms Lebensstil wurde erheblich durch seine mütterliche Großfamilie geprägt. An ihren Lebensgewohnheiten, Ansichten und auch Tischsitten orientierte er sich, ob bewußt oder unbewußt. Ein entscheidender Faktor, insbesondere seiner Kinderzeit, war hierbei seine Großmutter Magdalena Woldsen, geb. Feddersen (1766–1854). Storms Eltern, der aufstrebende junge Rechtsanwalt Johann Casimir Storm (1790–1874) aus Westermühlen bei Rendsburg und seine aus begütertem Husumer Großbürgertum stammende Ehefrau Lucie, geb. Woldsen, zogen 1821, als Theodor 4 Jahre alt war, aus der Neustadt 56 in das stattliche Kaufmannshaus in Husum, Hohle Gasse 3, wohin auch die väterliche Anwaltspraxis verlegt wurde. Die noch rüstige Großmutter war im Jahre 1820 früh verwitwet und sollte dort nicht alleine wohnen. Hier, im täglichen Umgang mit dem geliebten „Großmütterchen", das der Tochter bei der Haushaltsführung und Kindererziehung zur Seite stand, wurde dem jungen Theodor im Laufe der Jahre durch die Erzählungen ein anschauliches Bild der mütterlichen Familie vermittelt.

Es waren insbesondere die Schilderungen aus der Jugendzeit der Großmutter, dem späten 18. Jahrhundert, dem ausklingenden Rokoko in Husum und dem beginnenden Klassizismus, die Storm in sich aufnahm und Jahre später in seinen Novellen und Erzählungen mitverarbeitete. Dadurch schauen wir in das gesellschaftliche und gesellige Leben Husums vor gut zweihundert Jahren zurück mit einer ungemein persönlichen Färbung, die historische Schilderungen anderer Autoren wie etwa Klaus Groth (1819–1898) oder Detlev von Liliencron (1844–1909) aus deren Heimat vermissen lassen.

Wir sehen in Storms Erzählungen „Von heut' und ehedem" und „Im Sonnenschein" die Jungmädchenjahre der Magdalena Woldsen aufsteigen. Diese fielen in die Zeit des dänisch-norwegisch-schleswig-holsteinischen Gesamtstaates, der 1773 mit dem Austauschvertrag zwischen Rußland und Dänemark hinsichtlich der Gottorfer Gebiete fast vollendet war. Husum brachte es im 18. Jahrhundert zu einem bescheidenen Wohlstand. Der kleine Ort war ein guter Nährboden für ein auf solider Wohlhabenheit gegründetes, maßvolles Bürgertum. An diesem Wohlstand partizipierte auch ein Urgroßvater Theodor Storms, der Ratsherr Joachim-Christian Feddersen (1740–1801), und letztlich hatte auch Theodor Storm noch teil an den soliden Früchten des urgroßväterlichen Erbes! Hätte er bei seinem späteren Entschluß, Husum zu verlassen, nicht das Generationen lang aufgebaute Familienvermögen hinter sich und Constanze gewußt, das ihm eine regelmäßige Versorgung auf Jahre versprach, wie ungleich schwerer wäre dann wohl die wirtschaftliche Abwägung der Vor- und Nachteile einer politischen Emigration gewesen!

Magdalena Woldsens Vater betrieb eine große Gutbier- bzw. Dünnbierbrauerei. Diese beiden Begriffe tauchen des öfteren in Storms Novellen auf, so in „Bötjer Basch“ und „Im Brauer-Hause“. Es sollen wohlschmeckende leichte Biere gewesen sein, nicht zu vergleichen mit den bayrischen, die angeblich nicht einmal zu einer Biersuppe gut sein sollten. Da es sich bei diesen Bieren um alkoholschwache Erfrischungsgetränke handelte, waren sie als allgemeines Volksgetränk stark verbreitet.

Bier als Hausgetränk herzustellen ist eine aufwendige, umständliche Angelegenheit. Dennoch soll es nicht versäumt werden, zur Information eine der unzähligen Zubereitungsarten, die im vorigen Jahrhundert gängig waren, mitzuteilen.

BIER ZU KOCHEN
(nach Johanna Kuß)

Ein Beutel mit 10 Liter Weizenkleie und ein paar Handvoll Roggenmehl, die mit Wasser angefeuchtet sind, gefüllt. In einen kleineren Beutel thut man ein paar Handvoll Hopfen. Beide Beutel legt man in ein Kochgeschirr, das mindestens 2 Eimer Wasser fassen kann, die darüber gegossen werden; auch thut man noch 375 gr. Syrup hinzu und läßt die Brühe zugedeckt 2 Stunden kochen. Beim Beginn des Kochens muß fleißig geschäumt werden. Nach dem zweistündigen Kochen werden die Beutel ausgenommen und ausgedrückt, zu der Brühe aber gibt man, wenn sie nur noch lauwarm ist, 35 gr. Gest (Hefe, Anm. d. Verf.). Hat sie nun, hiermit zugedeckt, einige Tage gestanden, so thut man das Bier in Kruken.

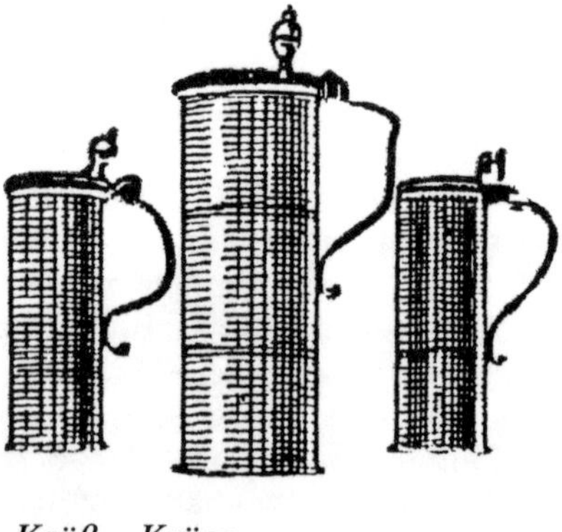

Kröß = Krüge

Sonderlich in der Erntezeit wurde Bier tonnenweise auf die Bauernhöfe geliefert. Und so transportierte auch Storms Urgroßvater große Mengen hiervon per Segelschiff auf die nahen Inseln und Halligen. Hier, wo es neben der Kuhmilch als Dauergetränk nur noch das fragwürdige Regenwasser gab, das im Soot (Brunnen) oder in Zisternen oder bei ärmlichen Haushalten nur in einer Holztonne aufgefangen wurde und insbesondere in trockenen Sommern oft

Magdalena Feddersen, nach einem Schattenriß von Boy Jensen Greve (Ockholm)

mehrere Wochen alt und schon von Algen durchwachsen war, bot das leichte Bier eine willkommene gesunde Alternative. Es wurde nicht nur pur genossen, sondern auch zu Speisen und Suppen verarbeitet.

Storms Großmutter Magdalena erlebte in ihrem Elternhaus an der Schiffbrücke 16 in Husum, in dem „Haus mit der Sandsteinvase auf dem spitzen Giebel, welches zu Pfingsten seinen frischen, sandgrauen Ölanstrich erhalten hatte“, eine glückliche Kindheit und Jungmädchenzeit.

Zu deren Höhepunkten zählte ein geselliger Umgang des Vaters Feddersen mit den Honoratioren Husums. Und wir sehen in Storms Erzählungen das junge Mädchen mit den blauen Augen und leicht gepuderten blonden Locken, „eine zierliche Gestalt, hausmütterlich ein weißes Schürzchen vorgebunden, das Brusttuch mit einer großen Knospe zugesteckt“ und mit einem großen Präsentierbrett geschäftig mit Kaffeeschalen durch das Haus huschen.

Hatte der Urgroßvater Storms seinen „Herrenabend“, so waren die Mitglieder der sogenannten „Vereinigten freundschaftlichen Gesellschaft“ bei

Das Haus der Urgroßeltern Feddersen Ecke Schiffbrücke/Twiete nach einer Zeichnung von Fritz Buchholz (1922)

ihm zu Gast. Dann bot man alles auf, was Küche und Keller hergaben: zuerst servierte man selbstgebackene Kuchen nach den besten Familienrezepten. Zu deren Zubereitung haben wir leider keinen Hinweis und können nur hoffen, daß die Backgeheimnisse auf Constanzes Mutter und deren Schwester und damit auch auf Constanze Storm übergegangen sind! Man mag sich hierbei wieder an die Schwierigkeiten erinnern, die das Backen von Torten im 18. Jahrhundert ohne eigenen kleinen Backofen machte: Als man noch keine metallenen Kochherde mit Feuerlöchern, die mit unterschiedlichen Ringen für die Größe der Töpfe zu regulieren waren, und noch keine integrierten Ofenröhren zum Abbacken von Gebäck darin hatte, brachte man die großen Blechkuchen zum Bäcker, eine Sitte, die man sogar noch in Schleswig-Holstein bis in die fünfziger Jahre des 20. Jahrhunderts kannte. Torten und kleine Kuchen oder Kekse, in Schleswig-Holstein auch „Plättchen" oder „Plätzchen" genannt, wurden hingegen in den sogenannten „Tortenpfannen" abgebacken. Diese Pfannen wurden auf Dreibeinen mit dem Teig auf die Herdplatte über das Feuer gestellt, das nicht zu scharf sein durfte. Dann wurde darüber ein hoher Deckel mit Griff gestülpt, in den man wiederum heiße Glut füllte. So hatte der Kuchen Ober- und Unterhitze. Das Risiko des Anbrennens war natürlich recht groß. Diese Formen wurden oft aus schwerem Kupfer hergestellt und waren, blankgeputzt, ein Schmuckstück in der Küche.

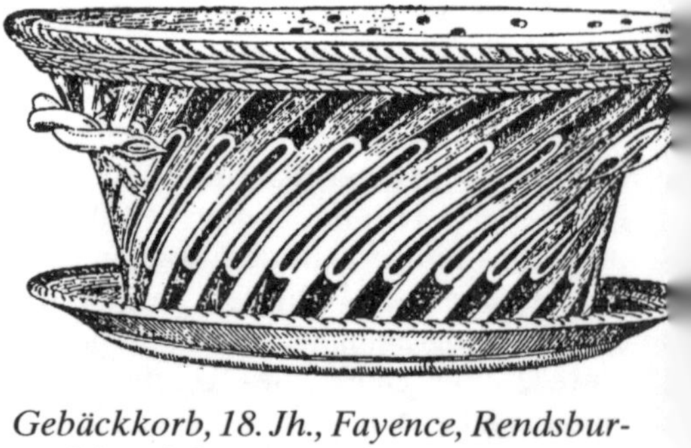

Gebäckkorb, 18. Jh., Fayence, Rendsburger Manufaktur

PLÄTTCHEN, BUTTERTEIG, BRAUNE KUCHEN, PFEFFERNÜSSE UND ANDERES KLEINES GEBACKENES
(nach Johanna Kuß)

Plättchen backt man am Besten auf Platten im Ofen: thunlich ist es auch, sie in einer Tortenpfanne zu backen, doch müssen nicht zu viele und recht ebene Kohlen unter die Pfanne gelegt werden, und diese muß heiß sein, wenn man die Plättchen einlegt; auch muß ein platter Deckel mit Kohlen oben auf liegen. Um kleine Formen in einer Tortenpfanne zu backen, muß man trockenen Sand unterlegen und diesen mit durchlöchertem Papier bedecken. Den gehörigen Grad der Ofenhitze erprobt man, indem man ein Blatt dünnes Papier in die Mitte des Ofens legt. Wird das Papier sogleich gelb oder braun, so ist der Ofen noch zu heiß, läuft es aber krumm und wird nur langsam gelb, so hat der Ofen die rechte Hitze, bei der die meisten Sachen gebacken werden können.
Bisquit und dgl. erfordert eine sehr gelinde Ofenhitze, namentlich von oben.
Die Platten bestreicht man mit Butter oder Wachs oder Speckschwarte.

Bei der von Storm beschriebenen Festlichkeit im Hause des Urgroßvaters schenkte man zum Gebäck den Kaffee gegen sechzehn Uhr in zarte Porzellanschälchen ein, um damit der Kostbarkeit des Bohnenkaffees, eines damaligen Luxusartikels, seine Referenz zu erweisen.

Danach vertraten die Herren sich die Beine und gingen für ein Stündchen nach Hause, um nach den Geschäften zu sehen. Gegen achtzehn Uhr kam man erneut zusammen, spielte mit Vergnügen L'hombre, ein französisch-spanisches Kartenspiel, und trank dazu Tee. Nach einem reichhaltigen Abendessen, wohl mit mehreren Gängen aus Fisch und Braten, wurde eine „dampfende Punschbowle“ serviert. Dazu sang man scherzhafte Lieder. Die Damen des Hauses beschränkten sich auf die Bedienung. Punkt dreiundzwanzig Uhr verließ man, beschwingt und erwärmt, das gastliche Haus und tappte, mit einer kleinen Handlaterne versehen, durch die dunklen Gäßchen zum heimischen Herd. Es war eine Zeit, die Storms Großmutter später, in Erinnerung ihrer eigenen Vermählung, die im Jahre 1788 stattfand, wie folgt beschrieb:

„Auf meiner Hochzeit wurde nichts von Staatsgeschichten geredet; die Unterhaltung ging ihren ebenen Tritt, und wir waren eben so vergnügt dabei, als Ihr in Euren neumodischen Gesellschaften. Bei Tische wurden spaßhafte Rätsel aufgegeben und Leberreime gemacht, beim Dessert wurde gesungen ‚Gesundheit, Herr Nachbar, das Gläschen ist leer‘ und alle die andern hübschen Lieder, die nun vergessen sind ... Die Menschen waren damals noch höflicher gegen einander; das Disputieren und Schreien galt in einer feinen Gesellschaft für sehr unziemlich ...“

Das Verfassen von „Leberreimen“ ist gänzlich aus der Mode gekommen. Besonders im 17. und 18. Jahrhundert galt die Hechtleber als Delikatesse ersten Ranges. Hierbei hat sich damals die gesellschaftliche Gepflogenheit der sogenannten „Leberreime“ herangebildet. Die zubereitete Leber wurde in Schnitten mit der Milch oder mit dem Rogen an der Tafel herumgereicht, und jeder Tischgenosse hatte vor dem Zulangen einen „Leberreim“ nach einem allseits feststehenden Muster zum besten zu geben, wie etwa:

„Die Leber ist vom Hecht
und nicht von Schulzens Schwester,
denn wäre sie von der,
sie spräche gleich: Mein Bester...!“

Storms Großmutter muß mit der Schilderung dieser kleinen gesellschaftlichen Höhepunkte ihrer Jungmädchenzeit den ältesten Enkel sehr beeindruckt haben. Denn sonst hätte er wohl kaum altertümliche Szenen aus einer ihm längst entschwundenen Zeit so liebevoll wiedergegeben, wie etwa in den Novellen und Sommergeschichten „Im Saal“, „Im Sonnenschein“ und „Beim Vetter Christian“. Was es allerdings in diesen frühen Tagen des endenden 18. Jahrhunderts – als sich die Französische Revolution schon ankündigte – im Einzelnen bei den Urgroßeltern und später im Haushalt der Großeltern in der Hohlen Gasse 3 zu essen gab, das hat er nicht mitgeteilt. Höchstens in „Beim Vetter Christian” vermittelt er uns lukullische Details aus eigenem Erleben oder den Erzählungen älterer Familienmitglieder. Hierzu bekennt er dem österreichischen Schriftsteller und Literaturkritiker Emil Kuh (1828–1876) in einem Brief vom 15. Dezember 1873:

„Meinen ‚Vetter‘ hat mich ein Hauch aus dem 18. Jh., der noch über meine Knabenjahre hinstrich und mir einen Eindruck von der damaligen in sich befriedigten Gesellschaft hinterließ, schaffen helfen.“

Allerdings siedelt er die Erzählung in der Zeit nach der Kontinentalsperre gegen England unter Napoleon I., somit nach deren Ende (1813), an. Denn über die im Hause des „Vetters Christian“ im Flur befindliche Uhr heißt es:

„Die alte englische Hausuhr – sie war einst in der Kontinentalsperre konfisziert worden... spielte eben vom Flur...“

Bei der Schilderung eines großen Familienfestes für neunzehn Personen im Hause des ältlichen Vetters wird eine versunkene Welt des späten 18. Jahrhunderts in Husum vor dem Leser wieder lebendig:

Nachdem der Tisch mit einer geblümten Damastdecke „und den schweren silbernen Leuchtern“ geschmückt worden war, erwartete man das Nahen der Gäste, die teils zu Fuß, teils in einer Kutsche erschienen. Zu Beginn der familiären Zusammenkunft wurde Tee gereicht, der auf der „sausenden Teemaschine“, einem Samowar, hergestellt wurde.

„Am Teetisch in der Ecke stand die kleine, freundliche Wirtin des Hauses und drehte das Hähnchen der Teemaschine und schenkte in die Tassen; zwei junge Bäschen gingen umher und präsentierten, die eine den duftenden Trank, die andere die sämtlich nach Familienrezepten gebackenen Kuchen. Eine Luft der Behaglichkeit war verbreitet ..."

Man spielte Poch und Whist, und die Gemütlichkeit steigerte sich, bis sich um einundzwanzig Uhr die Flügeltüren des Eßzimmers öffneten und die „blumengeschmückte Tafel im hellsten Damast- und Kerzenglanz" erstrahlte. Als erstes Gericht wurde eine Schüssel Karpfen mit säuerlichem Rahmschaum gereicht.

KARPFEN BLAU
(nach Marcus Loofft)

Regula 403.
Blaue Karpfen naturell.

Die Karpfen werden gerissen, in Stücken geschnitten, mit Eßig angeblauet und denn in Wasser und Salz abgekocht und Meerrettig mit Weineßig und Zucker dabey gegeben.

Regula 404.
Eine große Karpfe in Courbollon.

Die Karpfe muß man ausnehmen und auswaschen, denn nehme man Petersillie, Thymian und Zwiebeln, solches gröblich durchgehackt mit einem guten Stücke Butter, Negelein und Muskat zusammen gemenget, den Karpfenbauch damit gefüllet, denn zugenehet, den Karpfen angeblauet mit heiß gemachtem Eßig, und denn wie den Hecht, nach Regula 395 (s. Seite 22), in Coubollon abgekocht, denn so ganz in eine Schüssel gesetzet, mit Petersillie garniret und dabey gegeben, was man will.

Karpfen blau

KARPFEN
(nach Johanna Kuß)

Diese ißt man am meisten im Winter, weil sie dann am wohlschmeckendsten sind. Sie werden nicht geschuppt. Der Kopf, wie der ganze Fisch, mit Ausnahme des Schwanzes, werden gespalten, in Stücke geschnitten und in eine Schüssel gelegt, mit den Schuppen nach oben, so daß man ein wenig Essig zum Blauwerden darüber gießen kann; auch schone man den Schleim zu diesen Zweck, wasche die Karpfen auch lieber nicht. Man läßt die Karpfen einige Minuten in Salzwasser kochen.
Gewöhnlich gibt man eine Sauce von sorgfältig geriebenem Meerrettig, mit ein wenig starkem Essig vermischt und Rahmschaum darüber gegossen, dabei. (Siehe: Kalte Meerrettigsauce – Anm. d. Verf.).
Mancher zieht aber dieser Sauce Meerrettig in gekochter Butter vor.

KALTE MEERRETTIGSAUCE

Der kurz vor dem Gebrauche sehr fein geriebene Meerrettig wird gleich, nachdem er gerieben ist, mit süßem Rahm übergossen, bis zum Anrichten zugedeckt hingesetzt und dann mit etwas Zucker und Weinessig eben gerührt.
Man kann auch den Meerrettig trocken zu Tische geben und geschmolzene Butter dabei serviren.

RAHMSCHAUM

$2^1/_2$ Liter dicker Rahm wird mit einer Ruthe zu Schaum geschlagen. Die obere Schaummasse wird immer abgenommen und dann der Rahm wieder gepeitscht, bis keine Flüssigkeit mehr nachbleibt.

Etwas anders wird heute der Karpfen, blau mit Butter und Sahnemeerrettich, zubereitet, wobei die Verfasserin ihr eigenes Hausrezept präsentiert.

KARPFEN BLAU MIT BUTTER UND SAHNEMEERRETTICH FÜR 4 PERSONEN
(Hausrezept der Verfasserin)

1 Karpfen von 2 Kilogramm, 1/8 Liter recht heißer Weinessig zum Begießen, zum Sud 2 Liter Wasser, 1 Eßlöffel Salz, 1 Prise Zucker, 1/8 Liter lieblicher Weißwein, 1 kleine Zwiebel mit 3 Nelken besteckt, 6 Pfefferkörner, 1 Lorbeerblatt. Zum Garnieren: 1 Sträußchen glatte oder krause Petersilie, 2 Scheiben einer ungespritzten Zitrone. Reichlich gehackte Petersilie für die Kartoffeln. Zum Begießen: 125 g–250 g flüssige, heiße Butter.

Mit den Zutaten läßt man einen Sud etwa 1/2 Stunde kochen und gießt ihn dann durch ein Sieb in einen ovalen großen Fischtopf oder Bräter. In der Zwischenzeit nimmt man den Fisch aus, wäscht ihn vorsichtig nur von innen und bemüht sich hierbei, die schleimige Haut, die das Blauwerden bewirkt, nicht zu sehr zu schädigen. Der Karpfen wird dann auf eine tiefe Platte gelegt und mit dem heißen Essig übergossen, wobei er sich langsam blau färbt. Nun wird er mit 2 Schaumlöffeln vorsichtig in den vorgekochten Sud gegeben, das Wasser wird gerade eben zum Kochen gebracht, dann wird der Fisch bei kleinstem Feuer gegart, so daß das Wasser immer gerade nicht sprudelt. Wenn man die Rückenflosse oder Schwanzflosse eben gut herausziehen kann, ist er gar. Man achte darauf, daß er nicht zu lange im Wasser liegt, da sich dann später beim Essen die Gräten nur schlecht vom Fleisch entfernen lassen. Der Fisch wird auf eine vorgewärmte Platte gegeben und mit Zitronenspalten und Petersiliensträußchen garniert. Dazu reicht man gekochte Salzkartoffeln, die mit gehackter Petersilie bestreut sind, sowie reichlich zerlassene heiße Butter in einem Pfännchen und Meerrettichsahne.

MEERRETTICHSAHNE
(Hausrezept der Verfasserin)

1/4 Liter geschlagene Sahne wird mit 2 bis 3 Teelöffeln geriebenem Meerrettich aus dem Glase, etwas Zitronensaft und je 1 Prise Salz und Zucker nach Geschmack vorsichtigt vermischt und serviert.

Vor dem Anrichten wird der Fisch in Portionsstücke zerteilt und mit einem Tortenheber, besser einem Fischheber, auf den einzelnen Tellern plaziert. Dazu paßt ein trockener Weißwein.

HECHT
(nach Marcus Loofft)

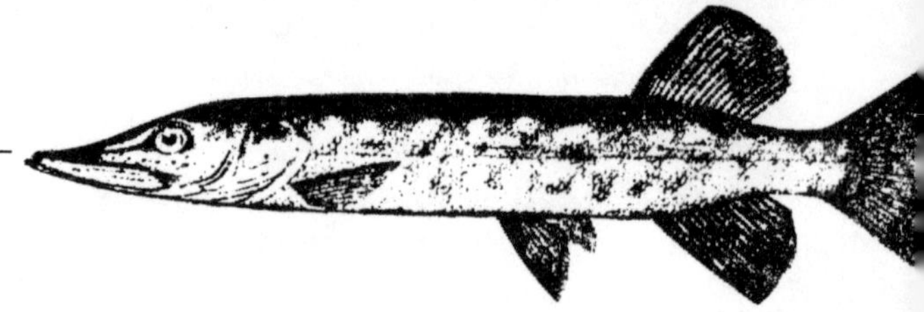

Hecht

Regula 395
Hechte in Courbollon

Einen großen oder mittelmäßigen Hecht, nachdem man gebrauchet, muß man ausnehmen, reissen und in Stücken schneiden, denn in eine Casseroll oder Kessel thun mit etwas Salz, Petersillie, Zwiebeln, Thymian, Citronen in Stücken oder Scheiben, denn halb rothen Wein und halb Wasser darauf, daß es völlig bedeckt ist, denn zum Feuer gesetzt und gar gekocht, denn ein feines Ragout gemacht von den feinen Sachen, so man haben kann, als Morcheln, Champion, Trüffeln, Artischockenstühle, kleine Klümpchen von gehackten Fischen und was sonst vorhanden seyn mag, denn die Hechte angerichtet und das Ragout darüber, es ist sehr schön. Man kann auch einen Hecht ordinair abkochen und ein solch Ragout darüber geben, ist auch sehr gut.

Nach dem Fischgang erschien beim „Vetter Christian" der Braten, „stattlich, als solle er das Kerzenlicht verdunkeln; und alle Augen und Zungen waren wieder freigegeben."

Waren zuvor zum Tee Kuchen und Plätzchen gereicht worden, die beim „Nachbarbäcker" im Ofen gebacken worden waren – woraus man rückschließen darf, daß der „Vetter Christian" nach Storms Vorstellung keinen eigenen Backofen besessen hat – so wurde nach dem Fleischgang eine große Marzipantorte, nebst einigen Flaschen Johannisberger Wein (Rheingau) serviert:

„Noch immer heiterer wurde es; und als beim Nachtisch der große Marzipan, worauf sich das Lübeck'sche Rathaus nebst dem ganzen Markt präsentierte, zuerst herumgereicht und dann von der Großtante zierlich zerlegt war, da befahl der Vetter, seine drei Flaschen noch vom Vater ererbten Johannisbergers aus ihrem staubigen Winkel heraufzuholen, was auf Jung und Alt den angenehmsten Eindruck nicht verfehlte."

Marzipan, das seit dem Mittelalter besonders in Lübeck, Hamburg und Königsberg hergestellt wurde, war offenbar die Krönung einer eleganten Tafel zum Nachtisch. Hierbei heißt es in alten Kochbüchern, ebenso wie bei Storm, „der Marzipan".

EINFACHE MARZIPANTORTE
(nach Doris Stender)

Man stößt ein Pfund süße, zwölf Stück bittere Mandeln und ein Pfund Zucker recht fein. Dann schlägt man sechs ganze Eier zu acht Loth [ca. 133 g] (1 Loth = $^1/_{32}$ Pfund oder 15$^5/_6$ g, regional verschieden; in Schleswig-Holstein auch 17 g – Anm. d. Verf.) zu Schaum gerührter Butter und gibt acht Loth Mehl, die Schale und den Saft von einer Citrone, etwas Succade, Kaneel [Zimt] und die oben erwähnten Sachen dazu. Nun legt man mit Butter bestrichenes Papier in eine Pfanne (d. h. eine Tortenpfanne, Anm. d. Verf.) und backt die Masse bei sehr gelindem Feuer.

Schleswig-Holsteinisches
Kochbuch,
oder
Anweisung
wie die in Schleswig-Holstein gebräuchlichen Suppen, Fische, Gemüse, Mehl- und Fleischspeisen ꝛc. geschmackhaft, mindest kostspielig und einfach zubereitet; Salate, Saucen, Farçen, Gelees, Puddings ꝛc. zusammengesetzt werden, nebst gründlicher Anweisung im Brod- und Kuchenbacken, Einmachen und Aufbewahren der Früchte, Einschlachten, Einsalzen, Bereitung feiner Getränke, so wie noch vielen andern, den angehenden Hausfrauen und Wirthschafterinnen zu wissen nöthigen Gegenstände.

Des Kochbuchs für den „bürgerlichen Hausstand" Vierte, stark vermehrte Auflage.

Mit Beibehaltung desselben gesammelt und geordnet
von
Doris Stender.

Preis brochirt 24 ßl. (14 Ggr.) Cour.

Oldenburg in Holstein.

Druck und Verlag von C. G. H. Fränckel.
1847.

Titelseite des Kochbuchs der Doris Stender

Vorwort.

Drei Auflagen, jede von mehreren Tausend Exemplaren, sind von diesem, bisher unter dem Titel: „Kochbuch für den bürgerlichen Hausstand," bekannten, und von einer mir befreundeten, jetzt verewigten Haushälterin auf einem adel. Gute in Holstein verfaßten Kochbuche vergriffen. Bei der erforderlichen neuen Auflage desselben war es der Wunsch des Herrn Verlegers, dasselbe reichhaltiger wie bisher auszustatten, um solches nicht allein für bürgerliche Familien, sondern auch für größere Haushaltungen in den Städten und auf dem Lande brauchbar zu machen; zu welchem Zwecke derselbe aus vielen Theilen der Herzogthümer Schleswig und Holstein Mittheilungen practischer Recepte der Kochkunst ꝛc. von tüchtigen Wirthschafterinnen und Köchinnen zur beliebigen Benutzung erbeten und erhalten hatte.

Faksimile des Vorwortes aus dem Kochbuch der Doris Stender

Die Arbeit am „Vetter Christian" begann Storm im Jahre 1872. Zu dieser Zeit wurden Marzipantorten schon etwas eleganter hergestellt als zur Zeit der Doris Stender oder gar in den Jahrzehnten davor. Fest steht, daß diese mittelalterliche Erfindung immer, aufgrund der teuren Zutaten wie Mandeln, Rosenwasser und Zucker und aufgrund der Attacke auf den Magen, wenn Marzipan in großen Mengen verspeist wird, etwas Besonderes war. Hierbei sollte der Genuß (in Maßen) vor der Unbekömmlichkeit den Vorrang behalten, auch wenn es in dem alten „Appetitlexikon" der Wiener Feuilletonisten Rudolf Habs und L. Rosner aus dem ausgehenden 19. Jahrhundert hierzu heißt:

„Denn das Marzipan ist eine Erfindung der Klosterküche des Mittelalters, wenn auch keineswegs deren größtes Verdienst, da es im Punkt der Schwerverdaulichkeit alles übrige Gebäck übertrifft und zahllose Indigestionen auf dem Gewissen hat. Diese leidige Schwerverdaulichkeit beruht auf dem unerhört hohen Fettgehalt (etwa 31 %!) der Masse, der mit einem gleich hohen Zuckergehalt Hand in Hand geht, und dessen Bewältigung daher eine Aufgabe bildet, der gegenüber jeder nicht durchaus kerngesunde Magen sich zu einem kläglichen Non possumus (wir können nicht – Anm. d. Verf.) genötigt sieht."

Doch Storm war ebenso wie seine Frau Constanze ein Anhänger dieser Nascherei. So möge ein Lübecker Marzipantortenrezept aus der Entstehungszeit der Novelle „Beim Vetter Christian" den Ausflug in die urgroßmütterliche und großmütterliche Küche bereichern. Hieran sieht man deutlich, daß die Marzipantorte in ihrer Fertigung einem durchaus positiven Wandel unterlegen war. Das Rezept stammt von einem Konditor Carl Krackhart aus seinem „Neuen illustrierten Conditoreibuch", das erstmalig im Jahre 1869 erschien.

LÜCKECKER MANDELMARZIPAN
(nach Carl Krackhart)

Hierzu ist eine schöne weiße Masse erforderlich. Ein Quantum Masse 445 (siehe unten) wird 6 mm dick ausgerollt und mit einem größeren runden Ausstecher ausgestochen. Von der röthlich gefärbten Masse rollt man alsdann einen 12 mm breiten Streifen, bestreicht den Rand des ausgestochenen Bodens mit Eiweiß, stellt den Streifen aufrecht herum und krauselt ihn mit dem Rücken eines Messers. Nun rollt man vom weißen Marzipan einen Rand aus, so dick als das rothe Rändchen, bestreicht letzteres mit Eiweiß und setzt den Rand, horizontal abstehend, wie der Rand eines Tellers, herum. Man kneift denselben geschmackvoll mit dem Kneifeisen, oder schneidet mit der Schere Blätter, die Spitze nach außen zulaufend, und hilft mit dem Bossierzeug (Modellierholz – Anm. d. Verf.) soweit nöthig, nach. In die Mitte legt man ein in einer Form ausgedrücktes Brustbild oder modelliert dort ein flaches Körbchen mit Blumen oder Früchten. Auch kann man Glasurblumen anbringen. Die Blumen und Früchte von Marzipan läßt man in der Regel weiß; nur selten schminkt man sie. Diese Marzipane werden in allen Größen verfertigt und werden dieselben namentlich in Norddeutschland von 1¼ Mark bis 30 Mark das Stück und noch höher verkauft. Will man diese Marzipane auf Oblate legen, so bestreicht man die Masse mit Eiweiß und klebt die Oblate darauf. Hat man dieselbe 1 Tag im nicht zu warmem Topfboden stehenlassen, so schneidet man schließlich die Oblate am Rand gleich.

EINFACHER MANDELMARZIPAN
(Masse 445)

4 Kilogramm, 480 Gr. Mandeln werden mit siedendem Wasser übergossen, zugedeckt und einige Minuten darin stehen gelassen, bis sie sich gut schälen lassen. Dann wird das Wasser abgegossen und die Mandeln in frisches gelegt. Ein Zuwiderhandeln würde dem schönen Weiß der Masse schaden. Nun werden sie geschält und mehrmals mit frischem Wasser gewaschen. Dann läßt man sie über Nacht in Wasser stehen. Anderen Tages nimmt man mit einem Schaumlöffel jedesmal so viel davon heraus, als man zur Zeit reiben kann. Dann werden sie recht fein gerieben. Zum Reiben ist jedoch ein steinender Mörser durchaus nothwendig. Wasser beizumischen ist dabei nicht nöthig, weil sie die nöthige Feuchtigkeit schon eingesaugt haben. Die geriebenen 4 Kilogramm, 480 Gr. Mandeln bringt man nun in einen flachen Kessel, mengt 3 Kilogramm, 360 Gr. feingestossenen Raffinatzucker bei, setzt die Masse auf Kohlenfeuer und röstet sie unter fortwährendem Umrühren, jedoch vorsichtig, damit sie nicht anbrennt. Ist sie soweit, daß nichts am Kessel hängen bleibt oder am Finger klebt, wenn man diesen hineintaucht, so setzt man sie ab, schwingt sie im Kessel

zu einem Ballen, wobei man feinen Zucker unterstreut, und bewahrt sie zum Gebrauch auf. Sobald man solchen von ihr machen will, legt man ein Quantum davon auf eine Marmorplatte und mengt zu 500 Gr. noch etwa 250 Gr. feinen Zucker. Dann ist sie zum Verarbeiten fertig. Von dieser Masse werden unzählige Gegenstände verfertigt.

Am Rande sei vermerkt, daß um 1800 vier Konditoren in Lübeck ansässig waren, die unter anderem Marzipan herstellten: Duelot, Maret, Maquinet und Raith. Der Ulmer Konditorgeselle Johann Georg Niederegger übernahm im Jahre 1806 die Konditorei seines früh verstorbenen Lehrherrn Maret und wurde zum Wegbereiter des heute weltweit bekannten Lübecker Marzipans. Der erste, der mit Lübecker Ansichten auf seinen Torten warb, war allerdings ein Konditor Hebich am Markt. Er kreierte die Marienkirche, das Holstentor, den Markt und die Börse aus Marzipan. Vielleicht war auch er der Lieferant für das Haus Feddersen-Woldsen.

Theodor Storm ließ sich durch die großmütterlichen Erzählungen vom Zauber des 18. Jahrhunderts in den damaligen Herzogtümern Schleswig und Holstein nur zu gern einfangen. Das Land war noch ein Teil des dänisch-norwegisch-schleswig- und holsteinischen Gesamtstaates, dem die „Goldenen Bernstorffschen Jahrzehnte“ bis zu den napoleonischen Wirren zum Anwachsen von Wohlstand und Kultur verhalfen. Der dänische Staatsbankrott von 1813 war noch nicht am Horizont zu ahnen. Er sollte später auch das Wirtschaftsleben in den Herzogtümern mit in die Tiefe reißen. Die Rückbesinnung auf das 18. Jahrhundert vertiefte Storm durch historische Studien, insbesondere durch die zweibändige „Geschichte des 18. Jahrhunderts“ von Friedrich Christoph Schlosser (1776–1861). So vermochte Storm einfühlsam Zeitgeschichtliches mit Familiengeschichtlichem zu verbinden und vermittelt in seinen Arbeiten „Im Saal“, „Zwei Kuchenesser der alten Zeit“, „Beim Vetter Christian“ und „Die Söhne des Senators“ sowie „Im Sonnenschein“ und „Von heut’ und ehedem“ eine behagliche, geruhsame Atmosphäre des Husumer Bürgertums, die von ihm allerdings verklärend dargestellt wird. Denn die Einladungen von Freunden und Verwandten, das gemütliche Miteinandersitzen bei Kaffee, Tee, Kuchen und Braten, die harmlosen Vergnügungen, wie Karten- und Brettspiele und das Absingen simpler Scherzlieder, könnten für den kritischen, geistig regen Bürger dieser Epoche auch etwas Eintöniges, Anödendes gehabt haben.

Der Pädagoge und spätere Rektor der Dom-Schule zu Schleswig G. F. Schumacher, der von 1798–1802 in Husum wohnte, meinte nüchtern und scharfsinnig, daß die Honoratiorenschicht in biederer, solider Beschränktheit dahinlebte, ohne Sinn für das Große und Schöne. In seinen „Genrebilder aus dem Leben eines siebzigjährigen Schulmannes“, erschienen 1841, erklärt er rückblickend:

„Der vorherrschende Charakter war ein gewisser grader Biedersinn, soge-

Herrenhaus Emkendorf

nannte solide Lebensweise, im doppelten Sinn, sowohl in der richtigen Berechnung der Ausgabe und Einnahme als auch solide in der substantiellen Art, das Leben zu genießen. Von Naturfreuden wußte man da nichts, da die Umgebung durchaus steril ist; Gärten waren nur ökonomischer Art, und Erbsen und Bohnen ihnen viel wichtiger als Lauben und Blumen; aber Braten und Wein waren gut und spielten eine große Rolle ... Im ganzen sind dies lauter respectable Züge, und das Leben unter diesen Menschen hatte eine gewisse behagliche Seite. Aber die Schattenpartie fehlte auch nicht. Es herrschte eine große Beschränktheit an Kenntnissen, ein Mangel an Interesse für das Große, auch in der Geschichte der Staaten, eine Einseitigkeit der sogenannten Unterhaltung, wo sich dieselben trivialen Witze immer wiederholten . . ."

Diese prosaische Einstellung zur Politik, Kunst und auch zur Natur, durch die nicht nur Husum sich damals ausgezeichnet hat, kommt auch im Alterswerk Storms, „Der Schimmelreiter", in einer Randbemerkung zum Ausdruck. So war die Warft des alten Deichgrafen nicht mit Blumen in der Art eines bunten Bauerngartens bepflanzt, wie man es heute oft an der Westküste sieht, sondern diente dem profanen Gemüseanbau. Die Nützlichkeit ging vor der Schönheit:

„Als nach einer Weile der lang aufgeschossene Hauke die hohe Werfte hinaufstieg, welche an den Seiten mit Rüben und Kohl bepflanzt war, sah er droben die Tochter des Hauswirts neben der niedrigen Haustür stehen."

Es ist nicht zu verkennen, daß Storms Vorfahren entgegen der herben Kritik des Schulmannes Schumacher durchaus Sinn für Lauben und Rosen hatten, wodurch sich offenbar das Gros der Bevölkerung nicht gerade auszeichnete!

Vergleicht man den Geist, der von den Tee- und Kaffeetischen, aus den buchsbaumumstandenen Rosenbeeten, den muschelbestreuten Steigen, den Gartenpavillons, den Lusthäuschen und Lauben aufsteigt, allerdings mit der intellektuellen Atmosphäre des gut einhundert Kilometer entfernten Herrenhauses Emkendorf zwischen Kiel und Rendsburg, dem „Tempel der Künste und des Geschmacks", wie er in der 1816 erschienenen Schilderung des Domherrn Friedrich Johann Lorenz Meyer in seiner „Sommerreise in Holstein 1815" beschrieben wird, so liegen zwischen beiden Orten Welten! Auf Emkendorf geben sich Geistesgrößen wie Klopstock, Lavater, Claudius, Jacobi, die Stolbergs – und beinahe auch Goethe – zur nämlichen Zeit unter der charmanten vielseitigen Hausherrin Julia Gräfin von Reventlow, geborene Schimmelmann, die Klinke in die Hand. In Husum macht sich tatsächlich gleichzeitig Langeweile breit! Nichts von den großen Konflikten der Zeit ist hier zu spüren – zumindest nicht in den wenigen zeitgenössischen Novellen Storms, nichts von den Problemen der Sklavenbefreiung, der Aufhebung der Leibeigenschaft, den Türkenkriegen, geschweige von dem fernen Grollen der Französischen Revolution. Die Repetieruhren schlagen, die Handwerkerfrauen sitzen nach Feierabend an den Beischlägen vor der Haustür und stricken mit Holznadeln, die Köchinnen klappern in den Küchen mit den schwarzglasierten Jüttepötten, und am damastgedeckten Tisch klirren leise die holländischen Kaffeeschälchen. Husum liegt im Abseits und ißt hausgemachten Kuchen!

„Kein Klang der aufgeregten Zeit
drang noch in diese Einsamkeit . . ."

Die Novelle „Beim Vetter Christian" verströmt insbesondere „eine Luft der Behaglichkeit", die auch Storm gerne um sich verbreitet sah. Teilt er doch seiner Braut Constanze im Brief vom 6. April 1846 mit, daß seine ältliche Haushälterin, Christine – Tante Brick (1800–1882), Vorbild für die Novelle „Marthe und ihre Uhr" (1847 erschienen), ihm erklärt habe, daß er „so auffallend an der häuslichen Behaglichkeit hinge".

Wen wundert es da, daß sich in der Novelle „Beim Vetter Christian" dem Hagestolz Christian bei der köstlichen Bewirtung und der gemütlichen Atmosphäre, die nicht sein bärbeißiger alter Hausdrachen Caroline, sondern das „braune rosige" Mädchen, namens Julie Hennefeder verbreitet, nicht nur der Magen, sondern auch das Herz öffnet und er die junge Dame alsbald heimführt? Kann er doch nun mit berechtigter Erwartung, nicht nur weiteren großen Familienfestlichkeiten, wie etwa Kindtaufen, sondern auch unzähligen langen und traulichen Abenden zu zweit entgegensehen!

An weitere kulinarische Genüsse aus dem 18. Jahrhundert führt Storm in der 1880 entstandenen Novelle „Die Söhne des Senators" heran. Nicht nur, daß er die versunkene Welt des Rokoko mit der Schilderung einer Kaffeestunde beschreibt:

„Mit dem schweren Schlüssel, den er aus der Tasche zog, schloß der alte Herr die Pforte auf, und bald konnte man ihn auf dem geradlinigen, mit weißen Muscheln ausgestampften Steige in den Garten hineinschreiten sehen . . . Der zwischen Buchseinfassung hinlaufende breite Steig führte nach etwa hundert Schritten zu einem im Zopfstil erbauten Pavillon; und es war für die angrenzende Gasse allemal ein Fest, wenn an Sonntagnachmittagen die Familie sich hier zum Kaffee versammelt hatte und dann beide Flügeltüren weit geöffnet waren. Der alte Andreas, welcher dicht am

Garten wohnte, hatte an solchen Tagen schon in der Morgenfrühe oder vorher, am Sonnabend, alle Nebensteige geharkt und Blumen und Gesträuche sauber aufgebunden. Weiber ..., Jungen und Mädchen drängten sich um die Pforte, um durch deren Stäbe einen Blick in die patrizischen Sommerfreuden zu erhaschen, mochten sie nun das blinkende Service des Kaffeetisches bewundern oder schärfer Blickende die nicht übel gemalte tanzende Flora an der Rückwand des Pavillons gewahren."

Storm übernimmt in die Novelle einen in der eigenen Familienchronik beschriebenen Streit um einen Garten. Er teilt sogar das Leibgericht des jüngeren Senatorensohnes, Friedrich Jovens, mit, zu dessen Figur der Halbbruder seines einen Urgroßvaters Friedrich (1725–1811), Simon Woldsen (1732–1791), Modell gestanden hat.

In einer stürmischen Szene kann nicht einmal die Ankündigung dieses Leibgerichtes durch seine liebreizende Schwägerin Christine den Erzürnten im Hause des Bruders halten.

Bei der Speise handelte es sich in der Novelle um „perdrix aux truffes", zu deutsch Rebhühner mit Trüffeln. Hierbei bereitete man aus der Geflügelleber eine Farce, die man mit einigen gehackten Trüffeln mischte, womit man die Vögel von innen bestrich oder eine Füllung verfeinerte. Kein Wunder, daß der Senatorensohn sie zu seiner Leibspeise erkor! Heute gehört dieses Essen zu den Wildgerichten, die aus Kostengründen nur noch bedingt nachvollziehbar sind.

Das Rebhuhn, auch Feldhuhn genannt, hat seinen Ursprung am Schwarzen Meer. Es verbreitete sich dann mit dem Vordringen des Getreidebaues über Mittel- und Nordeuropa. Das zierliche braungefiederte Tier erwarb sich nicht nur die Hochachtung der Jäger, sondern auch der Gastronomen. Ist es doch klein, zart, aber kräftig, saftreich und nicht fett. In Schleswig-Holstein wird es zur Zeit jagdlich geschont. Die Rebhuhnzubereitung war insbesondere im vorigen Jahrhundert eine vielfältige. Man servierte es von September bis Januar, kunstgerecht gespickt und mit Speck umwunden, als Spießbraten im

Herrschaftliche Küche, Mitte des 18. Jh., Illustration aus dem Kochbuch von Marcus Loofft. Im Vordergrund Rebhühner, auf dem Herd ein Bratspieß, auf dem Feuerloch ein Dreibein mit Topf, an der Kette ein Grapen

Weinblattmantel mit Champignons, mit Trüffeln oder mit Parmesankäse, gefüllt mit brauner Soße, gedämpft mit Rosenkohl, mit Linsenpüree, mit Makkaroni, mit Sauerkraut, mit Polenta, mit Reis, Rotkraut, als getrüffelte Pastete oder als goldgelbe Koteletts. Im März und als älteres Tier wurde es zu Püree verarbeitet, zu Salami oder zu Haschee. Das französische Sprichwort „toujours perdrix“ (alle Tage Rebhuhn), ist eine stehende Bezeichnung für den höchsten Grad des Wohllebens, jedoch ohne den Reiz der Abwechslung. Das Rebhuhn war durch die Jahrhunderte hindurch nie sehr preiswert zu erwerben, sofern man es nicht selbst bejagte. Und so war eine Einladung zum Rebhuhnessen etwas Besonderes, das der Senatorensohn in der Novelle durch seine Präsenz und einen guten Appetit hätte angemessen würdigen müssen!

GEBRATENES REBHUHN, OHNE TRÜFFELN
(nach Sophie Barthmann)

Das junge Rebhuhn wird wie anderes Geflügel zum Braten vorbereitet, aber nicht gewaschen, sondern nur mit einem Tuche ausgewischt, mit Bindfaden zu guter Form dressirt, mit Salz bestreut, und, die Brust mit einem Weinblatte und darübergelegter großer Speckplatte bedeckt, mit Butter im heißen Ofen 15 bis 20 Minuten gebraten. Auch kann man die Brust spicken. Ebenso vortrefflich wird das junge Rebhuhn, wenn man es weder spickt, noch mit Speckplatten belegt, sondern in einer Casserole mit Butter auf beiden Seiten der Brust gelbbraun bratet, dann auf den Rücken legt, salzt und noch eine kurze Zeit im Ofen braten läßt. Je weniger Flüssigkeit man darunter gießt, desto besser wird das Rebhuhn. Die Jüs wird wie bei anderen Braten aus dem mit ein wenig Bouillon abgekochten Bratensaft bereitet.

REBHUHN MIT TRÜFFELFÜLLE
(nach einer alten Jägerfrau)

4 Rebhühner werden sorgfältig vorbereitet, d.h. gerupft, ausgenommen, ausgetupft, aber nicht gewaschen. Sodann füllt man sie mit einer Farce aus 400 Gramm gehacktem Schweinemett, einer kleinen Dose feingehackter Trüffeln nebst dem Trüffelsaft, einer Prise Pastetengewürz, der feingehackten Leber, etwas geweichtem Weißbrot ohne Rinde, nebst Salz und Pfeffer nach Geschmack. Man füllt die Körper und den Kropf und näht die Vögel sorgfältig zu und läßt sie 2 bis 3 Tage im Kühlen hängen. Erst dann entwickeln die Trüffeln ihr volles Aroma. Die Hühner werden sodann mit 200 Gramm hauchdünnen Rauchspeckscheiben umwickelt und man bratet sie je nach Alter zwischen $^1/_2$ und 1 Stunde gar. Den Bratensaft gießt man mit etwas Madeira auf und serviert sie mit ganz frischen Weißbrotscheiben.

In eine andere, ländliche und rauhe Welt des 18. Jahrhunderts in Nordfriesland führt „Der Schimmelreiter". Theodor Storm hat die Ursprungssage als Knabe im Hause der Urgroßmutter Elsabe Feddersen in Husum an der Schiffbrücke in einem Lektüreheft gelesen. Er verlegt sie von der Weichsel in die Marschenlandschaft und verwendet hierbei viel heimisches Kolorit. Und er läßt das tragische Schicksal des Hauke Haien, des „Schimmelreiters", sich um die Mitte des 18. Jahrhunderts entwickeln, denn er schreibt dazu:

„In der Mitte des vorigen Jahrhunderts, oder vielmehr, um genauer zu bestimmen, vor und nach derselben, gab es hier einen Deichgrafen, der von Deich- und Sielsachen mehr verstand, als Bauern und Hofbesitzer sonst zu verstehen pflegen; aber es reichte doch wohl kaum; denn was die studierten Fachleute darüber niedergeschrieben, davon hatte er wenig gelesen; sein Wissen hatte er sich, wenn auch von Kindesbeinen an, nur selber ausgesonnen."

Anschaulich beschreibt Theodor Storm die Wohnstube des alten Deichgrafen Tede Volkerts, die sich Storm vielleicht auf einem der für den Raum oberhalb von Husum und auf den Inseln typischen uthlandfriesischen Häuser auf einer hohen Warft vorstellt. Er läßt das „langgestreckte Haus des Deichgrafen ... schon von Weiten sichtbar" werden.

Der alte Deichgraf ist ein Freund des geruhsamen, behaglichen Lebens, dem die täglichen Mahlzeiten zum Hauptpunkt seines Daseins geworden sind.

Bei der Darstellung des Wohnraumes mit seinem Alkoven und den bemalten, glasierten Fliesen an den Wänden, dem Wandschrank mit den Glastüren, dem geschnitzten Lehnstuhl, meint man, in eines der Bilder des nordfriesischen Malers Carl Ludwig Jessen (1833–1917) aus Deezbüll hineinzuschauen.

Tede Volkerts ist bei einer seiner Lieblingsbeschäftigungen, bzw. hat diese gerade beendet, dem Verspeisen einer Ente – und noch nicht einmal irgendeiner Ente vom Hühnerhof – sondern seiner Lieblingsente! Storm vermittelt anhand dieses entleibten Marschvogels treffend den Charakter des Deichgrafen, der gerade Besuch von Hauke Haiens Vater, Tede Haien, hat:

„Der starke, etwas schlagflüssige Hauswirt saß am Ende des blank gescheuerten Tisches im Lehnstuhl auf seinem bunten Wollenpolster. Er hatte seine Hände über dem Bauch gefaltet und starrte aus seinen runden Augen befriedigt auf das Gerippe einer fetten Ente; Gabel und Messer ruhten vor ihm auf dem Tisch ... ‚Ihr seid es, Tede?' entgegnete er, und der Stimme war die verzehrte fette Ente anzuhören, ... und er nahm das vor ihm liegende Messer und klopfte wie liebkosend auf das Gerippe der armen Ente. ‚Das war mein Leibvogel', setzte er behaglich lachend hinzu; ‚sie fraß mir aus der Hand!' "

Man sollte meinen, Storm sei unter die Vegetarier gegangen, so deutlich spürt man seinen Widerwillen gegen das fette Geflügel, verbunden gleichzeitig mit dem Erbarmen für diese domestizierte, nunmehr entseelte Kreatur!

In dem mit der Handlung im „Schimmelreiter" etwa zeitgleich erschienenen Kochbuch des Marcus Loofft, das dieser 1758 in Itzehoe herausgab, wird umständlich die Zubereitung von gebratenen Enten beschrieben. Hieraus läßt sich das Besondere dieser Mahlzeit herleiten. Eine Ente war schließlich etwas sehr viel Delikateres als die herkömmliche Grütze! Außerdem war sie auf dem heimischen Hof erst auszubrüten, aufzuziehen und für Monate durchzufüttern, bevor sie schlachtreif war.

Nieder-Sächsisches
Koch-Buch,
oder
Sieben hundert und zehn
Anweisungs-Regeln
wornach
alle und jede, sowol kostbare, als
ordinaire Speisen präpariret, auch einige
Garten-Früchte getrocknet und eingemachet
werden können,
nebst
52 Regeln
von
den nöthigsten Confituren.
Für die Liebhaber mit aller Aufrichtigkeit
verfertiget
durch
Marcus Loofft,
Stadt-Koch in Itzehoe.
Dritte Ausgabe.
Altona und Lübeck bey David Iversen,
Königl. privil. Buchhändler.
1758.

WILDE UND ZAHME ENTEN ZU BRATEN
(nach Marcus Loofft)

Die werden nur nach der 1. Regel sauber präpariret, zierlich aufgespiesset und dann an einem Spieß gar gebraten, die zahmen Enten kann man auch zuweilen füllen, nemlich mit etwas gerieben Brodt, fein geschnitten Aepfeln, Corinten, Zucker, gestossenem Zimmet, dieses in ein wenig Butter abgeschwitzet, die Enten damit ausgefüllet und denn gebraten.

ENTEN MIT EINEM BRAUNEN ÜBERGUSS

Vorbereitungs-Regeln
Regula 1.

Von Reinmachung und Zubereitung alles wild- und zahmen Flügelwerks, sowol zum Kochen als zum Braten.

Alles zahme Flügelwerk oder Federvieh, es sey jung oder alt, von was Art es auch immer seyn mag, und welches am Spieß gebraten werden soll, muß trucken gepflücket (gerupft – Anm. d. Verf.), und so es die Umstände oder Jahreszeit nicht anders leiden, doch wenigstens eine Nacht vorher abgethan werden, daß es recht durchkühlen kann, denn sonsten wird es zähe, wenn es auch noch so jung ist, oder noch so viel gekocht oder gebraten würde. Hierauf bereitet man es ferner zum Braten, also: es sey was es wolle, wild oder zahm, so muß man, ehe man es ausnimt, die Brust zierlich einschlagen, die Flügel bey dem ersten Gliede abhauen, denn hinten am Halse die Haut in die Länge aufschneiden und den Kropf also heraus nehmen, daß die Haut vorne ganz bleibet, sodann das Eingeweide auch zierlich ausnehmen, weiter das Hun, oder was es ist, ein wenig über die Flamme halten, daß es absänget, aber daß es nicht schwarz werde, a) man muß das Feuer erstlich ein wenig durchbrennen lassen und denn überhalten, aber nicht so lange, daß die Haut aufschrumpelt, sonsten reisset sie entzwey, wenn man die Sachen aufspiesset, zumal wenn es jung ist, denn drücket man die Keulen auf beiden Seiten nieder, daß sich die Brust zierlich in die Höhe giebet, und steckt ein oder zwey hölzerne Spiesse durch die Keulen, daß es eine ansehnliche Form bekomme; denn werden die Beine bis über die Helfte abgehauen, auch der Hals kurz am Rücken abgeschnitten, die Haut aber von dem Kropf und Hals muß man etwas lang abschneiden, damit, wenn man die Sachen übern Feuer steif machet, selbige sich nicht zu weit in die Höhe ziehen könne, denn die Haut muß den Ort, wo der Kropf gesessen völlig bedecken, sonsten siehet es sehr unansehnlich aus ... denn steckt man es auf einen Stock und hält es über heisses Kohlfeuer und wendet es immer rund, bis es recht steif wird, denn gleich, weil es noch heiß ist, mit ein wenig Butter oder Speck beschmieret und mit einem reinen Tuch abgewischet, so wird es sauber und schön, und kann sodann ferner gespickt, oder mit Speck bewunden und denn gebraten oder sonst gebrauchet werden, wozu man will. Auf diese Weise bereitet man alles zum Braten bestimmte Flügelwerk ...

Die Enten kann man ... an einem Spieß garbraten und den Ueberguß nach der 18 Regel verfertigen und über die Enten geben.

Regula 18
BRAUNEN UEBERGUSS ZU ENTEN

Man mache . . . ein gutes braunes Mehl, und weil dieser Ueberguß mit Zucker gebrochen wird, so kann man das braune Mehl mit ein wenig Zucker abrühren, daß es recht hochbraun wird, denn kleingehackte Zwiebeln, Lorbeer-Blätter, gestossene Negelein (Nelkenpulver – Anm. d. Verf.), Rosinen, Corinten, in feine länglichte Striemeln geschnittene Mandeln, in Striemeln geschnittene Citron-Schalen, diese müssen aber erstlich ausgewässert und denn einmal aufgekocht werden, daß die Bitterkeit heraus gehet, dieses alles zusammen in das braune Mehl gethan und durchgerühret, denn etwas Fleisch-Suppe, oder so man deren nicht hat, halb Wasser und halb Wein daran gegossen und damit ein wenig kochen lassen, daß es eine sämige Tunke wird, aber fleißig gerühret, daß es nicht anbrennet, zuletzt thut man denn auch Wein-Eßig, Zucker, Citronen, und so man will, auch in Würfeln geschnittene Sucade, und so es nöthig thut, auch ein wenig Salz darein, denn noch ein wenig durchgekocht, daß es recht sämig und gut wird, so ist der Ueberguß recht.

Regula 16
WIE MAN BRAUNGEBRANNT MEHL MACHET

Wenn man ein Ragut oder sonsten eine braune Sose machen will, so thut man etwas Butter in eine Casserolle und lässet sie recht heiß und gelbbraun werden, denn thut man nach Proportion etwas Mehl hinein und rühret solches mit einem Küchen-Löffel immer über Feuer, solange bis es so braun ist, als man es haben will, und denn so muß man die Sachen, als kleingehackte Zwiebeln, Lorbeer-Blätter und dergleichen in Bereitschaft haben und solches in das heisse braune Mehl thun, dieses zusammen durchrühren, und denn auch das andere, wovon man eine Ragut oder Sose zu machen gedenket, dazu thun, noch ein wenig übers Feuer umschütteln und denn ferner daraufgeben, wie angezeiget werden wird.
Wenn man braun Mehl machet zu Sosen oder andern Speisen, welche mit Zucker gebrochen werden sollen, so kann man, wenn man das braune Mehl abrühret, ein wenig Zucker mit darein thun, es bekommt eine schöne hohe Farbe darnach, aber zu denen Sachen, wo kein Zucker zu soll und muß, da muß man kein Zucker in das braune Mehl thun.

Das offensichtliche Unbehagen Storms beim Beschreiben der knöchernen Relikte der deichgräflichen fetten Ente hat ihn aber Zeit seines Lebens nicht gehindert, sich an den heimischen Krickenten zu delektieren, die in Vogelkojen gefangen wurden! Diese waren allerdings, da es sich um Wildenten handelte, auch keinesfalls fett.

Aber die Bevölkerung an der rauhen Nordsee schwärmte allgemein wohl mehr für das fette Geflügel als für die getrüffelten Rebhühner des verfeinerten Geschmacks des Husumer gehobenen Bürgertums im 18. Jahrhundert.

So läßt Deichgraf Volkerts den Schulmeister die eigentlich ihm obliegenden Rechnungen erstellen und entschädigt diesen für die Arbeit mit einer gehaltvollen Beköstigung, die der Lehrer wohl nicht täglich auf seinem eigenen häuslichen Mittagstisch gefunden hat, nämlich Gänsebraten:

„Wenn Martini herankommt und hernach die Deich- und Sielrechnungen abgetan werden müssen, dann füttert er den Schulmeister mit Gansbraten und Met und Weizenkringeln und sitzt dabei und nickt, wenn der mit seiner Feder die Zahlenreihen hinunterläuft."

Der Deichgraf scheut keine Mühe und Kosten, um den Lehrer bei der Erstellung der Rechnungen gutgelaunt zu halten. Und auch als der Amtmann, der gleichzeitig Oberdeichgraf und damit sein Vorgesetzter ist, zur herbstlichen Deichinspektion erscheint, wird gebratene Gans, und zwar bereits zum Frühstück, serviert:

„... der Gansbraten da wird schon die Kräfte stärken!"

Wie der Deichgraf die Enten- und Gänsebraten in seiner Küche zubereiten ließ, wir wissen es nicht, können aber vermuten, daß es nach den hier landesüblichen Generationen lang überlieferten Macharten mit Äpfeln oder Pflaumen erfolgt ist.

EINE GANS MIT AEPFELN
(nach Marcus Loofft)

Die Gans muß man, nach Regula 1, ganz weiß und sauber zum Braten präpariren, und denn an einem Spieß gar braten, mit doppeltem Papier bewinden, daß sie ganz weiß bleibet, denn macht man durchgestrichene Aepfel dazu ... denn schneidet man ein gutes Theil abgeschälter Aepfeln halb durch, die Kärnhäuser heraus, denn einen Bogen Papier mit Butter bestrichen und in eine Tortenpfanne geleget, die Aepfeln daraufgesetzet, mit ein wenig Butter beleget, etwas Zucker übergerieben und unten und oben mit Feuer gar gebacken, wenn alles fertig ist, so thut man die durchgestrichenen Aepfel in die Schüssel und legt die weiß abgebratene Gans darauf und mit den halben Aepfeln garniret, so ist es recht und gut.

WIE MAN GÄNSE FÜLLEN UND BRATEN MUSS
(nach Marcus Loofft)

Man nehme rein gemachte Castannien, abgeschälte in Striemeln geschnittene Mandeln, in feine Striemeln geschnittene Aepfeln, in länglichte Striemeln geschnittenes Weißbrodt in Butter gebraten, rein gemacht Rosinen, das alles zusammen gemenget, die Gans damit gefüllt, zierlich aufgespiesset und an einem Spieß gar gebraten, zulezt, wenn der Braten meist gar ist und das meiste Schmalz heraus gelaufen, so thut man solches aus der Pfanne und begießt den Braten ferner mit reiner Butter, bis er vollends gar ist, so ist es recht gemacht. Wenn man die Gänse ordinair füllen will, so thut man an statt Castannien und Mandeln halb gar gekochte Pflaumen, gerieben Brodt und Anis dazu, auch ein wenig Zucker und gestossenen Zimmet.

Für den Deichgrafen ist Gänsebraten sein Renommier-Essen. Für den Vater Hauke Haiens ist die Gans das Symbol für ausgesprochene Dummheit, eine Dummheit, wie gerade der Deichgraf sie verkörpert, denn er erklärt seinem Sohn: „Der Deichgraf ist ein Dummkopf, dumm wie 'ne Saatgans!"

Wenn dem Schulmeister im „Schimmelreiter" als Getränk Met serviert wird, so handelt es sich hierbei um ein weinartiges Getränk aus vergorenem Honig, das bereits in vorgeschichtlicher Zeit in weiten Teilen Europas bekannt gewesen ist. Es wird in ländlichen Gebieten Nord- und Osteuropas noch heute als Rauschtrank zubereitet. Und auch in Nordfriesland muß Met von alters her beliebt gewesen sein.

So reimte der auch von Storm geschätzte Zeitgenosse, der Hattstedter Lehrer und Küster Richard Brodersen (verstorben 1861):

„... Un denn wor Husen Kröger,
schenk Meet un Eierbeer ut
an Fischers un an Schippers,
dat gung em banni gud.

(aus: „Old-Husum", in Felix Schmeißer, Alt-Husumer Bilderbuch)

Die Honigherstellung erwies sich vor dem Einzug der Schleudern noch als sehr mühsam. Man sammelte die Waben aus den Bienenkörben, legte sie in einen ausgehöhlten Buchenklotz, packte ein Brett darauf und preßte auf diese Weise den Honig ab.

Aus den Rückständen und dem Spülwasser erhielt man dann durch Gärung Honigwein (Met). Dieser war sehr stark und sehr süß. Man gab ihn aber auch Kindern, jedoch nur verdünnt.

Leider fand sich kein Originalrezept, sondern nur eine Zubereitungsart, die zu einer Geschmacksähnlichkeit kommt und die ein Nachbar von mir, Herr Jakob Müller, Neumünster, der Imker ist, ausgeklügelt hat:

UNVERGORENER MET
(nach Jakob Müller)

1 Kilogramm Sommerhonig, möglichst würzig, 1 Liter sehr guter trockener Weißwein, 1 Liter Weingeist, unvergällt

Alle Zutaten ohne Erwärmung, durch ständiges Umrühren, gut miteinander vermischen, so daß sich der Honig löst. In gereinigte Flaschen abfüllen, sauber verschließen und im warmen Zimmer 8 Tage stehenlassen. (Vor dem Abfüllen kann ein Leinenbeutelchen mit etwa 1 Eßlöffel voll Früchtetee-Blättern in die Flüssigkeit gehängt werden und im warmen Zimmer eine Nacht darin verbleiben).

Zum Gänsebraten erhielt der Schulmeister in der Novelle nicht etwa Klöße, Grütze oder gar Kartoffeln, die sich erst Ende des 18. Jahrhunderts in Norddeutschland verbreiteten.

Ihm wurde auch kein derbes Stück Brot gereicht, sondern – wohl ungesüßte – Weizenkringel! Das war das Feinste vom Feinen! Denn üblicherweise bestand das Backmehl aus dem derben Roggenmehl, das für feineres Brot sogar „gesichtet“, d.h. per Hand und später per Maschine durch einen Beutel geschüttelt wurde, um grobe Rückstände auszuscheiden. So heißt es bereits in „Beim Vetter Christian“: „. . . aber der Vetter hörte das so wenig, wie der Mietsmann eines Bäckers das Geklapper der Beutelmaschine.“

Weizenmehl gab es nur für die „gehobenen“ festlichen Backwaren.

FEINBROT

oder sogenanntes ausgesichtetes Brot von gebeuteltem Roggenmehl
(nach Johanna Kuß)

Dies Brot wird am Abend vor dem Backen angerührt und zwar 3 $^1/_2$ Liter Mehl in einen Trog oder eine große Schüssel gethan, 1 $^1/_2$ Liter Buttermilch, abgerahmte, sauer oder frisch gemolkene Milch lauwarm gemacht, dann 35 gr. aufgelös'ter Gest (Hefe – Anm. d. Verf.) und etwas Salz hinzugethan, gut mit der Hand durchgearbeitet und der Teig für die Nacht an einen warmen Ort zum Aufgehen gesetzt. Am folgenden Morgen nehme man etwas von dem gebeutelten Roggenmehl oder Weizenmehl, aber nicht mehr, als zum Bearbeiten nöthig ist, knete den Teig tüchtig, bis er von der Hand losläßt, durch und forme zwei Brote daraus. Gleich darauf muß das Brot in den Ofen. Es muß eine gute Hitze haben und eine gute Stunde backen. Man kann auch statt der Milch das Brot mit dünner Buchweizengrütze anrühren und nimmt dann das Maaß Milch etwas reichlich. Besonders gut wird das Brot, wenn zum Anrühren saurer Rahm genommen wird.
Es ist sehr zu empfehlen, gleich beim Anrühren etwa einen tiefen Teller voll gekochter, geriebener Kartoffeln dem Teige beizumischen, sie befördern das Aufgehen desselben, das Brot wird lockerer und hält sich länger frisch. Um dem Brot mehr Ansehen zu geben, kann man es beim Backen mit Buttermilch oder Ei bestreichen. Thunlich ist es auch, das Brot in einem Grapen (großer Topf – Anm. d. Verf.) zu backen, nur muß man dann eine kleinere Portion nehmen, da nur ein Brot auf einmal gebacken werden kann; auch nimmt man dazu am liebsten einen runden Grapen, der nicht zu tief ist und einen Deckel hat, der gut schließt. Man setze den Grapen in eine gehörig heiße Herdecke, etwa nach einer Wäsche. Es darf fast kein Feuer unten sein, aber rund um und auf dem Deckel müssen Kohlen gehalten werden.

WEIZENKRINGEL

(Hausrezept der Verfasserin)

375 Gramm Weizenmehl, $^1/_8$ Liter Rahm, 1 Eßlöffel Zucker (oder auch nicht), 2 Eier, eventuell 1 Teelöffel Zimt, etwas Salz

Man knetet aus allen Zutaten einen Teig, den man über Nacht am kühlen Platz ruhen läßt. Morgens wird er erneut durchgeknetet, dann dünn ausgerollt, und in feine Streifen geschnitten. Daraus werden Kringel geformt, die in Wasser aufgekocht werden, bis sie nach etwa 3 Minuten an die Oberfläche kommen. Sie werden kurz in kaltes Wasser getaucht, dann auf einem gefetteten Blech bei milder Hitze abgebacken. Die Kringel können auch vor dem Backen mit Anis, Kümmel oder Fenchelkörnern bestreut werden, dann läßt man aber Zucker und Zimt weg.

Bevor der Deichgraf sich zum Sterben anschickt, läßt Storm den Leser bereits das nahe Ende erahnen:

„Er hatte auch mehrfach in den letzten Monden Lebensüberdruß geäußert; sein Leibgericht, der Ofenbraten, selbst seine Enten hatten ihm nicht mehr schmecken wollen."

Unter „Ofenbraten" ist ein großes Stück Fleisch, das als Ganzes im Bräter geschmort wird, zu verstehen, gleich welcher Fleischsorte. Die aufgemauerten Küchenherde des 18. Jahrhunderts verfügten über keine integrierte Backröhre, sondern es befand sich höchstens in der Küche ein separater Backofen in der Wand. Auch ging man, insbesondere aus feuerpolizeilichen Gründen, dazu über, auf bäuerlichen Anwesen ein alleinstehendes Backhaus in angemessener Entfernung von dem strohgedeckten Wohnhause auf dem Hofe zu errichten oder baute für alle Dorfbewohner ein gemeinschaftliches Backhaus. War kein Backofen vorhanden, wurden üblicherweise die Braten an einem Drehspieß oder in einer Tortenpfanne gegart. So heißt es beispielsweise zur Zubereitung eines mit geriebenem Brot bedeckten Rinderbratens in dem Kochbuch des Marcus Loofft aus dem 18. Jahrhundert:

PANIRTES ODER MIT BRODT BELEGTES RINDFLEISCH
(nach Marcus Loofft)

Dazu nimmt man gerne ein Stück Fleisch, das oben etwas fett ist, so groß oder so klein als man es nöthig hat, und denn dasselbe nur naturell abgekocht, damit man die Suppe auch gebrauchen kann, denn reibet man ein gutes Theil ausgesichtetes Rockenbrodt und auch Weißbrodt nach Proportion als man ein groß Stück Fleisch hat, und denn so menget man unter das geriebene Brodt Zucker und gestossenen Zimmet; wenn das Fleisch gar ist, so nimt man es heraus und legt es in eine Tortenpfanne, das angemengte Brodt mit ein wenig geschmolzener Butter und ein wenig Fett von dem Rindfleisch angenetzet, und als einen halben Finger hoch überher auf das Fleisch gebacken, denn unter das Fleisch ein wenig Fett und Suppe gegossen, auf ganz gelindes Kohlfeuer gesetzet, oben auf dem Deckel aber etwas stärker Feuer, daß es allmählig recht gelbbraun backet, so ist es recht.

Adrian Ludwig Richter, Szene zum Märchen „Kaffeekanne und Milchkanne“, Verfasser unbekannt, im Hintergrund rechts eine Herdbank, links darauf ein Zwischenofen

Dieses vorgegarte und angeschmorte Fleisch hatte natürlich nicht die Saftigkeit, die ein Stück Fleisch aufweist, bei dem sich unter starker Hitze rasch die Poren schließen können und das dann im Backofen im eigenen Saft schmoren kann. Und so war der im Ofen zubereitete Braten schon etwas Besonderes, zumal, wie gesagt, nicht jeder Haushalt über einen eigenen Backofen verfügte.

Man kann davon ausgehen, daß sich im deutschsprachigen Raum die Grundzubereitungstechniken von Fleisch nicht sehr unterschieden haben. Und so finden sich in einem oberrheinischen Kochbuch von 1811 Anweisungen für die in einem gesonderten, kleineren Brat- oder Zwischenofen gebratenen Fleischspeisen, so wie er sich auch auf der Zeichnung von Adrian Ludwig Richter als auf dem Kochherd gemauert darstellt.

GEBRATENE FLEISCHSPEISEN
(nach unbekanner Verfasserin aus Mülhausen)

Es würde überflüssig seyn, wenn ich alle Braten von Kalbfleisch und Hammelfleisch zu Papier bringen wollte. Nur dies Einzige will ich hinzufügen, daß alles Fleischwerk am Spieß gebraten viel besser schmeckt, als aus einem Ofen. Jedoch weil in den meisten Häusern die Gelegenheit fehlt, das Fleisch am Spieß zu braten, und man auch viel mehr Holz dazu braucht, so kann man in einem Bratenöfelein oder in einem Zwischenöfelein, wenn man die gehörige Sorgfalt dazu trägt, so gut als an einem Spieß braten. Man muß nur nicht zu viel Wasser in die Bratenpfanne thun, wenn man in einem Ofen braten will. Man stellt in die Bratenpfanne einen Rost, oder in Ermangelung dessen kleine Hölzer, die man kreuzweise über einander legt. Hat man Kalbfleisch zu braten, so legt man frische Butter oder Speck oben darauf und besprengt es mit Pfeffer und Salz. Man muß es aber während dem Braten einigemal umwenden, und jedesmal mit der Brühe so in die Bratenpfanne läuft, begießen. Alles Kalbfleisch so man braten will, ist gespickt besser als ungespickt. Weil man aber von einer Brust oder von einem Nierenbraten die Haut nicht abschälen kann, so legt man es auf einen Rost, und stellt es einige Minuten auf ein wenig Glut, bis die Haut dürr ist. Alsdann werden die Braten gespickt, wie man ein anderes spickt. Hat man Hammelfleisch, so muß man es immer stark klopfen, ehe man es bratet.

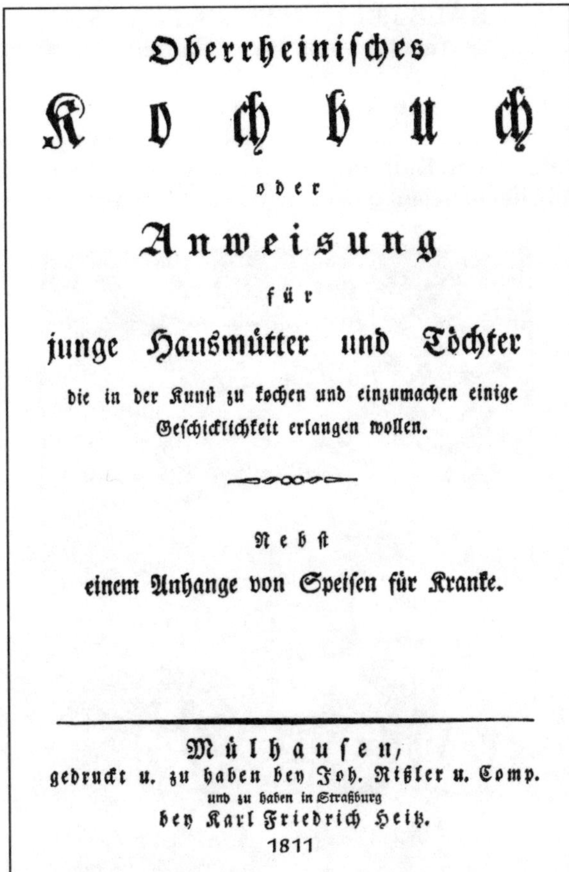
Oberrheinisches
Kochbuch
oder
Anweisung
für
junge Hausmütter und Töchter
die in der Kunst zu kochen und einzumachen einige Geschicklichkeit erlangen wollen.

Nebst
einem Anhange von Speisen für Kranke.

Mülhausen,
gedruckt u. zu haben bey Joh. Rißler u. Comp.
und zu haben in Straßburg
bey Karl Friedrich Heitz.
1811

Ob diese kleinen Zwischenöfen zum Braten im 18. Jahrhundert auch hier im Lande zwischen den Meeren gängig waren, ist anhand von zeitgenössischen Abbildungen und einem Rundgang durch das Freilichtmuseum in Molfsee nicht zu ergründen gewesen.

Ein küchenhistorisches Zeitzeugnis von der Westküste aus dem Jahre 1747 ist das handgeschriebene Kochbuch der Jungfrau Margaretha Willerns aus Rücksbüll in Cating, das sie seit dem 17. April 1747 verfaßte. Das Exemplar befindet sich in der Schleswig-Holsteinischen Landesbibliothek in Kiel. Hierin ist vermerkt, daß die Braten in der Pfanne zubereitet werden und nicht an einem Spieß oder in einem gesonderten Brat- oder Backofen. So heißt es zum Beispiel in der schlechtleserlichen Handschrift der Eiderstedterin:

KALB-FLEISCH IN DIE PFANN
(nach Margaretha Willerns)

Nimm Kalb-Fleisch, siede das in Waßer, lege das in die Pfann, gieß ein Römer Wein auf das . . . von die Jügge (d.h. der Bratensaft), darinnen es gesiedet, thur Ingwer, Saltz, Muskatenblumen und Butter darauf, laß es was sieden, dann . . . drauf, nimm ein Limon, schneide ihn in Scheiben, die Schal davon, laß es damit gar schmoren.

FLEISCH IN EIN ZINNERN POTT
(nach Margaretha Willerns)

Nimm Rindfleisch in ein Stück oder ..., laß es in Waßer aufsieden, nehmet das in die Pfann, gieß ein Römer Wein und zwei Römer Waßer darauf, thur darin Pfeffer, Ingwer, Saltz, Pflaumen auf, laß das sieden.

Der offensichtliche Mangel an gesonderten Bratöfen in Schleswig-Holstein zum Zubereiten von großen Fleischstücken zeigt sich noch einhundert Jahre später. So vermerkt Johanna Kuß in ihrem Kochbuch (1. Auflage 1856):

BRATEN
(nach Johanna Kuß)

Vorerinnerung.
Am Besten macht man die Braten in dafür eingerichteten Bratöfen, allein da nur einer kleineren Zahl von Haushaltungen solche zur Disposition stehen, so bemerke ich dafür hier nur das Eine, daß die Oefen gehörig heiß werden müssen, ehe der Braten hinein kommt, damit sich die Oberfläche schnell zusammenzieht, und man verhindert, daß der Saft ausläuft, der Braten also inwendig saftig und roth, aber nicht blutig werde.

Salz muß man über jeden Braten thun, und etwas Wasser, oder bei Wildbraten etwas Milch darunter gießen. Während des Bratens muß man fleißig mit Jüs begießen und sollte der Braten zu braun werden, kann man dieses verhindern, indem man mit Butter bestrichenes Schreibpapier darüber legt und dieses nur während des Begießens abnimmt. Sollte der Braten zu stark dampfen, so thut man wohl, in der letzten Zeit des Bratens die kleine Thür des Ofens zu öffnen.

Gewöhnlicher geschieht das Bereiten der Braten in einer Brat- oder Tortenpfanne oder in einem Grapen. In dieses zum Braten bestimmte Geschirr thut man Butter oder Fett, läßt dieses braun werden, welches der Fall ist, wenn es aufhört zu zischen, dann legt man den Braten hinein, tüchtig viele Kohlen darunter, doch weniger in die Mitte, meistens rund um, und ebenfalls oben auf den Deckel. Hat man den Braten auf die obere Seite zuerst gelegt, um braun zu werden, welches jedoch nur bei nicht gespickten geschehen kann, so wird er, wenn er hellbraun ist, umgekehrt und etwas Wasser darunter gegossen. Man muß Sorge tragen, daß die Flüssigkeit unter dem Braten nicht zu viel wegbratet und immer etwas Wasser nachgegossen wird. Fleißig mit Jüs begießen ist notwendig. Um zu verhüten, daß der Braten zu weich werde, muß man in der letzten Zeit des Bratens den kleinen Schieber oben im Deckel aufmachen. Rinder- und Wildbraten werden leichter mürbe, gewinnen auch an Geschmack, wenn sie nach den verschiedenen Jahreszeiten möglichst lange hängen, im Winter selbst 14 Tage. Alle Braten müssen nur möglichst schnell abgewaschen und tüchtig geklopft werden. Die Länge der Bratzeit ist verschieden. Die Jüs wird gemacht, nachdem der Braten ausgenommen ist und man die Jüs auf starkem Feuer tüchtig bratet, auch, wenn es nöthig, etwas Wasser daran thut, dann etwas Soja und ein Stück kalte Butter, oder bei Wild statt der Butter etwas Rahm oder Milch unter ständigem Rühren hinzuthut. Alle Jüs muß durch ein Sieb gegeben werden.

Aus diesen unterschiedlichen Beschreibungen ist zu entnehmen, wie mühsam und zeitraubend es im 18. und auch noch im 19. Jahrhundert war, ein tüchtiges Stück Fleisch auf den Tisch zu bekommen, und es daher erklärlich ist, daß Theodor Storm ausdrücklich den „Ofenbraten“ als Leibgericht eines Deichgrafen erwähnt.

Der Mensch ist, was er ißt! Und Storm versteht es meisterlich, anhand der banalen Alltäglichkeiten Atmosphäre zu verdichten und das Ambiente der unterschiedlichen Haushalte, hier das derbe, pralle Leben eines reichen Marschbauern und Deichgrafen des 18. Jahrhunderts, dort das des gehobenen, fast großbürgerlichen Kaufmannsstandes mit seinen beschaulichen Kaffeestunden und Familienfesten, zu zeichnen, wobei er in negativen Einzelheiten dezent bleibt. Genoß der alte Deichgraf opulente Braten, so wird Hauke Haiens Bescheidenheit im alltäglichen Leben dadurch beschrieben, daß er nach der Rückkehr vom Pferdemarkt und dem Kauf des gespenstischen Schimmels als Abendessen von seiner Frau das obligate Warmbier angeboten bekommt und, so fährt Storm in auffallender Schlichtheit fort: „Brot und Butter waren auch zur Stelle.“

Der alte Deichgraf war, wie Storm immer wieder betont, offensichtlich vor allem dem guten Essen zugetan – so offensichtlich, daß er, als er Hauke Haien zum Tode von dessen Vater kondoliert, auch darüber die leiblichen Genüsse nicht vergißt:

„Nun, nun, mein Junge“, sagte er, „sei nur ruhig jetzt; denn sterben müssen wir Alle, und dein Vater war keiner von den Schlechtsten! – Aber Elke, nun sorg, daß du den Braten auf den Tisch kriegst; wir müssen uns stärken!“

Getreu dem Motto: „Wie gelebt, auch so gestorben“, feierte man nach dem Ableben von Tede Volkerts eine „große Leiche“, mit einem reichhaltigen Festmahl:

„Im Hause drunten in der Marsch hatte Elke in Pesel und Wohngelaß das Leichenmahl gerüstet; alter Wein wurde bei den Gedecken hingestellt; an den Platz des Oberdeichgrafen – denn auch er war heut nicht ausgeblieben – und an den des Pastors je eine Flasche Langkork (ein besonders guter Wein mit einem langen Korken – Anm. d. Verf.) . . . Dann ging sie ans Fenster; denn schon hörte sie die Wagen an der Werfte heraufrollen; einer um den anderen hielt vor dem Hause, und munterer, als sie gekommen waren, sprangen jetzt die Gäste von ihren Sitzen auf den Boden. Hände reibend und plaudernd drängte sich Alles in die Stube; nicht lange, so setzte man sich an die festliche Tafel, auf der die wohlbereiteten Speisen dampften, im Pesel der Oberdeichgraf mit dem Pastor; und Lärm und lautes Schwatzen lief den Tisch entlang, als ob hier nimmer der Tod seine furchtbare Stille ausgebreitet hätte.“

Weltliche und geistliche Amtsträger vereint bei einem guten Mahl – das war schon im 18. Jahrhundert und auch in der Zeit davor und danach an der Tagesordnung!

Dieses erkennend, hat Storm bereits in seiner Junggesellenzeit ein Spottgedicht verfaßt, das erstmals mit einem

Holzschnitt von Wilhelm Heuer versehen im Volksbuch für 1848, herausgegeben von Karl Leonhard Biernatzki, erschien.

Gesegnete Mahlzeit!

Wilhelm Heuer – „Gesegnete Mahlzeit“ (Holzschnitt). In: Karl Leonard Biernatzki (1815–1899), „Volksbuch für die Herzogtümer Schleswig, Holstein und Lauenburg“, Kiel und Altona 1848.

Sie haben wundervoll dinirt —
Warm und behaglich rollt ihr Blut,
Voll Menschenliebe ist ihr Herz,
Sie sind der ganzen Welt so gut.

Sie schütteln zärtlich sich die Hand,
Umwandelnd den geleerten Tisch,
Und wünschen, daß gesegnet sei
Der Wein, der Braten und der Fisch.

Die Geistlichkeit, die Weltlichkeit,
Wie sie so ganz verstehen sich!
Ich glaube, Gott verzeihe mir,
Sie lieben sich herzinniglich.

Hagebuttensuppe – eine Kindheitserinnerung

Die Kindheit ein zweites Mal zu erleben heißt, den Duft und den Geschmack der Vergangenheit wieder zu vergegenwärtigen.

Die Erinnerungen an Farben und Formen, an Geräusche und Töne mögen im Laufe der Jahre verblassen. Aber der typische Geschmack einer ganz bestimmten Sorte Kuchen oder von bestimmten Äpfeln, aber auch der Duft nach Gewesenem, der aus alten Büchern aufsteigt, der Geruch nach Bohnerwachs, wie ihn früher die Treppenstiegen verströmten, oder der nach Mottenkugeln, wie er aus alten Kleiderschränken und Kammern entgegenweht, vielleicht auch die sommerwarme Mischung von Gras, Klee- und Kamillenblüten, die aus frisch gemähten Wiesen an die Heuernten der Kinderzeit auf dem Lande erinnert, oder das Odeur verwelkender alter Rosen, ist unvergänglich! Dieses kann immer wieder aus der Erinnerung wachgerufen werden! Das sind die Mosaiksteine, aus denen sich später die Rückbesinnung auf die Jugend zusammensetzt, auf die vermeintliche behütete Geborgenheit und Wärme, auf Frieden und Heimat!

„Ich weiß es nicht, genau kann ich es nicht einmal angeben, weshalb ich Waffelkuchen rieche, wenn man von Heimat spricht“, formulierte es der holsteinische Dichter und Juristenkollege Theodor Storms, der aus Haale bei Rendsburg stammende Timm Kröger (1844–1918) in der Mitte seines Lebens.

Und so sind auch die Jugenderinnerungen Theodor Storms, die sich später in seinen Novellen zu lebendigen Impressionen verdichten, Erinnerungen an Kompositionen aus Geruch und Geschmack:

Da ist der Duft des brackigen Husumer Hafenwassers, der Gestank verwesender Fische und zergehender Krabben, Seesterne, Muscheln und Tangs, vermischt mit Öl und Schmierfett, der über der Stadt liegt. Und wenn das Hafenbecken bei Ebbe trockenfällt, so schwebt über der Stadt geradezu eine Glocke aus dem Geruch nach Schlamm und Salzwasserbrühe, der die Luft in Husum so typisch macht.

Da ist der fettige Essensbrodem, der aus den geräumigen, feuchten großbürgerlichen Kellerküchen der stattlichen Kaufmannshäuser durch die ebenerdigen Fensterluken herausquillt und bei den Satten Übelkeit, bei den Hungrigen aber Appetit und Neid erregt.

Da ist das feine Parfüm der geschorenen Buchsbaumeinfassungen in den reichen Bürgergärten, untermalt von dem der Zentifolien, Levkojen, Reseden und Hortensien.

Und da ist die Mischung in den Gewürzstuben, die in die zahlreichen übereinanderliegenden Dachböden hineingebaut sind, nach getrockneten Lavendelblüten und Hagebutten.

Hagebutten – Hagebuttensuppe – das ist der erste poetische Stein, aus dem der spätere Dichter ein ganzes Gebäude voller Lyrik und Prosa errichten wird. Hagebuttensuppe, bereitet von seiner Urgroßmutter Elsabe Feddersen, geb. Thomsen (1741–1829). In den autobiographischen Aufzeichnungen „Aus der Jugendzeit“, möglicherweise erst 1887 entstanden, erinnert sich Storm:

„Meine erste Erinnerung mag sein, die mir dann und wann noch wie ein dunkles Bild aufsteigt, daß ich einmal Nachts mit meinem Vater in einem Himmelbett geschlafen ... das Bett stand in dem schönen hohen, mit Stuckwänden und solcher Decke versehenen Saal, dessen zwei große Fenster nach dem Garten hinaus gingen; und zwar an der rechten Seite. Es müßte etwa bei oder nach der Geburt der um $2^1/_4$ Jahre jüngeren, vor über einem Menschenleben schon verstorbenen Schwester gewesen sein (Helene Storm, 1820–1847 – Anm. d. Verf.) ... Bestimmt aber sehe ich mich in der Wochenstube an einem Tischchen dem Bette meiner Mutter gegenübersitzen und eine Hagebutten-Suppe mit den Früchten auflöffeln, welche ihr von der Urgroßmutter, der Senatorin Feddersen, geschickt war; ich weiß, daß derselbe Tisch jetzt Nachts vor meinem Bette steht.“

Hagebuttensuppe – wohl als Stärkung für die Wöchnerin gedacht, womöglich in einem dieser buntbemalten heimischen Keramiktöpfe mit Deckel und Henkel, dem sogenannten „Hangelpott“, durch einen weiblichen Dienstboten auf klappernden Holzschuhen der jungen Mutter gesandt, die aber vielleicht, nach den Strapazen der Geburt, ein saftiges Beefsteak dem süßen Gericht vorziehen würde!

Doch der Knabe Theodor ist kein Kostverächter der urgroßmütterlichen Kochkunst und läßt sich jetzt und in Zukunft die süße Fruchtsuppe schmecken. Süße Suppe, mit Milch, mit Grütze, mit Obst, das wird seine Lieblingsspeise, ebenso wie große Eierpfannkuchen, Flinsen und Pförtchen. In ihnen offen-

Schiffbrücke in Husum, Motiv auf einem Briefbogen (19. Jh.)

bart sich ihm, auch später, alle Kindheitsseligkeit!

Ort der Handlung, der Hausgeburt der kleinen Schwester Helene, ist nicht das später von den Eltern bewohnte, 1777 errichtete Kaufmannshaus in der Hohlen Gasse 3, das heute noch, wenn auch seines benachbarten dazugehörenden Kontorgebäudes, der Schuppen, Stallungen und des Gartens beraubt, Wohlhabenheit und Gediegenheit ausstrahlt. Denn hierher zogen die Eltern erst 1821, als der Großvater Simon Woldsen (1754–1820) verstorben war und die noch jugendliche Großmutter Kinder und Leben um sich verspüren wollte.

Im Jahre 1819 wohnten die Storms erst seit wenigen Monaten in Husum, Neustadt 56, dem Doppelhaus, in das Jahrzehnte später der Dichter und aufstrebende Jurist kurz vor seiner ersten Ehe erneut einziehen wird. Hier von einem „Saal“ zu sprechen, erscheint bei den heutigen Raumvorstellungen ein wenig hochgestapelt. Das altertümliche, niedrige Haus aus dem Jahre 1657 vermittelt den Eindruck des Wohn- und Werkstatthauses eines florierenden Handwerkermeisters und nicht den Repräsentativbau eines Großbürgers! Doch Storm spricht auch später von dem nach hinten zum rückwärtigen Garten gelegenen Raum als dem „Saal“, wenn er seiner Braut Constanze Esmarch am 21. November 1845 schreibt:

„Vor den Saalfenstern will ich eine kleine Partie mit Gebüsch und Rasen anlegen, damit wir gute Aussicht haben, wenn wir im Sommer im Saal wohnen.“

Der „Saal“ war bei den Storms, doch

Neues

Schleswig-Holsteinisches

Kochbuch

für

gute Hausmannskost und ächt bürgerliche Küche.

Enthaltend die vorzüglichste Auswahl ausgeprobter Kochrecepte.

Herausgegeben

von

Sophie Barthmann.

Zweite Auflage.

Altona.

S. Kalman & Co.

auch schon bei seinen Eltern, Großeltern und Urgroßeltern, gleichgültig wie geräumig, das Gesellschaftszimmer, in dem man Gäste zu bewirten pflegte und repräsentative Einladungen absolvierte. Er war das „Staatszimmer“, in dem die „guten“ Möbel standen, das „gute“ Geschirr benutzt wurde und das „gute“ alte Familiendamast aufgedeckt wurde. Er war Objekt, Subjekt und Sinnbild der gesellschaftlichen Reputation und Ausdruck dessen, wie weit man es gebracht hatte. Warum allerdings der kleine Theodor mit dem Vater vereint darin in einem Himmelbett schlafen mußte, kann man nur vermuten: Man hatte Vater und Sohn wohl für die Zeit der Geburt und des Wochenbettes aus der elterlichen Schlafstube ausquartiert!

HAGEBUTTENSUPPE
(nach Sophie Barthmann)

Frische, von Stielen, Blüthen und Stacheln befreite, so wie ausgekernte Hagebutten kocht man nachdem sie gewaschen, in Wasser mit Zimmt, Citronenschale und etwas abgeschältem, in Stücke geschnittenem Milchbrod langsam weicht. Alsdann sind sie zu Brei zu quirlen, werden durch ein Sieb gestrichen, mit Wein und Zucker vermischt und wieder aufgekocht. Die Suppe sei schön seimig und wird über Zwiebackcroutons angerichtet. Ist sie zu dünn, so gibt man etwas klar gerührtes Kartoffelmehl hinein und läßt nochmals damit aufkochen. Von trockenen Hagebutten ist die Bereitungsweise dieselbe.

Die Hagebuttensuppe betreffend, sind mehrere Zubereitungsarten, die möglicherweise im damaligen Herzogtum Schleswig, zu dem Husum gehörte, in ähnlicher Weise gängig waren, in alten Kochbüchern zu finden. Heute ist dieses Gericht aus der Mode gekommen. Nur Hagebuttentee und Hagebuttenmarmelade gibt es noch im Handel. Letztere ist sehr zu empfehlen, besonders zu Wildschweinbraten.

Gewiß hat die alte Frau Senator Feddersen einige weichgekochte Früchte vor dem Passieren zurückbehalten und diese zum Schluß der Suppe, schon aus optischen Gründen, wieder zugefügt.

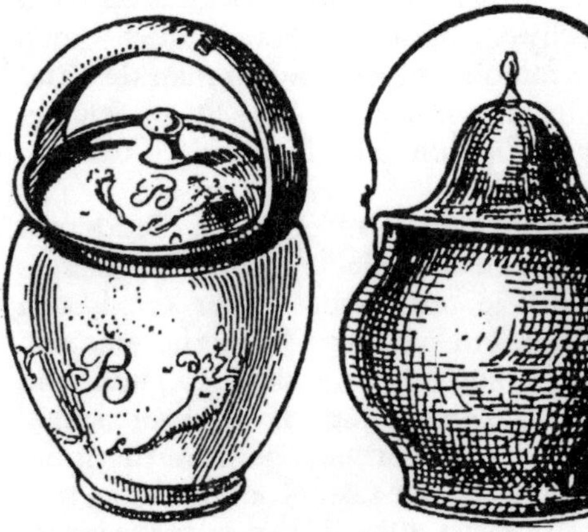

Hangelpott

Die Überbringung der Suppe an die junge Mutter entspricht einer alten Sitte im Lande: In den ersten Tagen nach der Geburt wechselten sich die Nachbarinnen bei einer Wöchnerin damit ab, ihr stärkende Speisen im „Hangelpott" zu bringen, der zum besseren Transport über einen kräftigen Henkel und einen Deckel verfügte. Der Inhalt des Gefäßes war dann meist so reichlich bemessen, daß jeweils die gesamte „mutterlose" Familie davon satt wurde.

Ob die alte Frau Senator die Hagebuttensuppe in einem dieser typischen Töpfe senden ließ, ist nicht bekannt. Tatsache ist, daß der kleine Urenkel Theodor sie sich sehr gut schmecken ließ!

Um die Hagebutten nach der Ernte im Spätsommer oder Herbst zu konservieren, kochte man sie in einer Zucker- oder Zucker-Essig-Lösung ein oder trocknete sie. Zuvor mußten sie jedoch mittels einer Haarnadel oder eines spitzen Messers von den Samenkörnern im Inneren befreit werden, eine äußerst mühselige Angelegenheit! Die so präparierten Früchte konnte man dann in Flaschen füllen, die zuvor ausgeschwefelt wurden, der Korken wurde mit erhitztem Harz verschlossen. Das Einmachgut kam in einen kühlen, aber frostsicheren Vorratsraum, oder man grub es im Garten in der Erde ein, was als probates Mittel zum Durchwintern galt. Auch füllte man die Früchte in einer Zuckerlösung in Tonkruken, die man mit einer angefeuchteten Schweinsblase zuband, oder man „schmolz" sie ein, indem man das Einmachgut mit einer Schicht ausgelassenem Ochsen- oder Hammelfett bedeckte.

Sollte die Urgroßmutter Feddersen die Früchte nicht getrocknet haben, wird sie gewiß eines dieser klassischen Einmachverfahren bevorzugt haben. Man möge das mühsame Herstellen in Gedanken genüßlich nachvollziehen, eingedenk der heutigen Einfriermöglichkeiten oder der Konservierung mittels „Twist off"-Gläsern oder Einmachhaut! Weniger Umstände machte das Trocken der entkernten Hagebutten. Bei größeren Wohnhäusern besaß man in einem Bodenraum eine sogenannte Gewürzstube, die unter anderem getrocknete Kräuter, Strohblumen, Zwetschen, auf Fäden gezogene Scheiben von Äpfeln, Birnen, sowie Bohnenschoten, Hagebutten und den Wintervorrat an Nüssen barg.

Theodor Storm erinnert sich selbst noch an die Gewürzstube in einem der Dachböden des großmütterlichen Hauses in der Hohlen Gasse 3. Zu gerne durchstreifte er als Junge die zahlreichen Böden dieses ehemaligen Kaufmannshauses, das sein Urgroßvater mütterlicherseits, Friedrich Woldsen, im Jahre 1788 für seinen Sohn Simon und seine Schwiegertochter Magdalena standesgemäß herrichten ließ. Da das stattliche Gebäude von den späteren Besitzern sehr sorgfältig erhalten wurde und die Raumaufteilung weitgehend so blieb, wie sie einst in der Ära Woldsen-Storm war und auch die Stuckierungen der Decken, die Wandbilder aus Stuck über den Türe sowie die Türen selbst, die Fensterbekleidungen, nebst den Originalbeschlägen, ebenfalls das Treppenhaus, in die heutige Zeit hinübergerettet wurden, strahlt das Haus noch immer das Flair bürgerlicher Wohnkultur des 18. und des 19. Jahrhunderts aus.

In den kulturhistorischen Bildern „Von heut' und ehedem", und zwar in „Staub und Plunder", wird das alte Haus wieder lebendig.

„Der zunächst über dem unbewohnten zweiten Stockwerk belegene Boden mit seinen Winkeln und Treppchen und der gleich einem großen Kasten hineingebauten ‚Gewürzstube' war ein besonders heimlicher Ort, an dem ich manche Stunde meiner Knabenzeit verbracht habe. Schon der Duft der Hagebutten und Lavendelsträuße, die hier auf den Fensterbänken getrocknet wurden, erregte meine Phantasie; es roch fast wie in einem Garten, aber wie in einem Garten der Vergangenheit."

Suppen – Suppen über alles

Theodor Storm bleibt auch als Mann ein Liebhaber süßer Speisen, insbesondere aber von Milchsuppen. Ursprünglich hat er ab 1843 Wohnung und Praxis als Rechtsanwalt beim Makler Schmidt in der Großstraße 11. Das Haus gehört dem Holzhändler C. G. Christiansen. Heute befindet sich auf diesem Gelände der Parkplatz der Innenstadt. Storm mag sich teilweise selbst beköstigt haben. Doch die Hauptverpflegung erfolgt nach wie vor durch sein Elternhaus, wo er sich nachmittags zum Tee einfindet und oft bis zum Abendessen verbleibt.

Nachdem er sich im Januar 1844 mit seiner Cousine Constanze Esmarch aus Segeberg, der Tochter des dortigen Bürgermeisters, verlobt hat und der Hochzeitstermin näher rückt, stellt sein Vater ihm 1845 in der Neustadt 56 das geräumige Doppelhaus als Wohnung und Praxis zur Verfügung. Hier führt ihm Fräulein Christine Brick von 1845 bis 1846 den Haushalt.

Vor der Hochzeit kümmert sich Storm um die Gestaltung von Haus und Grundstück. Liebevoll richtet er den kleinen Hausgarten her, damit die junge Familie Frischgemüse und Obst möglichst aus eigenem Anbau verwerten kann. Im übrigen besorgt er die Wohnungseinrichtung und stellt nunmehr mit Bestürzung fest, wie teuer es doch sein wird, einen kleinen eigenen Hausstand zu zweit zu führen. Sein überschlägig geschätztes Jahreseinkommen als junger Rechtsanwalt läßt sich nicht so schnell steigern. Ihm wird auch klar, daß seine junge Frau gewisse materielle Wünsche haben wird. Bei den schweren körperlichen Hausarbeiten, wie Öfenheizen, Wäschewaschen, Bügeln, Kochen und Hantieren mit großen Töpfen auf dem offenen Herd, Schlachten, Einkochen und anderen Arten der Vorratswirtschaft, muß auf jeden Fall ein tüchtiges Dienstmädchen eingestellt werden.

Und so hält er Constanze immer wieder in den Briefen, die mehrmals wöchentlich von Husum nach Segeberg per Wochenwagen transportiert werden, an, zu sparen und nochmals zu sparen:

„Versäume mir jetzt die Zeit nicht, studiere raffiniert darauf; jeder Schilling, den Du sparst, ist eine Falte weniger auf meiner Stirn“, erwähnt er in einem Brief vom 28. November 1845.

Er sieht nur zu realistisch, daß sie beide, aus großbürgerlichem Hause stammend, nicht zuletzt dank des generationenlang zusammengetragenen Familienvermögens, bis jetzt im Leben recht verwöhnt worden seien. Storm, als feuriger Liebhaber, will seiner Braut Constanze zwar die Sterne vom Himmel holen. Doch was harmlose bescheidene Tafelfreuden betrifft, so vermeint er, diese bereits von Anfang an einschränken zu müssen. So soll sie auf ihre offenbar geliebten „süßen Suppen“ verzichten, wobei der zukünftige Hausvater vergißt, daß gerade ihm Milchsuppen, die wohl auch nicht ohne Zucker auskommen, über alles gehen.

Mit den süßen Suppen, deren Genuß er Constanze versagen will, sind Obstsuppen gemeint, etwa Pflaumensuppen, wie sie auch später im Hause Storm hin und wieder genossen werden. So vermerkt er über zwanzig Jahre später, nämlich am 26. Juni 1862, an seinen Schwiegervater Esmarch über den damals dreizehnjährigen dritten Sohn Karl (1853–1899), der erkrankt war: „. . . Er ißt übrigens fast nichts; Sonnabend und Sonntag hat er zusammen einen halben Teller Pflaumensuppe gegessen . . ."

Betrachtet man die zeitgenössischen Rezepte, so gaben sich die Hausfrauen, selbst mit der Zubereitung einer simplen Obstsuppe, offenbar mehr Mühe als heute, wo nur Pflaumen, etwas Wasser, Zucker, Nelken, Zimt und Stärkemehl die Zutaten darstellen:

PFLAUMENSUPPE
(nach Sophie Barthmann)

Eine halbe Metze* [1,7 l] ausgesteinte Pflaumen kocht man mit zwei Quart [2 l] Wasser, etwas Zimmt, Citronenschale und etwas in Scheiben geschnittenem, gelb geröstetem Milchbrod weich, streicht die Suppe durch ein Sieb, vermischt sie mit Zucker und etwas Wein, läßt sie noch einmal aufkochen und richtet sie über gerösteter Semmel oder Zwieback an. Man kann die Suppe auch von geschälten Pflaumen bereiten und nimmt dann zu obiger Quantität Wasser etwa 3/4 Metze [2,5 l] Pflaumen.
(* sehr unterschiedliches Maß, in Deutschland zumeist 1 Metze = 3,4 l – Anm. d. Verf.)

In dieser oder ähnlicher Weise mag Constanze mit jahreszeitlich bedingt verfügbarem Obst ihre süßen Suppen oder auch „Schlicksuppen", wie Storm sie nennt, geliebt haben. Hierbei wird die Bezeichnung „Schlicksuppe" wohl von „schlecken" kommen!

Die von Storm für sich selbst als unverzichtbar gehaltenen Milchsuppen zeichnen sich, nach heutiger Betrachtungsweise, eigentlich nicht durch eine sparsame Zubereitung aus, so daß die Differenz zwischen den Brautleuten – hier Milchsuppe, dort süße Suppe – eigentlich unverständlich ist.

Die einzigen Ersparnis mag darin ge-

MILCHSUPPE
(nach Amalie S.)

Man läßt ein Quart [1 l] Milch mit etwas Canehl, Citronenschalen, Zucker und Salz aufkochen, legirt sie dann mit vier Eiern und richtet sie dann über würflich geschnittenes Weißbrod an.

legen haben, daß die Obstsuppen naturgemäß mehr Zucker benötigten als die Milchsuppen.

Doch Theodor Storm macht aus der Angelegenheit geradezu eine Glaubensfrage. „To be or not to be" – Suppe oder Heirat! Eigentlich hätten der guten Constanze bereits jetzt einige Zweifel an der Unermeßlichkeit und Zuneigung ihres Herrn Vetters kommen müssen, denn der geliebte Mann verweist sie für die Zukunft auf kommune Biersuppen mit Rübensirup.

„April 1845. Montag nacht gegen 2 Uhr . . . Du schiltst auf meine Milchsuppen? Ja, wenn Du nicht ein für allemal auf Deine süßen Suppen verzichtest, so kann ich Dich in den ersten Jahren noch nicht heiraten, denn der Zucker ist schon jetzt für mich ein sehr angreifender Artikel. Es kann bei uns höchstens einmal eine Biersuppe geben, die mit tüchtigem Sirup süßgemacht ist. Deine süßen Schlicksuppen können höchstens an Deinem Geburtstage gestattet werden. Mit Essen und Trinken mußt Du dich begnügen lernen, dafür sollst Du aber sauber und bequem wohnen und im Sommer einen allerliebsten Garten vor dem Wohnzimmer haben. Da kannst Du jeden Augenblick mit dem Strickzeug hinausschlendern und Reseda pflücken. Auch Erdbeeren sind daneben und große Stachelbeeren, auch Pflaumen und Birnen und Äpfel. Die Delikatessen stehen Dir alle zu Gebot . . ."

BIERSUPPE
(nach Betty Gleim)

Man setzt Bier aufs Feuer, läßt es aufkochen und schüttet dann geriebenes Rockenbrot, gestoßene kleine Zwiebäcke und etwas Kümmel hinein. Das Bier muß darauf wieder so lange kochen, bis es semig genug ist, dann giebt man einige Gläser Wein dazu. Wenn man anrichten will, rührt man Zucker oder Syrup mit einigen Eidottern zusammen und gießt dann das kochende Bier darauf. Man kann auch wohl, ehe man die Eier zu der Suppe giebt, ein Stück Butter hinein werfen.

PFLAUMENSUPPE HEUTE
(Hausrezept der Verfasserin)

2 l Wasser, 1 kg entsteinte Pflaumen, einige Pflaumensteine, Zucker nach Geschmack, 30–40 gr. Kartoffelmehl in kaltem Wasser angerührt

Die Pflaumen werden mit dem Wasser und den zerstoßenen Pflaumensteinen, die in ein Mulläppchen gebunden sind, zum Kochen gebracht. Sind sie weich, wird die Suppe mit Kartoffelmehl angerührt, einmal aufgekocht und gezuckert. Man schmeckt sie mit Zimt, Vanille und etwas Nelkenpuder ab. Gegebenenfalls kann man den Saft einer halben Zitrone zufügen.

MILCHSUPPE HEUTE
(Hausrezept der Verfasserin)

35 bis 40 gr. Maizena werden mit 4 Eßl. kalter Milch klumpfrei angerührt. Die übrige Milch von 1 Liter wird erhitzt. In die kochende, vom Feuer genommene Milch rührt man das angerührte Stärkemehl und läßt sie noch einige Male unter Rühren aufkochen. Dann gibt man Vanillezucker und 25 bis 50 gr. Zucker, 1 Prise Salz und ein kleines Stück Butter in die Suppe.

Ob der Gedanke an Biersuppe und Obst die Braut zu Begeisterungsstürmen gebracht hat – wir wissen es nicht. Und ob der in Haushaltsdingen damals noch recht naive Theodor tatsächlich vermeinte, Constanze habe als junge Hausfrau nichts anderes zu tun, als mit dem Strickzeug in der Hand herumzuschlendern – wir können es kaum vermuten!

Möglicherweise ist ihr aber auch angst und bange bei dem Gedanken geworden, welche ungewisse Zukunft sich ihr an der Seite des ökonomischen Cousins eröffnete. Vielleicht ist sie jedoch auch von ihren Eltern beschwichtigt worden, daß es in Husum so schlimm wohl nicht werden könne, schließlich seien die Schwiegereltern dort ja auch nicht am Verhungern.

Dem küchenerfahrenen Leser mag bereits beim Studieren der alten Biersuppenrezepte etwas „plümerant“ werden! Als „Delikatesse“ können derartige Suppen wohl heute schwerlich gelten! Doch hatten sie früher bei groß und klein eine gewisse Beliebtheit.

So begehrt 1882 Storms alkoholsüchtiger Sohn Hans (1848–1886) – der ehemals kleine „Häwelmann“, – der dem Vater später so unendlichen Kummer bereitete, des Nachts Biersuppe.

Und der Wiesenbauer mahnt seine Tochter Maren in dem Märchen „Die Regentrude“, an die Gluthitze mitten in der Erntezeit zu denken:

„Aber sei zur rechten Zeit wieder heim, eh' die große Hitze kommt. Und vergiß mein Warmbier nicht!"

Zu spät erinnert sich Maren beim Gang zur Regentrude mit schlechtem Gewissen daran, als sie die Dorfuhr schlagen hört:

„Es muß sechs Uhr sein! ... Wer kocht denn dem Vater nun sein Warmbier? Die Mägde sind alle auf dem Felde."

Zu einem derartigen Gericht eignete sich nicht jedes Bier. In der Novelle „Im Brauer-Hause" heißt es:

„Mein seliger Vater hatte, wie das Ihnen Allen wohl bekannt ist, eine Brauerei; keine bayrische, wie sie heutzutage sind; es wurde nur Gutbier und Dünnbier gebraut; aber Beides war gut für den Durst und nicht so gallenbitter wie das jetzige, das nicht einmal zu einer Biersuppe zu gebrauchen ist".

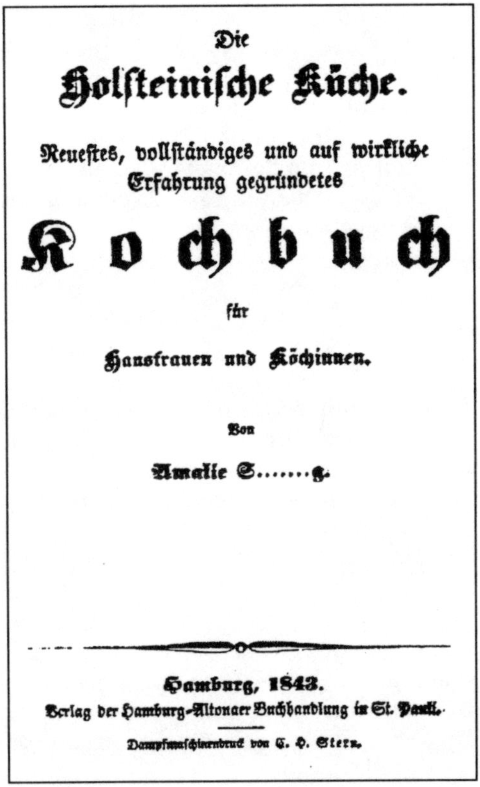

Die
Holsteinische Küche.
Neuestes, vollständiges und auf wirkliche
Erfahrung gegründetes
Kochbuch
für
Hausfrauen und Köchinnen.
Von
Amalie S.......g.

Hamburg, 1843.
Verlag der Hamburg-Altonaer Buchhandlung in St. Pauli.
Dampfmaschinendruck von C. H. Stern.

BIER- UND MILCHSUPPE
(nach Amalie S.)

Man setzt zwei Quart [2 l] Milch und ein Quart [1 l] gutes Braunbier, jedes in einem besondern Topfe zum Feuer und sobald die Milch kocht, gießt man sie zu dem Biere und quirlt Beides gut durch einander. Indessen hat man 1 Eßlöffel voll Mehl mit etwas Butter und 3 Eidottern in kaltem Biere durchgerührt und gibt dies unter beständigem Quirlen auch in die Suppe, läßt es noch ein paar Minuten kochen, und richtet es dann über würfelich geschnittenes Weißbrod an, und streut, wenn man es recht machen will, Zucker und Zimmt darüber.
(In Norddeutschland wurde das schlichte Hausbier als „Braunbier" bezeichnet, eigentlich verdient aber nur das dunkle bayrische Bier diese Bezeichnung. – Anm. d. Verf.)

BIERSUPPE MIT SIRUP
(nach Johanna Kuß)

Man kocht auch verlorenes Eierbier, indem man in kochendes Bier Kaneel, etwas gestoßenen Ingwer und Syrup thut. Hierauf rührt man ein wenig Mehl in Milch aus und gibt es zum Seimigwerden an die kochende Suppe, die unter starkem Rühren wieder aufkochen muß. – Zwieback oder gebratene Weißbrodwürfel werden zur Suppe gegeben.

GEWÖHNLICHES WARMBIER
(nach Johanna Kuß)

Bier wird mit Würfeln, entweder von Fein- oder Schwarzbrot, eine gute Stunde gekocht, darauf durch ein Durchschlag gerieben, dann wieder zu Feuer gesetzt und beliebig Kümmel, Korinthen, Zucker oder Syrup, ein wenig Salz oder Butter daran gegeben und wieder aufgekocht: dann ist es fertig.

WARMBIER
(nach Johanna Kuß)

Feinbrod und Schwarzbrod, in Würfel geschnitten, wird in Bier eine Stunde gekocht, dann durch einen Durchschlag gerieben und die Suppe wieder auf's Feuer gesetzt und mit Corinthen, beliebig etwas Butterballen, Zimmt und Citronenschale, auch Ingwer 1/4 Stunde gekocht. Dann süße man sie mit Zucker oder Syrup und gebe ein wenig Salz daran.

Neben hellem und dunklem **Lagerbier** zu bekannten Preisen halte ich die von der

Kieler Actien-Brauerei-Gesellschaft,

vorm. Scheibel, Kiel,

neu eingeführten Biere, als:

helles Tafelbier, Wiener Art, in Gebinden pr. Hectl. M. 31.—
" 1/2 Flaschen pr. Dtz. " 1.60

dunkles Felsenbräu, Münchener Art, in Gebind. pr. Hectl. M. 31.—
in Porterflaschen pr. Dtz. " 2.20

bestens empfohlen.

Die Preise verstehen sich für **Husum und Umgegend** incl. Bringegeld und exclusive Gebinde und Flaschen. Gefl. Bestellungen erbitte möglichst frühzeitig.

Adolph Verdieck.

Zeichnung von Adrian Ludwig Richter

Soweit die Biersuppen!

Von der Heilkraft der Hafersuppe hielt auch Storm schon eine Menge. So schreibt er an seinen Schwiegervater am 4. Dezember 1847:

„Ich habe fünf Wochen lang an einem nervösen Magenübel gelitten, das mir jede Arbeit und fast jedes Essen außer Hafersuppe oder Sago etc. untersagte.“

Hafersuppe mit Rosinen wurde in Nordfriesland auch Gästen vorgesetzt – manchmal auch eine leicht mißglückte!

So erinnert sich etwa Hans Speckter (1848–1888), ein Sohn des mit Storm befreundeten Otto Speckter und, wie sein Vater, künstlerisch tätig, an einem Besuch bei Theodor Storm im Dezember 1874.

Rückblickend schreibt er am 28. Dezember 1875 an Storm:

„Erinnern Sie noch die Inventaraufnahme bei Iversen in Hastropp (Speckter meinte Hattstedt – Anm. d. Verf.) oder wie das Ding hieß. Die zu dick gerathene Rosinenhafersuppe, die Fahrt zwischen den dickbereiften Reddern im tiefen Schnee? Und all die Kuchen!!“

HAFERSUPPE MIT RAHM ABGERÜHRT
(nach Doris Stender)

Man setzt Hafergrütze zu Feuer und wenn solche kocht, siebt man sie durch, setzt sie wieder zu Feuer und kocht eine seemige Suppe davon, mit etwas Kaneel, Citronenschale und -scheiben, Kardamom, mit Zucker süß gemachten, abgewaschenen Rosinen, rührt sie mit Rahm ab und giebt Butter und Zwiebeln bei.

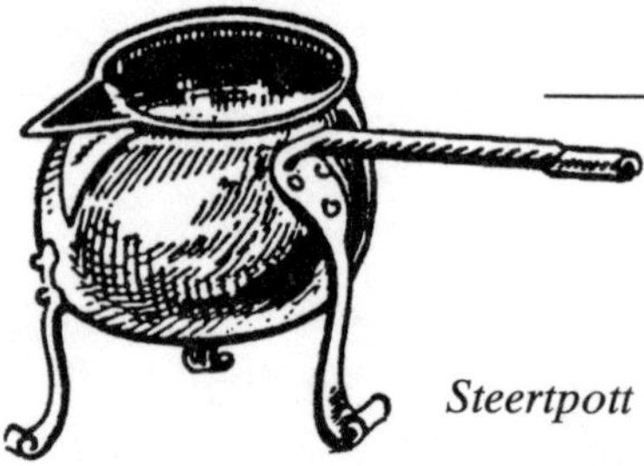

Steertpott

Die für die Hafersuppe erforderliche Grütze kochte man gerne in einem „Steertpott“ etwas neben dem Feuer, damit sie langsam ausquoll und dabei nicht ansetzte. Es ist bekannt, daß Storm jahrzehntelang immer wieder aufflackernde Magenschmerzen hatte. Hafersuppe beruhigte offenbar seinen Magen. Er verstarb an Magenkrebs am 4. Juli 1888. Doch das ahnt das Brautpaar glücklicherweise nicht!

Als damals endlich, nach Jahren des Schreibens und Besuchens, der Hochzeitstermin naht, reist Storm im Jahre 1846 zu Braut und Schwiegereltern nach Segeberg. Leider hat er uns nicht mitgeteilt, was es anläßlich der Hochzeitsfeierlichkeit am 15. September 1846 im Segeberger Rathaus, dem Elternhaus seiner Constanze und der Dienstwohnung des Schwiegervaters, zu essen gibt. Man hat es dann eilig abzureisen, besteigt am Spätnachmittag den Wochenwagen nach Neumünster, trinkt unterwegs noch eine Tasse Kaffee bei dem Ehepaar Carstens in der Ricklinger Mühle, erreicht noch den Zug von Neumünster nach Rendsburg, um dort bei dem Bruder Constanzes, Hermann Esmarch (1823–1898), Station zu machen. Am nächsten Tag rumpelt man mit der Extrapost nach Husum und trifft des Abends in der Neustadt 56 ein. Hier erwartet Constanze allerdings ein gemütliches Heim, ein liebevoll gestalteter und bestellter Garten und eine durch die Schwiegermutter und Tante Lucie Storm gut gefüllte Küche und Speisekammer.

„Tante hatte es uns hier ganz nett gemacht, sie hatte Beefsteak geschickt und einen kleinen Hasen zum folgenden Tage; dann hatte sie uns alle Dosen gefüllt mit Kaffee, Zucker und Thee und ein großer Schinken hing im Keller. Butter, Licht, Brod und Salz, alles war vorräthig . . .“, berichtet sie der Mutter am 19. September 1846.

Nach dieser zweitägigen „Hochzeitsreise“ von Segeberg nach Husum zeigt Constanze alsbald, welche weiblichen Tugenden in ihr stecken. Zwar hat Storm das Erlernen der Kochkünste während der Verlobungszeit nicht für unbedingt erforderlich gehalten, doch ist Constanze dennoch durch ihre umsichtige Mutter in die praktischen Techniken einer guten Haushaltsführung und durch ihren rechthaberischen Verlobten in seine zweifelhaften Theorien einer sparsamen Wirtschaft eingeführt worden. Sie krempelt alsbald die Ärmel hoch, verzichtet auf den „Honeymoon“, pflückt Fliederbeeren im kleinen Hausgarten, entsaftet und kocht ihrem Theodor als erste gemeinsame Mahlzeit Fliederbeersuppe mit Klößen, hoffentlich wohl wissend, daß die eheliche Erziehung mit dem ersten gemeinsamen Teller Suppe beginnt!

„. . . Na, meine gute Mutter, die viel belobte und besprochene Fliedersuppe ist verzehrt, die Klöße waren schön und was die Hauptsache ist, wir sind vollständig gesättigt . . .“

HOLLUNDERBEERSUPPE
(nach Sophie Barthmann)

Man bringt die Hollunderbeeren, welche gut reif, von den Stielen gepflückt und gewaschen sein müssen, in einen irdenen Topf (nicht in eine Casserole, weil sonst die Suppe eine bläuliche Farbe erhält), gießt so viel Wasser darauf, daß sie damit bedeckt sind, thut etwas Zimmt und Citronenschale hinzu, läßt die Beeren eine halbe Stunde kochen, streicht sie durch ein Sieb, gibt das Durchgestrichene wieder in den Topf, fügt etwas Wasser, weißen Wein, Zucker, ein wenig Salz und etwas Butter hinzu, läßt die Suppe kochen, mischt ein wenig mit Wasser klargerührtes Kartoffelmehl darein, daß die Suppe seimig wird, läßt noch einige Minuten kochen und richtet mit in Butter gebratenen Semmelwürfeln an.

Bei der Saftzubereitung nahm man offenbar damals nicht einmal eine große Mullwindel oder Stoffserviette, die man an den vier Beinen eines umgekippten Hockers festbindet, darunter eine große Schüssel stellt, von oben den aufgekochten Saft mit den Beeren hineingibt und über Nacht durchlaufen läßt, so wie es noch in diesem Jahrhundert üblich gewesen ist. Vielmehr passierte man alles noch mühsam durch ein Sieb.

Es entzieht sich leider unserer Kenntnis, welche Art von Klößen es sind, die Constanze ihrem Eheliebsten reicht. Klöße gibt und gab es in Schleswig-Holstein in den unterschiedlichsten Zubereitungsarten. Man kann unsere Region, zumindestens noch im vorigen Jahrhundert, als ein rechtes „Kloßland" bezeichnen, von den feinen Schwemmklößchen angefangen, über Grießklöße, Mehlklöße bis hin zu den riesigen Dithmarscher Mehlbüdeln, die „einen großen Kloß für Alle" darstellen. Storm läßt übrigens den Begriff des „Kloßessers" als einen genierlichen Beinamen in den „Zerstreuten Kapiteln: Von heut' und ehedem“ in dem Abschnitt „In Urgroßvaters Hause“ einfließen, indem er den Verwalter des Husumer Schlosses diesen Namen haben läßt, allerdings in einer Dithmarscher Version. Nur in Dithmarschen hießen die Klöße „Ball“.

„Wieder schellte es unten . . . Es war der Herr Zoll- und Schloßverwalter . . . Das Großmütterchen lächelte: der Mann hatte einen so seltsamen Beinamen – der ‚Ballenfräter‘ hieß – sie hatte als Kind ihn selbst einmal danach gefragt.“

Noch heute haben im nordfriesischen Raum Personen einen Zunamen, der sich nicht mit ihrem bürgerlichen Nachnamen deckt, unter dem derjenige jedoch allgemein in seiner näheren Umgebung bekannt ist. So erinnere ich mich an einen Zollbeamten, den man allgemein „Hein Toll“ nannte, obwohl sein regulärer Nachname ganz anders lautete.

Um von Fliederbeersuppe und Klößen, einem sogenannten „Dreistiegenessen“ hinlänglich gesättigt zu sein, bedarf es entweder eines kleinen Magens, den die frisch Angetrauten vor lauter Glück noch besessen haben mögen, oder einer großen Anzahl deftiger Klöße. Ob Constanze allerdings außerdem noch vorweg den Hasen, den die Schwiegermutter ihr schenkte, zubereitet hat, wissen wir leider nicht.

Möglicherweise hat sie zur Suppe auch eine tüchtige Portion knuspriger Bratkartoffeln gereicht, wie es noch heute in vielen schleswig-holsteinischen Haushalten üblich ist, um den Fliederbeeren eine Unterlage zu geben. Doch da Storm auch ein großer Freund von Pellkartoffeln war, wäre dieses bei seiner Eloquenz vermerkt worden.

KLÖSSE
(nach Johanna Kuß)

Vorerinnerung.
Am zierlichsten werden die Klöße, wenn man sie vermittelst zweier, nicht zu tiefer Löffel einsetzt, so daß sie eine dreieckige Form bekommen; schneller geht es mit einem Löffel. Bei einigen Klößen, namentlich Buchweizen- oder Kartoffelklößen ist es auch ganz zweckmäßig, sie zu rollen, daß sie eine runde Form bekommen.

Hauptbedingung bei dem Kochen der Klöße ist, daß, nachdem man sie in eine nach Verhältniß nicht zu kleine Quantität kochens Wasser gethan hat, sie schnell wieder auf-, dann aber sehr langsam weiterkochen läßt. – Während des Kochens dürfen die Klöße nicht zugedeckt sein. Für den Fall, daß man sie in Wasser setzt, thut man gut, etwas Salz in dasselbe zu werfen, da es das Abkochen hindert. Kommen die Klöße nach oben, so müssen sie gerüttelt werden und dann noch einige Minuten kochen, je nach der Größe. Wer nicht sicher ist, ob die Klöße halten werden, setze einen Kloß zur Probe ein. Die Klöße müssen locker, aber nicht weich sein; dies verhindert man durch Zusatz von Ei, Mehl oder geriebenem Weißbrod.

Adrian Ludwig Richter, Illustration zu dem Gedicht „Der Schlossergesell“ von Joh. Conr. Grübel.

ORDINÄRE MEHLKLÖSSE
(nach Johanna Kuß)

Zu 1 1/2 Pfund Weizenmehl wird 6 bis 8 Lot [100–125 g] kochende Butter oder geeignetes Fett und so viel sprudelnd kochendes Wasser gegossen, daß das Mehl gefeuchtet wird. Es ist wichtig, mit dem Kloßmesser wenig zu rühren, da die Masse sonst zähe wird. Salz darf nicht vergessen werden. Die Klöße müssen nicht lange vor dem Einsetzen angerührt, auch gleich, wenn sie gar sind, aufgegeben werden. Von Buchweizenmehl werden die Klöße ebenso gemacht; man kann auch halb Buchweizen-, halb Weizenmehl nehmen. Diese Masse gibt 30 Klöße. Um recht lockere Klöße zu erhalten, nehme man halb Mehl, halb geriebene Kartoffeln, also auf ein Pfund Mehl ein Pfund Kartoffeln.

Auch mag Constanze zur besseren Sättigung des Paares kräftige Mehlklöße hergestellt haben – Mehlklöße, die auch ohne Fliederbeersuppe landauf und landab durch Generationen wahre Begeisterungsstürme hervorgerufen haben und die im Land zwischen den Meeren jahrhundertelang auch mit Speck und Rübensirup serviert wurden und werden.

Aus den ersten Ehejahren der Storms folgen schriftlich nicht mehr allzuviel Hinweise auf lukullische Genüsse. Man mußte ja auch schließlich fühlbar sparen! Theodor Storm, anstatt diesen wirtschaftlich bescheidenen Zustand nach Kraft zu ändern, schweift nun allerdings alsbald ab und ist von seinem Broterwerb reichlich abgelenkt! Möglicherweise verschlägt ihm die Liebe den Appetit, aber auch die Lust, dieses in die Welt zu schreiben!

Haben wir aus seiner Junggesellenzeit eine Fülle von profanen Hinweisen in seinen Briefen auf seine bescheidene Hausmannskost, so besinnt er sich nunmehr auf das Verfassen von leidenschaftlichen Liebesgedichten. Ursache und Objekt derselben ist bedauerlicherweise nicht seine junge, mädchenhafte Frau Constanze, sondern eine Freundin seiner Schwester Cäcilie (1829–1863), die neunzehnjährige Doris Jensen. Doris Jensen war er schon als Junggeselle 1846 im „Singverein" in Husum seelisch bei einer Setzmilch nähergekommen:

„Ich war gestern von sieben bis nach zehn mit der kleinen Doris J. bei der Kaup (Ehefrau des damaligen Husumer Bürgermeisters Reinhard Kaup – Anm. d. Verf.). Erst tranken wir Tee, nachher aßen wir Setzmilch und schwatzten noch mehr als wir sangen ..."

Das gesteht er in einem Brief vom 20. Juni 1846 seiner fernen Braut.

Doris Jensen gehört, ebenso wie Storm, zur Husumer Honoratiorenschicht. Ihr Vater, der Senator und Kaufmann Peter Jensen (1797–1852), betreibt in der Norderstraße 1 eine Weinhandlung und eine Zichorienfabrik. Das Haus wurde 1908/09 abgebrochen.

Es ist müßig, Art und Umfang des Techtelmechtels zwischen Theodor und Doris zu schildern! Die glühenden Liebesgedichte des jungen Advokaten, die wohl recht praxisnah geschrieben sind, sprechen ihre eigene Sprache! Naturgemäß sind seine Briefe an Außenstehende aus dieser Zeit der außerehelichen Leidenschaft recht spärlich. Doch dann endet das Jahr mit einem Schock! Storms zweite Schwester Helene stirbt im Wochenbett im November 1847. Zu diesem Zeitpunkt ist Constanze im sechsten Monat schwanger und sieht zum 25. Februar des nächsten Jahres ihrem ersten Kinde entgegen, dem Sohn Hans. Dorothea, deren Eltern gesellschaftlichen Kontakt zu den Familien Storm und Woldsen pflegen, reist immerhin noch im Mai 1848 zusammen mit Storms Großmutter Magdalena Woldsen auf vierzehn Tage zu Esmarchs nach Segeberg auf Besuch (!). Ahnte dort wohl jemand etwas von ihrer Beziehung zu Schwiegersohn Theodor? Zu diesem Zeitpunkt ist in Husum und zumindestens bei Constanze die Affäre Storms bekannt. Constanze ist sogar bereit, eine Ehe zu dritt zu führen, ein in der Zeit des Biedermeiers unglaubliches Angebot! Doch dann verläßt Dorothea 1848 Husum. „Sie wird der bürgerlichen Wohlanständigkeit geopfert, nicht der Mann", schreibt Georg Bollenbeck 1988 in seiner Storm-Biographie. Die Ehe der Storms festigt sich, nicht zuletzt bedingt durch die Existenz des Kleinkindes Hans. Storm muß und kann sich wieder realistischeren Dingen und damit auch hauswirtschaftlichen Gedanken zuwenden. In Briefen an andere Familienmitglieder sind nun wieder auch Hinweise auf Mahlzeiten zu finden.

Einen hohen Stellenwert haben, wenn auch nur an Festtagen, Schokoladensuppen, die man sich aber in den ersten Ehejahren aus Kostengründen nicht hat gönnen dürfen. Als man jedoch fünfzehn Jahre später in Heiligenstadt den elften Geburtstag des am 31. Januar 1851 geborenen zweiten Sohnes Ernst (1851–1913) feiert, serviert man den Kindern zum Mittag unter anderem Schokoladensuppe, was noch am selben Tag im Jahre 1862 den Eltern in Segeberg mitgeteilt wird:

„Wir haben heute Ernst's Geburtstag, an welchem Hans seiner zugleich gefeiert wird. Es gab nach dem Wunsch der Kinder zu Mittag Chocoladensuppe und Kalbsbraten, was sie sich vortrefflich schmecken ließen.“

Schokolade galt in einem Jahrhundert, wo bereits Zucker zu den Luxusartikeln zählte, auch als etwas Besonderes. Trinkschokolade hatte, als Getränk der Oberschicht, eine lange Tradition. Mitte des 17. Jahrhunderts war das Getränk beispielsweise in Frankreich so beliebt, daß das Schokoladenmonopol seinem Inhaber, einem Hofbeamten Ludwigs XIV. reichen Gewinn abwarf.

Die feste Schokolade mußte zur Herstellung des Getränkes zerrieben oder in kleine Stücke geschnitten werden. Kakaopulver wurde durch holländische Firmen erst in der Mitte des 19. Jahrhunderts kreiert. Hierbei entfettete man die Masse unter starkem Druck und stellte auf diese Weise den entölten oder Puder-Kakao her.

Es ist anzunehmen, daß man bei den zeitlebens sparsamen Storms die Blockschokolade zur Herstellung der festlichen Suppe noch selbst rieb.

SCHOKOLADENSUPPE
(nach Betty Gleim)

Zu einem Gericht Suppe für 6 Personen nimmt man $^1/_2$ Pfund Schokolade, welche gerieben, durchgesiebt, dann mit $^1/_2$ Quart Wasser, welches man allmählich (nicht zu viel auf einmal) darauf gießt, angerührt und aufs Feuer gesetzt wird. Wenn die Schokolade aufgekocht hat, giebt man 1 Quart Wein (am besten rothen), den Saft von einer halben Citrone, einige Citronenscheiben, auch, wenn man will, etwas von der Schale, und so viel Zucker daran, als man für nöthig achtet. Nachdem dann die Suppe wieder aufgekocht hat, rührt man sie noch mit 4 Eidottern ab und richtet sie an. Oben auf kann man Eiweißschaum legen. (1 Quart = ca. 1 l – Anm. d. Verf.)

In wenigen Briefstellen verweist Theodor Storm auch einmal auf salzige Suppen:

In Heiligenstadt hat die Familie Storm Freundschaft mit dem preußischen Landrat Alexander von Wussow (1820–1889) und dessen Frau Anna (1821–1893) geschlossen, mit denen sich die Storms bald duzen. Als Storm im Sommer 1862 Strohwitwer ist, schreibt er an seine Frau, die für einige Wochen in die alte Heimat nach Segeberg gereist ist, mit dem 6. Juli:

„Heut nachmittag gehen wir alle zu Wussows. Ich muß doch sagen: Anna ist außerordentlich herzlich, namentlich sorgt sie immer, was ich mir kochen lasse. Da kann ich dann einen um den anderen Tag immer antworten: Fleischsuppe und Milch und Klöße."

Sollte sich diese Mischung, zu einer Mahlzeit verbunden, auf einem Teller befunden haben, so wird manchen der Geschmack Theodor Storms befremden! Andererseits möge man sich vergegenwärtigen, daß Schleswig-Holstein ein Land ist, in dem auch eine Buttermilchsuppe auf Schinkenknochen eine lange Tradition hat! Ebenfalls ist Buttermilchsuppe mit Speck und Graupen ein typisch friesisches Eintopfgericht, und auf Sylt ißt man noch heute „Molkspar = Molk en Sar", das ist gekochtes Schinken- oder Rauchfleisch, das man zusammen mit Gerstenmehlklößen oder einfachen Mehlklößen in Pökelbrühe gart und dann in kochende Milch gibt.

So kann es sich tatsächlich bei Storms Lieblingssuppe um eine klassische Rindfleischsuppe gehandelt haben, der er, anstelle von saurer Sahne, mit der man sie besonders im östlichen Europa zu servieren pflegt, einen Schuß Milch hinzufügt, um ihr einen milden Geschmack zu geben, und zu der er Grieß- oder Mehlklöße ißt.

Das Kochen einer guten Rindfleischsuppe „auf Knochen" ist, das weiß jede Hausfrau, eine zeitraubende Angelegenheit.

Das Zubereiten einer derart kostspieligen Rindfleischsuppe wird im Hause Storm zunehmend durch eine segensreiche Erfindung ersetzt, mit der selbst Säuglinge gefüttert werden: der Liebig'sche Fleischextrakt. Justus von Liebig (1803–1873) war Professor in Gießen und München. Er arbeitete auf allen Gebieten der Chemie und erzielte sowohl auf landwirtschaftlichem, wie auf ernährungstechnischem Gebiet grundlegende Ergebnisse. Er entdeckte das Chloroform und das Chloral und schuf neue Verfahren zur Analyse. Den älteren Hausfrauen ist er jedoch durch den nach ihm benannten Fleischextrakt ein Begriff. Ohne stundenlang Knochen und Fleisch zu Suppen- und Soßenfonds

RINDFLEISCHSUPPE
(nach Johanna Kuß)

Für einen Tisch von 8 Personen würden zu einer kräftigen Bouillon etwa 3 1/2 bis 4 Kilo Rindfleisch erforderlich sein; doch können auch 2 bis 2 1/2 Kilo genügen, falls es ganz ausgekocht werden kann und nicht nach der Suppe gegeben werden soll. 3–4 Stunden muß das Fleisch kochen. Gut ist es, ein hinreichend großes Gefäß zu nehmen, damit bei dem Verkochen nicht nöthig ist, Wasser nachzugeben; sollte letzter Fall indeß eintreten, so muß das Wasser nothwendig kochen, wenn es hinzugegossen wird, damit die Suppe ja nicht aus dem Kochen komme.

Nach gehörigem Abwaschen wird das mit genügendem Wasser bedeckte Fleisch bis nahe vor's Kochen gebracht, so daß der Schaum sich recht zusammengezogen hat, der dann sorgfältig vermittelst einer Schaumkelle abgenommen wird, darnach thue man etwas kaltes Wasser hinzu, gebe Salz an die Suppe und schäume noch einmal, wenn der Schaum sich wieder zusammengezogen hat, damit die Suppe recht klar werde. Dann thut man ein Krautbund hinein, nehme es aber nach einer halben Stunde Kochens wieder heraus. Eine gute Stunde vor dem Anrichten gibt man noch einige gelbe Wurzeln, Petersilienwurzeln, Sellerie, Spargel und Blumenkohl nach Zeit und Belieben daran. Bei dem Anrichten muß das Fett vorsichtig abgenommen und die Suppe durch ein Haarsieb gegossen werden.

Soll das Stück Fleisch nachher zu Tische gegeben werden, so thut man wohl, es mit einem Bindfaden zusammen zu binden; es behält so besser sein Ansehen, ist auch leichter behutsam auf die Schüssel zu legen.

Schwanz- und Rippenstücke eignen sich besonders zur Bouillon.

In der Suppe ißt man verschiedene Arten von Klößen.

abkochen zu müssen, konnte die Köchin nun rasch eine qualitätvolle Grundlage als Ausgangspunkt für wohlschmeckende Bouillons, Suppen, Eintöpfe, Frikassees, Mayonnaisen und Salatsaucen herstellen. „Liebig's Fleischextrakt“ erlangte alsbald Berühmtheit, so daß sogar in der 26. Auflage des Kochbuchs der Johanna Kuß, lange nach Storms Tod, der Verlag vermerkt:

„Im Hinblick auf die außerordentliche Bedeutung, die heutzutage das in Küche und Hausstand so vielseitig verwendbare Liebig's Fleischextrakt sich erworben hat, haben wir der vorliegenden Auflage eine Anzahl Recepte zur Verwendung dieses Extraktes beigefügt.“

In einem Brief aus Husum an seinen Freund aus Berlin, den Schriftsteller und Zeichner Ludwig Pietsch (1824–1911), schreibt Storm, anläßlich der Geburt der fünften Tochter Friederike (1868–1939), dem einzigen gemeinsamen Kind mit seiner zweiten Ehefrau Doris, am 27. November 1868:

„Meine Frau ist seitdem durch ein intermittierendes Fieber etwas zurück-

Liebig's Fleisch-Extract dient zur sofortigen Herstellung einer vortrefflichen Kraftsuppe, sowie zur Verbesserung und Würze aller Suppen, Saucen, Gemüse und Fleischspeisen und bietet, richtig angewandt, neben **ausserordentlicher Bequemlichkeit** das Mittel zu **grosser Ersparniss** im Haushalte. Vorzügliches Stärkungsmittel für Schwache und Kranke.

☞ **Zu haben in den Colonial-, Delicatesswaaren- und Drogen-Geschäften, Apotheken etc.**

gesetzt. Sie nährt sonst das Kind selbst; jetzt wird viel Liebigsche Suppe zugefüttert."

Und dem in Berlin studierenden ältesten Sohn Hans, dem er 1868 den kostspieligen Fleischextrakt sendet, rät er mit Schreiben vom 23. Oktober 1868:

„Gönne Dir nur möglich Ruhe und genieße jeden Tag etwas Fleischextrakt; und schreib mir das nächste Mal, wie Du es damit machst, schlimmstenfalls läßt es sich ja wohl auch in der Milch genießen."

Ein Jahr später verreist der jüngere Sohn Ernst. Storm betrachtet den Fleischextrakt offenbar mehr als ein Allheil- und Wundermittel, denn als Nahrungsmittel. Er will es jedem seiner Kinder zukommen lassen. So sendet er Ernst einen Brief vom 2. Ostertag 1869:

„Nun haben wir aber den Fleischextrakt vergessen und – die Gummischuhe."

Fleischextrakt und Überschuhe sind seine Erkältungsprophylaxe, seine eiserne Ration gegen Grippe und allgemeines Unwohlsein!

Storm wäre nicht in Nordfriesland groß geworden, wenn er nicht auch so ein Freund der festlichen friesischen Weinsuppe mit Schinken gewesen wäre. Hier vermischt sich, nach Landessitte, Süßes mit Geräuchertem!

„Winsupp un Schink" war ein gängiges Hochzeits- und Beerdigungsessen und diente auch sonst als große festliche Beköstigung.

So berichtet Storm mit dem 21. November 1875 an den Münchener Poeten Paul Heyse, daß er in Erbschaftsangelegenheiten einen Tag lang über Land gewesen sei und dort seinem Magen das typische friesische Festmahl zugemutet habe:

„Ich komme eben vom Lande; wie ich denn in den letzten Wochen ‚all um Lütt' in Erbregulierungssachen einen Tag in einem Bauernhause zugebracht, allein oder cum secretario (mit seinem Sekretär – Anm. d. Verf.) und mich mittags an dem ländlichen Festessen, steife Graupenweinsuppe und gekochten Schinken, allerdings nicht mit Zustimmung meiner kranken Magennerven, vergnügt habe."

Friesische Weinsuppe mit Schinken wird unterschiedlich zubereitet, entweder mit Rotwein oder Weißwein oder gar keinem Wein, trotz des Namens. Hierbei wurde früher die Suppe in eine große Schüssel gefüllt, aus der alle Gäste gemeinsam löffelten. Parallel dazu aßen sie auf einem gesonderten Teller geräucherten oder gekochten Schinken und Sahnekartoffeln. Kari Köster-Lösche, die zusammen mit ihrem Ehemann ein Fachbuch über Küchen und Kochen in Nordfriesland herausgebracht hat, erforschte folgende Zubereitungsart:

WINSUPP
(nach Kari Köster-Lösche)

125 g Perlgraupen, 2 Liter Wasser oder roter Johannisbeersaft, 100 g Rosinen und/oder Korinthen, 100 g Backpflaumen, 2 Eigelb, Rum, Rotwein, Zimt, Zitronenschale, Salz, Zucker

Perlgraupen über Nacht einweichen. Am nächsten Tag 2–3 Stunden in Wasser oder rotem Johannisbeersaft kochen. Pflaumen, Rosinen, Korinthen hineingeben, Zimt und Zitronenschale nach Gutdünken. 1 weitere Stunde kochen. Rum und Wein nach Geschmack hinzufügen. Mit Zucker und Salz abschmecken. Mit Eigelb legieren. Dazu werden in Mehl und Sahne mit Gewürzen abgebackene Kartoffeln und geräucherter Schinken gegessen, alles nebeneinander also.

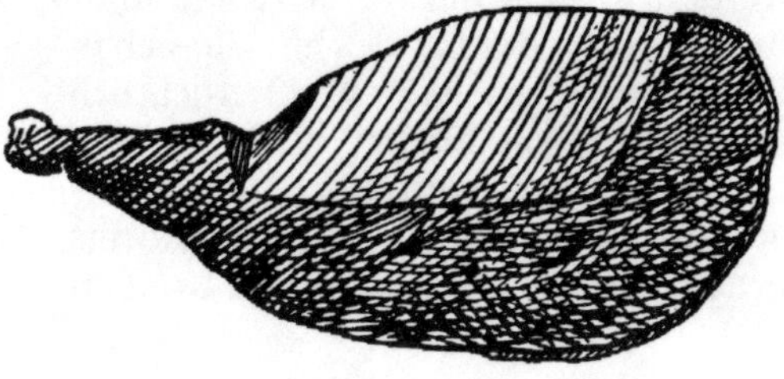

Bei Johanna Kuß wird die Weinsuppe ohne Backpflaumen hergestellt:

WEINSUPPE MIT GRAUPEN
(nach Johanna Kuß)

$^1/_2$ Pfund Graupen werden Abends zuvor in weichem Wasser eingeweicht, dann folgenden Morgen in 1 Kanne [2 l] Wasser 3 Stunden gekocht. Eine halbe Stunde vor dem Anrichten gibt man noch beliebig Rosinen, Korinthen und einige Stücke Kaneel und Citronenschale an die Suppe und läßt sie gar kochen. Beim Anrichten wird sie zubereitet mit Wein, Zucker und ein bißchen Salz nach dem Geschmack. Man kann die Suppe mit einem Ei legieren.

Die Insel-Kochexpertin Hannelore Doll-Hegedo bemerkt hingegen, daß die Weinsuppe mit gekochtem Schinken gereicht wird, der am Tag zuvor zubereitet worden ist. Hierzu servierte man Weißbrot und Butter.

Da sie in alten Rezeptbüchern auf den Inseln Sylt, Föhr und Amrum gesucht und Inselbewohner befragt hat, erscheint die Suppe mit getrockneten Pflaumen für die Westküste die typische zu sein.

WEINSUPPE
(nach Hannelore Doll-Hegedo)

250 g getrocknete Pflaumen, 2 l Wasser, Zitronenschale und -saft, Stangenzimt, 250 g Rosinen, 250 g Graupen, etwas Salz, Rotwein und Zucker zum Abschmecken

Die Pflaumen in dem Wasser quellen lassen und aufkochen. Die übrigen Zutaten zugeben. Die Suppe ist gut, wenn die Graupen ausgequollen sind.
Mit reichlich Rotwein und Zucker abschmecken.

Diese Suppen, die vielerorts noch heute im ländlichen Nordfriesland in geschmacklich ähnlicher Variante gekocht werden, weisen auf die höchst traditionelle Küche des Landes hin, die sich in über einhundert Jahren offensichtlich nicht sehr gewandelt hat.

Sauerampfer, vermutlich für Sauerampfersuppe, pflegt Theodor Storms Frau Doris zu ernten, wie er im Brief an Klaus Groth vom 24. September 1869 mitteilt:

„. . . dafür hab' ich ihr denn auch neulich Abends in der Küche, als sie und Do dort Sauerampfer abstripten, zum allgemeinen Behagen den Fieler Fischtog vorgelesen."

Bei der Arbeit „De Fischtog na Fiel" handelt es sich um ein umfängliches Verswerk von Klaus Groth.

SAUERAMPFER-SUPPE
(nach Charlotte Amalie Lönne)

Eine kleine Portion Sauerampfer wird von den Stengeln abgestreift. Man wäscht und hackt ihn, bringt ihn mit ein wenig Butter zu Feuer, damit er aufschwitze. Nun gießt man Wasser hinzu, gibt Wein, Citronenschalen, Canehl, Corinthen und Zucker daran und läßt es durchkochen. Will man anrichten, wird das Gelbe von einigen Eiern in die Suppe gerührt und gebratenes Brot oder Zwiebacke dazugegeben.

De Fischtog na Fiel

at heet sik Lif un Seel opfrischen,
Des Sünndags mal na Fiel to fischen;
Dar geit dat lusti Tog um Tog,
Denn mal'n Hẹk un denn mal'n Pogg.

Man sitt de Wẹk sik redi krumm,
Man sitt de Wẹk sik redi dumm,
Dat weer je schändli, weer je sündli,
Tẹr man sik sünndags ni mal gründli
Un mak sik mal de Lenken öli
Un Ünnerlif un Seel mal köhli.

Dat is en Schoster redi nödi,
Dat holt em Hart un Bossen smödi,
Keen Sodaseep fat so op Pick
As sünndags mal na'n Fieler Dik.

De Luff is schön, dat Wedder moje,
De Sünn is noch nich ut de Koje,
De Heiders liggt noch deep to snurken,
In Schummern trillt de eersten Lurken,
Umswiern un Singn vun Duts un Pocken
Is vun Sünnabnd noch nich int Stocken!
Doch rükt dat ut de Böm so frisch,
Een ward so nüchtern as en Fisch,
Doch rükt dat Gras so grön vun ünnern,
Dat kunn en Fohrmannsknecht vermünnern.

De Schosters sünd al lang int Wogen
Un wascht den Slap ut beide Ogen.
De Kaffe dampt – dat Finster apen, –
De Rullbröd glid ok dal int Slapen.
En Slẹpen Pannkok nimt man mit.
Hannoveraner hett en Nett,
Speckschoster mit dat Angesicht,
De nimt dat op sin breden Rügg.
De Blickensläger kumt to angeln,
Der Kannegießer „tut nich mangeln";
Ok fẹhlt keen Brannwin, Melk un Beer,
Un værwarts treckt dat wille Heer,
En „ole Garr" vun Stümp un Stummeln,
De Schotfelln ballert anstatt Trummeln;
Jan Reuter mit de holten Stẹwel
Is Hinterlieutnant sünner Säwel,
Doch mit en Schecht un Angelrot
Un Kluwer vun en dörtig Fot
Un mit en Korf vær Bars un Hẹk
Un Proviant vær'n ganze Wẹk
Un an'e Sit en leddern Tasch
Un vær de Boß en blickern Flasch
Un in'e Mund en Näsenböter
– Dat smeckt, je körter, um so söter, –
So treckt he los „mit frohem Mut",
Dat echte Been stickt achterut.

Anfangsverse aus „De Fischtog na Fiel" von Klaus Groth

Sauerampfersuppe kann auch ohne Zucker hergerichtet werden.

Zusammenfassend ist festzustellen, daß Storm – wie seine kochenden Ehefrauen – kein Freund dicker Eintöpfe, raffiniertes Consommés oder eleganter Brühen mit vielfältigen Einlagen, wie etwa Eierstich, Markklößchen, Brot- oder Hackfleischklößchen ist. Seine Suppen sind „schlicht um schlicht“ und zumeist süß.

Doch Frucht- und Milchsuppen waren nicht nur Lieblingsgerichte von Theodor, Constanze und Dorothea Storm, sondern überhaupt Gerichte des Nordens. Und so schreibt Storm mit dem 22. Januar 1882, als ein exzellenter volkskundlicher Beobachter seines Jahrhunderts und seiner Heimat, an den Dichterfreund Paul Heyse:

„Du weißt, in unserem Norden ist das Land der Frucht- und Milchsuppen.“

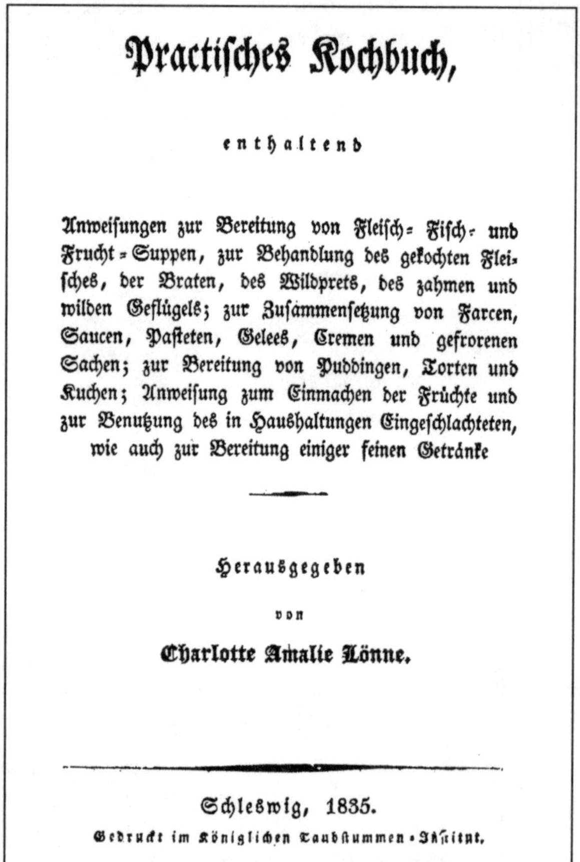

Practisches Kochbuch,

enthaltend

Anweisungen zur Bereitung von Fleisch- Fisch- und Frucht-Suppen, zur Behandlung des gekochten Fleisches, der Braten, des Wildprets, des zahmen und wilden Geflügels; zur Zusammensetzung von Farcen, Saucen, Pasteten, Gelees, Cremen und gefrorenen Sachen; zur Bereitung von Puddingen, Torten und Kuchen; Anweisung zum Einmachen der Früchte und zur Benutzung des in Haushaltungen Eingeschlachteten, wie auch zur Bereitung einiger feinen Getränke

Herausgegeben

von

Charlotte Amalie Lönne.

Schleswig, 1835.

Gedruckt im Königlichen Taubstummen-Institut.

Milch- und Mehlspeisen für einen schwachen Magen

In den Kindheitserinnerungen Theodor Storms ist ein wesentlicher Teil seinen Besuchen auf dem großväterlichen Anwesen in Westermühlen gewidmet. Storms Vater war der Sohn eines Wassermüllers. Die Vorfahren saßen seit 1693 in Westermühlen als Geestbauern und Müller. Das Leben im großväterlichen Haus spielte sich in der Familie des Müllers Storm recht bescheiden ab, im Gegensatz zu den großbürgerlichen gesellschaftlichen Gepflogenheiten der Familien Feddersen und Woldsen. Dieses geht bereits aus der kleinen Schilderung des Vaters Storm hervor, als der junge Storm ihn nach der ersten Schulzeit in Elsdorf und nach der dort erfolgten Beköstigung befragte („Aus der Jugendzeit: Westermühlen“):

„In Westermühlen war keine Schule; die Kinder mußten etwa eine halbe Meile weit nach dem benachbarten Elsdorf gehen. Besonders im Winter scharten sie sich dann an einem bestimmten Platze ihres Heimatdorfes und traten gemeinsam den Schulweg an.

Zu Mittag blieben die Westermühlener in Elsdorf; ein Stück Butterbrot wurde aus der Tasche gezogen und in Gesundheit verzehrt. ‚Was bekamt ihr dann zu trinken? Milch oder Bier?‘ frug ich meinen Vater. Er lachte: ‚Ein großer kupferner Kessel mit frischem Brunnenwasser wurde zwischen uns auf den Tisch gestellt, da konnte jeder so viel trinken, als er Lust hatte.‘“

Das Anwesen der Großeltern väterlicherseits ist das Kindheitsparadies des kleinen Theodor. Mit Pferd und Wagen geht es von Husum aus fünf Meilen durch die Marsch und später die Geest, bis das langgestreckte schwarze Müllerhaus hinter den davorstehenden Linden, das alte morsche Fachwerkgebäude der Wassermühle, der Mühlstrom unter der Holzbrücke und der große Obstgarten, nebst Immenhof, vor den Reisenden auftauchen. Der Knabe ist etwa zwei Jahre alt, als er, gemeinsam mit den Eltern, zum ersten Mal die Großeltern besucht. Und hier sind es die auf der gemauerten Herdbank in einer Pfanne gebackenen Eierkuchen, die ihm die Großmutter, „Möddersch Marieken“, die Pastorentochter Maria Brigitta Cäcilia Claussen (1759–1823), verehelichte Storm, zubereitet und an die er sich in ferneren Jahren noch genau erinnern wird, als er ab 1884 Material in seiner „Jugendgeschichte“ notiert:

„Eine Tür in derselben Wand ging in die gleichfalls große nach dem Garten hinaus sehende Küche, wo ich später oftmals staunend neben dem alten Herde stand und staunend zusah, wie Möddersch Marieken den in der Pfanne prasselnden Pfannkuchen plötzlich in die Höhe schleuderte, wie er in der Luft sich wandte und dann jedes Mal genau mit der noch ungebackenen Seite wieder in die Pfanne klatschte. Ich höre noch das Lachen der Genugtuung, wenn ich der

Adrian Ludwig Richter, Illustration zu dem Märchen „Kaffeekanne und Milchkanne“, Darstellung der im 18. und 19. Jh. üblichen Herdbank.

Alten meine Bewunderung über das Kunststück aussprach; und der nächste Pfannkuchen pflegte dann meist noch um einen Fuß höher zu fliegen.“

Wen wundert es, daß Storm, ein Liebhaber süßer kulinarischer, wenn auch schlichter Genüsse, die Eierkuchenszene schon früher literarisch verwertet? Das Motiv der den Fladen in der Luft umwendenden Köchin hat ihn so fasziniert, daß er es in seinem Märchen „Hinzelmeier“ im Jahre 1850 bereits zum Leben erweckt:

„Die Sonne stand schon hoch am Himmel. Hinzelmeier hatte einen Richtweg (kein offizieller Weg, sondern eine Abkürzung querfeldein – Anm. d. Verf.) über ein Feld mit grüner Wintersaat eingeschlagen, das sich unabsehbar vor ihm ausdehnte. Zu Ende desselben führte der Steig durch eine Öffnung des Walles auf einen geräumigen Platz hinaus, und Hinzelmeier stand vor den Gebäuden eines großen Bauernhofes. Es hatte zuvor geregnet; nun dampften die Strohdächer in der herben Frühlingssonne. Er stieß seinen Wanderstab in den Boden und blickte zur First des Wohnhauses hinauf, wo ein Volk von Sperlingen sein Wesen trieb. Plötzlich sah er aus einem der beiden weißen Schornsteine eine glänzende Scheibe in die Luft steigen, sich langsam im Sonnenscheine wenden und darauf wieder in den Schornstein hinabfallen.

Hinzelmeier zog seine Taschenuhr hervor. ‚Es ist Mittag!‘ sagte er; ‚sie backen Eierkuchen.‘ – Ein lieblicher Duft verbreitete sich, und wieder stieg ein Eierkuchen in den Sonnenschein hinauf und sank nach einer kurzen Weile in den Schornstein zurück.

Der Hunger meldete sich; Hinzelmeier trat in's Haus und gelangte über einen breiten Flur in eine hohe, geräumige Küche, wie solche in größeren Gehöften zu sein pflegen. Am Herde, auf dem ein helles Reisigfeuer brannte, stand eine

PFANNKUCHEN
(nach Julie Köller)

Man quirlt 4 Eigelb mit etwas Salz, 1/4 Liter Milch oder Wasser, 1/4 Kilogr. Mehl und 1/2 Löffel Zucker recht gut durch, schlägt das Weiße der 4 Eier zu Schaum und vermischt es mit dem Teig. Dann nimmt man Butterschmalz oder läßt, in Ermangelung dessen, eine Quantität Butter zerfließen und thut von dieser 2 Löffel voll in die Bratpfanne, gießt von dem Teig, je nachdem man den Pfannkuchen dick wünscht, dazu und läßt denselben durch Schiefhalten der Pfanne über die ganze Fläche derselben auslaufen.

Dann läßt man ihn über mäßiger Hitze backen, bis er auf der untern Seite braun ist. Um dies zu untersuchen, hebt man ihn mit dem Rahmlöffel auf einer Seite etwas in die Höhe; ist er braun, so lockert man den Rand ringsum, schiebt den Rahmlöffel bis zur Mitte des Pfannkuchens unter denselben und wendet ihn recht schnell in der Pfanne um; wer sich die Geschicklichkeit zutraut, kann ihn auch durch ein Schwenken der Pfanne umwenden, was wohl noch etwas weniger Zeit in Anspruch nimmt. Ist der Pfannkuchen nun auf beiden Seiten braun, so legt man ihn auf einen Teller, thut schnell wieder 2 Löffel Butter in die Pfanne, bäckt die folgenden ebenso, legt sie übereinander und streut nach Belieben etwas Zucker dazwischen.

Will man sparsam sein, so kann man für dieselbe Quantität auch nur 2 Eier, aber doch 4 Eiweiß nehmen. Die angegebene Quantität reicht für 8 dicke und 14 dünne Pfannkuchen.

Man kann dazu Fruchtgelee oder Fruchtsauße geben; nach Belieben kann man ihn auch, während man den Pfannkuchen auf der zweiten Seite braun backen läßt, mit Eingemachtem, mit Aepfel- oder Pflaumenmus bestreichen, in der Pfanne zusammenrollen und so zu Tisch geben.

Sehr wohlschmeckend werden die Pfannkuchen, wenn man statt der Milch eine gleiche Quantität Weißwein, mit etwas Wasser vermischt, zur Bereitung verwendet.

stämmige Bäuerin und tat den Teig in die zischende Pfanne.

Krahirius (ein Rabe – Anm. d. Verf.), der lautlos hinterdrein geflogen war, setzte sich auf den Herdmantel, während Hinzelmeier fragte, ob er für Geld und gute Worte eine Mahlzeit bekommen könne.

‚Hier ist kein Wirtshaus!‘ sagte die Frau, und schwang ihre Pfanne, daß der Eierkuchen prasselnd in den schwarzen Schlot hinauffuhr, und erst nach einer ganzen Weile mit der Oberseite in die Pfanne zurückklatschte.

Hinzelmeier griff nach seinem Stekken, den er beim Eintritt an die Tür gestellt hatte; allein die Alte fuhr mit der Gabel in den Eierkuchen und stülpte ihn rasch auf eine Schüssel. ‚Nun, nun!‘ sagte sie, ‚so war es nicht gemeint; setz’ Er

sich nur; hier ist just einer fertig.‘ Dann schob sie ihm einen hölzernen Stuhl an den Küchentisch und setzte den dampfenden Kuchen nebst Brot und einem Kruge jungen Landweins vor ihn hin.“

Diese Beschreibung des wie von Geisterhand hoch über das Dach geschleuderten Eierkuchens ist von geradezu surrealistischer Aussagekraft! Die Szene wird noch verstärkt durch die Schilderung des Bratgeräusches:

„Dann schwiegen beide eine Weile, und man hörte nur das Zischen der Pfanne und das Prasseln der Eierkuchen.“

Vergleicht man diese triviale Küchenszene, die hier romantisch verklärt erscheint, mit der zugrundeliegenden Kindheitserinnerung des kleinen Theodor, so muß ihn das Backen des Pfannkuchens mit märchenhafter Wonne erfüllt haben! Wohl scheint es ihm „ewig“, bis die Mehlspeise in der Luft gewendet ist – so als flöge sie ganz durch den Schornstein und zurück, und man vermeint beim Lesen den Heißhunger und Appetit des kleinen Jungen zu verspüren!

Pfannkuchen in Schleswig-Holstein, sie haben eine lange Tradition und sind von unterschiedlicher Zubereitungsart: ob mit Buchweizen – oder Weizenmehl, mit Speck und grünem Salat, mit Kompott oder mit Sirup. Wie Storm sie liebte, pur oder mit Beigaben, wir wissen es nicht, aber Tatsache ist, daß er sie liebte!

„Syruppfannkuchen machen das Herz weich“, stellte Jahrzehnte später der Storm verehrende Timm Kröger fest, und dieses mag auch für Storm gegolten haben.

Die Eierpfannkuchen und ihre kleineren dünnen Vettern, die Flinsen, haben Storm durch sein weiteres Leben begleitet, ob als Junggeselle oder als Familienvater. Seine spätere Frau Constanze teilt offenbar diese Passion. Für ihn wird der Pfannkuchen sogar zu einem Liebesmahl mit hoher Symbolkraft!

In einem Brief an seinen neunzehnjährigen Sohn Ernst erinnert er sich Jahre später an eine reizende Eierkuchenepisode aus der Brautzeit:

„Husum Donnerstag morgen, 27. Oktober 1870.

Als ich, mein lieber Junge, an dem Morgen Deiner Abreise statt mit einer ganzen nur mit einer halben Semmel aufs Gericht ging, da dachte ich lebhaft an einen ähnlichen Eindruck aus meiner Jugend. Ich hab's Dir wohl schon einmal erzählt. Ich brachte Mutter, damals meine Braut, von einem Besuche hier nach Segeberg zurück. Damals hatten wir keine Eisenbahn; so machten wir in dem Dorfe Hollingstedt Station und aßen seelenvergnügt einen Eierkuchen, so daß nichts übrig blieb. Als ich, nach heiteren Tagen, nach Husum allein zurückkehrte, aß ich wieder in Hollingstedt meinen Eierkuchen; aber Mutters Hälfte blieb ungegessen; und bei diesem Anblick durchfuhr mich, vielleicht zum erstenmal mit allem Schmerz das Bewußtsein des Scheidens. – Das ist lange her; aber fällt es mir ein, so fühle ich alles wieder. –“

Das Dorf Hollingstedt liegt zwischen Schleswig und Husum. Bis zum Ausbau der heutigen Landstraße über Silberstedt und Treia führte die alte Poststraße durch die Ansiedlung. Mitten im Ort an der Hauptstraße liegt heute der Gasthof „Zur Doppeleiche“. Der Vorgängerbau war ein sogenannter „Utspann“ und hieß „Osterende“. Bis in das 18. Jahrhundert zurück war er im Besitz der Familie Eggers. Er brannte in den zwanziger Jahren ab. Hier konnten die Postpferde ausgespannt werden, während sich die Reisenden im Gastraum stärkten. Es ist anzunehmen, daß Storm und Constanze in diesem Krug den Eierkuchen verzehrten.

Diese Mehlspeise muß im übrigen in einer riesigen eisernen Pfanne gebacken worden sein, sonst hätte sie wohl nicht für zwei Personen gereicht!

Es gab im vorigen Jahrhundert besondere Pfannkuchenpfannen, wie alten Kochbüchern zu entnehmen ist. Storms Leidenschaft, sowohl für süße, wie für herzhafte Pfannkuchen, hielt sich die Waage. Im Juni des Jahres 1846 läßt er sich abends in seiner Junggesellenküche von seiner Wirtschafterin Christine Brick Pfannkuchen mit grünem Salat servieren und schreibt hierzu mit dem 19. Juni an seine Braut Constanze:

„Gestern im Singverein war es wirklich heiße, aber nicht unangenehme Arbeit; es ging recht gut. Als ich nach Hause kam, ließ ich mir Pfannkuchen backen und aß Salat dazu.“

Wer je im Sommer Speckpfannkuchen oder -omelett mit grünem Kopfsalat gegessen hat, weiß, daß dieses Gericht eine komplette wohlschmeckende Mahlzeit ist.

KOPFSALAT
(nach Doris Stender)

Nachdem die äußeren Blätter von den Köpfen abgenommen sind, schneidet man sie in vier Stücke, wäscht diese rein und drückt das Wasser gut aus. Hierauf kann man ihn kalt zubereiten und mit Essig, Oel, Pfeffer, Salz, gehackten Aalkräutern [Aalkräuter = Alles-Kräuter, wenigstens 7 frische Gartenkräuter wie z. B. Petersilie, Dill, Schnittlauch, Kerbel, Estragon, Ysop, Pimpinelle, Basilikum, Thymian, Majoran, Borretsch, Zitronenmelisse, Salbei, Liebstöckel, Rosmarin] und Zwiebeln anmachen, auch nach Belieben hartgekochte und einmal durchgeschnittene Eier darauflegen, auch statt dieser Sachen Rahm und Zucker darüber geben; oder man bratet würfelig geschnitten Speck, mischt etwas Mehl und Essig darunter, läßt es lauwarm werden, gibt eine Tasse voll Rahm und etwas Salz hinzu, diese Brühe dann über den Salat. Man kann auch eine Sauce von hartgekochten Eidottern, welche mit einem Löffel voll Senf abgerührt und mit Essig und Oel vermengt werden, auf den Salat geben.

SPECKPFANNKUCHEN
(nach Johanna Kuß)

Die Pfanne wird mit dünnen Scheiben Speck belegt, dieselben hell gelb gebraten und ein Teig von Eiern, Milch und Salz darübergegossen. Man rechnet auf jedes Ei einen Löffel voll Milch. Diese Pfannekuchen werden nun auf einer Seite gebacken, man muß aber mitunter mit einem Messer hineinstechen, um sie abdampfen zu lassen. Sobald der Teig eben steht, gebe man den Kuchen auf, damit er nicht zu hart werde.

Speck zu schneiden.

Nachdem Storm aus politischen Gründen Husum verlassen mußte, lebt die Familie ab November 1853 in Potsdam, wo Theodor Storm als Richter eine Anstellung gefunden hat. Im Jahr 1856 erfüllt sich für das Ehepaar der langgehegte Wunsch, endlich die alte Heimat wiederzusehen. Constanze fährt im Mai des Jahres mit den Kindern schon vorweg nach Segeberg. Als Storm in Potsdam daraufhin Strohwitwer ist, besucht ihn dort der sechzehnjährige, spätere Potsdamer Landschaftsmaler Hermann Schnee (1840–1926), dessen Vater Storms Kollege am dortigen Kreisgericht ist. Storm serviert ihm ein äußerst merkwürdiges Gericht, das er jedoch mit größtem Selbstverständnis im Brief vom 26. Mai 1856 an Constanze erwähnt:

„... am Sonnabend, ehe ich wegreiste, aß Hermann Milch und Zwieback (er kannte das Gericht nicht) und gegorene Pfannkuchen ..."

Was es mit diesen beiden Speisen auf sich hat, erscheint recht zweifelhaft. Bei Milch und Zwieback wird es sich wohl um die auch noch im Nachkriegs-Schleswig-Holstein der fünfziger Jahre dieses Jahrhunderts beliebte eiskalte Milch gehandelt haben, in die man einfach Zwiebackstücke hineinbrockte und dann aß. Kinder pflegten derartiges für ihre Puppen zuzubereiten und dann selbst mit Appetit zu verzehren.

Da noch keine fertigen quadratischen oder rechteckigen Zwiebacke in Frischhaltetüten im Handel erhältlich waren, wird Constanze dieses Gebäck wohl selbst hergestellt haben. Auf dem Lande im Nordfriesischen buk man noch um 1950 kleine runde Bällchen, die man dann halbierte und trocken röstete. Sie waren der klassische Suppenzwieback. Doch konnte man den Teig auch auf ein Blech streichen und nach dem Backen in Quadrate schneiden.

ZWIEBACK (sehr gut)
(nach Luise Keck)

1 $^1/_2$ Kilo Mehl, 75 Gramm Gest [Hefe], 1 Bouteille [$^3/_4$ l] Milch, $^1/_2$ Kilo Butter, 125 Gramm Zucker, Salz nach Geschmack

Von diesem Mehl läßt man 375 Gramm zurück und rührt das übrige Mehl mit der Milch, dann Salz und Gest zusammen. Den Gest läßt man die Nacht vor dem Gebrauch in kaltem Wasser stehen und darf die Milch zum Anrühren nur eben lauwarm sein. Ist der Teig aufgegangen, gibt man die Butter, den Zucker und die zurückgebliebenen 375 Gramm Mehl daran, knetet es mit den Händen und setzt kleine Klößchen davon auf die Platte. Auf der Platte müssen die Zwiebacke erst wieder aufgehen, ehe sie in den Ofen geschoben werden. Hat man die Gelegenheit, sie beim Bäcker backen zu lassen, tut man besser daran. Wenn nicht, muß der Ofen recht heiß sein. Sind sie ganz erkaltet, werden sie mit einem sehr scharfen Messer durchgeschnitten, jedes Paar zusammengehörend, schräg aneinandergelegt und auf der Platte in den etwas abgekühlten Ofen zum Trocknen geschoben. Zu dieser Portion gehören vier Platten.

MILCHKALTSCHALE
(nach Amalie S.)

Man pflückt weiche Semmeln klein und gießt eine Viertelstunde vor dem Anrichten gute, abgekochte Milch darüber.

Bei den „gegorenen Pfannkuchen" handelt es sich nicht um schlecht gewordenen Teig, den Storm durch das Abbacken noch zu retten versuchte, sondern um schlichte Hefe-Pfannkuchen, die vor dem Zubereiten „gären", d. h. aufgehen müssen. Daß Hermann Schnee sich nicht gerade zu Beifallsstürmen über die kärgliche Stormsche Küche hinreißen ließ, ist verständlich!

EINFACHE HEFE-PFANNEKUCHEN
(nach Johanna Kuß)

Es werden 500 gr. (1 Pfund) Weizenmehl mit reichlich $^3/_4$ bis 1 Liter lauwarmer Milch, 34 gr. aufgelöstem Gest und etwas Salz angerührt. Nach 2stündigem Aufgehen giebt man beliebig Corinthen, Rosinen oder Aepfelschnitte an den Teig – (kann indeß auch fehlen). Man backt die Pfannekuchen klein, gleichzeitig, drei in der Pfanne.

EINE BESSERE ART
(nach Johanna Kuß)

4 ganze Eier werden klein geschlagen und mit 1¹/₄ Liter lauwarmer Milch, 625 gr. (1¹/₄ Pfund) Weizenmehl angerührt, zuletzt aber noch 34 gr. aufgelösten Gest an den Teig gegeben. Nach einem zweistündigen Gehen verfährt man wie bei den vorigen.

Ein Jahr später unternimmt die Familie Storm in Heiligenstadt eine Tour ins Grüne. Zur Feier des Tages werden in der freien Natur Kaffee gekocht und Flinsen gebacken. So, wie man heute in Freizeitparks große Holzkohlengrills für jedermann findet, hatte man seinerzeit an beliebten Ausflugsstätten ebenfalls Kochvorrichtungen für die Allgemeinheit geschaffen. Storm berichtet an die Eltern mit Brief vom 4. Mai 1857:

„Morgen, auf Constanzen's Geburtstag beabsichtigen wir, mit Kind und Kegel nach einem kleinen mit Lärchen bestandenen Haideberg zu wallfahren (¹/₂ Stunde von hier), dort Kaffee zu kochen und Flinsen, d. h. dünne Pfannkuchen zu backen und dort zu verzehren. Es ist nämlich ein großer bedeckter Steinherd da."

Flinsen oder auch Plinsen oder Pflinsen sind die hauchdünnen Geschwister des Eierkuchens. Sie sind recht gehaltvoll und wurden offenbar anstelle von Gebäck gereicht, wozu man sie teilweise aufrollte.

PLINZEN ZU BACKEN
(nach Amalie S.)

¹/₂ Quart [¹/₂ l] guter süßer Rahm wird mit 8 Eiern abgequirlt, dann ³/₄ Pfund Mehl, ¹/₂ Pfund Zucker, auf dem die Schalen einer Citrone abgerieben wurden, ¹/₂ Pfund zerlassene Butter, 8 Loth [125 g] verlesene und gewaschene Corinthen, etwas gestoßene Muskatblüthen mit den in Rahm abgequirlten Eiern tüchtig durcheinander gerührt, daß ein nicht zu flüssiger, aber auch nicht zu dicker Teig daraus gemacht wird. Dann läßt man Butter in einer flachen Pfanne zergehen und treibt sie darin herum, daß sie die Pfanne überall befeuchtet, nun giebt man von der Masse 2 Löffel voll hinein, läßt sie nach allen Seiten herum laufen, daß es überall gleich dünn bleibt, wendet es, wenn es auf einer Seite gelblichbraun gebacken ist, mit einer Fischkelle schnell um und läßt es auch auf der anderen Seite gar werden. Dann bestreicht man die oberste Seite der Plinzen mit heißer Butter, streut gestoßenen Zucker und Zimmt darauf, rollt sie zusammen und richtet sie so an.

Um Butter zu sparen, werden in Heiligenstadt Pfannkuchen und Flinsen nach Möglichkeit in Bucheckernöl gebraten, wobei Eltern und Kinder Storm die fetthaltigen Früchte zuvor eifrig sammeln, bis der Heiligenstädter Rechtsanwalt Reinhard Schlüter sie darüber aufklärt, daß dieses für einen Kreisrichter eine unsoziale Tat sei, da man damit den armen Leuten etwas wegnehme.

Am 15. Oktober 1857 berichtet Storm darüber den beiden Müttern Lucie Storm und Elsabe Esmarch:

„Ein andres Surrogat für die Butter sind die dieß Jahr reichlich gewachsene Bucheckern; man läßt Öhl daraus schlagen, das sich trefflich zum Backen und Braten eignen soll. Die beiden Mädchen sind schon einmal mit Hans einen ganzen Tag im Walde auf's Sammeln ausgewesen; Onkel Schlüter sagte uns aber nachher, es schicke sich nicht recht für unser Einen, man griffe dadurch den armen Leuten in ihr Recht. So haben wir uns denn an der Thür eine Quantität gekauft ..."

Mit dem 2. Oktober 1858 teilt Storm seinem Vater Casimir hierzu mit:

„. . . und dann beginnt Montag im großen Waschkessel das Fest des Mus-

kochens. Damit und mit dem Buckeroel – seit Menschengedenken gab es nicht so viele Bucheckern, die Buchen lassen ihre vollen Zweige wie Trauerweiden hängen – wird doch manches Pfund Butter gespart. Die Pfannkuchen in diesem schönen Oel schmecken wirklich delicat."

Ein beliebtes Essen ist auch Reisbrei mit Zimt und Zucker. In der Novelle „Im Brauer-Hause" läßt Storm die Erzählerin berichten:

„Da es Reisbrei mit Kaneel und Zucker gab, so hatte ich auch noch unseren Nachbarn Ivers dazu holen müssen, dessen Leibgericht das war."

REISBREI FÜR 10–12 PERSONEN
(nach Luise Keck)

3 Liter Milch, $^1/_2$ Kilo Bruchreis, der nach Vorschrift gewaschen ist, setzt man auf nicht zu rasches Feuer und rührt es, bis es kocht. Wenn es kocht, wird es zurückgesetzt, wo es nur langsam, fest zugedeckt, weiter kocht und nicht viel gerührt wird. Eben vor dem Anrichten rührt man etwas Salz hinein. Gibt kalte Milch und Kaneel mit Zucker vermischt, dabei. Es kocht höchstens eine Stunde.

Ein Reisbrei war etwas Besonderes, gehörte Reis doch, wie Kaffee, Kakao und auch der Zimt, zu den „Kolonialwaren", d. h. überseeischen Erzeugnissen, vor allem Lebens- und Genußmitteln, die für teuer Geld per Schiff von weither geholt werden mußten. In der zwischen 1700–35 angesiedelten Erzählung „Renate" wird der Reisbrei sogar zu einem seltenen Gericht für einen Ehrengast erhoben:

„Auch über den Reisbrei, den meine liebe Mutter dem Gast zu Ehren auf die Abendtafel brachte, nahmen diese Gespräche ihren Fortgang."

Nun mag sich der Leser die berechtigte Frage stellen, wo man den Unterschied zwischen Zimt und Kaneel zu sehen hat. Hierzu gibt Amalie S. eine detaillierte Ausführung:

ZIMT UND CANEHL

Der feine, gute Zimmt unterscheidet sich vom Canehl durch sein auffallend feineres Ansehen, seine hellere Farbe und dadurch, daß er aus zarteren, dünneren Blättern besteht. Beim Kauen im Munde schmeckt er süß, stark aromatisch, ohne einen herben, beißenden und pfefferartigen Nebengeschmack. Doch ist auch der Canehl gut zu brauchen, wenn er nicht alt und verlegen ist und keinen moderigen Geruch und Geschmack hat. Es wird mit Zimmt und Canehl viel Betrug getrieben; indem man vermittels eines Aufgusses das feinste Oel aus demselben herauszieht, ihn dann wieder trocknet und verkauft. Man kann es jedoch leicht entdecken, ob ein solcher Betrug damit vorgegangen, wenn man ein Stückchen davon anbrennt. Fängt die Flamme schnell auf und verbreitet es dabei einen aromatischen Zimmtgeruch, dann ist er gut, brennt es aber nur schwer und mit wenig oder gar keinem Geruch, so ist das Oel bereits herausgezogen, und der Zimmt wenig brauchbar.

Auch der Zucker brachte im vorigen Jahrhundert, als man ihn noch mühsam von einem Zuckerhut schlagen mußte, bzw. für Streuzucker sogar reiben mußte, seine Probleme. Hierzu bemerkt Amalie S.:

ZUCKER

Der Zucker ist gut, wenn er trocken, hart und fest ist. Beim Zerschlagen muß er steinartig in Stücke zerspringen und im Bruche ein salzkristallartiges Ansehen erhalten. Ist er mehlig und fällt er beim Zerschlagen sandartig auseinander, so taugt er nichts. Den Runkelrübenzucker kann man leicht von feinem Rohrzucker unterscheiden; wenn man ihn in reines, klares Wasser wirft, so wird man bemerken, daß er einige Zeit oben auf schwimmt, das Wasser bei seiner Auflösung merklich trübt und einen schmutzigen Schaum auf der Oberfläche desselben absetzt. Dies Alles darf guter, feiner Rohrzucker nicht thun.

Auch um Reis einzukaufen, bedurfte es zu Storms Zeit einer gewissen Sachkunde. Und so rät Amalie S. der jungen Hausfrau:

REIS UND REISMEHL

Der Reis muß aus ganzen Körnern bestehen, nicht zerbröckelt sein, nicht dumpfig riechen und nicht zu viele Hülsen und Unreinigkeiten zwischen sich haben.
Das Reismehl muß glänzend weiß aussehen, und man erhält es am besten, wenn man guten Reis kauft, ihn verliest, von Unrath und Staube reinigt, abbrüht, trocknet und dann selbst im Mörser feinstößt und durchsiebt.

Als der Dichter Paul Heyse Storm im September 1881 in Hademarschen besucht, gibt es zum Mittag als Nachtisch Reis – vermeintlich mit Schlagsahne, wofür er sich mit Brief vom 25. September 1881 bedankt:

„. . . und wenn Ihr Reis mit Schlagsahne eßt, gedenket Eures getreuen Gastfreundes . . ."

Doch Storm, anstatt kommentarlos das Kompliment, das wohl damit ausgedrückt sein sollte, an Ehefrau Doris weiterzugeben, belehrt Heyse, daß es gar keine Schlagsahne, sondern nur Eischnee gewesen sei, der unter den Reis gehoben worden sei.

REISPUDDING (für 8 Personen)
(nach Luise Keck)

250 Gramm Reis, den nach Vorschrift gewaschen, werden in 1 Liter süßer Milch gargekocht, dann rührt man das Gelbe von 8 Eiern bis Blasen kommen, tut 90 Gramm Butter in den heißen Reis und gibt diesen, nachdem er erkaltet, zu den Eiern, ein wenig Salz und 50 Gramm Zucker. Gewürz nach Belieben und, wenn man will, auch einige gestoßene Mandeln. Zuletzt das Eiweiß, das zu steifem Schaum geschlagen. Dieser Pudding kann gerne $2^1/_2$–3 Stunden kochen.

In seiner Junggesellenzeit läßt sich Storm fast täglich von seinen Eltern in der Hohlen Gasse 3 beköstigen. Und so teilt er am 4. August 1845 der Braut Constanze mit:

„Ich konnte auch gleich darauf hingehen und in der Hohlen Gasse Reis mit Himbeeressig essen."

Auch Sago und Milch ist seinem Junggesellenmagen offenbar bekömmlich gewesen, denn er schreibt an die Braut am 3. April 1846:

„Ich will Dir jetzt gute Nacht sagen. Ein Teller mit Sago und Milch wird gleich für mich auf den Tisch kommen."

Sago ist ein malaysisches Stärkeerzeugnis und wird von der Sagopalme im malaysischen Archipel und auf Neuguinea angepflanzt. Wen wundert es da, daß Storm Sago der Erwähnung wert findet! Auch hier mußte die junge Hausfrau beim Einkaufen aufpassen. Amalie S. belehrt insoweit:

SAGO

Der braune Sago ist der beste und nahrhafteste. Er muß glatte und runde Körner haben, fast wie der weiße Pfeffer, und je größer diese sind, desto besser sind sie. Ist der Sago feucht, verräth er einen dumpfigen Modergeruch, und hat er kleine grützartige Körner unter sich, so ist er schlecht. Dasselbe gilt vom weißen Sago, welcher ein fast durchsichtiges, gummiartiges Ansehen hat.

KALTSCHALE VON SAGO MIT SAHNE
(nach Sophie Barthmann)

12 Lot [185 g] gereinigten Sago quirlt man in Milch mit Zucker klar aus und läßt erkalten. Dann schlägt man $^1/_2$ Quart [$^1/_2$ l] dicke Sahne zu Schaum, verdünnt mit etwas Milch, setzt Zucker und Orangenblütenwasser zu und mischt Sago hinein.

MILCH MIT SAGO
(nach Amalie S.)

Man nimmt 4 Loth [ca. 65 g] gut verlesenen und rein gewaschenen weißen Sago, setzt ihn mit 2 Biergläsern voll kaltem Wasser zu Feuer, fügt etwas Citronenschale, Canehl und Zucker nach Geschmack bei, und läßt ihn, während man fleißig umrührt, daß er nicht anbrennt, gar kochen. Dann gibt man nach und nach 6 Biergläser voll kochende Milch hinzu, und läßt es noch einmal aufwallen.

Sago hatte offenbar, ebenso wie Hafersuppe, eine beruhigende Wirkung auf Storms nervösen Magen. Denn in Krisenzeiten, die ihm sofort auf den Magen schlugen, pflegte er sich Hafersuppe oder Sago vorsetzen zu lassen.

Auch die landesübliche Grütze, sei es als Gersten-, sei es als Buchweizengrütze, läßt Storm nicht unerwähnt, wenn er in „Bötjer Basch“ schreibt: „. . . es war schon Essenszeit und noch war er nicht wieder da; Meister und Geselle saßen schon an ihrer Grütze.“

Grütze als einfaches Handwerker- und Landarbeiteressen ist jahrhundertelang mehrfach am Tag die übliche Beköstigung gewesen.

GERSTEN-, WASSER-GRÜTZE
(nach Johanna Kuß)

In 2 Liter kochendes Wasser thut man 450 gr. Gerstengrütze. Diese muß wenigstens 2 Stunden auf Kohlen, wenig gerührt, kochen, um gut mürbe zu werden. Salz darf nicht vergessen werden, doch ist auch etwas Butter und beliebig Corinthen, die kurze Zeit mitkochen müssen, zum Wohlgeschmack erforderlich.

Ein typisches schleswig-holsteinisches Gericht ist Mehlbeutel. Sofern davon Reste nachbleiben, wird er am nächsten Tage in einer Pfanne mit Butter aufgebraten. Dazu reicht man mit Kartoffelmehl leicht angedickte Fruchtsoße aus Kirschen oder Pflaumen. Auch heute noch schwärmen viele Landeskinder hiervon. Doris Jensen war zu sehr eine Tochter Schleswig-Holsteins, als daß sie nicht auch dieses heimische Essen serviert hätte. Und so vermerkt Storm mit Brief vom 6. Juli 1880 aus Hademarschen an die Tochter Lisbeth (1855–1899), daß es Mehlbeutel geben solle, allerdings zum „Vesper“. Lisbeth hatte das 1877 in Stuttgart begonnene Studium der Musik 1878 aufgegeben und führte ihrem Bruder Hans in Heiligenhafen, wo dieser einige Zeit als Arzt praktizierte, das Haus. Im April 1879 verlobte sie sich dann mit dem verwitweten Heiligenhafener Pastor Gustav Haase (1838–1904) und heiratete diesen im Oktober 1879. Er wurde übrigens ein Vorfahre des bayrischen Volksschauspielers Gustl Bayrhammer, ebenso wie Storm. Im Juni 1880 verstarb, unmittelbar nach der Geburt, der sehr kleine Sohn des Paares. Wegen dieses traurigen Umstandes schreibt Storm am 6. Juli 1880 an Lisbeth und versucht sie zu trösten. Am Ende des Briefes heißt es dann:

„Seid alle herzlich gegrüßt; Mama und die Geschwister und Anna rufen

Grüße über Grüße aus dem Eßzimmer; ich aber soll nun sogleich kommen, sonst wird alles kalt, nämlich aufgebratener Mehlbeutel. So – Dein Vater Th. Storm."

Der Mehlbeutel kann auch im Wasserbad in einer Form gebacken werden. Er heißt dann allerdings in Schleswig-Holstein „Großer Hans". Auch hierfür hat Johanna Kuß eine Vorerinnerung:

Servietten-Pudding im Wasserbade

VORERINNERUNG ZUM MEHLBEUTEL (nach Johanna Kuß)

Um einen Mehlbeutel zu machen, feuchte man das dazu bestimmte Tuch in kaltem Wasser an und wringe es aus, oder bestreue es mit gestoßenem Zwieback. Nachdem der Teig in das Tuch gethan ist, muß das Band einen fingerbreit höher als der Teig festgebunden werden.

Man kocht den Mehlbeutel in reichlich kochendem Wasser und kehrt denselben während des Kochens. Mehlbeutel müssen immer etwas fester angerührt werden, als Puddings.

EINFACHER MEHLPUDDING OHNE EIER

2 Pfund Weizen-, Gersten- oder Buchweizenmehl werden mit warmer süßer Milch und etwas Butter angerührt, 1 Lot in Zuckerwasser aufgelös'ter Gest hinzugethan und Gewürz und Salz nach Belieben. Zwei Stunden muß der Teig aufgehen, doch kann das schon in der Form geschehen. Dann kocht man ihn 2 Stunden.

VORERINNERUNG FÜR PUDDINGS
(nach Johanna Kuß)

Für warme Puddings wird die Form mit Butter bestrichen und mit gestoßenem Zwieback oder geriebenem Brot bestreut. Dabei darf der Deckel der Form nicht vergessen werden. Nachdem der Teig in die Form gethan ist, wird diese in ein Geschirr mit kochendem Wasser gesetzt, welches genügende Größe haben muß, so daß die Form rund um von Wasser umgeben ist. Das Feuer muß beständig unter demselben unterhalten werden, damit das Wasser ja nicht aus dem Kochen komme und bei zu starkem Verkochen muß kochendes Wasser nachgegossen werden. Auf den Deckel legt man in der letzten Stunde Kohlen.

Diese Beschreibung zeigt, daß Große-Hans-Formen, ähnlich wie die Tortenpfannen, auch mit glühender Kohle von oben als Oberhitze gegart wurden. Erst später hielt man einen großen Wassertopf mit fest schließendem Deckel für hinreichend, um darin die geschlossene Wasserbadform aus Blech zu erhitzen und den Teig darin zu garen.

Meine achtzigjährige Tante Lotte auf einem Marschhof an der Nordsee berichtete mir, daß sie als junge Ehefrau eine derartige Form mit einem Deckel für Kohlen in ihrem Haushalt noch vorgefunden hätte, aber nicht mehr benutzt habe.

Der Junggeselle Theodor Storm war einst der kleinen Dorothea Jensen bei einer Setzmilch etwas näher gekommen. Somit soll es nicht versäumt werden, für dicke Milch bzw. Setzmilch Zubereitungsarten anzugeben:

Puddingform im Wasserbade

DICKE MILCH
(nach Johanna Kuß)

Obgleich diese nicht zu den Grützarten gehört, mag sie doch hier einen Platz haben; man ißt sie ja auch statt der Grützen.

Abgerahmte Milch oder etwas frische zu derselben gegossen, welches jedoch nicht nothwendig ist, wird in einem glasirten Gefäße an einen mäßig warmen Platz gesetzt, doch darf das Geschirr nicht heiß werden, da dann die Milch abkäsen würde.

Es ist gut, gleich etwas saure Milch hinzu zu thun, damit sie schnell säuerlich wird. Das Gefäß darf nicht gerührt und die Milch nicht geschüttelt werden, sondern muß still stehen, bis sie dick ist, 12–24 Stunden. Dann legt man die Milch, in großen Scheiben vermittelst einer großen Rahmkelle abgestochen, in ein feines Sieb und setzt dieses über ein Gefäß, damit die Molken ablaufen können, welches in 3– 4 Stunden geschehen kann. Ist so die Milch zum Anrichten bereit, kehrt man sie entweder auf eine große Schüssel um, oder legt sie in Scheiben abgestochen auf dieselbe.

Geriebenes Schwarzbrot und Zucker werden zum Bestreuen dazugegeben und Milch oder Rahm dazugegossen.

SETZMILCH

macht man, indem man süße Milch, wie oben gesäuert, in tiefe Teller hinsetzt (etwa einen Abend vorher, wenn sie am Mittage gegessen werden soll), und diese, so in den Tellern dick geworden, zu Tische gibt. Man ißt sie ohne Milch mit geriebenem Schwarzbrot und Zucker.

Wer auf einem Bauernhof groß geworden ist und die köstliche nichtentrahmte Milch kennt, die an warmen Sommertagen in der Küche in kleinen Tonschälchen oder tiefen Tellern angesetzt wird, um dann, wenn sie fest geworden ist, eiskalt mit Streuzucker und Schwarzbrotkrümeln serviert zu werden und mit keinem fertigen Joghurt zu vergleichen ist, der kann Storms Hinweis auf diese sommerliche Erfrischung verstehen. Leider gelingt heutzutage die Herstellung mit der üblichen vorbehandelten Milch nicht mehr.

Ein begehrter Auflauf, insbesondere am Heiligen Abend, nach dem in der zweiten Ehe servierten obligaten Sauerbraten (wohingegen es zur Zeit der ersten Ehefrau Constanze am Heiligen Abend Fisch und Pförtchen gab), ist ein Apfel-Brot-Auflauf, der in Schleswig-Holstein sowohl aus geriebenem Schwarzbrot wie geriebenem Feinbrot hergestellt wird.

In ihren Erinnerungen „Vergilbte Blätter aus der grauen Stadt“, erschienen im Jahre 1922, schildert Tochter Gertrud Storm aus eigenem Erleben das weihnachtliche Festessen und den besagten Auflauf im elterlichen Haushalt.

„Wir Kinder trennen uns schweren Herzens vom Tannenbaum, unseren Puppen und Büchern. Sauerbraten und ein großer Apfelkuchen – Tante Moritz genannt – bilden das Festessen, Punsch, nach Vater kurzweg ‚Landvogt‘ genannt, ist das Festgetränk.

Wir alle sitzen an unseren Plätzen, der Punsch ist in die Gläser geschenkt, Vater erhebt sein Glas, er nickt uns allen voll innigster Befriedigung zu und sendet dann in einem kleinen Trinkspruch ‚einen vollen Gruß seiner Liebe‘ allen denen, die seinem reichen, liebevollen Herzen nah’, an diesem Abend aber ferne von ihm sind. Der Apfelkuchen wird aufgetragen, nach dem unsere begehrlichen Kinderaugen schon lange ausschauen.

Einer der alten lieben Weihnachtsgäste wirft an jedem Weihnachtsabend zu unserer heimlichen Freude die Frage auf: ‚Ist das nicht Tante Moritz?‘ Und jedesmal folgt die prompte Antwort: ‚Ja, das ist Tante Moritz.‘

Von Tante Moritz ist nach einer Weile keine Spur mehr und nun geht es noch einmal zurück ins Weihnachtszimmer.“

TANTE MORITZ
(Hausrezept der Verfasserin)

1/4 geriebenes Schwarzbrot, 1/4 Pfund Butter, cremig gerührt, 100 gr. Zucker, 6 bis 8 Eidotter, Gewürz nach Belieben, den Eischnee vorsichtig unterziehen, in eine gefettete Form Kompott von Quitten und einigen Apfelstückchen geben, den Teig darübergeben, nach etwa der halben Backzeit 1 Tasse dicken Rahm darübergießen, dann gar backen.

MORITZKUCHEN
(nach Johanna Kuß)

7 Eidotter werden mit 125 gr. Zucker weißgerührt und 125 gr. geschmolzene Butter sowie 125 gr. geriebenes Feinbrod hineingerührt; zuletzt gebe man den Schaum der 7 Eier hinzu. Unten in die gut ausgestreute Form lege man Aepfel oder Stachelbeercompot, gebe dann den Teig darüber und gieße über das ganze noch kaum 1/2 Liter süßen, dicken Rahm. – 2 Stunden muß dieser Kuchen backen. Derselbe wird kalt gegessen.

„Tante Moritz“ gibt es auch bei anderer Gelegenheit:

Als im Herbst 1885 Storms Schwiegersohn Gustav Haase Pastor in Grube wird, muß das Pastorenpaar ein „Visitationsdiner“ im Pastorat in Grube veranstalten. Hierbei gibt es unter anderem Fisch und Wild und als Nachtisch nach den Anweisungen von Frau Lisbeth zubereitet, wie einst im Elternhaus zu Weihnachten, „Tante Moritz“!

Zu diesem Diner am 16. September 1885 werden auch der erste preußische Landrat des neuen Kreises Oldenburg, Matthias Wennecker (1808–1886), geladen, dessen Dienstsitz und -wohnung sich im Langhause des Cismarer Klosters befand, sowie Propst Detlev Martens, der von 1881–1906 Propst in Neustadt war.

Das Gruber Pastorat, in dem Storm gerne bei Tochter und Schwiegersohn zu Gast ist, nämlich vom 31. August bis 17. September 1885 und später noch einmal vom 2. bis 24. Juni 1887, und wo er Teile des „Schimmelreiters“ verfaßte, ist leider schon lange abgerissen.

Storm notiert in sein braunes Taschenbuch:

„17. September: Heute nach Eutin! Gestern Visitations-Diner. Landrat, Propst Martens. (Suppe, Hecht, Rumpudding, Rehrücken, Hermelinkuchen – auf Hans' Taufe und Tante Moritz, Früchte und Brot und Käs').“

Storm besucht außerdem vom 17. bis 20. September seinen Vetter und Schwager Ernst Esmarch (1821–1908) in Eutin, der Obergerichtsrat in der fürstbischöflichen Residenz ist und in einer heute noch bestehenden altertümlichen Villa, unweit des Bahnhofes, zur Miete wohnt. Das Haus gehörte zum Bezirk V Haus Nr. 39. Heute ist es Elisabethstraße 37. Sinnigerweise beherbergen die Räume heute eine Rechtsanwaltskanzlei, ähnlich wie in dem ehemaligen Stolleschen Haus in Segeberg in der Kurhausstraße 40, das Storms Schwager, Dr. Ernst Stolle, verheiratet mit Constanzes Schwester Helene, einst errichtete und dem Stormschen Haus in der Neustadt 56 in Husum.

Hauseigentümer in Eutin war der Zimmermeister Zimmermann, der Vater des Eutiner Bildhauers Heinrich Zimmermann.

Ernst Esmarch, der in jungen Jahren in Lübeck-Stockelsdorf lebte, wo Theodor und Constanze Storm ihn häufig besucht haben, wußte, was er seinem literarisch ambitionierten Großvater Christian Hieronymus Esmarch (1752–1820), einem Mitglied des Göttinger „Hainbundes“, und seinem Vetter und Schwager Theodor Storm schuldig war: Er wurde Gründungsmitglied der „Eutiner Literarischen Gesellschaft“ vom 21. September 1877.

Doch leider schweigt Storm, trotz häufiger Besuche in Eutin, über das gemeinsame literarische Interesse, ebenso wie über die Küche der Schwägerin Maria, geb. Feddersen (1828–1906).

Über die vier Tage in Eutin läßt er sich in dem Braunen Taschenbuch nur zu der lapidaren Feststellung hinreißen:

„17.–20. d. M. in Eutin bei Ernst – nett ...“

Allerdings hat ihn die landschaftliche Schönheit des Eutiner Raumes bereits früher berührt. Denn am 17. Januar 1868 hat er seinem Sohn Hans mitgeteilt:

„Onkel Ernst kommt übrigens als Obergerichtsrat . . . nach Eutin. Dort möchte auch ich leben.“

Die Anfangsjahre in der Fremde, insbesondere die Zeit in Potsdam, wo Storm ohne Gehalt als Gerichtsassessor zur Ausbildung arbeiten muß, sind finanziell eine sehr bedrängte Zeit. Zwei Söhne sind bereits geboren, und Constanze bemüht sich, mit dem schmalen Haushaltsgeld, das allerdings durch reichliche Naturaliensendungen der Eltern und Schwiegereltern entlastet wird, auszukommen. Mehl ist offenbar, ebenso wie Zucker, ein teurer Haushaltsposten, denn Storm beklagt sich aus Potsdam mit dem 4. Juni 1855 bei den Eltern:

„Mehlspeise, die ich so sehr liebe, dagegen bringt Constanze, als unserer Casse unangemessen, fast garnicht auf den Tisch.“

Gern ißt man im Hause Storm auch Husumer Backbirnen mit Klößen, wobei Storm sich die Birnen aus dem väterlichen Garten in der Hohlen Gasse in Husum bis nach Potsdam nachsenden läßt. So bedankt er sich mit dem 16. März 1854 bei den Eltern:

„Mutter zur Nachricht, daß wir noch gestern von den Husumer Backbirnen zu Klösen gegessen haben, die uns dann natürlich Gelegenheit gaben, von unserem freundlichen, grünen Garten in Husum zu reden.“

Aus dem Übersendungsdatum, März, ist zu entnehmen, daß es sich hierbei um getrocknete Birnen gehandelt haben muß.

MEHLKLÖSSE MIT BACKOBST AUS BIRNEN
(nach Amalie S.)

Man quirlt 8 Eidotter in $^1/_4$ Quartier [$^1/_4$ l] Milch und rührt sie dann mit 8 Loth [ca. 125 g] zu Schaum geschlagener Butter zusammen; nun rührt man nach und nach 1 Pfund Mehl hinein, wie auch 2 Hände voll geriebenes Weißbrod, $^1/_4$ Pfund in Würfel geschnittenen und in der Pfanne gerösteten Speck, eine halbe geriebene Muskatnuß und Salz, so viel als nöthig. Diese Masse muß man $^1/_2$ Stunde lang durcheinander rühren, und zuletzt gibt man auch das zu Schnee geschlagene Weiße von den Eiern dazu, und ist der Teig recht steif geworden, so formt man die Klöse daraus, gibt sie in siedendes Wasser und läßt sie in $^1/_2$ Stunde gar kochen und begießt sie beim Anrichten mit brauner Butter. Man gibt gekochtes Backobst dazu.

BACKBIRNEN UND KLÖSSE MIT SPECK; EIN DEUTSCHES GERICHT
(nach Charlotte Lönne)

Hierzu kocht man gerne ein Stück Speck aus der Seite, das fett und mager ist. Getrocknete Birnen, Aepfel und Pflaumen, Citronenschale, Cardamom und etwas Rothwein wird dazu genommen und das Fluidum mit Mehl seemig gemacht. Es muß aber alles mürbe gekoch seyn, ehe das in Butter gebackene Mehl daran gerührt wird. Zu den Klößen weicht man etwas Brot ein, jedoch nicht zu stark, schneidet einiges in Würfeln und bratet solches, dann nimmt man Mehl, geschmolzene Butter, das eingeweichte Brot und Eier und rührt davon Klöße an; das gebratene Brot giebt man zuletzt dazu, auch können einige kleine Speckwürfeln mit zugerührt werden. – Die Klöße werden ziemlich fest angerührt, recht groß geformet und dann gekocht; sie werden auf eine Schüssel gelegt, die Früchte darüber gegeben und Speck dabei. –

Storms Mutter wird, so wie unzählige andere Hausfrauen auch, durch ihre Köchin die Birnen wie folgt getrocknet haben:

DAS TROCKNEN VON BIRNEN
(nach Johanna Kuß)

Birnen bleiben, wenn sie klein sind, ganz, und kerbt man sie über der Blume kreuzweise ein; größere schneidet man in Viertel.

Die Früchte werden in den Ofen gesetzt, sobald das Brot herausgenommen ist und der Ofen dann verschlossen. Am folgenden Tag sortirt man die Früchte, indem man die bereits trockenen zurücklegt und die noch weichen nachtrocknet. Nachdem so getrocknetes Obst gehörig abgelüftet ist, kann man es in Beuteln aufbewahren.

BACKOBST
(nach Julie Köller)

Aepfel und Birnen werden in Hälften und das Kernhaus ausgeschnitten, auf dem Heerde oder im Backofen ausgebreitet, wenn der Ofen erkaltet ist, in die Sonne geleget und am nächsten Tage wieder in den Ofen geschüttet, das schon trockene Obst ausgesucht und das übrige wieder an der Luft und im Ofen getrocknet. Reineclauden, Zwetschen und Kirschen, wie auch sehr saftige Birnen läßt man vor dem Trocknen in einem tiefen Geschirr bei ganz mäßiger Hitze etwas dünsten, damit der Saft nicht verloren geht.

VORERINNERUNG ZUR HERSTELLUNG VON KOMPOTT
(nach Johanna Kuß)

Trockenes Obst weicht man gern etwas ein, wenn es hartgetrocknet ist, schon am Abend vorher mit ein wenig Natron, wäscht es ab und kocht es in reichlich Wasser, bis es mürbe ist, was mitunter recht lange Zeit erfordert, mindestens 1 Stunde ...

Will man die Brühe des Obstes seimig machen, so nehme man Kartoffelmehl, Sagomehl oder Maizena, sowie Weizenmehl, aber man achte ja darauf, daß sie nicht kleisterig werde.

Am liebsten verwandte man zum Trocknen kleine, feste „Pfunds"- oder „Steinbirnen", die man nach dem Dörren in Leinenbeuteln luftig aufbewahrte.

Theodor Storm wäre kein echter Schleswig-Holsteiner, wenn er nicht auch ein Freund der landesüblichen roten Grütze wäre, deren Zubereitungsart regional abweicht. Zum Teil wird sie mit unterschiedlichen Früchten, zum Teil nur aus Johannisbeeren und zum Teil nur aus angedicktem Fruchtsaft und -mark hergestellt.

Im Sommer 1844 verspricht er ursprünglich, seine Schwester Helene Woldsen bei dem Propst Friedrich Feddersen (1790–1863) in Garding abzuholen. Dessen Sohn Harro (1825–1901), später Pastor in Drelsdorf, heiratet im Jahre 1853 eine Schwester Constanzes, Marie Esmarch (1828–1906). Im pröpstlichen Haushalt befindet sich die jüngere Tochter, ebenfalls Marie geheißen, die später den ältesten Bruder Constanzes, den Juristen Ernst Esmarch heiraten wird. Die sechzehnjährige Marie Feddersen schwärmt offenbar für Storm, was dem jungen Advokaten sehr schmeichelt. Denn er berichtet im Juli 1844 an seine Braut:

„Ich sah Helene von ihrer Gardinger Tour zuerst in Friedrichstadt wieder; sie erzählte mir, die kleine Marie F. höre gar nicht auf von mir zu sprechen, sogar ihre Mutter müsse abends im Bett von mir hören. Da ich anfänglich versprochen, Helene abzuholen, so habe man den ganzen Hühnerstall geschlachtet und alle Johannisbeeren zur roten Grütze verkocht – ja, Dange, solchen Eindruck bringt Dein Schatz hervor."

ROTHE GRÜTZE
(nach Doris Stender)

Eine hinreichende Portion Johannisbeeren wird durch ein Tuch gepreßt. Das, was im Tuche zurück bleibt, wird nun mit so viel Wasser, wie schon Saft ausgedrückt ist, vermengt, und durch das Tuch in den übrigen Saft gedrückt. Man setzt es dann auf's Feuer, giebt nach Belieben Zucker, Kaneel und Citronenschale dazu und rührt dann so viel Mehl in halb Wasser und halb Saft, daß es dünn wie Pfannkuchenteig wird. Wenn der Saft kocht, so giebt man den Teig unter anhaltendem Umrühren hinzu und läßt Alles einige Minuten kochen. Man kann die Grütze nun in eine Form oder Tasse, worin vorher etwas kaltes Wasser gegossen ist, oder auf eine Schüssel geben und kalt werden lassen.

ROTE GRÜTZE FÜR 8 PERSONEN
(nach Luise Keck)

Soll die Grütze fein sein, rechnet man 1 Liter Johannis- oder Himbeersaft und 1 Liter Wasser. Zucker nach Geschmack und ein Stückchen Vanille. Soll die Grütze denselben Tag gegessen werden, müssen 180 Gramm Sago, Sagomehl oder Reismehl auf 2 Liter Flüssigkeit genommen werden. Ist sie aber für den nächsten Tag bestimmt, genügen schon 155 Gramm.

Will man frische Früchte benutzen, so werden 2 Liter Früchte mit den Stengeln gewaschen, mit 1 Liter Wasser aufgekocht und durch ein Sieb gerieben. Die fehlende Flüssigkeit wird durch Wasser ersetzt, das man über die Frucht im Sieb gießt. Da die Himbeeren seltener und teurer als Johannisbeeren sind, so genügt schon der vierte Teil, um der Grütze den Wohlgeschmack zu geben. Für den täglichen Gebrauch kann man gern mehr Wasser als Saft nehmen.

Die Kinder Storms verspeisen in der Vorweihnachtszeit auch gerne gebratene Äpfel aus der Ofenröhre des Kachelofens. So berichtet Storm an seinen Vater mit dem 24. November 1857 aus Heiligenstadt:

„Eben wollte er (Hans – Anm. d. Verf.) für sich und Ernst gebratene Äpfel vom Ofen haben. Was er mit den Worten andeutete: ‚Papa, weißt Du was die gebratenen Äpfel rufen? Iß mich doch, iß mich doch, Erne und Carlemann, ich verbrenne!'"

Gebratene Äpfel mit aufgeplatzter weicher Schale und reichlich mit Zucker überstreut, das sind wohl für zahlreiche Kindergenerationen eine Glückseligkeit gewesen, die heute, im Zeitalter der Zentralheizungen, in dieser Gemütlichkeit kaum wiederherzustellen ist.

Gebratene Äpfel sind zwar weder eine Milch- noch eine Mehlspeise, es sei denn, man serviert hierzu noch eine dicke aromatische Vanillesoße, doch mögen sie dennoch an diesem Orte Eingang in die Rezeptsammlung finden!

BRATÄPFEL
(altes Hausrezept der Verfasserin)

Pro Person wasche man einen Apfel oder auch mehr, gleich welcher Sorte und setze sie in die sauber ausgewaschene eiserne Ofenröhre eines geheizten Kachelofens. Man lasse die Äpfel weich braten, was, je nach Sorte, unterschiedlich lange dauert. Dann serviere man sie pro Person auf einer Untertasse und schneide sie oben kreuzweise auf. Hier hinein streue man Zucker nach Bedarf. Man löffele nun das weiche Fruchtfleisch aus der Schale.

BRATÄPFEL FÜR DEN BACKOFEN

Man setze die gewaschenen Äpfel in eine feuerfeste, flache Schüssel und gieße eventuell einige Löffel Wasser darunter. In dem heißen Ofen lasse man sie weich braten. Man serviere sie nicht zu heiß.

Ein obligater Nachtisch in Form eines Puddings oder eines Auflaufes ist im Hause Storm allerdings nur die Ausnahme. Im Sommer wird die ständig sich vergrößernde Familie Storm nach dem Hauptgang mit frischem Obst, jahreszeitlich bedingt mit Kirschen, Erdbeeren oder Himbeeren, versehen, im Herbst mit Äpfeln und Birnen.

So besteigen im Juli 1863 Storm und die beiden kleinen Söhne Ernst und Hans, in Begleitung der Köchin Therese den Iberg bei Heiligenstadt und pflücken Walderdbeeren, die am nächsten Tag, den 9. Juli, serviert werden.

Storm erzählt seiner zur Erholung in Segeberg verweilenden Ehefrau:

„Eben bringt Therese unsere Erdbeeren von gestern herein; es ist doch ein gehäufter tiefer Teller. Oh, wie sie duften!"

Ausnahmsweise wird einmal dem kleinen Sohn Karl bei Freunden, neben einer „tüchtigen Portion Butterbrot und Braten", Stachelbeerdessert serviert, wie Storm mit dem 15. Juli 1862 Constanze mitteilt, die zu diesem Zeitpunkt ihren Bruder Ernst in Stockelsdorf bei Lübeck besucht.

STACHELBEERCOMPOTT
(nach Doris Stender)

Nimm ganz junge kleine Stachelbeeren, putze und befreie sie von den Stielen, koche sie in Wasser ab, setze dann ein Viertelpfund Zucker mit Wasser ans Feuer, lasse es kochen und gebe dann die Stachelbeeren mit etwas Citronenschale, gestoßenem Kaneel und Wein hinein, und lasse es noch einige Minuten kochen. Die Beeren müssen indeß soviel als möglich ganz bleiben.

Ähnlich wie Schokoladensuppe war auch Schokoladenpudding etwas besonders Köstliches. In der Novelle „Der Herr Etatsrat" ist er die Krone eines Abendessens:

„Um acht Uhr, nach dem Abendessen – es war übrigens sehr gut; zuletzt Schokoladepudding mit Vanillecrême –, da kam der Herr Etatsrat zu uns in den Gartensaal."

CHOCOLADENPUDDING
(nach Julie Köller)

In 1 Liter (reichlich 1/2 Kanne) kochender Milch läßt man nach Belieben 1/2 Stange Vanille ausziehen, verrührt 12 1/2 Neuloth (1/4 Pfund) kalt angerührtes feines Reis- oder Puder-Mehl, eben so viel recht gute, feingeriebene Chocolade und so viel Zucker, daß die Masse süß wird, dazu, kocht dies unter beständigem Rühren recht dick ein, nimmt es vom Feuer, mischt dazu 2 Eigelb, läßt es in einer mit Wasser befeuchteten Form erkalten und stürzt es. Man giebt den Pudding nach Belieben mit Vanillen-Sauce oder Vanillencrême zu Tisch.

VANILLE CREME
(nach Amalie S.)

Man stößt eine Vanilleschote recht fein und thut 5 Loth [knapp 80 g] Zucker und 8 bis 10 kleingerührten Eidotter zu 3/4 Quart [3/4 l] guter, süßer Milch, welche man zum Feuer setzt, und so lange schlägt, bis es beinahe zum Kochen kommt; dann schlägt man es durch ein Sieb und läßt es erkalten.

Bei dem bereits erwähnten „Visitationsdiner" am 16. September 1885 reicht Lisbeth Haase nach Fisch und Wild, als Zwischengericht, einen Rumpudding, wie Storm notiert hat. Auch hierfür fand sich ein altes Rezept aus dem vorigen Jahrhundert.

RUMPUDDING
(nach Julie Köller)

10 Neuloth [= 6 Loth = 100 g, 1 Neuloth = 10 g], auf einer Citrone abgeriebener Zucker wird fein gerieben, 12 ganze Eier werden gut geschlagen und mit dem Zucker verrührt. Dann giebt man dazu 1/2 Liter (1/4 Kanne) Rahm, in welchem man 1/2 Stange Vanille ausziehen ließ, und 1/4 Liter (1/4 Quartier) guten Rum, vermischt Alles gut miteinander und kocht es in einer mit Butter ausgeschmierten Form 1 Stunde. Nach völligem Erkalten stürzt man den Pudding und giebt ihn mit Fruchtgelée zu Tisch.

N. F. CARSTENS
Schwabstedt.

Meine Spezialitäts-Rummarke

Forscher-Rum

empfehle ich Ihnen
zum kommenden Feste.

DEUTSCHES ERZEUGNIS

Forscher-Rum bedeutet Edelqualität,

ist bekömmlich, sehr gut und billig.

Ein Versuch führt zu dauerndem Bezuge.

Wegen der zahlreich einlaufenden, sich zusammendrängenden Bestellungen bitte im Interesse einer rechtzeitigen Lieferung um evtl. sofortige Bestellung.

Zwar zeigen die Nachtische, die im Hause Storm gereicht werden, nicht die Vielfalt, wie man sie heute gewöhnt ist – und auch nicht die breite Palette, wie sie in den damals zeitgenössischen Kochbüchern vermerkt wurden. Aber sie stehen, wie die süßen Hauptgerichte, in keinem geschmacklichen Widerspruch zur heutigen schleswig-holsteinischen Küche.

Die karge Küche eines Junggesellen

Nachdem er sich als junger Advokat in Husum niedergelassen hat, war Theodor Storms Haushaltsführung überaus bescheiden. Dieses ist bereits angedeutet worden. Insbesondere aus dem Briefwechsel zwischen Theodor und seiner Braut Constanze ergeben sich Einzelheiten hinsichtlich seiner ökonomischen Haushaltsführung. Leider sind die achtunddreißig Briefe, die Constanze, genannt „Dange", ihm schrieb, überwiegend noch nicht veröffentlicht worden. Die Originale befinden sich in der Schleswig-Holsteinischen Landesbibliothek in Kiel. Doch die ausführlichen und emotionsstarken schriftlichen Bekundungen des verliebten Bräutigams, die stellenweise geradezu anrührend sind, geben einen lebendigen Überblick über Storms Junggesellendasein. So ermahnt er die Braut immer wieder, haushalten zu lernen, und begrüßt es beispielsweise, daß sie selbst die in Husum wohl damals günstig zu erhaltenden Krabben, an der Westküste „Porren" genannt, nicht jeden Abend servieren will. An einem Dienstag im April 1845 schreibt er ihr insoweit:

„Du mußt jetzt recht wirtschaften lernen und sparsam sein, d. h. noch mehr sparsam, als was in unseren elterlichen Haushaltungen so genannt wird. Aber Du hast es mir schon einmal gezeigt, daß Du es verständest, als Du mir sagtest: ‚Jeden Abend Porren, das ist doch Verschwendung!' ... Wir werden uns manches versagen, was für andere ein billiger Wunsch wäre; Du mußt auf alles Denkbare kneifen, auf Kleider und Schuh', Essen und Trinken – Dange, hast Du so Mut, Dich nächsten Herbst mit mir trauen zu lassen?"

Die Garnelen oder Kreveten, niederdeutsch Krabben genannt, sind kleine Krustentiere und gehören zu den Taschenkrebsen. Bis zu Beginn des 20. Jahrhunderts waren es zumeist die ärmeren Frauen an der Westküste, die vom Frühjahr bis zum Spätherbst auf Krabbenfang gingen. Die Frauen banden mit einem Strick ihre Röcke hoch und gingen barfuß mit einem „Schiebehamen", einem Schiebenetz und einer „Kiepe", einem Korb für den Fang auf dem Rücken, bis Hüfthöhe ins Wasser, um während der Wattzeit in den Prielen die Krabben zu fischen. Die noch ungekochten Krabben wurden dann direkt zur Kundschaft gebracht, wo sie von den Hausfrauen und Köchinnen selber abzukochen waren.

Es dauert einen, daß der armen Constanze, selbst wenn sie darauf täglich Appetit haben sollte, ein so bescheidenes Vergnügen wie ein abendliches schlichtes Butterbrot mit Krabben darauf in der Hafenstadt Husum verwehrt sein sollte, denn man muß davon ausgehen, daß die Krabben auch im Verhältnis zu anderen Lebensmitteln, zumindestens in Husum, damals günstig zu kaufen waren. Sonst wären ja wohl nicht an der Westküste die Rezepte für unzählige Krabbenbuletten entstanden, die sich als Folge eines Überangebotes dieser schmackhaften kleinen Schalentiere entwickelt haben.

KRABBEN
(nach Julie Köller)

Man kocht sie in Salzwasser oder wie Krebse, ißt sie als Beilage zu Gemüsen, als Blumenkohl, grüne Erbsen, Spargel ec.; kann sie auch in Ermangelung von Krebsen zu Ragouts und Fricassée's verwenden, auch sind sie für den Theetisch passend.

KREBSE ZU KOCHEN

Sie sind am besten in den Monaten, welche kein r im Namen haben.
Reingewaschen wirft man die Krebse in reichliches kochendes Wasser, gießt es dann gleich soweit wieder ab, daß die nun todten Krebse nur davon bedeckt sind, giebt reichlich Salz, Petersilie, Zwiebeln, Kümmel und etwas Essig dazu und läßt sie ungefähr $^1/_4$ Stunde kochen. Die Brühe macht man mit Zwiebackkrumen oder einem Butterballen seimig und läßt sie mit feingewiegter Petersilie aufkochen.

Sofern Storm auswärts zum Speisen eingeladen ist, langt er tüchtig zu, um dann am nächsten Tage daheim hauszuhalten. So folgt er am 13. September 1845 einer Einladung zum jährlichen Deichbezugsschmaus in dem bekannten Weinhaus Werner in Husum, Großstraße 18. Das Gebäude mit der großen Traube über der Eingangstür schmückt noch heute die Altstadt.

Das ehemalige Haus Werner ist ein typischer Vertreter dieser Althusumer Kaufmanns- und Patrizierhäuser. Diese Gebäude waren nach lübscher Art konstruiert. Sie waren nicht sehr breit, aber sehr tief und an ihnen zeichnete sich eine Vorliebe für eindrucksvolle Giebel ab, die selbst im 18. Jahrhundert noch oft durch Gesimse aufgegliedert wurden. Sie wurden belebt durch dekorative Maueranker, Verblendungen, Muschelmuster und viele Taustäbe. Diese derartig schmückenden Elemente sind auch am Werner'schen Haus zu sehen. Es erstaunen hier, wie auch bei anderen alten Husumer Kaufmannshäusern, die großen geräumigen Dielen und die übereinandergelegenen zahlreichen Kornböden mit einer optimalen Lüftungsmöglichkeit durch die unzähligen kleinen Fenster und Luken. Die Erklärung liegt darin, daß im 16. und 17. Jahrhundert die Bauern auf den Inseln noch mit ihren landwirtschaftlichen Produkten bezahlten. So wurde insbesondere Korn von der Insel Nordstrand in Zahlung genommen und mußte daher luftig gelagert werden. Das Wernersche, später Kaysche Weinhaus wird schon urkundlich im 17. Jahrhundert als Weinhandlung eines Kaufmanns Wilken Plump erwähnt. Die Wernersche Weinstube war insbesondere zur Zeit der deutsch-dänischen Kämpfe ein Zentrum für die Husumer und war für Versammlungen, wie hier den jährlichen Deichbezugsschmaus, ein begehrtes Lokal.

Bei dem Deichbezugsschmaus kasteit sich Theodor Storm durchaus nicht, sondern genießt, ansonsten ein Verfechter von häuslichem dünnen Tee und Hafersuppe, das opulente Essen und sogar Champagner! Noch am selben Nachmittag, um 16 Uhr, schreibt er an die Braut:

„Eben komme ich von dem jährlichen Deichbezugschmaus bei Werner, wo es recht heiter herging und zuletzt in Champagner endete."

Am nächsten Tage allerdings, obwohl es sein Geburtstag ist, wickelt er alle Geschenke aus, liest die Gratulationen, legt sich ein gestricktes Tuch um den Hals, das Constanze ihm gearbeitet hat, und beginnt den festlichen Tag nur bei Tee und trockenem Zwieback:

„Jetzt muß ich notwendig das schöne Tuch einmal umpassen und dann meinen Tee und Zwieback genießen. Ich habe gestern seit dem Schmause nicht ein Krümlein genossen."

Die Wochenenden verbringt Storm nicht etwa alleine bei sich zu Hause beim Studium von Akten, sondern bei Freunden, Bekannten und in der elterlichen Familie. Nachdem er beispielsweise am Sonnabend, dem 11. Oktober am

Haus Werner

Nachmittag von seiner Wohnung aus, Großstraße 11, zur Familie Jensen am Markt 5 zum Tee spaziert ist, schaut er bei den Eltern in der Hohlen Gasse 3 ein und läßt sich eine stärkende Eiermilch servieren, um dann alsbald in seine einsame Behausung, die er bei dem Agenten Schmidt hat, zu wandern und noch gegen 23 Uhr Constanze mitzuteilen:

„Von da ging ich nach der Hohlen Gasse, wo Cile (Storms Schwester Cäcilie – Anm. d. Verf.), uns etwas vorschwatzte und wo man mich mit einer Portion Eiermilch erquickte, weil ich so sehr ab war."

EIERMILCH
(altes Hausrezept der Verfasserin)

Man rührt 1 Eigelb, 1 Teelöffel Zucker und 1 Teelöffel Zitronensaft schaumig. Dazu gibt man nach und nach $^{1}/_{4}$ Liter kochende Milch und rührt das ganze bis zum Abkühlen. Nach dem Erkalten gibt man 1 Eßlöffel Weinbrand dazu und zieht das geschlagene Eiweiß darunter, man kann den Weinbrand aber auch weglassen.

Am Sonnabend, dem 18. Oktober 1845, begibt sich Storm auf das Schloß vor Husum in die Dienstwohnung des damaligen dänischen Amtmanns Godske Hans E. von Krogh (1778–1852), einem der Vorgänger von Theodor Storms späterem Freund, dem Landrat Ludwig Graf zu Reventlow (1824–1893). Hier findet er einen behaglichen „erleuchteten Teetisch“ vor. Storm will sich von der ältesten Tochter des Amtmannes, Auguste (1811–1885), verabschieden. Er ist immer gern Gast in diesem großzügigen, musisch geprägten Haushalt, der nach dem frühen Tod der Gattin des Amtmannes, Agnes, geb. von Warnstedt, von der achtzehnjährigen Auguste bis zu ihrer Eheschließung im Jahre 1844 geführt wurde. Eineinhalb Jahre nach ihrer Eheschließung am 5. Mai 1844, die mit dem Oberamtsrichter Johann Christian Hilmers aus Hamburg erfolgte und worauf sie ihre Heimat verließ, hat sie ihr Elternhaus offenbar einmal wieder besucht. Auguste war als erste Sopranistin eine Stütze des im Jahre 1843 von Storm gegründeten Gesangvereins gewesen. Er hatte ihr, voll Sympathie, zur Vermählung ein Gedicht gewidmet, von dem seine Tochter Gertrud in ihren Erinnerungen an den Vater behauptet, die Verse verrieten, daß Auguste nicht nur Storms beste Solistin gewesen sei! Jüngere Schwester im Haushalt war die später bekannte Malerin Charlotte von Krogh (1827–1913). Zum Zeitpunkt der Teevisite Theodor Storms ist sie achtzehn Jahre alt. Ihr gelingt es, wie nur wenigen Frauen in der ersten Hälfte des 19. Jahrhunderts, auf den Kunstakademien in Karlsruhe und Düsseldorf zu studieren.

Als Malerin zog sie später nach Hadersleben, um dort ganz ihrer Kunst zu leben. Bedeutende Gemälde von ihr hängen in Schleswig-Holstein und in Dänemark. Der Kunsthistoriker Gottfried Sello erklärt über sie: „Wenn sie in Paris oder in München gelebt hätte, wäre sie vermutlich eine berühmte Künstlerin geworden.“

Obwohl man ihn gar nicht fortlassen will, drängt es Storm zu seinem Elternhaus, da er dort einen Brief von Constanze vorzufinden hofft.

Constanze hat in dieser Zeit, als Storm noch nicht das Haus in der Neustadt 56 bezogen hat, offenbar die Briefe an die Anschrift ihrer Verwandten in der Hohlen Gasse 3 adressiert. Doch dort findet sich an diesem Abend kein Brief der Braut. Das schlägt Storm derart auf den Magen, daß er die Einladung zu einem delikaten Krammets-Vogel-Essen seiner Eltern ausschlägt:

„Ich guckte daher erst in der Hohlen Gasse vor, und nun denke Dir, als ich in dieser Stimmung keinen Brief von Dir vorfinde, zum erstenmal, solange Du mein bist! Es war keiner da, statt dessen bat mich der Alte auf Krammetsvögel, als wenn ich in dieser Angst Krammetsvögel essen könnte."

Krammetsvögel galten noch zu Anfang dieses Jahrhunderts als ausgesprochene Delikatesse, heute stehen sie unter Naturschutz. Man rechnete zu einem Essen pro Person zwei bis drei Stück.

Die Krammetsvögel gehören zur Familie der Drosseln, da sie die Kramms-, Krammets-, Kranewets- oder Wacholderbeeren zu ihrer Lieblingsspeise erkoren haben. Hierzu rechnet man verschiedene Vögel: die Ringamsel von 26 cm Länge, die Singdrossel von 22 cm Länge, die insbesondere in den Weinländern als schmackhaftes Wild galt, die Rotdrossel, die der delikateste Vogel sein soll und 22 cm lang ist, sowie die Wacholderdrossel mit 26 cm Länge, die der eigentliche Krammetsvogel ist. Ihr Fleisch soll gerade im Herbst durch die von ihr bevorzugte Nahrung einen wunderbar würzigen Geschmack annehmen. Der Krammetsvogelfang, sehr unwaidmännisch mit Bügelschlingen bewerkstelligt, auf denen Vogelbeeren als Köder befestigt waren, lieferte im 19. Jahrhundert jährlich $1^1/_4$ Millionen Vögel für die Tafel. Heute ist der Vogelfang in Deutschland seit langem verboten.

Storm selbst hat als kleiner Junge den Drosselfang bei seinem Onkel im Raum Rendsburg betrieben und erinnert sich

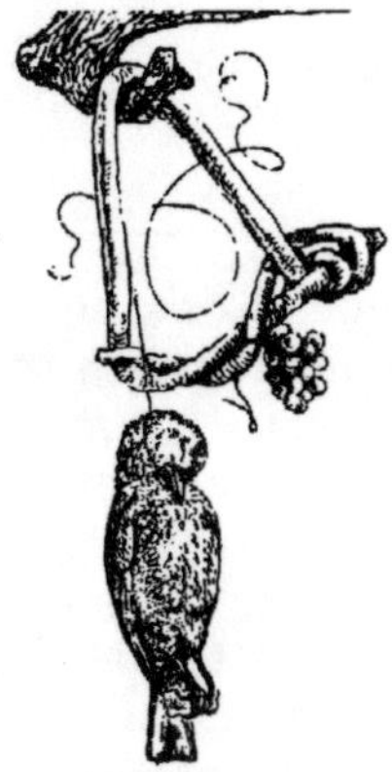

Otto Speckter, Vogelschlinge

in einem Brief vom 7. Mai 1854 aus Potsdam an die Eltern in Husum:

„Heute Vormittag nötigte Hans mich, von meiner Jugend, und zwar von meinem Krametsvogelfang in Westermühlen, zu erzählen. Und während des Erzählens traten jene schönen, nun so lange vergangenen Herbsttage und das Bild der lieben friedlichen Gegend, beschienen vom warmen Jugendsonnenschein, so lebhaft vor mein inneres Auge, daß ich mich vor Heimweh nicht zu lassen wußte."

Auch in einem Brief an Eduard Mörike vom November 1854 steigt vor ihm Westermühlen und der heute als recht fragwürdig erscheinende Vogelfang vor ihm auf:

„Mein Hauptquartier aber hielt ich immer auf der Mühle. Von dort aus wurde die Hauptfreude und -beschäftigung, der Drosselfang, in den etwa eine Viertelstunde vom Dorfe belegenen Wäldern getrieben. Des Abends saß ich dann mit meinem Oheim unter den Lindenbäumen vor der Tür des Wohnhauses; und wir flochten Dohnen (handgroße Fangbügel – Anm. d. Verf.) aus Weidenzweigen und drehten Schlingen aus Pferdehaaren. Den Weg zum Walde, den ich, meinen Korb mit Vogelbeeren und sonstigen Utensilien unterm Arm, entweder in Begleitung meines Oheims, oder, wenn er keine Zeit hatte, in der seines Jagdhundes, mehreremal am Tage machte, beschreibt das Gedicht, wie er viele Jahre später noch vor meiner Phantasie stand." (Storm nimmt Bezug auf sein Gedichtfragment „Waldweg", Anm. d. Verf.)

Und an den Sohn Ernst schreibt er am 27. Oktober 1870, nachdem er seine Tochter Lisbeth für einige Zeit seinem Studienfreund, dem Plöner Professor Christian Albrecht Klander anvertraut hat, er habe dort einen alten Freund aus der Jugendzeit wiedergetroffen, mit dem er einst auf Krammetsvogelfang gegangen sei:

„... ein andres Haus ist das eines pensionierten Hausvogts Seehusen, bei dessen Namensnennung meine Gedanken über 40 Jahre in Tiefe der Erinnerung herabfielen. Er ist ein Dutzbruder von Klander. ‚Seehusen?' sagte ich, ‚Johann Seehusen? Aus Elsdorf, Kirchspiel Hohn?' – ‚Wir können ja zu ihm gehen', meinte Klander. Und er war es; der alte Mann war der junge hübsche Forstkandidat, der als Knabe mit Tante Lene Ohm zur Schule gegangen war, in Elsdorf, wo sein Vater Hegereuter war, der, während ich bei meinem Onkel Hans als Knabe in den Herbstferien dem Kramtsvogelfang oblag, sich zeitweilig bei seinem Vater aufhielt, mit dem wir auf die Jagd gingen, der überhaupt oft bei dem Onkel Müller einkehrte, und der mir wegen seines freundlichen Wesens, auch wohl wegen seines stattlichen Äußeren unvergeßlich blieb. Der liebenswürdige Eindruck wiederholte sich mir völlig bei dem alten Mann. Als Klander mich als Freund Storm vorstellte, legte er die Hand auf meine Schulter und sagte lächelnd: ‚Theodor Storm?' Er hatte schon gehört, daß ich dasei; und die Begegnung mit mir, dem Knaben, war auch ihm unvergeßlich geblieben."

Am Rande sei vermerkt, daß Professor Christian Albrecht Klander (1817–1874), der ab 1847 Konrektor am Gymnasium in Plön war, das sich damals im jetzigen Rathaus, Schloßberg 3–5, befand, vermutlich in den siebziger Jahren eine Dienstwohnung im obersten Stockwerk des Schulgebäudes hatte. Hier muß Theodor Storm im Oktober 1870 zu Gast gewesen sein. Aus der Wohnung hatte man einen zauberhaften Blick auf den Plöner See, da die gegenüberliegende Schloßbergseite noch nicht mehrstöckig bebaut war.

Leider hat Storm dieses in keiner Weise literarisch gewürdigt.

Auch Storms Vater, Müllersohn aus Westermühlen, hat in seiner Jugend dem Krammetsvogelfang gefrönt. In den autobiographischen Skizzen „Aus der Jugendzeit – Von Vaters Seite" berichtet er:

„Im ersten Dezennium (im ersten Jahrzehnt – Anm. d. Verf.) unseres Jahrhunderts kam auf die Gelehrtenschule zu Husum ... ein Junge aus dem kleinen Dorfe Westermühlen im Kirchspiel Hohn, der im Dohnenstellen für die Krammetsvögel und überhaupt im Vogelfangen in seinen heimatlichen Wäldern ein Meister war; er hieß Johann Casimir Storm."

Es mag zur Ehrenrettung Storms vermerkt werden, daß er diesen Vogelfang nicht sonderlich liebte, sondern ihn als Tierquälerei betrachtete und heimlich die noch lebenden Vögel aus ihrer prekären Lage befreite.

Storms sparsame Junggesellenkost wurde glücklicherweise, wie zu lesen ist, immer wieder lukullisch bereichert durch Einladungen ins Elternhaus, einem Elternhaus, in dem es bereits während seiner Studienzeit und wie man hoffen darf auch davor, zumindestens an besonderen Tagen, üppig zuging. Und so wird nicht nur der Geruch von Grütze aus den Fenstern der im Keller gelegenen Küche auf die Straße gequollen sein, nicht nur der nach Schwarzsauer und Blutwurst, sondern auch nach höchst delikaten Speisen, insbesondere der Duft nach Krammetsvögeln! Am 31. Oktober 1842 schreibt der Examenskandidat Theodor Storm, einige Tage vor seiner mündlichen Prüfung in Schleswig durch Professor Nicolaus Falck (1784–1850), an den Studienfreund Theodor Mommsen (1817–1903) hinsichtlich des Essens in seinem Elternhaus:

„Meine Nase scheint sich zu bessern, obgleich ich viel mehr esse als in Kiel, namentlich habe ich an Krammetsvögeln, Austern und Karpfen ein erkleckliches zu mir genommen."

KRAMMETSVÖGEL
(nach Sophie Barthmann)

Von den sauber gerupften Krammetsvögeln schneidet man die Flügel im ersten Gelenke ab, zieht ihnen die Haut von den Köpfen, drückt die Augen heraus, beseitigt den untern Theil des Schnabels und die Gurgel, stutzt die Krallen von den Füßen ab, biegt die Füße nach innen um die Keulchen, steckt diese so in einander, daß sie ein Kreuz bilden, biegt den Kopf nach dem Keulchen herum, steckt die Spitze des linken Keulchens durch die Augenhöhle und sengt endlich die Vögel leicht ab. Hierauf läßt man Butter in einer Casserole gelb werden, legt die Vögel hinein, salzt sie und bratet sie zugedeckt auf nicht zu starkem Feuer erst auf der Brust und dann auf dem Rücken zu schöner goldgelber Farbe. In 12 bis 15 Minuten sind die Vögel gar. Man kann dieselben auch unter fleißigem Begießen im heißen Ofen braten und auch einige feingestoßene Wachholderbeeren darunterthun. Sind die Vögel angerichtet, so gießt man Butter, in welcher etwas geriebene Semmel gelbbraun gebraten worden, darüber; den Bratensatz von den Vögeln kocht man mit ein wenig Jüs von der Casserole los, fettet ihn ab und gießt ihn durch ein Sieb unter die Vögel. Manche nehmen die Vögel bei der Vorbereitung aus und füllen sie mit gestoßenen Wachholderbeeren; gewöhnlich werden sie aber unausgenommen gebraten.

Das Krammetsvogel-Essen war offenbar in Husum gerade im Schwange. Denn wenige Tage später wird er von der Mutter der Doris Jensen ebenfalls zum Krammetsvogel-Essen eingeladen. Erstaunlicherweise dankt Storm erneut, obwohl das Geflügel appetitlich duftet. Am Abend des 30. Oktobers 1845 berichtet er an Constanze:

„Ich komme eben aus einer Gesellschaft bei Jensens. Es sollte eben gegessen werden, ich war sehr hungrig, die Krammetsvögel dufteten lieblich – und doch ging ich vor Tisch heimlich zu Madame Jensen und beurlaubte mich von ihr und esse mich jetzt in trockenen Teekringeln satt. Bist Du jetzt hungrig, indem Du dies liest, so mußt Du fühlen, daß es mit einer Art Wehmut geschieht."

Krammets-Vögel gegen Teekringel sind ein ungleicher Tausch. Doch befindet sich der verliebte Storm offenbar in einer Phase des Weltschmerzes und Liebeskummers, so daß er sich gar nichts Gutes gönnen möchte!

KLEINE KRINGELN ZUM THEE
(nach Charlotte Lönne)

Es werden $^3/_4$ Pfd. Butter, 1 Pfd. Mehl und $1^1/_2$ Tassen Wasser genommen; die Butter muß ausgeknetet und ausgewaschen seyn. – Das Mehl wird auf den Backtisch gelegt, eine Höhlung darin gemacht, das Wasser und 1 Ei, auch etwas von der Butter dazu gerührt (man läßt etwas Mehl von der angegebenen Quantität zurück) und dann gut durch einander gearbeitet. – Wenn der Teig nun so zubereitet worden ist, rollt man ihn mit dem zurückgelassenen Mehl aus, legt die zurückgelassene Butter, die in kleinen Theilen zerthan worden, daran und rollt ihn nicht zu dünn. Jetzt wird der Teig zusammen geschlagen und dünn ausgerollt, dann wieder zusammen gelegt und wieder dünn ausgerollt, noch einmal auf gleiche Weise verfahren und zuletzt den Teig abermals ausgerollt, aber nicht so dünn, wie früher. – Nun schneidet man den Teig in Streifen, formirt Kringeln daraus und bestreut solche mit Zucker und Canehl, auch mit fein gehackten Mandeln; dann backt man sie.

Am Freitag, dem 7. November 1845, zieht Storm in das Haus Neustadt 56 ein und begeht den Tag festlich im Freundeskreis mit einer Teestunde. Am nächsten Nachmittag findet sich sein künftiger Schwager Ernst Lorenzen (1810–1869) zu einer morgendlichen Teestunde ein, bei der Storm in stiller Bescheidenheit nur ein Stück Schwarzbrot zu sich nimmt, was er in der ihm eigenen Eloquenz am selben Tag sogleich der Braut mitteilen muß:

„Sonnabend abend 8 Uhr. Eben haben Lorenzen und ich unsere Teestunde in aller Behaglichkeit zusammen gehalten, und ich – denk' Dir – habe nichts als

Schwarzbrot dabei gegessen, obgleich das Weizenbrot dabei lag, so gut hat's mir geschmeckt. Vielleicht bleib' ich dabei, du ißt ja auch gern Schwarzbrot."

Gebackenes Brot ist so vielfältig in der Herstellung, daß auch nicht nur ansatzweise versucht werden kann, zu ergründen, wie das Husumer Schwarzbrot geschmeckt hat, das Storm mit Appetit verzehrte und das vermutlich aus einer der zahlreichen Bäckereien der Stadt herrührte. Möglicherweise stammte es aus der kleinen Backstube der „Lena Wies" (bürgerlicher Name Sophia Magdalena Jürgens, 1787–1868), die seit 1843, seit dem Tode ihrer Mutter, den elterlichen Betrieb alleine weiterführte. Typisch für die Herstellung von Schwarzbrot war das Zubereiten mit Sauerteig, so wie es noch bis in das 20. Jahrhundert an der Nordsee bei der Hausbäckerei üblich war.

SCHWARZBROT ODER ROGGENBROT
(nach Johanna Kuß)

Man thut zum Säuren etwa $10\frac{1}{2}$ Liter Roggenmehl in den Backtrog und nehme dann einen Eimer warmes Wasser, 2 Theile kalt, und ein Theil kochend. Hat man nun in der Mitte des Mehls eine Vertiefung gemacht und Salz hineingestreut, sowie den Sauerteig, etwa von der Größe einer geballten Hand dahinein zerpflückt, so thue man, mit den Händen durcharbeitend, nach und nach von dem warmen Wasser darauf, bis der Teig eine gute, nicht zu feste Masse geworden ist, dann deckt man ihn sorgfältig zu, nachdem man ein weißes Tuch darüber gebreitet hat, damit er während der Nacht warm stehe, zum Aufgehen. Am folgenden Morgen knete man den gesäuerten Teig durch mit 85 gr. (einem halben Spint) Roggenmehl. Nachdem dieser so gehörig durchgearbeitet und mit einem Brotkratzer aller Teig von Seiten und Boden gelös't und dem Teig knetend beigefügt ist, theilt man denselben in 2–3 Portionen, knetet, rollt und schlägt jede einzelne Portion gegen den Backtrog, bis sie, wohl durchknetet, sich zu einem Brot formen läßt. Tüchtig kneten, bis der Teig von der Hand losläßt, ist aber eine Hauptsache, sowie auch, daß die Masse so fest werde, daß keine Risse darin sichtbar sind.
Dann ist das Brot bereit zum Backen.
Von dem Teig ist es dann zweckmäßig, etwas zum Sauerteig für das folgende Mal des Backens abzusetzen, welches mit Salz bestreut, zurückgelegt wird.

In seinem Erinnerungsbild „Lena Wies“ läßt Storm am Zubereiten des Teiges teilhaben:

„Kräftig dufteten die frischen Roggenbrode, welche reihenweise auf den Wandgestellen lagen; und nebenan in der offenen Kammer stand die alte Mutter Wies am Backtroge, mit dem Ansäuern des Teiges für den morgenden Tag beschäftigt . . . Während nun Lena den Milchverkauf besorgte, hatte ‚Vader‘ den Kühen ihr letztes Futter vorgeworfen, ‚Moder‘ in ihrem Troge den Teig zusammengeballt und sorgsam abgedeckt.“

Ein besonderes Problem in alten Häusern wird anschaulich in demselben Brief vom 8. November 1845 beschrieben. Einige Mäuslein haben sich an dem Inhalt der Zuckerdose, die Storm nicht verschlossen hat, gütlich getan und ihre Spuren hinterlassen:

„Heut nacht hab’ ich prächtig geschlafen, besser als seit langem. Einige Mäuslein, die sich hinter den Tapeten vernehmen ließen, störten mich nicht eben sehr. Schlimmer war es, daß sie heute morgen eine Spur ihrer Gesundheit in meiner Zuckerdose zurückgelassen hatten, die ich einzuschließen unterlassen.“

Im November 1845 besucht ihn sein Kollege Hartmuth Brinkmann (1819–1910), der zu dieser Zeit noch als Jurist zur Ausbildung im Husumer Amtshaus tätig ist. Brinkmann lebt von Herbst 1845 bis September 1846 bei Storm in der Neustadt als Untermieter. Storm ist sehr „gastfrei“. Er bietet Brinkmann nur Pellkartoffeln an! Wer allerdings den köstlichen Geschmack von frischen Marschkartoffeln kennt, der mag die Bescheidenheit der beiden Junggesellen verstehen. Darüber hinaus war ein schlichtes Kartoffelessen ohne Beilagen im 19. Jahrhundert in finanziell schwachen Bevölkerungskreisen eine gängige Mahlzeit.

„Montag, den 17. November, Mittag gegen 1 Uhr, 1845 . . . Heute abend bleib’ ich hübsch zu Hause, vielleicht kommt Brinkmann, der vorhin vorguckte, wieder und ißt einige Pellkartoffeln mit mir, denn auch damit hat der Alte uns versorgt.“

Aus diesem Brief an Constanze ist zu entnehmen, daß Storms Eltern jetzt – wie auch später – um das leibliche Wohlbefinden des jungen Advokaten besorgt waren und ihm reichlich Naturalien zukommen ließen.

Der schwere Kleiboden, in dem Kartoffeln besonders gut gedeihen, kann beim Abwaschen derselben nur mühsam von den Schalen abgebürstet werden. Alte Hausfrauen an der Westküste bedienen sich daher eines wassersparenden Tricks, den ich mit Erstaunen bei meiner Tante auf Pellworm beobachten konnte: Die Kartoffeln werden, so wie sie sind, mit Kleibrocken, in einen Eimer voll Wasser gelegt, dann klopft man vorsichtig mit einer leeren Flasche im Wasser auf ihnen herum. Dadurch löst sich die feste Kleierde erstaunlich gut von den Knollen, so daß man sie hinterher nur noch kurz abzuspülen braucht.

Johanna Kuß, die erfahrene Kochbuchautorin, versäumt es nicht, insbesondere im Hinblick auf sehr junge Hausfrauen, auch das Zubereiten von

Kartoffeln zu erklären, obwohl dieser Vorgang eigentlich jeder Frau selbstverständlich sein sollte:

KARTOFFELN
(nach Johanna Kuß)

Bei Pellkartoffeln ist besonders zu beobachten, daß die Schale gut abgewaschen, nöthigenfalls gebürstet werde, gehörig Salz hineingethan, und wenn sie gar und abgegossen sind, nach einmaligem Lüften sorgfältig zugedeckt zu Tische gegeben werden. Geschälte oder in der Schale gekochte und nachdem abgezogene Kartoffeln werden auf verschiedene Weise gestobt, z. B. in Petersilie, indem man diese hackt, in Butter oder Fett kocht, etwas Wasser oder Bouillon darauf thut, die Kartoffeln hinein und gut darin umschüttelt, damit die Soße recht seimig werde und sie alsdann zu Tische gibt. Oder man gibt etwas Butter auf die heißen Kartoffeln und schüttelt sie nur damit um.

IN RAHM ODER MILCH

Man kocht etwas Rahm oder Milch mit Butter, schüttet die Kartoffeln hinein und oft darin um, läßt sie einige Male aufkochen, streut etwas Salz darüber und gibt sie gleich zu Tische. Man kann beliebig etwas Muskatblüthe darangeben.

Möglich ist durchaus, daß der sparsame Storm seinem Freund Brinkmann nur schlichte Pellkartoffeln mit Salz anzubieten gedenkt. Im übrigen ist ihm das Essen zur Zeit gar nicht so wichtig. Er schreibt lieber zärtlich an Constanze in Segeberg am Ende des Briefes:

„Draußen regnet es, daß es klatscht. Nun wäre es süß, oh, nun wäre die rechte Stunde, in der traulichen Sofaecke in Deinem Arm zu liegen – oder wolltest Du lieber in meinem, Du verwöhntes Kind?“

Später wird Constanze mitgeteilt, daß es tatsächlich bei den Pellkartoffeln nicht geblieben ist, vielmehr hat Storm sich noch zu einer „üppigen“ Beilage hinreißen lassen, nämlich zu weichen Eiern:

„Mittwoch nachmittag 3 Uhr. Wie ich Dir gestern schrieb, meine Dange, um halb acht kam Brinkmann zu mir und wir aßen dann Pellkartoffeln und weichgekochte Eier.“

Wenige Tage später wird Storm zum Schlachtfest zu den Eltern in die Hohle Gasse eingeladen. Sein zukünftiger Schwager Lorenzen war am 19. November 1845 35 Jahre alt geworden, was man am Tag zuvor würdig begangen hatte.

„Freitag nachmittag 5 Uhr, den 20. November, Husum 1845 ... heute haben sie die Plükkefink gemacht und so das Schlachtfest beendet. Gestern war Lorenzens fünfunddreißigster Geburtstag, den wir mit Grütz- und anderen Würsten und Rheinwein feierten."

Das Schlachten war eine aufregende, kräftezehrende Angelegenheit. Storms Vater hielt auf dem Hofe neben dem Garten in Stallgebäuden einige Schweine, deren Schicksal es war, in Schinken, Würste und dergleichen verwandelt zu werden.

„Plükkefinken" ist eigentlich ein Hamburger Gericht aus Möhren und Rauchfleisch. Im Bremischen ist es unter Verwendung von geräuchertem Ochsenfleisch oder Pökelfleisch zu finden.

PLÜKKEFINKEN ODER PLOKFINKEN, AUCH PLUCKTE FINKEN
(nach Betty Gleim)

Man schneidet gelbe Wurzeln (Möhren) und geräuchertes Ochsenfleisch oder Pökelfleisch in Würfel so, daß man von jedem gleich viel erhalte. Dann setzt man die Wurzeln mit Wasser und Butter aufs Feuer und läßt sie gahr kochen. Wenn sie gahr sind, schüttet man das in Würfel geschnittene Fleisch dazu hinein, schüttet es um mit den Würfeln und gießt Essig dazu.
Dieses Alles läßt man mit einander aufkochen und richtet es an.

Hierzulande zeichnet es sich dadurch aus, daß es ein Essen aus Fleischresten und Innereien ist, die beim Schlachten anfallen. Jede Familie hatte ihr eigenes Rezept. Letztlich mischte man alles an Kleinfleisch von verschiedenen Tieren, so man dieses bekommen konnte, und schmeckte es süß-sauer ab. Man würzte mit Zwiebeln, Lorbeerblättern, Salz, Pfefferkörnern, Liebstöckel und einer kräftigen Prise Zucker. Das Kleinfleisch wurde in diesem süß-sauren Essigwasser gekocht, entbeint, soweit Knochen vorhanden waren, und enthäutet. Wenn man es nicht sofort servierte, legte man es in einen der zum Aufbewahren von Fleisch typischen Steinguttöpfe, etwa den im Schleswigschen gebräuchlichen dänischen Jüttepötten, die aus schwarzer Tonware bestanden und nicht mit der seinerzeit üblichen bleihaltigen Glasur überzogen waren. Durch den in diesen Fleischresten vorhandenen Knorpel oder mit Hilfe von Geliermitteln, erstarrte die durchgegossene Brühe, die man dann, noch nicht ganz fest, über das Fleisch gab. Man servierte die „Plükkefinken“ entweder kalt zu frischen Bratkartoffeln oder leicht aufgekocht zu Salzkartoffeln. Es ist letztlich das Pendant zu Schwarz- und Weißsauer beim Gänseschlachten.

Die anläßlich des Geburtstages von Ernst Lorenzen servierten „Grütz- und anderen Würste“ waren ebenfalls das Ergebnis der vorangegangenen Schlachttage. Auch hier hatte jede Familie ihre eigenen Rezepte und ihre eigenen Gewürzangaben. Es seien daher nur wenige Zubereitungsarten genannt.

BLUTGRÜTZWURST
(nach Johanna Kuß)

Man pflegt lieber gesottene, als rohe (die indessen auch genommen werden kann) Hafergrütze zu nehmen, etwa 1 Spint (altes Trockenmaß 170 g – Anm. d. Verf.) und gießt so viel von der Kopfsuppe darauf, daß die Grütze eben weichen kann. Die Grütze läßt man nun bis zum folgenden Tage stehen und gibt dann von dem oben genannten Fett heiß dazu, nebst 1 Pfund Rosinen, die in Wasser aufgekocht worden sind, mit dem Wasser, etwas Syrup oder Puderzucker, ferner Nelken, Nelkenpfeffer und Salz, beliebig Wurstkraut, d. h. Thymian und Dragon (Estragon) sehr fein gerieben dazu. Es ist nothwendig, die Masse erst zu schmecken und zu versuchen, ob die Zuthaten genügen. Dann gibt man von dem Ochsenblut durch ein Sieb so viel hinzu, daß der Teig ganz roth werde, etwa 1 Quartier (1 Liter – Anm. d. Verf.). Der Teig muß warm gehalten werden. Ist er so bereitet, so stopft man ihn sehr dünn in krumme Gedärme, bindet diese fest zusammen, prickelt gut (mit einer dünnen Nadel mehrfach einstechen – Anm. d. Verf.) und legt sie zum Kochen zurück. Man kann auch gerade Gedärme nehmen, wenn man zu kurz kömmt, muß aber oben und unten binden. Es ist nothwendig die Wurst recht weich zu stopfen, da Grütze sich sehr ausgibt und dann beim Kochen die Gedärme leicht bersten können. Ueberhaupt muß beim Kochen die größte Sorgfalt beobachtet werden. Die Würste müssen in kochendes Wasser gethan werden und eine kleine halbe Stunde kochen, dann nimmt man sie aus, legt sie zum Abkühlen auf ein Brett oder einen Tisch und verwahrt sie. Zum Gebrauch setzt man sie mit kaltem Wasser zu Feuer, erhitzt sie bis zum Kochen und legt sie dann auf eine Roste oder in eine Pfannkuchenpfanne auf Kohlen und kehrt sie, damit sie auf beiden Seiten kross, aber nicht zu hart werden. Aepfelmuß, oder in Ermangelung dessen, Rothe Beete, oder Syrup und Butter mit einander gekocht, ißt man dazu.
Man kann auch dicke Würste stopfen, doch müssen diese länger kochen. Diese schneidet man beim Gebrauch in Scheiben und bratet sie mit Aepfelschnippeln in Fett in einer Pfannkuchenpfanne.

GRÜTZWURST
(nach Luise Keck)

1 Kilo grober Hafergrütze gibt schon eine nette Portion Würste. Die Grütze wird mit kochendem Wasser eingeweicht, während sie gut gerührt wird. So bleibt sie fest zugedeckt 3–4 Stunden stehen. $^3/_4$ Kilo Flomen werden in feine Würfel geschnitten, $^1/_3$ Liter kochendes Wasser daraufgegossen und eben aufgekocht. Dann kommt dieses Fett dazu, so wie Salz, Zucker, Thymian, feiner Kaneel, Rosinen oder Korinthen. Wünscht man weiße Grützwurst, kommt diese Masse so in die Därme, zu der schwarzen gibt man dann kaum $^1/_2$ Liter Schweineblut und von allen Gewürz nicht zu knapp, da das Blut die Masse vermehrt. Sie darf nur lose in runde Därme gestopft, gut zugebunden und langsam gekocht werden. Bei allen Würsten, die gekocht werden, tut man gut, einen umgekehrten Teller in den Kessel zu legen, dadurch verhindert man, daß die Wurst den Boden berührt. Man lege nie zu viele hinein. Zum Gebrauch lege man sie eine Weile in heißes Wasser, danach auf einen Rost. Apfelmus wird dazugegessen.

Wie man sieht, wurden Grützwürste sowohl aus Ochsen- wie aus Schweineblut gemacht. Es ist müßig, nun die unterschiedlichsten Wurstsorten aufzuzählen, die beim Schlachten noch hergestellt werden und die möglicherweise Beigabe zu der Grützwurst an Lorenzens Geburtstag waren, wie z. B. Rollwurst, Gehirnwurst, Rauchwurst, gewöhnliche Bratwurst, Leberwurst, Brotwurst oder Reiswurst.

Dieses festliche Essen scheint Storm jedoch nicht gesättigt zu haben, denn abends gegen 20.00 Uhr kehrt er erneut in der Hohlen Gasse ein, nachdem er sich die Komödie des Hubert Benefix „Endlich hat er's doch gut gemacht" angesehen hat. Doch der zukünftige Poet verläßt den Theaterabend vorzeitig und schreibt am Abend gegen 21.30 Uhr an Constanze:

„Nun sollten noch mimisch-plastische Darstellungen folgen, da bin ich davon gelaufen, erst nach der Hohlen Gasse, in dem Wahn, es sei dort noch kalte Wurst zu finden. Als ich aber die schreckliche Täuschung einsah, bin ich gleich wieder zur Tür hinaus und hierher gerannt. Dann bin ich eigentlich recht müde; meinen Hunger will ich mir gleich durch ein Stückchen Butterbrot stillen."

Bei den Eltern in der Hohlen Gasse gab es aber nicht ständig opulente Mahlzeiten! Am folgenden Samstag begibt sich Storm wieder ins Elternhaus und berichtet der Braut gegen 22.30 Uhr von diesem Sonnabend, erfüllt von Gartenarbeit, Teestunde, Spaziergang und einer abendlichen Herrengesellschaft, die zu Ehren von holländischen Ingenieuren in einem Privathaushalt veranstaltet wurde. Danach geht Storm noch in sein Elternhaus und speist, wenn auch schlicht um schlicht, mit seinem Vater:

Adrian Ludwig Richter, „Schlachtfest“

„Wir schnackten ganz nett zusammen, nachher haben wir Pellkartoffeln gegessen."

Am Sonntag, den 28. November 1845 tröstet er die Braut, weil sie dieses Weihnachtsfest noch nicht mit ihm zusammen erleben darf. Doch macht er ihr auch schon Appetit auf das, was für ihn der Inbegriff von Weihnachten ist: knusprige Pförtchen:

„... wenn nichts besonders Unglückliches vor sich geht, so verspreche ich Dir, daß Du künftigen Weihnachtsabend in Husum sein sollst, als meine mir ganz feierlich angetraute Haus- und Ehefrau, daß Du dann mit Ingver Woldsen und Onkel Simon und all den schönen Futjen in der Hohlen Gasse feiern und nachher, wenn Du satt bist, ganz allein mit mir nach der Neustadt gehen sollst. Bist Du nun vergnügt? Dann gibt es aber keinen Tannenbaum. Ist mein verwöhntes Kind damit auch zufrieden? Oder muß ich notwendig das Zuckerwerk und die Lichte herbeischaffen? – Laß uns nur nicht die Sparsamkeit vergessen, sonst machen wir doch bankerott, hörst Du, Dange."

Das Sparen bewegt Storm immer wieder. Er macht sich Gedanken darüber, was eine sparsame Haushaltung von einer geizigen unterscheidet, nämlich das, daß man in einem sparsamen Haushalt auch gut für die Dienstboten sorgt, wenn man letztlich auch nicht besser ißt als diese. Auch das teilt er am 28. November 1845 der fernen Geliebten mit. Und er fordert sie auf:

„Kannst Du nicht jetzt einen Überschlag machen, mit wieviel monatlich Du unsere kleine Haushaltung, d. h. alles

außer Feuerung, bestreiten könntest? Denk auf alles einmal, damit wir nachher es verstehen und nicht bloß durch Erfahrung klug zu werden brauchen."

Auch über das Teetrinken, sein häusliches Lieblings- und Stammgetränk, macht er sich Gedanken. Von seiner Großmutter und einer Verwandten beraten, probiert er aus, wie wenig Tee er benötigt, um noch ein trinkbares Gebräu zu erhalten, und erklärt dieses mit dem 16. Dezember 1845 nach Segeberg:

„Wie wenig Tee man in den Topf zu geben braucht, wenn das Wasser tüchtig kocht, das habe ich in diesen Tagen probiert und gefunden, daß ich bisher überflüssig gebraucht. So viel ist gewiß, soll die Sparsamkeit eine ersprießliche sein, so muß man sie bei durchaus allem beobachten; es ist nicht so sehr, daß man sich etwas abknappt, als daß man den Treffer zu erlangen strebt, in allen Dingen nur das, was nötig ist, zu verwenden."

Daß bei den Eltern am Schlachttage auch Leberwurst hergestellt wurde, ergibt sich auch aus diesem Briefe, denn er teilt Constanze mit, daß am Tag zuvor, nämlich am 15. Dezember, sein Bruder Aemil ihn besucht habe, um mit ihm Pellkartoffeln zu essen, „wozu ich mir eine kleine Leberwurst aus der Hohlen Gasse mitgenommen".

Leberwurst wurde im Lande zwischen den Meeren warm oder kalt zu Mehlbeutel oder Gemüse, wie auch zu Butterbrot, gegessen.

HOLSTEINISCHE LEBERWURST
(nach Johanna Kuß)

Von dem Bauchspeck lös't man die Schwarte ab und schneidet denselben in kleine Würfel. Herz, Zunge und Nieren werden klein geschnitten und fein gehackt; die kalt gewordene Leber wird fein gerieben, dann Salz, Nelkenpfeffer, Nelken, beliebig auch Thymian und Majoran, dazu gegeben, wie auch so viel Abfüllfett von der Brühe und selbst noch etwas Brühe mit, daß der Teig recht weich und leicht zu kneten sei. Dann stopft man ihn warm, am liebsten in warme grade Schweinegedärme, doch kann man auch grade Ochsengedärme nehmen, doch nicht zu lang geschnitten. Die Würste dürfen nur lose gestopft werden, sind dann gut zu prickeln und zu binden und müssen 18 bis 20 Minuten langsam kochen. Dann läßt man sie abkühlen und bewahrt sie an einem trocknen, frischen Orte auf. Sollen sie länger conservirt werden, so kann man sie ein wenig in Rauch hängen.

Auch am folgenden Tage, nämlich Dienstag, den 17. Dezember 1845, macht Storm das Maß seiner Güte voll und will mehrere jüngere Leute, darunter seinen Kollegen und Freund Brinkmann und den Leutnant Römeling, ungeniert zu Pellkartoffel einladen. Doch das ist den Gästen zu dürftig. Die jungen Männer kaufen Fleisch und bringen Römelings Beefsteakmaschine nebst Spiritus herbei.

„Nun ging oben das Beefsteakmachen los; der Leutnant schnitt und klopfte das Fleisch, ich schnitt Zwiebeln, Br. (Brinkmann, Anm. d. Verf.) briet sie und der Leutnant warf immer Fettgreelen dazwischen. Nachher machte er mit großer Fertigkeit die Sauce. Es war ein Kapitalschmaus. Um zehn Uhr entfernte ich mich wegen des großen Tabakqualms und ging zu Bett. Auch die anderen gingen bald."

Man kann sich unschwer vorstellen, wie gemütlich diese männliche kulinarische Zusammenarbeit war. Hierbei machte erst die „Beefsteakmaschine", also eine Art Spirituskocher, die rasche Zubereitung des Fleisches auch ohne große Sachkunde möglich, denn auf dem offenen Feuerherd, der sich mit Gewißheit in der Küche befunden hat, bedurfte es einer gewissen Erfahrung und eines Fingerspitzengefühls, um das Fleisch nicht zu verbrennen oder zu trocken werden zu lassen.

Universal Schneide- und Reibemaschine 1878

BEEFSTEAK
(nach Johanna Kuß)

Von gutem Rindfleisch, welches mehrere Tage gelegen hat, wählt man ein Stück von der Binnenlende, oder, wenn man es haben kann, vom Mürbebraten, schneidet es dann in daum- bis fingerdicke Scheiben, sondert zuvor alle Haut und alles Fett ab, klopft die Scheiben tüchtig mit einem Messerrücken, bestreut sie mit Salz und Pfeffer, bratet sie bei raschem Feuer, sie jede $2^{1}/_{2}$ Minuten umwendend, in sehr wenig gebräunter Butter in einer Pfannkuchenpfanne und gibt sie gleich zu Tische. Die Jüs (Sauce – Anm. d. Verf.) thut man wohl, nebenbei zu machen, indem man gehackte Zwiebeln in gebräunter Butter bratet und diese, nachdem die Beefsteaks angerichtet sind, in die Pfanne thut und mit wenig Wasser rasch abrührt.

Anfang Januar 1846 lädt Theodor Storm zu einem Herrenabend und einer Partie Whist ein, bei der es vorher Dorsche gibt, wozu Theodor Storm Wein reicht. Den hat jedoch sein Vater spendiert. Am Tag zuvor geht es Storm gar nicht so gut. Er hat Kopfschmerzen und greift zu einem damals probaten ärztlich verschriebenen Mittel, was ihm sein Hausarzt Dr. Johann Kuhlmann (1817–1900) verordnet hat. So hofft er am folgenden Tag unbeeinträchtigt den geselligen Abend genießen zu können, was sich leider nicht bewahrheitet. Er berichtet Constanze:

„Husum 1846, 6. Januar . . . Freilich habe ich gestern wieder rheumatische Schmerzen im Kopf gehabt, so daß ich mir gestern nachmittag Blutegel in den Mund und an den Kopf setzen ließ, trotzdem aber doch wieder heute vormittag dieselben Schmerzen hatte. Das ist auch die Ursache, weshalb ich Dir, liebe Constanze, gestern nicht geschrieben habe; es ist heute nämlich schon Dienstag, den sechsten Januar, . . . Um sieben kommen auf Johannes' Veranlassung (Bruder Theodor Storms, Anm. d. Verf.), er selbst, Peter Jensen (der Vater von Doris Jensen, Anm. d. Verf.) und der Deichinspektor zu einer Partie Whist zu mir; Vater kommt zum Essen nach, um doch etwas von seinem Wein abzubekommen, den er zu den von mir angeschafften Dorschen liefert."

Der Dorsch, genau gesagt der Ostsee-Dorsch, ist eine Art Kabeljau. Er ist jedoch zarter und wohlschmeckender als dieser. In dem bereits zitierten „Appetitlexikon" aus dem ausgehenden 19. Jahrhundert wird darauf verwiesen, daß ein Dorschessen ein klassisches Herrenessen war: „Der Fisch ist daher frisch sehr gesucht, und noch vor 50 Jahren galt frischer Ostsee-Dorsch für ein Herrenessen, während ihn heutzutage auch der Arme haben kann. Er kommt ausschließlich gesotten mit Senf- oder weißer Ölsauce auf den Tisch, das Fleisch ist aber so weich und zart, daß beim Kochen die größte Sorgfalt beobachtet werden muß, damit der Fisch nicht aus den Gräten fällt."

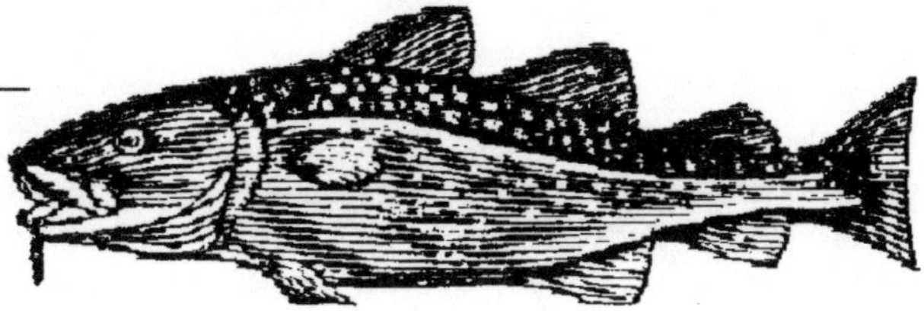

DORSCHE
(nach Johanna Kuß)

Diese Fische haben in der warmen Jahreszeit Würmer, werden darum nur von October bis April gegessen. Gekocht gibt man sie mit Senf und Butter, oder Travemünder Sauce. Um sie zu braten, kehrt man sie vorher in Mehl um, nachdem sie gut abgetrocknet sind; sie werden sehr schnell gar. Auf einer Schüssel gestobt (mit Butter, Milch und Mehl leicht angedickt – Anm. d. Verf.), sind Dorsche sehr wohlschmeckend; man legt sie in Stücke geschnitten in eine Schüssel, ohne den Kopf, der schwer gar wird, mitzunehmen, bestreut sie mit gestoßenem Zwieback und gestoßenem schwarzem Pfeffer, thut ein Stück Butter daran, und begießt sie mit so viel kaltem Wasser, daß die Stücke eben bedeckt sind; kehrt die Stück vorsichtig um und servirt sie auf der Schüssel, welche man mit einer Serviette zu umwickeln pflegt. Auch stobt man Dorsch in Bouillon, sonst wie oben; gibt auch wohl beliebig gehackte Charlotten und gehackte Anchovis daran.

DORSCH GEKOCHT
(nach Julie Köller)

Man ißt den Dorsch nur in den Monaten, die ein r im Namen haben.

Nachdem man den Schleim mit dem Messer abgestrichen, ihn ausgenommen, den Kopf gespalten, in Stücke geschnitten, rein gewaschen und eingesalzen hat, setzt man ihn mit kochendem Wasser, Salz, Nelken, Nelkenpfeffer, Lorbeerblättern und einigen Löffeln Essig zum Feuer, läßt ihn einmal aufkochen und dann nachziehen. Man giebt ihn mit Senfsauce zu Tisch.

SENFSAUCE ZUM FISCH
(nach Julie Köller)

Man läßt Butter heiß werden, verrührt nach dem ersten Aufschäumen derselben eine beliebige Quantität Senf dazu und nimmt sie dann gleich vom Feuer. In anderer Weise kann man dieselbe folgender Maaßen bereiten: Man läßt Butter heiß werden, giebt feingewiegte Schalotten dazu und schwitzt darin Mehl braun. Dann vergießt man es mit Wasser und etwas Essig, thut Zucker, Salz, Muskatblüthen, Citronenschalen und etwas Saft dazu, läßt es aufkochen und zieht es mit Eigelb ab; dann verrührt man beliebig Senf dazu.

Dienstag, den 27. Januar 1846, gönnt sich Storm abends etwas Gutes und läßt daran auch seinen Schwager Lorenzen teilnehmen, der zu dieser Zeit noch bei ihm im Hause Neustadt 56 zur Untermiete wohnt. Doch Storm genießt alles nur aus gesundheitlichen Gründen(!):

„Habe eben auf meine eigene Hand getafelt wie ein König; drei Eier und ein deliziöses Gläschen Punsch, alles aus Gesundheitsrücksichten; habe auch eins für Lorenzen in den Ofen gesetzt, wenn er um zehn Uhr nach Hause kommt. Oh, wie schön mir eben das Essen geschmeckt hat!“

Am Mittwoch, den 26. Februar 1846, läßt er sich abends „auf Hecht“ in die Hohle Gasse einladen.

Der Hecht ist ein edler Fisch, dessen festes Fleisch und Wohlgeschmack begehrt ist. Die mittleren Hechte von 1 bis 3 Kilogramm und auch die jungen Grashechte bis 1 Kilogramm Gewicht gelten für die schmackhaftesten. Hechtsaison ist von Juli bis Februar, da die Laichzeit in den März bis Mai fällt. Der fettarme Süßwasserfisch, der in einem Kochbuch als „der geborene Herr Von und privilegierte Ritter von der Landstraße“ bezeichnet worden ist, aber auch als „Wasserwolf“ ist vielseitig zuzubereiten, nämlich gebraten mit Holländischer, mit Sardellen- oder mit Paprikasoße, in Schnitten gedünstet mit Mayonnaise, mit Krebsragout oder mit Kräutern, gefüllt mit Senfsoße, zerpflückt mit Buttersoße oder mit Sauerkraut, als Salat, als kaltes Ragout, als warme Pastete. Sein festes, weißes grätenarmes Fleisch ist immer etwas Besonderes.

Im hechtreichen Norddeutschland wurde der Hecht früher sogar geräuchert und gepökelt und man handelte mit den Rauchhechten, Salz- und Pökelhechten bis nach Süddeutschland, Österreich, Ungarn und Italien. Außerdem wurde aus dem Rogen eine Art Kaviar gemacht. Zwar ist die Art der Zubereitung im Hause Hohle Gasse 3 nicht bekannt. Doch gibt Johanna Kuß zeitgenössische Hechtrezepte zum besten, die vielleicht auch ähnlich in Storms Elternhaus nachvollzogen wurden. Julie Köller verrät ein weiteres Rezept:

HECHT GESCHMORT
(nach Julie Köller)

Der Hecht wird geschuppt, ausgenommen, der Länge nach am Rückgrat getheilt, dasselbe herausgenommen und das Fleisch in kleinere Stücke geschnitten (der Kopf bleibt jedoch ganz) und etwas gesalzen. Dann giebt man in zerlassene Butter feingewiegte Sardellen, feingestoßene Muskatblüthen und die Stücke des Hechtes, auf welche man etwas Citronensaft drückt, und läßt sie darin gut bedeckt $^1/_4$ Stunde langsam schmoren; dann wird er umgewendet, wieder mit Citronensaft angefeuchtet und $^1/_4$ Stunde geschmort, vorsichtig auf eine erwärmte Schüssel gelegt, die Sauce mit etwas Mehl seimig gemacht, mit Citronenschalen einmal aufgekocht und über den Fisch gegossen.

HECHTE
(nach Johanna Kuß)

Diese sind nur im März nicht gut. Sie werden nicht geschuppt, wenn man sie kochen will; nur mit etwas Essig begossen, damit sie blau werden.

Geriebenen Meerettig in Butter gekocht, gibt man dabei. Man kann die Hechte auch stoben, doch dann müssen sie geschuppt werden; darnach schneidet man sie in Stücke, spaltet den Kopf, legt sie am liebsten auf eine zinnerne Schüssel, die man beim Kochen auf einen Dreifuß setzt, sonst in eine weite irdene Pfanne, kehrt jedes Stück Fisch in gestoßenem mit Pfeffer vermischtem Zwieback um, thut ein Stück Butter hinzu und gießt so viel kochendes Wasser darauf, daß der Boden reichlich bedeckt ist; dann werden einige Kohlen unter das Geschirr oder den Dreifuß gelegt, damit die Fische nur langsam gar kochen. Ist dieses auf der einen Seite geschehen, so werden sie gewendet. Darnach gibt man sie entweder auf der zinnernen Schüssel, die auf eine von Fayence gesetzt wird oder, vorsichtig ausgenommen, mit Sauce darüber, zu Tische.

Auch spickt man den Hecht und zwar auf folgende Weise: Nachdem er geschuppt ist, nimmt man die Gräten aus, indem man den Rückgrat am Kopf und Schwanz durchschneidet und spickt ihn mit etwa 2 Reihen auf jeder Seite. Darauf füllt man den Hecht mit einer Farce von gehacktem Hechtfleisch und rechnet dabei auf 1 Pfund gehacktes Fleisch 7 Lot [gut 100 g] geriebenes Brot, 4 Lot [ca. 65 g] Butter, 2 ganze Eier und beliebig Muskatblüthe und Salz und rührt dieses mit Rahm oder guter Milch an. Die Masse hängt ja natürlich von der Größe des Fisches ab; zu steif darf er nicht gefüllt werden, da der Teig aufgeht und der Fisch leicht bersten könnte. Wenn der Hecht zugenäht ist und der Schwanz in dem Mund befestigt, wird er auf Speckscheiben gelegt, in gebräunter Butter langsam gebraten. Man muß Feuer oben auf haben und fleißig begießen. Will man den Hecht auf andere Weise füllen, so löse man mit den Gräten auch zugleich das Fleisch, daß nur Kopf und Schwanz durch die Haut verbunden bleiben. Fülle dann mit der oben genannten Farce die Haut und nähe ihn zu. Vor dem Braten ihn mit einem geschlagenen Ei bestreichen, gibt dem Fisch etwas mehr Ansehen. Auch spickt man Hecht ohne Farce.

Adrian Ludwig Richter,
„Das Lob der Kartoffel“

Obwohl Freund Brinkmann Kummer gewöhnt ist, und des öfteren nur auf simple Pellkartoffeln eingeladen wurde, wird er zum Abend des 9. Aprils 1846 zu Theodor Storm immerhin auf Rührei und Fleckhering gebeten. Das Gericht erscheint auch sehr passend, denn es ist Gründonnerstag.

Der Begriff „Fleckhering“ kommt eigentlich von Pflückhering, das ist der ausgeweidete Räucherhering. Der Fleckhering wird auch Winter-Fettbückling genannt, da er von November bis März angeboten wird. Diese Spezialität wird durch vierundzwanzigstündiges Einlegen des frischen Herings in Salzlake mit nachfolgender Räucherung in einer besonderen Kammer hergestellt und kam in bester Qualität aus Kiel, Emden und insgesamt aus Holland in den Handel. Er galt lange Zeit als billiges Nahrungsmittel.

RÜHREI
(nach Amalie S.)

Rührei zu bereiten:
Man schlägt die Eier in einen Topf, quirlt sie gut mit Salz durcheinander, läßt indessen frische Butter oder in Würfel geschnittenen Speck in einer Pfanne zergehen und gießt nun die Eier, während man sie beständigt umrührt, dazu. Man darf sie aber nicht fest ansetzen lassen, sondern muß sie mit einem blechernen Löffel vom Boden des Tiegels mehrmals losmachen, doch ohne sie dabei in zu kleine Stücke zu zerreißen. Es kommt auf den Geschmack an, ob man es hart werden lassen will; liebt man sie weich, so rührt man auf 12 Eier 4 Eßlöffelvoll süßen Rahm dazu, kann auch außer dem Salz etwas geriebene Muskatnuß und gestoßenen Pfeffer beifügen.

RÜHREI MIT BÜCKLINGEN
(nach Amalie S.)

Von den Bücklingen zieht man die Haut ab, sucht die Gräten heraus und pflückt sie in Stücke. Dann läßt man frische Butter in einem Tiegel oder einer Pfanne zergehen und gibt den Bückling hinein, läßt ihn in der Butter heiß werden, gießt dann die gequirlten Eier darüber und verfährt übrigens wie in voriger Nummer angegeben wurde.

Immer wieder durchziehen Storms Briefe Bemerkungen über Teestunden im Lusthaus der Eltern im Garten in der Hohlen Gasse oder in der Fliederecke im Garten in der Neustadt oder auch im gemütlichen Stübchen. Ein besonderer Freund des Bieres, einer geselligen Alternative zum Tee, scheint Storm hingegen nicht gewesen zu sein, und er warnt auch seine Braut mit dem 1. August 1846:

„Es ist wieder schwül, meine ganz süße Frau, und ich will Dich noch einmal bitten, Dich des Trinkens möglichst zu enthalten und jedenfalls nur Wasser zu trinken. Man hört viel hier von Krankheiten, gastrisch-nervösen, und von Todesfällen, und die Ärzte sagen, das meiste kommt vom Biertrinken her. Nimm Dich doch in acht, meine Dange, meine einzige, süße Frau; willst Du? Meinetwegen?“

Damit enden die Hinweise auf Storms Beköstigung in seiner Junggesellenzeit. Hierbei fällt auf, daß er sich über das Essen erst verstärkt Gedanken macht, als er seinen eigenen kleinen Haushalt in der Husumer Neustadt zu führen beginnt, was auch verständlich ist.

Die Hochzeitsfeierlichkeiten muß er aus eigener Tasche bezahlen, worauf er bereits rechtzeitig zu sparen anfängt. Dieses war offenbar nicht Sache der Brauteltern. Möglicherweise fiel daher das Hochzeitsmahl in Segeberg so bescheiden aus, daß es Storm nicht für erwähnenswert fand. Wem hätte er auch außerdem davon berichten sollen? Sein Hauptgesprächspartner dieser langen Verlobungszeit ist ja überwiegend Constanze gewesen, die, als seine Ehefrau, vorläufig als Briefeempfängerin ausfällt, bis die ersten Reisen Constanzes zu ihren Eltern das Paar vorübergehend trennen werden.

In seinem Haus in der Neustadt führt ihn nun Ehefrau Constanze aus seiner Junggesellen-Küchen-Misere, denn sie versteht es nach der Hochzeit, ihren Theodor so zufriedenstellend zu bekochen, daß er darüber für lange Zeit kein Wort verliert. So ist es doch gut gewesen, daß sie bei ihrer verständigen Mutter die Kunst der sparsamen Haushaltsführung erlernt hat, auch wenn dieses ihrem Bräutigam seinerzeit gar nicht als notwendig erschienen war. Denn mit Brief an seinen Schwiegervater, Bürgermeister Esmarch, vom 7. Februar 1844 hatte er noch gemeint:

„Sie ist ja auch hier in ihrer Familie und in jeder Rücksicht wohl aufgehoben; auch kann sie ja kochen lernen, wenn's denn schon nöthig ist.“

Stormsche Küchen aller Orten

Die Küche in einem Wohnhaus ist schon immer die Schaltstelle des Familienlebens gewesen. Von hier aus wird der Tagesablauf gestaltet, beginnend mit dem Morgengetränk. Hierher werden am Ende eines Tages die letzten Geschirr- und Speisereste zurückgetragen. Küchen und der darin vorhandene Herd verströmen Behaglichkeit und Wärme, Geborgenheit und Heimatgefühl.

Daher ist es nur zu legitim, den unterschiedlichsten Küchen, in die Storm hineingewachsen ist oder in denen er nur zeitweise zu Gast war, nachzuspüren.

Das Haus seines Urgroßvaters, des Bierbrauers und Senators Joachim Christian Feddersen an der Schiffbrücke 16, Ecke Twiete, aus dem Jahre 1744, hinter das 1770 ein Hinterhaus gesetzt wurde, ist in einigen Novellen verewigt worden. Beide Häuser sind mittlerweile verschwunden; das Vorderhaus bereits um die Jahrhundertwende, das Hinterhaus zu Beginn des Jahres 1993. In der Novelle „Immensee", die ihn unsterblich gemacht hat, läßt Storm den alten Reinhard durch das Vorderhaus in die Hausdiele eintreten. Seitlich davon befindet sich eine Stube mit einem Guckfenster. Die Hausdiele mündet in einen Pesel, wo große Eichenschränke, von Porzellanvasen gekrönt, an den Wänden stehen. Am Ende des Pesels kann man durch eine gegenüberliegende Tür in einen kleinen Flur gelangen. Von dort führt eine enge Treppe zu den oberen Zimmern des Hinterhauses.

Etwas anders beschreibt Storm in den Zerstreuten Kapiteln „Von heut' und ehedem", und zwar in „In Urgroßvaters Hause", das Urgroßelternhaus: Da befindet sich im Hinterhaus im oberen Stockwerk ein Gesellschaftssaal. Im Vorderhaus reicht der Flur durch zwei Stockwerke des Hauses. Ein großer Schrank für Leinen steht dort. Darauf sind große blau- und weißglasierte Vasen zu sehen. Daneben, durch eine Tür zugänglich, befindet sich das schmale Wohnzimmer. Über dem Wohnzimmer im ersten Stock liegt das Jungmädchenstübchen der damals noch unverheirateten Großmutter. Dieses hat ein Fenster zum Flur. Hinter dem Flur stelle man sich auf der Seite zur Twiete den düsteren, mit Fliesen ausgelegten Pesel vor. Hinten im Pesel kann man durch eine Flügeltür in den Flur des Hinterhauses treten. Von dort geht eine Treppe hinauf in den Saal.

In der Novelle „Carsten Curator" befindet sich der Pesel ebenfalls hinter dem Hausflur. Von dort kommt man durch eine Tür in einen kleinen schattigen Hof. Hier ist der Platz für den Brunnen mit einer Holzeinfassung, wahrscheinlich die einzige Schöpfstelle für Trink-, Koch- und Waschwasser. Neben dem Flur des Vorderhauses liegt ein schmales Wohnzimmer, das am Ende durch ein Alkovenbett abgegrenzt wird. Dieses Wohnzimmer hat einen Ausbau,

Matthäus Merian, 1618

in dem ein Stuhl, ein Ledersessel und ein Tisch beschrieben werden.

Das unterkellerte Haus der Feddersens hatte nicht, wie es in Schleswig-Holstein in großbürgerlichen Haushalten anzutreffen war, die Küche im Keller, vielmehr befanden sich dort unter anderem die Weinvorräte. Die Küche war vielmehr zur ebenen Erde und ging vom Flur ab. Hier hat die Urgroßmutter Feddersen seinerzeit bei der Geburt von Storms Schwester die Hagebuttensuppe für die Wöchnerin durch ihre Köchin zubereiten lassen.

Es fragt sich, wie die Feuerstelle in diesem alten Bürgerhause beschaffen gewesen ist.

Elsabe Feddersen wurde 88 Jahre alt. Sie verstarb 1829, als Theodor Storm zwölf Jahre alt war. Sie hat ihre Küche somit in der zweiten Hälfte des 18. und im ersten Drittel des 19. Jahrhunderts benutzt.

Wie die Küchen des aufstrebenden Bürgertums und des Großbürgertums in Husum vor und nach der französischen Revolution und noch zu Beginn des 19. Jahrhunderts ausgesehen haben, kann man nur vermuten. Insbesondere die Konstruktion des Kochherdes ist mehr als ungewiß. Eine Feuerstelle „up den Steen", wie sie in dem alten Pfarrhaus aus Grube, das sich jetzt im Freilichtmuseum Molfsee befindet und das aus einem wenige Zentimeter hohen gemauerten Sockel aus Feld- oder Mauersteinen besteht, auf dem das offene Feuer entfacht wird und über dem ein Kessel oder Grapen an einem höhenverstellbaren Kesselhaken hängt oder ein Kessel auf einem Dreibein auf dem Feuer steht, ist natürlich in einem bürgerlichen Wohnhaus dieser Zeit nicht vorstellbar.

Auch ein Schwibbogenherd, wie er Bestandteil der sogenannten „Räucherkaten" war, nämlich eine überdachte

Herdbank ohne Schornstein, ist undenkbar. Bei einem Schwibbogenherd zieht der Rauch in den Raum hinein und dann unter die Decke, um dort Schinken und Würste zu räuchern und die Holzkonstruktion des Daches zu konservieren.

Es ist anzunehmen, daß im Hause an der Schiffbrücke und auch im Hause Hohle Gasse 3 und auch in der Neustadt 56 in den Küchen ein Herdtypus mit Schornstein gestanden hat, wie ihn der Maler C. L. Jessen für den bäuerlichen Bereich an der Westküste so liebenswürdig darstellt.

Wilh. Fahrenbruch, alter Schwibbogenherd

Gekocht wurde, nachdem man über dem Feuerloch auf dem Herd Brennmaterial aufgeschichtet und angezündet hatte. Dieses bestand zumeist aus Torf, angefangen vom qualitätvollen Stechtorf bis hin zu dem aufgeschlämmten, in Formen gepreßten Backtorf, auf den auch Storm einmal hinweist, der aber keine starke Hitze entwickelt. Auch Buschholz und größere Holzscheite, bis hin zu den „Ditten", insbesondere auf den Inseln und Halligen, wurden verbrannt. Hierbei handelt es sich um die zu Fladen gepreßten Exkremente von Rind und Schaf. Gekocht wurde nun, indem der Dreifuß über die Feuerstelle gesetzt wurde und darauf ein großer Topf, der sogenannte Grapen gestellt wurde, der nicht zu nahe am Feuer sein durfte. Oder man hängte einen Kessel an den „Sägehal" in lichter Höhe über das offene Feuer. Wollte man in Tortenpfannen backen oder in diesen Fleisch braten, so benötigte man nicht den gesonderten Dreifuß, da diese Behälter bereits auf der Unterseite kleine Füße hatten.

Ähnlich wie auf den Bildern Jessens mag man sich die Küche im Urgroßelternhaus Theodor Storms vorstellen.

Ob die Urgroßmutter außerdem einen eigenen Backofen besessen hat, ist fraglich.

Denn in unmittelbarer Nähe hatte ein Bäckermeister seinen Betrieb. Storm schreibt in „Von heut' und ehedem" in dem Kapitel „In Großvaters Hause", daß die jugendliche Großmutter damals kurzfristig ihr Elternhaus an der Schiffbrücke 16 verließ, um sich in das zukünf-

Backtorf

Stechtorf

tige eheliche Haus in der Hohlen Gasse zu begeben:

„Während bei dem Urgroßvater sich das Leben in die kühle Tiefe des Hauses zurückgezogen hatte, saßen die Bewohner der Nachbarhäuser im Schatten wohlgestutzter Linden vor der Tür auf ihren Bänken . . . – Daneben lag das Bäckerhaus; die Heißewecken und Eiermahne waren ausverkauft."

Wie bereits im „Vetter Christian" erwähnt wird, wurden daher üblicherweise zur Zeit von Storms Urgroßmutter, wie auch später, die Plätzchen und größeren Kuchen zum Bäcker zum Backen gebracht, wahrscheinlich auch die Brote. Man beschränkte sich mit Hilfe der Tortenpfannen auf das Fertigen von Puffern, Plätzchen und den sogenannten eigentlichen Torten, die damals jedoch keine derartigen Sahne- und Cremegebilde waren, wie man sie heute kennt. Beliebte Kuchen, die man beim Bäcker kaufte, waren offensichtlich Heißewecken und Eiermahne. Letztere werden auch bei Klaus Groth erwähnt, der sie in den Kaffee stippen läßt.

In der Erzählung „Die Waterbörs'" heißt es bei Klaus Groth:

„Wülke Mann seten als achtern Disch und stippen Eiermaan in'e blauen Tassen . . ."

Heißewecken, heute ein ausgesprochenes Februar- und Faschingsgebäck, gab es seinerzeit auch im Sommer.

Heißewecken wurden aus einem ganz hellen Hefeteig gebacken. Man formte sie – und formt sie noch heute – etwa in Faustgröße flach und kreisrund. Man mischt Korinthen, Kardamon, eventuell auch Zimt in den Teig. Sie werden vor dem Verzehr erwärmt und zu heißer Milch oder Eiermilch verspeist. Ihre Zubereitung ist so klassisch, daß sie als zeitlos gelten kann. Darum kann auch für die Zeit, als Storms Großmutter ein junges Mädchen war, noch ein Rezept von 1846 zugrundegelegt werden:

HEISSEWECKEN
(nach Johanna Kuß)

1 Kilo Mehl werden mit 1 Liter warmer Milch, wenig Zucker, Gewürz beliebig, Corinthen, 100 gr. geschmolzener Butter und 90 gr. aufgelös'tem Gest angerührt und nachdem der Teig 2 Stunden aufgegangen, knetet man noch 125 gr. erweichte Butter hinein. Darnach setzt man den Teig in Form von Heißewecken auf Platten, bestreicht sie mit Ei und läßt sie 15–25 Minuten backen.

Eiermahnen, wohl auch Eiermaan, ist ein Hefegebäck, das mondförmig rund oder halbmondförmig ist und dessen genaue Zubereitungsart nicht mehr auffindbar war.

In dem Buch der Brauchtumsgebäcke „Hasenöhrl und Kirmesfladen" heißt es darüber bei Eve Marie Helm:

EIERMOND ODER EIERMANN

Hierbei handelt es sich um ein altes Ostergebäck aus Schleswig-Holstein oder Hamburg, das heute nicht mehr allgemein bekannt ist. Es war (oder ist) ein lockerteigiges, rundes, breitkringeliges Eierbrot aus Plunderteig, das ein Loch oder eine Vertiefung in der Mitte hatte, die mit frischen Früchten gefüllt wurde.

Die Autorin hat allerdings das niederdeutsche Wort „Eiermaan" fälschlich mit „Eiermann", anstelle von nur „Eiermond" übersetzt.

In ihrer Abhandlung „Das landesübliche Backwerk in Schleswig-Holstein" aus dem Jahre 1852 vermerkt Johanna Mestorf:

„Das Wahrzeichen der Bäckerinnung ist ein vergoldeter Kringel. a) für die tägliche Nachfrage Schwarzbrod, Feinbrod ... Als kleines Gebäck von feinem Hefeteig: Eiermaan (-mond) ...

Eiermaan (Eiermond), ein ringförmiges kleineres Gebäck ..."

Ein Rezept vermittelt sie leider auch nicht. Das Gebäck muß aber hart und nicht lockerteigig gewesen sein, da man es sonst nicht in den Kaffee hätte „stippen" können.

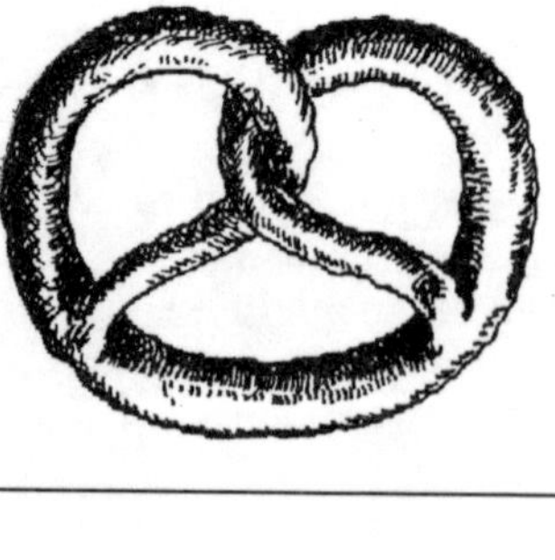

Auch zu seinem Geburtshaus, Am Markt 9, und in die dortige Küche führt uns Storm, wenn auch nur mit wenigen Hinweisen. Das Haus in Husum, Markt 9, wurde von seinem Vater, dem Rechtsanwalt Johann Casimir Storm, nach seiner Heirat mit Lucie Woldsen im Jahre 1816 erworben, doch bereits im Jahre 1818 wieder verkauft. Die Familie zog dann, wie bereits erwähnt, für einige Zeit in das Haus in der Neustadt 56 ein. Zwar ist bekannt, daß Storm im Hause Markt 9 im oberen linken Zimmer des ersten Stockes, von der Straße aus gesehen, am 14. September 1817 geboren wurde, doch weitere Hinweise auf die Aufteilung der Räume sind nur gelegentlich zu finden. Storm, der sich in seinen Novellen gern durch „den Rückgriff auf lokale Gegebenheiten den festen Rahmen schuf, in dem sich seine dichterische Phantasie frei entfalten konnte", wie Karl Ernst Laage in seinen „Studien zum Leben und Werk Theodor Storms" feststellt, beschreibt aber das Äußere und teilweise das Innere dieses alten Hauses in der Novelle „Drüben am Markt". Er stellt es als „ein altes, altertümliches Haus" dar, „vor dem eine Linde ihre Zweige bis ans Fenster des oberen Stocks hinaufstreckte". Hinter dem Haus befindet sich ein „schmaler ... Garten". Von dort kann man auf die Lindenallee gelangen, die zum alten Schloß führt. Im hinteren Teil des Hauses ist im Erdgeschoß ein „geräumiges Hinterzimmer", das mit einem Ofen beheizt wird. Davor befindet sich ein schmaler Gang nach vorne auf den Hausflur oder eine Diele. In den Dielenboden ist eine Kellerluke eingelassen, die mit einem Ring hochzuheben ist und in den Vorratskeller führt. Von der Diele geht eine Treppe „zwischen weißgetünchten Wänden in das obere Stockwerk" hinauf. Von dort gelangt man über eine Bodentreppe unter das Dach. Im ersten Stock befindet sich ein „enger Flur zwischen zwei dunkeln, ungeheuren Schränken". Von dort öffnet sich eine Tür nach einem zur Straße hin gelegenen „geräumigen Zimmer". Möglicherweise handelte es sich hierbei um das Geburtszimmer Theodor Storms, wenn er insoweit die tatsächlich vorhandenen lokalen Gegebenheiten geschildert hat. In seiner Darstellung ist das Zimmer mit einer Landschaftstapete geschmückt, wie wir sie im 18. Jahrhundert auch in großbürgerlichen Häusern Lübecks finden. Thomas Mann hat sie in den „Buddenbrooks" beschrieben. Die Möbel bestehen aus furniertem Mahagoniholz, das im Laufe der Jahre nachgedunkelt ist. Ein Sofa, „für lose Polster und Lehnkissen bestimmt" ist mit einem „Überzug von feingeblümtem Zitz", also Chintz, geschmückt. Auf den Seitenlehnen sind Intarsien mit zwei schwebenden Gestalten, „diese mit einer Blumen-, jene mit einer Obstgirlande" eingearbeitet. In dem Rücken ist ein „Täfelchen mit einer Hirschjagd für die Mitte der Rücklehne" mit Buchsbaum eingelegt. Hierbei handelt es sich, was unschwer zu erkennen ist, um das Sofa, das die Stormgesellschaft vor einigen Jahren aus dem Nachlaß der Großfamilie Storm/Spethmann erworben hat. Fenster und Paneele sind rötlich-grau angestrichen, der Fußboden ist mit einem wollenen Teppich bedeckt. Den Sofa-

Otto Speckter, Küchenszene mit gemauerter Herdbank.

tisch bedeckt keine Tischdecke, sondern ein „bunter Teppich“, womit wohl der Dichter irgendein textiles Gewebe, welcher Art auch immer, meint. Die Ausstattung spricht dafür, daß es sich hier um die sogenannte „beste Stube“, das Repräsentationszimmer des Hauses, gehandelt hat. Auch in diesem Hause befindet sich die Küche nicht im Keller, wie durch den Hinweis auf die Kellerluke festzustellen ist.

Darüber hinaus wird in dieser Novelle noch zweimal auf die ebenerdige Küche verwiesen: Als der Doktor mit einer alten Frau, die ihm das Netz mit den von ihm frisch geangelten Fischen trägt, die Diele betritt, kommt ihm seine junge Nichte entgegen und er sagt zu ihr ein wenig später: „Es ist gut, ... bring' nur die Fische in die Küche!“

Als der Doktor noch ein junger Mann ist und sich als Arzt frisch niedergelassen hat, führt ihm seine alte Mutter den Haushalt. Das Hinterzimmer dient ihm als Schreibstube. Während er an einem Vormittag aus seinem Schreibtisch seine Ersparnisse entnimmt, die er dort in einem Blechkästchen aufbewahrt hat, wirtschaftet seine Mutter in der Küche, die zur ebenen Erde gelegen war, denn Storm fährt fort:

„Am andern Vormittage, als er von seinen Berufsgängen heimgekehrt war und während die Mutter draußen in der Küche hantierte, wurde es behutsam hervorgenommen.“

Wie in diesem Hause allerdings gekocht wurde, ob die Kochstelle an einen Schornstein angeschlossen war, beschreibt Storm nicht, doch kann aus der Tatsache, daß auf einer nachempfundenen Zeichnung nach alten Vorlagen des Malers Jan Hamkens (1863–1918) zwei Schornsteine auf dem Dach zu sehen sind, geschlossen werden, daß es sich bei dem einen Schornstein um den Küchenkaminzug handelt und bei dem anderen um den Zug, an den die Öfen des Hauses angeschlossen sind.

Die Küchenverhältnisse in der Neustadt 56 können heute noch fast rekonstruiert werden. Dieses Anwesen besteht aus zwei Häusern und stammt aus dem Jahre 1675, wie die Maueranker des größeren Giebel zeigen. In seiner Novelle „Der Herr Etatsrat“ beschreibt es Storm, was unschwer dem Hinweis auf die Nähe des Kirchhofes und der vom Garten dorthin führenden Kirchhofspforte zu entnehmen ist. In diesem Anwesen verlebte Storm die ersten Ehejahre mit Constanze. In dem alten kleinen Garten, der sich hinter dem Hause befindet, steht eine noch funktionsfähige Wasserpumpe. Es ist anzunehmen, daß hier immer der Standort für den Brunnen oder die Pumpe gewesen ist. Das bedeutet, daß nicht unweit davon die Küche gewesen sein muß, um sich das Tragen der gewichtigen Wassereimer nicht unnötig zu erschweren. In der Novelle „Der Herr Etatsrat" deutet Storm sehr ungenau den Standort der Küche an, indem er beschreibt, daß die Tochter des Hauses, Sophie Sternow, in einer blauen Küchenschürze, in der sie offenbar nicht gesehen werden will, in einer Hintertür verschwindet, die vom Flur abgeht.

Das Haus besitzt außerdem teilweise einen Keller. Das ergibt sich auch schon aus dem Brief, den Constanze nach der Trauung als Zusatz zu Storms Brief vom 19. September 1846 an die Eltern nach Segeberg anfügt und in dem sie berichtet, daß ihre Tante Lucie dem jungen Paar zur Begrüßung u. a. einen großen Schinken in den Keller gehängt habe.

Den Zuschnitt des Hauses, allerdings ohne Erwähnung der Küche, beschreibt Gertrud Storm in ihren Erinnerungen „Theodor Storm, ein Bild seines Lebens". Danach lebte man im Winter überwiegend in dem sogenannten Vorzimmer, einem kleinen gleich links im Hause vornliegenden Raum, von der Straßenfront aus gesehen. Die Wände sind hier mit einer roten Damasttapete bekleidet und aus dem auch heute noch erhaltenen Ausbau („Utlucht", Anm. d. Verf.) schaut man auf die Straße in beide Richtungen. Durch den Eingangsflur war dieses Zimmer von einem „bescheidenen Zimmerchen", wo Storm arbeitet und seine Klienten empfängt, getrennt.

Auch Storm berichtet von dieser Wohnstube und schreibt an Constanze am Sonnabend, den 7. November 1845:

„Heute morgen war es ausnehmend behaglich in meiner Wohnstube. Bis gegen elf schien die Morgensonne durch den Ausbau, der, wie Du wohl erinnerst, nach beiden Seiten Fenster hat. Rechts sieht man ganz nach Rödemis hinaus."

Hierzu ist zu bemerken, daß Storm Rödemis mehr geahnt, als gesehen haben muß, da es jenseits des Hafens im Süden liegt.

Bei seinem Einzug in dieses Haus beschreibt er das vordere kleine Wohnzimmer in seinem Brief vom 7. November 1845:

„Husum. Auf der Neustadt in meiner Wohnstube links. Abends 11 Uhr. . . . Wenn Du hereinkommst: rechts steht das Sofa, das im Sommer im Lusthaus stand, und darüber hängen die beiden Segeberger Ansichten. Davor steht der große Sofatisch, der früher in dem Saal stand. Mein Schreibtisch steht am Fenster, die mit hübschen dunklen Kattungardinen garniert sind. Die Stühle sind von Großmutters braunen Mahagonistühlen. Es ist über alle Maßen behaglich. Du weißt, meine Dange, weiter daran ist die große Stube, die bleibt leer, als Rumpelkammer."

Zum Garten hin befand sich, wie bereits erwähnt, rechterhand der sogenannte „Saal", dessen Wände in weißem Stuck gehalten waren. Gertrud Storm meint, daß eine Treppe von hier aus in den Garten geführt habe und daß durch seine geöffneten Türen Blumenduft und Vogelsang hereingekommen wären. Dieser Saal war wohl nur die Sommerstube und war daher oft gar nicht oder nur schlecht heizbar. Soweit er Türen zum Garten gehabt haben soll, widerspricht dieses dem Brief, den Theodor Storm im Jahre 1857 an seinen Freund Hartmuth Brinkmann sendet. Storm erinnert sich in dem Schreiben, wie er nach seiner politischen Emigration im Sommer 1856 zu Besuch in Husum war und es sich nicht versagen konnte, sein ehemaliges eheliches Wohnhaus aufzusuchen. Er hatte durch eine Spalte in dem Gartenzaun in den Garten und zur hinteren Seite des Hauses geschaut. Er mußte hierbei feststellen, daß sein Nachfolger, ein dänischer Zollinspektor, der das Haus zeitweilig gemietet hatte, eine Tür aus dem Saal in den Garten gebrochen hatte, was er sich selbst oft gewünscht hatte.

Insoweit sind Gertrud Storms Feststellungen, daß mehrere Türen vom Saal in den Garten führten, nicht zutreffend.

Über den beiden Wohnstuben befand sich noch im ersten Stock ein größeres Zimmer, das bei Gesellschaften mit einbezogen wurde, wie Constanze eines Tages an ihre Mutter schreibt, als sie ihre erste größere Einladung mit dreiunddreißig Personen hat. Bei der Berücksichtigung des Grundrisses dieses Hauses und des Verlaufes seines Schornsteins ist festzustellen, daß sich die Küche rechts vor dem Saal befunden hat. Darunter ist das Haus im hinteren Bereich teilunterkellert. Eine steile Stiege führt hinter einer sehr niedrigen, vom Flur rechts abgehenden Tür in den kleinen Keller, in dem heute einige Verschläge abgeteilt sind. Das Schlafzimmer befand sich neben der besagten großen Stube im ersten Stock über den beiden kleinen zur Straße gelegenen Zimmern. Dieses ergibt sich aus einer Schilderung Storms vom 30. Januar 1846, in der er Constanze berichtet, daß er nicht genügend Schnee vom Dach geschaufelt habe. Dadurch sei das entstandene Schmelzwasser durch den Boden in sein Zimmer gelangt.

„Nicht lange dauerte es, so brach und stürmte das Wasser durch den Boden, es war, als wenn das Haus kein Dach hatte. Ich aus dem Bette, in der großen Stube war es ebenso."

Diese Schlafstube wurde auf Anweisung von Storms Vater im Jahre 1845 vergrößert. Storm berichtet am 2. November 1845 an die Braut:

„Vater ging heute morgen mit mir zum Boden und zeigte mir die schon zugeschnittenen Bretter, mit denen auf der Neustadt in der großen Stube eine neue Diele und Decke gemacht werden soll. Auch die Scheidewand zwischen der Schlafstube soll etwas umgebaut werden, so daß die Schlafstube größer wird. Auch spricht Vater von Gipsdecken. Es wird jedenfalls recht behaglich werden. Diese Bauten gehen zum Sommer los."

Als zukünftiger junger Ehemann mißt Storm der Küche nicht eine derartige Bedeutung bei, als daß er sie nun in dem Hause Neustadt 56 ausdrücklich erwähnt hätte. Statt dessen macht er sich Gedanken um die Gestaltung des ehelichen Schlafzimmers und schlägt Constanze vor:

„Freitag, den 13. März, nachmittags 3 Uhr. Husum 1846 ... Meine süße Frau, wollen wir unser Schlafzimmer nicht ausnehmend hübsch einzurichten suchen? So mehr als andere Leute es pflegen, so daß alles zu dem hübschen Toilettenspiegel paßt; so als das allerzierlichste Zimmer, mit einem Wort so als unser Allerheiligstes? Jung', sagt meine Dange, wie verfällst Du nun auf einmal darauf? – Ja, sage ich, ich verfalle nun einmal darauf! In hübschen Umgebungen die Augen auf- und zutun und in den Armen einer schönen, geliebten Frau liegen, das ist es, was ich liebe, das ist das einzige, worin ich ebenso weit kommen kann, als Reichtum und Macht auf Erden. Darum muß ich's auch leben."

Neben der Schlafstube sollte die künftige gemeinschaftliche Wohnstube errichtet werden. Außerdem befanden sich im ersten Stock noch einige Kammern, von denen eine an den zukünftigen Schwager Ernst Lorenzen für eine Zeitlang vermietet war und die später aber als Fremdenstube dienen wird. Storm beklagt sich über die Handwerker:

„Montag, den 22. Juni, abends 8 Uhr. Husum 1846 ...

Heute morgen wurde ich durch die Maurer geweckt, welche neben meiner Schlafstube anfingen, unsere künftige Wohnstube zu bauen; jetzt ist schon die Zwischenwand eingerissen, und ich mußte heute nachmittag meine Schlafstube in eine Kammer neben Lorenzen verlegen, wo ich denn auch bleiben will, bis ich mit Dir, meine süße, geliebte, zärtliche Frau, unser ehelich Gemach beziehen kann."

Über den Tagesverlauf der jungen Hausfrau Constanze in der Neustadt 56 läßt sich Storm im einzelnen nicht aus. Selbstverständlich geht ihr hierbei ein junges Mädchen zur Hand, da die Küchenarbeit zeitraubend und überaus anstrengend ist. Es war nicht nur zu kochen, sondern auch Vorratswirtschaft zu betreiben.

So hat Constanze beispielsweise im Dezember 1847 „einen ganzen Tag Schlachtfest" gehalten, wie Storm mit Brief vom 4. Dezember 1847 Schwiegervater Esmarch berichtet. Bei der Hilfe, die für Constanze zur Haushaltsführung engagiert wurde, wird es sich, wie es damals und auch noch in diesem Jahrhundert üblich war, um ein junges Mädchen gehandelt haben, das frisch konfirmiert worden ist und in eine „bessere" Familie „in Stellung" kommen sollte. Constanze berichtet hierzu am 19. September 1846 ihrem Vater:

„Vorgestern ging denn mein Mädchen zu, die ein ganz kleines stilles Wesen zu sein scheint und garnicht unanstellig bei der Arbeit, es geht ihr grade nicht so von der Hand, wie unserem Gretchen (Mädchen in Segeberg – Anm. d. Verf.),

aber sie scheint mir einen sehr guten Willen zu haben und dann ordentlich zu sein."

Die Küche diente zur Zubereitung der Nahrung und zum Schlachten, nicht jedoch zum Wäschewaschen. Es war damals, zumindestens soweit es finanziell machbar war, üblich, die Wäsche zu einer Waschfrau zu bringen. So verweist Storm in einem Schreiben vom 6. April 1851 an den Freund Hartmuth Brinkmann auf eine „Wäscherinnenrechnung" die er nach dem Wegzug Brinkmanns im September 1850 nach Rendsburg, wo dieser Amthaussekretär wurde, für ihn beglichen hat. Es ist zu vermuten, daß auch Storms die Haushalts- und Leibwäsche, zumindest teilweise, einer Waschfrau anvertrauen. Allerdings bemerkt Storm am 11. April 1851 an Brinkmann, daß Constanze im Saal stände und Wäsche plättete.

Es führt zu weit, hier ausführlich auf das Wäschewaschen und -pflegen einzugehen, obwohl z. B. das Waschen der Tischwäsche auch zu dem Bereich „Gastlichkeit im Hause Storm" gehört. Hier sei nur am Rande die Herstellung von Seife vermerkt, wie sie einst selbst produziert und zum Wäschewaschen benutzt wurde. Dazu weist Küchenexpertin Johanna Kuß darauf hin, daß Seife in weichem Wasser aufzulösen sei, denn in hartem käse sie!

SEIFE ZU KOCHEN
(nach Johanna Kuß)

Alle möglichen Arten von Fettabfall, z. B. Schwarte etc., können hierzu verwandt werden. Man rechnet auf 3 Pfd. Fettabfall, oder 2 Pfd. Talg 1 Pfd. Seifenstein und kocht dies in $^1/_2$ Eimer Wasser $2^1/_2$ Stunden, dann thut man 1 Pfd. Salz oder etwas weniger hinzu, und nachdem es noch $^1/_2$ Stunde gekocht hat, wird die Seife abgefüllt. Damit diese sich besser härtet, ist es gut, vor'm Abfüllen eine Kelle kaltes Wasser daran zu geben.

Oder man nimmt 12 Pfd. Fett und erhitzt sie mit 6 bis 8 Liter weichen Wassers bis zum Kochen, fügt der Masse 1 Pfd. Seifenstein (Aetznatron) in 12 Liter weichen Wassers aufgelös't, hinzu und läßt das ganze unter Umrühren 2 Stunden kochen. Nach dieser Zeit muß die Seifenbildung vollendet sein, das erkennt man daran, daß eine kleine herausgenommene Probe sich klar in weichem Wasser lös't. Sollte eine trübe, milchige Lösung erfolgen, so muß unter Zusatz von etwas aufgelös'tem Seifenstein das Kochen bis zur vollständigen Verseifung fortgesetzt werden. Um die Seife von dem Wasser zu trennen, wird $^1/_2$ Pfd. Kochsalz hinzugefügt und das Gemisch noch einmal bis zum Kochen gebracht. Hierauf gießt man die Seife in eine feuchte Holzbalje (großes Holzgefäß auf Füßen, zum Wäschewaschen – Anm. d. Verf.) und läßt sie in derselben ruhig 1–2 Tage stehen. Alsdann hat sich die Seife als fester Kuchen ausgeschieden.

Vor dem Bügeln stärkte man Tischwäsche, Bettwäsche und Kragen, sowie die weißen Schürzen mit Reisstärke – auch Amidam – genannt. Weißes Leinen oder Baumwolle wurde entweder gebleicht oder geblaut. Hierbei setzte man der Weißwäsche beim Spülen geringe Mengen eines blauen Farbstoffes, z. B. Indigo oder das sog. Berliner Blau zu, damit der gelbe Farbton der Wäsche, der durch Gilbprozesse entstand und der als unschön galt, verdeckt wurde. Außerdem fügte man dem Stärkebad noch ein wenig Bienenwachs oder auch Talg zu, um das Ankleben des Plätteisens zu verhindern. Man bügelte entweder mit den Kohlebügeleisen, die einen Behälter hatten, in den glühende Holzkohle gegeben wurde, um die Bügelfläche zu erhitzten. Oder man erwärmte mehrere Plätteisen auf der Unterseite durch das Herdfeuer oder einen speziellen erhitzten Metallbehälter, an den man die Plätteisen mit der Unterseite anlehnte, um sie so heißzumachen. Beide Formen des Bügeleisens wurden zeitgleich benutzt, ebenso wie Bügeleisen, in die man erhitzte Eisenbolzen einschob. Außerdem wurden die großen Wäschestücke unter Druck kalt gemangelt. Hierfür gab es, zumeist auf dem Trockenboden, eine riesige hölzerne Kastenmangel. Die Wäschestücke wurden zwischen Holzrollen durchgeführt und durch den Andruck der Rollen unterschiedlich glatt gemangelt. Der Druck der Rollen konnte durch Flügelschrauben oder durch steinbeschwerte Kästen reguliert werden. Die gestärkte Leinenwäsche erhielt bei diesem Kaltbügeln einen edlen und begehrten Glanz.

Eine Wäscherolle hatte nicht jeder Haushalt!

Man benutzte um die Mitte des 19. Jahrhunderts, und möglicherweise benutzte auch die junge Constanze in den ersten Ehejahren das sogenannte Mangelbrett mit dem dazugehörigen Rollholz. Hierbei wurde die Wäsche um eine Holzrolle gewickelt und mit dem Mangelbrett durch Andruck geglättet. Mangelbretter waren beliebte Hochzeitsgeschenke des Ehemannes für seine zukünftige Frau, sie waren häufig mit Schnitzereien verziert. Sie galten als sehr wäscheschonend, besonders für Leinenstoffe, strapazierten aber dafür die Kräfte der Hausfrau!

Jahre später wird Storm wieder auf Wäsche- und Bügeltage verweisen. So schreibt er aus Potsdam am 8. Februar 1854 an Schwiegermutter Elsabe Esmarch:

„Constanze, die große Wäsche hat, trägt mir auf Deinen Brief zu beantworten."

Ganz unerhört war offenbar, daß das in Potsdam engagierte Dienstmädchen die Wäsche ihres Bräutigams mit unter die Wäsche der Familie Storm gab, denn Constanze bittet im März 1854 aus Potsdam ihre Mutter, ihr aus Segeberg zum 1. Juli 1854 ein Dienstmädchen zu besorgen, denn sie wolle ihrem Potsdamer Mädchen kündigen:

„Nun aber bin ich in wahrem Pech mit meinem Mädchen . . . ich selbst aber habe die Erfahrung gemacht, daß sie Essen aus dem Haus getragen, Wäsche für ihren Bräutigam im Haus gewaschen und geplättet hat. – Mit einem Worte, ich traue ihr nicht und das ist ein schreckliches Gefühl."

Am 15. Mai 1862 berichtet Storm einmal ausführlich in einem Brief an seinen Vater in Husum von den Strapazen der großen Wäsche:

„Unser Haus steht so ziemlich auf dem Kopf seit 8 Tagen, denn so lange dauert nun schon die große Wäsche. Constanze ist drüben im Gefangenhaus und rollt mit den Sträflingen, wobei sie

sich dann immer die Geschichte der von ihrem Mann verurteilten Unschuld erzählen läßt. Außer den Waschweibern, sind auch noch eine Portion Näherinnen vorhanden."

Bedenklich stimmt hierbei allerdings aus heutiger Sicht, daß Storm durch die von ihm verurteilten Gefangenen seine private Wäsche rollen läßt!

Das Haus Neustadt 56 wird nach dem Wegzug der Familie Storm aus Husum im Herbst 1853 anfangs an den bereits erwähnten dänischen Zollinspektor vermietet und später an einen Tierarzt Eggers verkauft. Es dient heute den namensgleichen Rechtsanwälten Eggers und Eggers als Praxishaus. Diese sind jedoch keine Nachkommen des Tierarztes. Seit dem Wegzug Storms ist räumlich und in der Bausubstanz nicht allzuviel verändert worden. Nur wenige Wände sind versetzt worden. Daher ist anzunehmen, daß sich auch in dem Zeitraum zwischen den Monaten, als das Kleinkind Theodor Storm mit seinen Eltern dort lebte, bis zu den ersten Ehejahren Theodor Storms im Inneren des Hauses nicht allzuviel gewandelt hatte. So kann aus den Beschreibungen Storms hinsichtlich der Räumlichkeiten aus seiner ersten Ehezeit rückgefolgert werden, wie das Haus, als es noch von seinen Eltern bewohnt wurde, ausgesehen hat und daß sich auch zu diesem Zeitpunkt die Küche rechts, vom Flur aus gesehen, in der Mitte des Hauses vor dem Saal befand, wo das Dienstmädchen seiner Mutter Lucie gewirtschaftet haben mag.

Eine weitere Stormsche Küche muß man sich in den Kellerräumen des stattlichen Husumer Hauses Hohle Gasse 3 vorstellen, das sich ebenfalls in seiner Innenaufteilung seit der Jugend Theodor Storms nicht sehr verändert hat. Hier führt noch immer das altertümliche Treppenhaus mit dem geschnitzten Geländer vom ersten Stock auf den unteren Flur und in den Keller hinunter und läßt etwas von der Atmosphäre des 18. und 19. Jahrhunderts aufkommen.

Die Stukkaturen an Wänden und Decken und über der Saaltür, Arbeiten eines Schülers aus der Künstlerfamilie Tadey, die auf den Herrenhäusern Emkendorf, Knoop und Gelting tätig war, geben dem Hause ein feudales Ambiente.

Neben der Küche, die von der Straße aus gesehen rechts zu suchen ist, befand sich auch die Gesindestube und die Unterkunft für die Köchin im Keller, was aus Briefstellen Storms zu entnehmen ist, sowie aus „Zerstreute Kapitel", wo er in „Von heut' und ehedem", und zwar in „In Großvaters Hause", die Köchin der jungen Braut Magdalena Feddersen Bericht erstatten läßt:

„Im Kellergeschoß kam hinten aus der Gesindestube die Köchin im buntgestreiften Wollenrock und berichtete von unten herauf, daß die Mamsell ‚nur ein Gewerbe ausgegangen' und bald wieder da sein werde."

In dem Brief aus Heiligenstadt vom 19. Dezember 1858 an die Eltern in Husum läßt Storm die festliche, erwartungsvolle Atmosphäre seiner Kindheit am Weihnachtsabend in der Hohlen Gasse wiederaufleben:

„Wie unendlich gemütlich war das einst vor Jahren, zu Hause, wenn in der großen Stube die Lichter angezündet

waren, der Teekessel sauste, die braunen Kuchen und Pfeffernüsse standen auf dem Tisch, Vater und wir Kinder warteten dort auf Lorenzen und Onkel Woldsen, während drüben in der Wohnstube der Weihnachtstisch arrangirt wurde. Ich sehe noch die erleuchtete Außendiele, auf die wir immer, wenn die Haustür ging, ausguckten. Und mir ist, als habe an diesem Abend die Dielenlampe besonders hell gebrannt. Wie oft wurden wir getäuscht, wenn statt der erwarteten Gäste eine Schar singender Kinder in die Haustür drängte. Aber dann ging's erst einmal hinunter in die Küche, wo der große Kessel über dem Herdfeuer stand und wo schon die ersten Futjen auf der Siebschüssel lagen. – Da hörte man oben die Haustür gehen – gewiß da kommen sie – und nun wieder treppauf mit einem dampfenden Futjen in der Hand. Auf dem Wege noch einen Blick durch das Hoftürfenster nach Clausen's Comtoir ..."

Hierbei ist zu bemerken, daß Clausen der Schreiber des Casimir Storm war, der im benachbarten Kontorgebäude arbeitete, das bedauerlicherweise im Jahre 1965 abgebrochen worden ist.

Korrespondierend zu diesem Brief erinnert sich 1862 in Heiligenstadt der

Amtsrichter, fern seiner Heimat, in der Novelle „Unterm Tannenbaum“ des Weihnachtsabends im Elternhaus:

„... ich sehe plötzlich, wie es daheim in dem alten, steinernen Hause Weihnacht wird. – Die Messingtürklinken sind womöglich noch blanker als sonst; die große gläserne Flurlampe leuchtet heute noch heller auf die Stuckschnörkel an den sauber geweißten Wänden; ein Kinderstrom um den andern, singend und bettelnd, drängt durch die Haustür; vom Keller herauf aus der geräumigen Küche zieht der Duft des Gebäckes in ihre Nase, das dort in dem großen kupfernen Kessel über dem Feuer prasselt.“

Zu dieser Küche gehört auch eine Speisekammer, für die die Großmutter in der Jugendzeit Theodor Storms den Schlüssel immer am kleinen Finger mit sich herumträgt, um einen Überblick über die aufbewahrten Lebensmittel haben zu können und sie unter Verschluß zu halten.

Aus dem Hinweise Storms auf die weihnachtliche Küche im Elternhaus, wo der „große Kessel über dem Herdfeuer“ stand, ergibt sich, daß der Kessel mit heißem Fett für die Pförtchen auf einem Dreifuß über dem offenen Feuer erhitzt wurde und nicht an einer Kette über diesem hing. Die Formulierung „über dem offenen Feuer“ weist auf eine Herdbank mit „Castrollöchern“ hin, mit mehreren viereckigen Herdlöchern, wie sie etwa in eleganter Ausführung in der gefliesten Teeküche des Eutiner Schlosses aus der Mitte des 18. Jahrhunderts zu bewundern ist und wo zwangsläufig kein Backofen integriert sein kann. Bei der aufkommenden Zahl der Bäckereien in Husum war es auch nicht unbedingt ein Erfordernis, einen eigenen Backofen zu besitzen.

Theodor Storm wurde noch durch weitere Küchen im Lande beköstigt. So hat er in der Kindheit und auch später die Schwester seiner Mutter, Elsabe Esmarch und deren Ehemann, den Segeberger Bürgermeister Ernst Philipp Esmarch, im Rathaus zu Segeberg besucht, in dem die Dienstwohnung und der Dienstsitz des Bürgermeisters gelegen waren. Es ist bekannt, daß die Küche sich dort im Keller befunden hat. Das Segeberger Rathaus war damals ein moderner Bau. Es wurde zwischen 1826 bis 1828 in schönem Klassizismus, vermutlich durch den Landbaumeister C. F. Hansen, errichtet. Die Familie Esmarch bewohnte die obere Etage und die Bodenräume. Das gesamte Erdgeschoß diente der Stadtverwaltung. Die gekochten Speisen mußten über die Treppe in den ersten Stock getragen werden, wo sich vorne an der Front drei nebeneinanderliegende Zimmer befanden, von denen das mittlere das größte war. Es war sozusagen das Staats- und Besuchszimmer und mußte auch für öffentliche Veranstaltungen herhalten. Die Mühe, die Speisen noch möglichst warm über die Treppe hinaufzubefördern, wird aufgewogen worden sein durch den Vorteil, daß es in der ersten Etage nicht nach Kochdünsten roch. Die Bürgermeisterfrau hatte darüber hinaus einen unerhörten Luxus: Ähnlich wie in Husum hatten sich in Segeberg sogenannte „Soot-Gemeinschaften“ gebildet. Mehrere Häuser bezogen ihr Wasser zusammen aus den an der Straße befindlichen Pumpen, von denen noch ein

Teeküche von Schloß Eutin/Ostholstein, Mitte 18. Jh. Frühe Anlage eines „Castrolherdes" mit mehreren viereckigen Herdlöchern, ohne Backofen

schönes Exemplar in der Nähe des Rathauses in Segeberg zu sehen ist. Hier holten die Mägde das Trink- und Waschwasser. Allein Frau Bürgermeister hatte den Vorzug, daß eine kupferne Rohrleitung von der nächsten Pumpe in ihre Keller-Küche geleitet wurde. Es ist nicht vorstellbar, daß ein derartiger Komfort auch im Hause Hohle Gasse 3 bestand. Vielmehr wird man dort das Wasser, wie anderenorts auch, im Eimer von der nächstgelegenen Pumpe in die Küche geschleppt und dort in einem größeren Behältnis aufbewahrt haben.

Als Bürgermeister Esmarch Ende September 1853 von den Dänen abgesetzt wurde, mußte er seine komfortable Dienstwohnung im Rathaus räumen und fand ein Unterkommen in der damaligen Kieler Straße 18, heute Kurhausstraße 22, einem stattlichen mehrstöckigen Wohnhaus, wo in der ersten Etage eine adäquate Wohnung bestand. Auch hier war Theodor Storm häufig zu Gast, wie auch Constanze mit ihren Kindern immer wieder auf Ferientage dort Unterkunft fand. Als Theodor Storm im Herbst 1853 nach Potsdam vorausfährt, um das Nötigste für die Umsiedlung der Familie zu regeln und eine Wohnung zu suchen, bleibt sie mit den Kindern auf einige Wochen in Segeberg. Sie beschreibt die heute noch bestehende Wohnung und auch die küchentechnischen Gegebenheiten. Hierbei vermißt sie jedoch die große Küche, wie sie es bei den Eltern im Rathause gewöhnt war:

„Segeberg, d. 3. Nov. 1853 . . . Diese Wohnung ist außerordentlich hübsch, im kleinen Maaßstabe fast ganz wie im Rathause eingerichtet, vorn heraus ein Saal mit zwei daranstoßenden Zimmern. Es kam mir gleich so bekannt und heimisch hier vor, nur eine Küche fehlt oder eigentlich ein Herd. Auf dem kleinen Spaarherd kocht es entweder garnicht oder zu stark und dann ist eine so enorme Hitze in der Küche, daß es im Sommer gewiß nicht auszuhalten sein wird."

Der „Spar-Herd" war eine Neuerung. Aufgrund der immer größer werdenden Holzknappheit war man bereits früh um die Herstellung eines geschlossenen Herdsystems mit einem gemeinsamen Feuerraum für mehrere Kochlöcher bemüht. Der Vorläufer eines derartigen geschlossenen Herdes war der sogenannte Castrol-Herd (Castrol von französisch Casserolle, Topf – Anm. d. Verf.) gewesen, mit den unterschiedlichen eckigen Feuer- und Luftlöchern, wie ihn noch Timm Kröger in seinem Werk erwähnt und wie er also noch im ländlichen Bereich teilweise Ende des 19. Jahrhunderts in Schleswig-Holstein gebraucht wurde. Der aus Amerika stammende Physiker Benjamin Thompson Graf Rumford (1753–1814) entwarf „in bayrischen Diensten" ein geschlossenes, mit vielen Rosten, Zügen und Türen versehenes Herdsystem, das als „Spar-Herd" allerdings nur zögernd Eingang in die Haushaltungen fand. Bei dem Spar-Herd mußte die Eisenindustrie sehr dünne Platten herstellen und sich auf schwierig zu fabrizierende Einzelteile umstellen. Mitte des 19. Jahrhunderts setzten sich diese „Kochmaschinen", wie man die moderne Art des geschlossenen Herdes auch nannte, zumindestens im städtischen Bereich allmählich durch und fanden ihren Weg auch, wie man sieht, in das kleine, fast noch dörfliche Segeberg. Doch die Küchen blieben noch lange ein Ort fehlender Gemütlichkeit, obwohl sie eigentlich der Mittelpunkt des Familienlebens sein sollten. So berichtete Alois Schlögl z. B. in seiner „Bayrischen Agrargeschichte":

„Die Küchen blieben vielfach bis zur Jahrhundertwende und darüber kalte, finstere Löcher; denn immer noch verursachte der weite Schlot ständigen Zug und viel Rauch. Auch der geschlossene Herd, dem das offene Feuer im Laufe des Jahrhunderts gewichen ist, brachte keine Erleichterung. Diese primitiven, vom Maurer errichteten Backsteinungetüme halfen höchstens etwas Holz sparen. Auch hier mußten die Töpfe noch in die Flammen eingehängt werden und blieben rußig ... Mit den Ofengabeln die schweren Häfen (Töpfe – Anm. d. Verf.) zu dirigieren, war eine Kunst für sich."

Wie die alten Herde und auch die „modernen" Feuerstellen zu pflegen waren, dafür weiß Johanna Kuß wieder Rat:

„Der Herd bedarf in dieser Beziehung einer besonderen Berücksichtigung, sowohl der offene, wie auch der Sparherd, jener ist von Asche zu säubern, Fliesen werden abgewaschen, rothe Steine aber mit einem angefeuchteten Ziegelstein wieder roth gerieben. Der Sparherd dagegen muß wöchentlich mit Fett eingerieben werden, das Springen der Platten zu vermeiden, alle Messingverzierungen an demselben sind blank zu halten und die Fliesen abzuwaschen. Ich möchte noch aufmerksam darauf machen, daß an jedem Abende oder Morgen, ehe Feuer angelegt wird, alle Asche auszunehmen ist. Begreiflicherweise muß dabei mit Vorsicht verfahren werden, weil einzelne Funken sich noch lange in der Asche glimmend halten und daher gefährlich werden können ... Wenn die Feuerung nicht kleingemacht in die Küche geliefert wird, so ist es zweckmäßig, einen Block zum Zerhauen derselben, nebst Beil in der Nähe des Herdes zur Hand zu haben. Als Utensilien für den Herd sind zu nennen: Ringe, die Löcher des Sparherdes beliebig zu verkleinern (beim offenen Herd größere oder kleinere Dreifüße), Feuerschaufel, Feuerzange, Blasebalg und ein Theekessel, welcher am Abend leer zum Trocknen gesetzt wird, und am Morgen wieder frisch gefüllt."

Die erste Wohnung Theodor Storms in Preußen, nach seiner politischen Emigration, befindet sich in Potsdam in der Brandenburger Straße 70 in der oberen Etage, in unmittelbarer Nähe des Potsdamer-Brandenburger Tores, „wo es nach Sanssouci" hinausgeht, wie er aus der Wohnung Theodor Fontanes in Berlin am 25. November 1853 seiner Frau mitteilt. Am Vortage beschreibt er die Räumlichkeiten als eine Wohnung mit „6 mäßig großen Zimmern und allen übrigen Bequemlichkeiten". Im Hause leben nur noch die Wirtsleute. Die Fa-

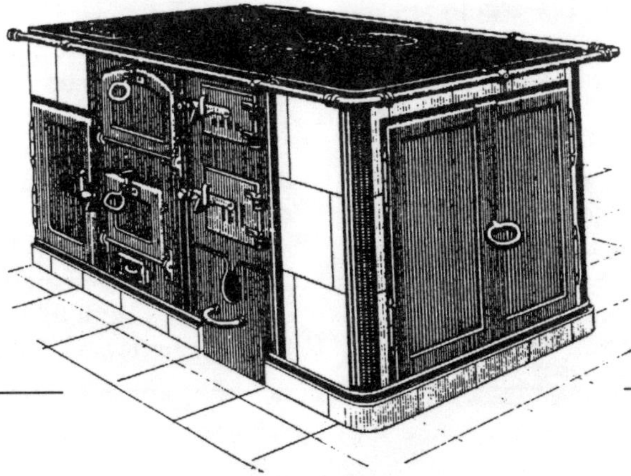

milie Storm wohnt hier bis zum April 1856. Darauf zieht sie in die Waisenstraße 68 um. Von April bis August 1856 wohnen die Storms dann in Potsdam in der Kreuzstraße 15, im sogenannten „Holländischen Viertel", das heute mit seinen roten Backsteinfassaden recht ansprechend ist.

Es ist auffällig, wie Storm, nachdem er in den ersten Ehejahren über die Beköstigung und Ernährungslage der Familie so gut wie nie geschrieben hat, plötzlich wieder Hinweise auf Nahrungsmittel in die Briefe einfließen läßt, insbesondere in denen an die Eltern. So schreibt er heimwehkrank am 19. Dezember 1853 an Casimir und Lucie Storm, daß sein in Berlin lebender Bruder Otto (1826–1908), von Beruf Gärtner, bei ihnen Heiligabend verleben sollte. Dann wollten sie „die alten lieben Husumer Futjen backen". Am 15. Januar 1854 berichtet er den Eltern, daß man, wie in Husum, das Fest begangen habe:

„Nachdem sich die Kinderfreude etwas beruhigt hatte, aßen wir Fische und Futjen – ganz wie zu Hause. Am Neujahrstage aßen wir vom schönen Schinken, den Du uns geschickt hast, lieber Vater. Hans belustigte es ganz besonders, daß der Schinken von dem Schwein ist, welches er so oft in Großvaters Stall gesehen hat."

Die Schweine auf dem Grundstück der Eltern in der Hohlen Gasse lassen Storm dann geradezu poetisch werden, wenn er am 24. Februar 1854 aus Potsdam dem Vater schreibt:

„Ja, wäre ich in Husum und könnte zwischen der Neustadt und der hohlen Gasse hin und her schlendern, nach dem Garten und den Schweinen sehen und aufhorchen, ob die Spreen schon wiedergekommen – da wär' ich vielleicht schon hergestellt."

Für die schwere Hausarbeit hat Constanze eine Köchin zur Seite, die im März die bereits erwähnten Husumer Backbirnen zu Klößen zubereitet hat. Aus der Waisenstraße 68 schreibt Storm am 28. März 1855 an den Vater:

„Ich bin nun fast zwei Jahre aus der Heimat fort ... Wenn die Sonntagssonne durchs Fenster scheint, wie wir uns dann sehnen, mit den Kindern nach der Hohlen Gasse gehn zu können; mir ist, als schmecke ich Mutter ihren Tee, als röche ich die Husumer Pfeffernüsse, ein Gebäck, das man hier gar nicht kennt."

Am 4. Juni 1855 bittet er die Eltern, zu dem frischen Gemüse Schinken zu senden:

„Und nun, lieber Vater, noch eine kleine Brandschatzung – es kommt jetzt das schöne Gemüse hier, aber der Schinken ist zu teuer. Erbarmt Euch und schickt uns ein paar (!) solcher Dinger. Nach Segeberg hat Marie (Constanzes jüngere Schwester – Anm. d. Verf.) einen Brandbrief um eine schon halb beabsichtigte Krucke Butter abgehen lassen; denn da sie nun selbst nächstens den Beutel führen soll, so gehen ihr die hiesigen Preise wirklich zu Herzen. Nur das Gemüse ist verhältnismäßig nicht so teuer und viel schöner als bei uns."

Aus diesen und weiteren Briefen ist zu entnehmen, daß die Eltern in Segeberg und Husum schier „Wagenladungen" voll Nahrungsmitteln per Zug und Kutsche nach Potsdam senden lassen, weil dort die Lebensmittel nicht so preisgünstig und qualitativ gut, wie in den Herzogtümern Schleswig und Holstein sind. Als der Schinken Ende Juni 1855 tatsächlich aus Husum ankommt, schreibt Storm alsdann:

„Potsdam, 26. Juni 1855 ... Der Schinken aus Husum, liebe Mutter, kam sehr gut zupaß, er ist ist vortrefflich und schmeckt nach mehr ..."

Als Storm im Oktober 1855 von einem Pastor Bethmann aus Parey an der Elbe einen Sack Kartoffeln geschenkt erhält, muß er auch dieses den Eltern vermelden:

„Potsdam, 17. Oktober 1855 ... Sogar einen Sack schöner Kartoffeln hat er mir geschenkt, den wir uns wohl schmecken lassen wollen."

Die Verhältnisse in Potsdam scheinen wirklich nicht optimal gewesen zu sein. Die Teuerung der Lebensmittel ist nach Storms Auffassung „noch immer im Steigen". Darüber hinaus ist die Cholera aufgetreten und hat pro Woche fünfzehn Tote gefordert. Die Familie schluckt ein probates Mittel des Arztes, was Storm den Eltern am 28. November 1855 mitteilt:

„Wir hatten auf Anordnen des Arztes in der gefährlichen Zeit stets die Cholerapulver und alten Portwein im Hause. Nun werden sie nicht mehr gebraucht; den Portwein aber habe ich nach und nach in Gesundheit ausgetrunken."

Im Winter frieren die Storms. Obwohl „ganze Torfkörbe voll" verheizt werden, weist die Wohnung „keine leidliche Temperatur" auf, wie Storm am 20. Dezember den Eltern in Husum schreibt. Die Küche hat sich demnach nicht als Ort der Behaglichkeit gestaltet, in der man, als in dem wärmsten Raum der Wohnung, hätte sitzen können.

Die Ernährungslage der Familie rechtfertigt offenbar, daß neben den Eltern auch Freunde ihnen Nahrungsmittel schenken. So erhalten die Storms entweder Fliederbeeren zur Suppe oder Gänsekeulen oder gar einen ganzen Käse vom Vater oder ein weiteres Faß voll Butter von Bruder Johannes aus Hademarschen. Als die Familie dann nach Heiligenstadt zieht, wo man von 1856 bis 1864 lebt, bewohnt man anfangs auf dem Gelände außerhalb der Stadt vor dem Casseler Tor ein anheimelndes alleinstehendes Haus, das später der Landrat Alexander von Wussow (1820–1889) nutzen wird. Die Familie ist sehr ver-

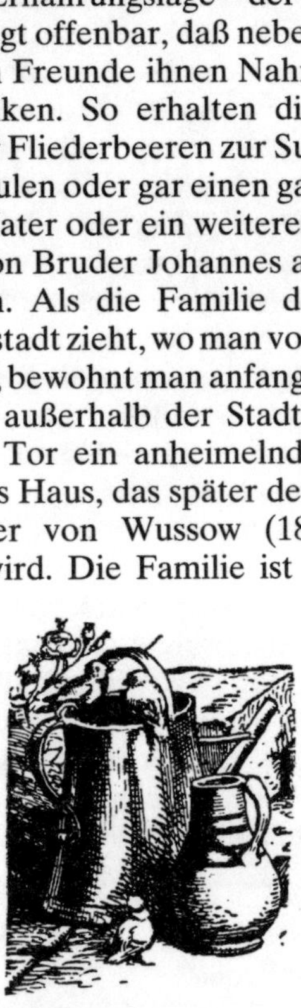

gnügt und genießt die frische Luft und den Garten, doch nach einiger Zeit stellt sich heraus, daß man einfach zu weit vor der Stadt wohnt. Man muß zwei Dienstmädchen halten, was zu teuer wird. Selbst das Waschwasser muß von weit hergeschleppt werden, während in der Stadt, „wo Alles dichte bei ist, wo sogar das Waschwasser im Rinnstein vor der Tür fließt“, man sich sogar nur mit einem Mädchen behelfen kann, wie Storm am 29. März 1857 den Eltern mitteilt. Ab Mai 1857 bis März 1864 wohnt man dann in der Wilhelmstraße 307. Hat Storm schon in Potsdam die eine Sechs-Zimmer-Wohnung inklusive Küche aufgezeichnet, so beschreibt er den Eltern auch diese Unterkunft:

„Heiligenstadt, 1. Pfingstsonntag 1857 ... Unsere Wohnung ist ganz behaglich. Drei Stuben liegen nach vorne in der ersten Etage, wovon 2 zu Wohnstuben und Eine für Constanze und Lisbeth zur Schlafstube eingerichtet ist. Hinter dieser nach Norden liegt ein kleines Stübchen ohne Ofen, worin grade nur der Eßtisch stehen kann mit sechs Stühlen herum ... Nach hinten in einem angebauten Flügel liegen noch zwei heizbare Stuben und die Küche. Zur Wohnung gehört auch eine Speisekammer.“

Immer noch ist Schmalhans bei Storm Küchenmeister, und er leidet darunter, daß er in der Fremde, fernab der väterlichen Fleischtöpfe, seine Familie nicht hinreichend unterhalten kann.

Am 27. Oktober 1860 schreibt er dem Vater:

„Denn trotz einer anständigen Stellung im Staate und trotz aller Arbeit, – seine Familie auch nicht annähernd, nur in anspruchsloser Weise ernähren zu können, das ruinirt einen Menschen innerlich.“

Im Mai 1862 wird bei den Storms, die sich durch sämtliche Winter in Heiligenstadt wegen des Mangels an Heiztorf und -holz durchgefroren haben, ein neuer Ofen gesetzt, der auch für die Bereitung kleinerer Mahlzeiten gedacht ist. Storm berichtet am 15. Mai 1862 dem Vater:

„Außerdem wird in der großen Stube statt des eisernen, ein neuer Kachelofen mit luftdicht verschließbarer Tür (wird zugeschroben) und verschließbarer Ofenröhre gesetzt, worin wir zum Winter, wo wir die beiden Stuben durcheinander bewohnen wollen, den Teekessel vollständig und die Suppe wenigstens halbwegs kochen können.“

Diese Kachelöfen mit Ofenröhre sind ein Novum, die jedoch einen Kochherd nicht ersetzen können. Aber offenbar ist es erforderlich gewesen, beim Kochen in der Küche an Feuerung zu sparen. Und so nutzt man wenigstens anteilig die Stubenbeheizung für die Warmwasser- und Essensbereitung.

Von 1864 bis 1866, nach der Rückkehr der Familie Storm nach Husum und Storms Ernennung dort zum Landvogt, bewohnt Storm das Predigerwitwenhaus in der Süderstraße 12. Endlich hat die Familie wieder ein Haus, wenn auch ein kleines, für sich allein, sowie einen bescheidenen Garten. Die Küche befindet sich hier rechts, mit einem Fenster zum Seitengang hinaus. Regelmäßige Besuche bei den Eltern in der Hohlen Gasse 3 bereichern wieder den Alltag.

Hierbei wird man an Festtagen von

dem wunderschönen weiß-blauen, wertvollen chinesischen Porzellan gespeist haben, von dem noch einige Teile seit dem Jahre 1972 im Storm-Haus in der Husumer Wasserreihe zu bewundern sind. Es wurde um 1760 im chinesischen Kanton gefertigt, von wo es durch die „Dansk Asiatisk Compagni“ nach Kopenhagen exportiert wurde und als Hochzeitsgeschenk in den großelterlichen Haushalt von Magdalena und Simon Woldsen in die Hohle Gasse 3 gelangte. Hier wurde es dann später auch durch Storms Eltern benutzt und kam nach dem Tode von Storms Mutter im Jahre 1879, im Rahmen der Erbteilung, in das Haus Dr. Aemil Storms, wohnhaft ebenfalls in der Süderstraße, im Hause, ehemals Nr. 16. Heute läuft über das Grundstück die Herzog-Adolf-Straße.

Storm verweist in der Erzählung „Die Söhne des Senators“ auf die Erbteilung, wenn es sich allerdings auch in der Novelle um Porzellan aus einer bekannten französischen Manufaktur handelt:

„Christian Albrecht nickte. ‚Und du nimmst dagegen das beste Tafelsilber und das Sevres-Porzellan, das hier neben in der Geschirrkammer steht!‘“

Der tragische Tod von Constanze im Wochenbett am 20. Mai 1865 trifft Theodor Storm nach neunzehnjähriger Ehe wie ein Keulenschlag. Nach der Eheschließung mit Dorothea Jensen zieht die Familie im Oktober 1866 in das Haus Wasserreihe 31. Anfangs bewohnt man mit sieben Kindern, zu dem sich am 4. November 1868 noch die Tochter Friederike als Storms achtes Kind und einziges gemeinsames Kind mit Doris gesellt, das Haus allein. Die Küche befindet sich im Erdgeschoß neben der von 1866 bis 1867 dort eingerichteten Landvogtei an der Rückseite des Hauses, zum Waschhaus hin, nahe der Pumpe. Als die Familie aus Kostengründen, nach der Ernennung Storms zum Amtsrichter und der damit verbundenen Reduzierung seines Gehaltes, in die obere Etage zieht und das Erdgeschoß vermietet, wird die Küche im ersten Stock über der unteren eingerichtet. Hier schaltet und waltet Dorothea Storm nun als guter Geist des Hauses und versorgt alle Lieben mit leiblichen Genüssen und seelischer Betreuung. Storm hat nach den Monaten der Witwerschaft, mit teilweise unzulänglichen Haushaltshilfen, wieder eine anheimelnde Atmosphäre um sich, die er insbesondere für seine literarische Kreativität benötigt. Die Gemütlichkeit, vor allem der weihnachtlichen Kuchenbäckerei, die Storm bei seiner Constanze so sehr liebte, weiß auch Doris fortzusetzen. Gertrud Storm beschreibt in ihren Erinnerungen „Vergilbte Blätter aus der grauen Stadt“, das große Fest des Kuchenbackens:

„In der Eßstube ist großes Kuchenbacken. Unsere Mutter und die Mädchen stehen mit aufgekrempelten Ärmeln. Sie rollen weißen und braunen Kuchenteig aus, der in großen Steintöpfen um den Ofen herum steht. Große schwarze Platten stehen bereit, die verschieden geformten Kuchen aufzunehmen, die dann von den Mädchen zum Bäcker getragen werden.“

Hieraus ist zu entnehmen, daß das Haus in der Wasserreihe noch nicht über einen großen eigenen Backofen verfügte, in dem die obligaten Weihnachtskekse gebacken werden konnten. Soweit

Kuchen zu Hause hergestellt werden, muß man sich mit den üblichen Tortenpfannen behelfen. Das Trinkwasser muß von dem heute zugeschütteten Brunnenschacht im Garten hinaufgetragen werden. Hier steht jetzt eine originale, ansehnliche, grüne Husumer Pumpe, wie sie zu Storms Zeit in den Straßen zu finden war. Bei dem Küchenraum im Erdgeschoß handelt es sich um den ursprünglichen Pesel des stattlichen Kaufmannshauses, d. h. den nicht beheizten Prachtraum, der für Einladungen reserviert war.

Bevor Storm 1880 das Haus in der Wasserreihe verkauft und seinen Wohnsitz nach Hademarschen verlegt, zieht die Familie bereits voraus in eine „geräumige Interimswohnung" im Kloster 4, da sich die geplante Altersvilla noch im Bau befindet. Storm ist noch für einige Tage Gast bei Landrat Ludwig Graf zu Reventlow (1824–1893) und dessen Gattin Emilie, geborene Gräfin zu Rantzau (1834–1905), auf dem Schloß vor Husum. Zwischen beiden Juristen hat sich eine herzliche Freundschaft entwickelt, und Storm wird auch in Zukunft immer wieder gerne Gast dort sein, wenn er von Hademarschen aus, insbesondere im Januar, zur „Storm-Saison" nach Husum kommen wird. Die Gräfin bewirtet ihn jedesmal auf's Feinste: Rehrücken, Champagner, teuerste Weine werden dann aufgetischt, obwohl man aus den autobiographischen Erinnerungen der einen Tochter, der Schriftstellerin Franziska Gräfin zu Reventlow, weiß, daß es ansonsten im Haushalt des Landrats sehr bescheiden zugeht. Die Küche im Schloß liegt neben dem Bad im Erdgeschoß. Hier werden alle lukullischen Herrlichkeiten bei des Landrats Einladungen zubereitet. Bei „Grafens" geht es offenbar immer sehr lustig zu, denn Storm schreibt am 28. Januar 1869 an seinen Sohn Hans:

„Infolge seines Besuches (eines befreundeten Richterkollegen mit Namen Goos – Anm. d. Verf.) waren wir gestern bei Reventlow – heute sind sie bei uns. Es war gestern sehr heiter, zuletzt sang ich rezitativisch Rezepte aus einem Kochbuch, und Adolph Möller (1841–1887, Musiklehrer am Husumer Gymnasium – Anm. d. Verf.), begleitete ex tempore. Du siehst, wir leben in Saus und Braus."

Das Küchengeschehen in der Altersvilla in Hademarschen beschreibt Theodor Storm nur noch selten. Möglicherweise interessiert es ihn auch nicht mehr. Sein Leben gestaltet sich jetzt, wie seine Tochter Gertrud in ihren Erinnerungen schreibt, „traulich und innig" mit regelmäßigen Mahlzeiten und regelmäßigen Teestunden, oft unterbrochen sowohl durch Besuche von Freunden und Familienangehörigen wie auch durch häusliche Geschäfte der Ehefrau Doris, wie Gemüsepflücken, Einmachen, Schlachten, Wurstmachen und dem von Storm gehaßten sechswöchigen Großreinemachen. An den mit ihm befreundeten Schriftsteller Paul Heyse in München vermerkt er hierzu am 28. April 1885:

„In meinem Hause findet jetzt das sechswöchentliche Pfingstreinigen statt: Waschen, Schrubben jedes Winkels, und immer ein Maurer, Tischler, Sattler hintennach, der alles klebt, malt, einsetzt etc. ...

Ich glaube es ist schleswig-holsteinische und gar nicht um sonstige Spezialität. Ich meine, Ihr übrigen im Reich seid frei davon."

Ob sich Ehefrau Doris noch mit alten rauchenden Herden quält, auf denen das Essen zu leicht ansetzt, oder ob sie bei dem Einzug einen neuzeitlichen Herd bekommen hat, das entzieht sich leider unserer Kenntnis, so daß Storm nur Hinweise auf die Küchengegebenheiten gibt, wie sie in seiner Jugend, seiner Junggesellenzeit, seinen ersten Ehejahren und den Jahren in der Emigration vorhanden gewesen sind. In Hademarschen läuft alles seinen geregelten Gang, still und friedlich, es gibt für ihn keine erwähnenswerten Teuerungen, keine Mißgriffe der Hausfrau, keine fehlenden Lebensmittel mehr. Das Leben geht für ihn, wie einst in der Jugend bei seiner Großmutter, in ebenen Schritt und Tritt, wenn Dorothea auch das Wirtschaftsgeld zusammenhält, wie ihren Briefen zu entnehmen ist.

Abschließend mag noch einmal der Blick zurückgehen in die Kindheit Storms, in der er auch zu Gast in einem typischen Rauchhaus auf der Geest gewesen ist. Es ist das mittlerweile nicht mehr vorhandene niedersächsische Bauernhaus auf dem sogenannten „Vordamm" in der Nähe von Westermühlen. Hierin hatte die eine Schwester seines Vaters, Eva Katharina Gude (1782–1854) geheiratet. Sie hatte sich im Jahre 1804 mit Hans Storm (1777–1834), einem Nachkommen eines Karsten Storm, verehelicht, der einst, nach dem Tode seines Bruders Hans Storm I. (1693–1766), der als Erbpachtmüller im Jahre 1693 archivalisch zu belegen ist, die Viertelhufe „Vordamm" bekommen hatte. In der Novelle „Im Schloß" setzt Storm diesem Bauernhof „Vordamm" und dem ehemals malerischen Fachwerkbau mit dessen Schwibbogenherd auf der Diele ein literarisches Denkmal:

„Mittlerweile waren wir bei dem Hause angelangt. Durch das offenstehende Eingangstor am andern Ende des Gebäudes führte uns Arnold auf die große, die ganze Höhe desselben einnehmende Diele, an deren beiden Seiten sich die jetzt leerstehenden Stallungen für das Vieh befanden. Ein leichter Rauchgeruch empfing uns in dem dämmerigen Raume. Im Hintergrunde, wo vor den Türen der Wohnzimmer sich die Diele erweiterte und durch niedrige Seitenfenster erhellt war, saß neben einem am Boden spielenden kleinen Knaben eine alte Frau in der gewöhnlichen Bauerntracht von dunklem eigengemachtem Zeuge, das graue Haar unter die schwarz-seidene Kappe zurückgestrichen."

Bei der Beschreibung dieses Hofes, die wie ein Gang durch ein Haus im Molfseer Freilichtmuseum anmutet, erkennt man genau die bauliche Konzeption eines klassischen Niedersachsenhauses, das auch in den Herzogtümern Schleswig und Holstein reichlich vertreten war. Storm weist direkt auf „Vordamm“ als Vorbild für den schönen Hof in der Novelle „Im Schloß“ hin, wenn er am 10. April 1862 an seinen Vater schreibt:

„Wenn Du einmal versuchen wolltest, sie (die Novelle – Anm. d. Verf.) zu lesen, lieber Vater, würdest Du darin einen Besuch auf dem Vordamm abstatten können.“

Jahrzehnte später, nämlich im Jahre 1956, wird der Hof „Vordamm“ noch einmal beschrieben, dieses Mal von dem Heimatforscher Hans Staack aus Elsdorf. Hierbei frappiert die tatsächliche Ähnlichkeit des alten Hauses, wie Staack es beschreibt, mit Storms Schilderung in der Novelle:

„Durch die ‚de Grot Dör‘ tritt man auf ‚de Grot Deel‘. Es ist gerade Melk- und Futterzeit. Dem Eintretenden bietet sich ein überwältigendes Bild, unter dessen Eindruck er sich um Jahrhunderte zurückversetzt fühlt. Unwillkürlich streift sein Blick durch den endlos langen Raum, in der Erwartung, dort weit im Hintergrund das hellflackernde Herdfeuer des Dielenherdes herüberleuchten zu sehen. Aber nur eine trübbrennende elektrische Birne bemüht sich, die Dunkelheit zu durchdringen, und diese ist es, die den Träumenden wieder in die Gegenwart zurückruft. In zwei langen Reihen zu beiden Seiten der großen Diele steht der Viehstapel des Hofes. Kopf an Kopf, und ist eifrig dabei, das vorgeworfene Heu aufzunehmen. Auf Vordamm sind große Diele und die Seitenschiffe noch nicht durch Stallwände voneinander getrennt. Daher sind alle drei Schiffe des Niedersachsenhauses mit dem mächtigen Ständer- und Balkenwerk gut zu überschauen, und eben dies zusammen mit dem großen, durch spärliches Lampenlicht nur wenig aufgehellten Raum und dem zahlreichen von der Diele fressenden Vieh beeindruckt den Besucher so sehr, daß ihn im ersten Augenblick das Zeitbewußtsein entrinnt.“

Anhand dieser Darstellung wird deutlich, daß die Hinweise des Zeitzeugen Storm auf die unterschiedlichsten Küchen in seiner Heimat von volkskundlicher und küchenhistorischer Bedeutung sind. Darüber hinaus vermitteln sie einen lebendigen Eindruck von den Schwierigkeiten der damaligen Küchenarbeit.

Zwischen Buttermilch und Champagner

Getränke bei besonderen Gelegenheiten, gleichgültig, ob es sich hier um alkoholische oder alkoholfreie Flüssigkeiten handelte, sind für Storm immer Anlaß zu einer Erwähnung. Der tägliche Schluck klaren Brunnenwassers, wie ihn sein Vater als Schuljunge genoß, oder ein gelegentliches Glas leichten Hausbieres, wie es das übliche Getränk seiner Region gewesen sein mag, bedurfte zumeist keiner besonderen Erwähnung. Doch ein besonders erfrischender Becher voll kühler Buttermilch, Vollmilch zur Schonung des Magens, Trinkschokolade, Wein, süße Bowle, heißer und kalter Punsch und Champagner bei festlichen Anlässen, besonders, wenn er nicht der Gastgeber ist, das sind durchaus kulinarische Ereignisse, die er in seinen Briefen an die Familienmitglieder und Freunde vermerkt oder gar in sein Novellenwerk einbaut. Hauptgetränke seiner Jugend und seines Erwachsenenlebens sind Tee und Kaffee, denen aber ein besonderer Abschnitt gelten soll.

Einer der Düfte und Geschmacksnoten aus der Zeit seiner Urgroßeltern und Eltern, die in den alten Familienhäusern noch zu dem schreibenden Poeten hinüberwehten, ist der Hinweis auf eine Limonade aus Schattenmorellen. Hierzu heißt es in der gleichnamigen Novelle von der Mutter des „Vetter Christian“:

„Die eine derselben, seine Mutter – Gott habe sie selig! – meine gute Tante Jette, hat auch mich als Knaben einmal unter ihrer rührigen Hand gehabt, als Christian und ich uns von ihren großen Schattenmorellen eine Limonade gegen den heißen Sommerdurst bereitet hatten.“

Der Begriff Limonade beinhaltete eine Fülle von Kaltgetränken aus Wasser, Zucker und zumeist Zitronensaft. Der Name rührt von der Limone, also der Frucht des Citrus Limonium Risso, das ist die Zitrone. Limonaden sind infolge ihres Säuregehaltes schon seit Jahrhunderten als durstlöschend und erfrischend bekannt. Durch den Zusatz von anderen Fruchtsäften erhält man Kirsch-, Himbeer-, Johannisbeer-Limonaden usw. Ursprünglich wurden sie ohne Zusatz von Kohlensäure hergestellt. Dem Text ist zu entnehmen, daß sich die Knaben wohl aus frischen Schattenmorellen eine Limonade bereitet haben, was, mangels eines elektrischen Entsafters, eine mühselige Angelegenheit gewesen sein muß, zumal der Durst nicht allzuviel Zeit für eine umständliche Vorbereitung ließ. Die Jungen werden es vermieden haben, zuerst die Kirschen aufzukochen, den Saft zu passieren, abkühlen zu lassen, um ihn dann mit Zucker und Wasser und etwas Zitrone zu vermischen. Vielleicht war die Tante

Jette auch gerade beim Safteinkochen, und die jungen Männer haben sich mit einer Portion fertigen Saftes bedient. Möglich ist jedoch auch, daß die beiden sich der Mühe unterzogen haben, die Kirschen zu passieren, den Saft aufzufangen und mit den übrigen Zutaten zu mischen.

KIRSCHSAFT
(nach Traugott Hammerl)

Die sauren Kirschen werden abgestengelt und im Reibstein (in einem Steinmörser – Anm. d. Verf.) feingerieben, dann auf ein Sieb gegossen.
Auf 500 Gr. Saft 250 Gr. Zucker

Kirschsaft war oft ein Abfallprodukt beim Einmachen des Kirschfleisches. Möglich ist, daß die Tante eine Flasche voll Kirschsaft in der Küche oder in der Vorratskammer stehen hatte, die ganz gewiß nicht zur Selbstbedienung für den Sohn und den Neffen bestimmt war und worüber sie dann verständlicherweise, wie Storm es verhalten schildert, sehr erbost gewesen ist.

KIRSCHFLEISCH (UND -SAFT)
(nach Johanna Kuß)

Die ausgesteinten Kirschen werden in Zucker $^1/_4$ Stunde gekocht, man rechnet auf $^1/_2$ Kilo Kirschen 375 gr. Zucker. Einige Kirschsteine schlägt man auf und giebt die Kerne dazu. Der zu reichliche Saft kann abgegossen und in Flaschen gethan werden während das Kirschfleisch in Kruken aufbewahrt wird.

Ein Nebenprodukt beim Herstellen der Butter ist die Buttermilch, die früher jedoch nicht so dünnflüssig wie heute, sondern zum Teil noch mit kleinen Butterflöckchen durchsetzt war, wie ich es persönlich noch in den fünfziger Jahren bei dem Produkt, das die Pellwormer Meierei herstellte, selbst erfahren konnte. Man mußte das Getränk, nachdem man es gut gekühlt hatte, noch einmal ordentlich durchschlagen, um es zu genießen.

Für Storm ist Buttermilch ein erfrischendes Getränk, als er im Juli des Jahres 1859 mit seinem Schwager Dr. med. Ernst Stolle (1818–1893), in Begleitung seines Schwiegervaters, des ehemaligen Bürgermeisters Esmarch und seiner Söhne Hans, Ernst und Karl auf Krankenbesuch über Land geht. Constanze ist zu diesem Zeitpunkt mit der vierjährigen Tochter Lisbeth in Heiligenstadt geblieben. Dr. Stolle ist seit Jahren in Segeberg als Sanitätsrat tätig. Er hat in zweiter Ehe, nachdem er verwitwet war, Constanzes Schwester Helene Esmarch (1832–1884) geheiratet. Im Jahre 1850 hat er das noch heute bestehende, wenn auch äußerlich stark veränderte, hochgetreppte Wohn- und Praxishaus in Segeberg in der Kieler Straße 40, heute Kurhausstraße 44, erbaut. Sein Patientenkreis lebt auch in den umliegenden Dörfern Segebergs, zu denen er per Kutsche oder zu Fuß gelangt. Er, und nicht Storm, kann entgegen der verbreiteten Meinung, als Entdecker des Malers Christian Rohlfs (1849–1939) gelten. Denn Dr. Stolle bemerkt bei dem, infolge einer Knieverletzung langfristig bettlägerigen Bauernsohn Christian aus dem Ort Fredesdorf im damaligen Amt Segeberg die künstlerische Begabung und fördert ihn. Er veranlaßt den weiteren Schulbesuch des Jungen in Segeberg, Privatstunden durch den in Segeberg ansässigen Kunstmaler Nickelsen und vermittelt ihn an den Schriftsteller und Maler Ludwig Pietsch in Berlin, der ihm eine Empfehlung für die Kunstschule in Weimar übergibt. Hier erhält Rohlfs eine Freistelle. Darüber hinaus finanziert Dr. Stolle die Ausbildung als anonymer Spender, mit einem jährlichen festen Betrag für die Dauer von vier Jahren. Dr. Stolle, der Enkel des Bornhöveder Pastors Oertling, war verwandt mit der Lübecker Großfamilie Stolle-Linde. Dr. Stolles Großneffe, der Augenarzt Dr. Max Linde, der in die Kunstgeschichte als Mäzen des norwegischen Malers Edvard Munch eingegangen ist, war, auf Veranlassung Dr. Stolles, der erste, der bei Rohlfs ein Bild in Auftrag gab und vorweg mit einem namenhaften Betrag bezahlte und damit das anfängliche soziale Elend Rohlfs linderte.

Am Freitag, den 22. Juli 1859, geht man zu Fuß nach Stipsdorf, einem am Segeberger See gelegenen malerischen Ort unweit Segebergs. Der Gang dauert etwa dreißig Minuten. Storm schreibt abends an Constanze:

„Um 6 Uhr nachmittags gingen Vater und ich und die Jungen mit Stolle nach Stipsdorf auf Praxis ... Wir tranken Buttermilch bei Frau Grage."

Der Landgasthof Grage hat in dieser Funktion bis vor einigen Jahren existiert. Er war bis in dieses Jahrhundert, unter der Führung von unterschiedlichen Familienmitgliedern, vielen Segebergern durch seine Gastronomie und seinen Buttermilchausschank bekannt. In dem großen Obstgarten meinte man noch in den achtziger Jahren des 20. Jahrhunderts, bei hausgemachtem Kuchen und einer Tasse Kaffee, die altertümliche Atmosphäre der Stormschen Epoche zu verspüren. Die eine Ururgroßmutter des jetzigen Besitzers bewirtschaftete zu Storms Zeit das Landgasthaus. Sie galt als lebenslustige, fröhliche Gastwirtin, die des Abends, wenn die Stimmung bei den Gästen hoch herging, in langem Rock und gestärkter weißer Schürze am Fahnenmast heraufzuklettern pflegte, um die Fahne einzuholen, wie in der Familie Grage noch heute erzählt wird.

Daß eine schlichte Buttermilch im vorigen Jahrhundert so ihre Probleme hatte, ergibt der Hinweis bei Altmeisterin Johanna Kuß zur Verwertung von Buttermilch im Winter:

BUTTERMILCH

im Winter zu gebrauchen, ist es zweckmäßig, sie vorher aufzukochen und durch ein Sieb zu geben, um die käsigen Theile abzusondern, weil in der Zeit die Scheidung stärker ist. Darnach kocht man sie wieder zum Gebrauche.

Am Rande sei bemerkt, daß Buttermilch im Durchschnitt 91% Wasser, 0,75% Fett, 3,5% Kasein und 3,75% Milchzucker enthält und somit nicht ganz ohne Nährwert ist. Sie schmeckt angenehm säuerlich erfrischend, besonders, wenn sie eiskalt serviert wird. Sie wird in Holstein auch zum Anmachen des Brotteiges verwendet. Ob allerdings Frau Constanze ihren Brotteig, wenn sie einmal selbst Brot buk, auch damit einsäuerte, ist nicht bekannt, aber durchaus möglich.

Literarisch bringt Storm Buttermilch als ländliches Erfrischungsgetränk in der Novelle „Im Schloß" ein: „Bald aber kam sie mit einigen Gläsern Buttermilch zurück, die Arnold für uns erbeten hatte."

Auch die schlichte Vollmilch wird bei Storm erwähnt. So erinnert er sich in den 1870 geschriebenen „Zerstreuten Kapiteln" an „Lena Wies", (nämlich Sophia Magdalena Jürgens, auch Jürgensen), Schwester seines ersten Kindermädchens Auguste Catharina, die zusammen mit ihren Eltern in Husum in der Langenharmstraße 9, einer Querstraße zur Hohlen Gasse, eine Grobbäckerei und einen Milchausschank betrieb. Die herzliche Anhänglichkeit, die Storm dieser fleißigen, phantasievollen Frau, die ihm als Knabe unendlich viele Märchen erzählte, sein Lebtag bewies, kommt in dem Erinnerungsbild „Lena Wies" zum Ausdruck.

Hinter dem niedrigen Häuschen befand sich ein dunkler Steinhof und ein alter niedriger Stall, durch den der Zugang zu einem kleinen Garten führte.

Die Kühe wurden im Stall durch „Lena Wies“ und ihre Eltern ausgemolken, wobei Storm einen alten schleswig-holsteinischen Volksreim nicht in Vergessenheit geraten läßt:

„Aus dem Dunkel, wo die Kühe an ihren Raufen wiederkäueten, klang es mir leibhaftig wie der alte Volksreim entgegen: ‚stripp, strapp, stroll – Is de Ammer nich bald voll?‘ “

Die Milch wurde dann am Abend in dem gesonderten Backhaus gegen ein kleines Entgelt an die Nachbarskinder verteilt. Die uns heute noch aus den Jahren nach dem Zweiten Weltkrieg bekannten Spezialgeschäfte für Milchprodukte waren damals nicht üblich.

„Im Backhause selbst drängte sich eine Schar von Nachbarskindern, welche, mit irdenen Schüsseln in der Hand auf die Austeilung der Abendmilch warteten; denn auch eine Milchwirtschaft wurde hier mit vier oder fünf schweren Marschkühen betrieben.... Wie ein kleiner Privilegierter dünkte ich mich den armen Nachbarskindern gegenüber, die beim Schein des dünnen Talglichts ruhig auf ihrem Platze bleiben mußten, bis sie ihr herkömmliches Quantum Milch zugemessen erhalten hatten.“

Auch später genießt Storm gerne Milch als Getränk: Als die Storms bereits in Heiligenstadt leben, reist Ehefrau Constanze im August 1858 zu Storms Freund Hartmuth Brinkmann und dessen Ehefrau nach Lütjenburg in Holstein, wo dieser als Bürgermeister tätig ist und die ansehnliche Dienstvilla in der Neverstorfer Straße 7 bewohnt. Das stattliche Haus dient heute, wenn auch stilistisch seines ornamentalen

Schmuckes beraubt, der Verwaltung „Lütjenburg-Land“ als Dienstgebäude.

Storm kann zu diesem Zeitpunkt Constanze nicht begleiten, da er dienstlich unabkömmlich ist. So hat er in dem kleinen Ort Steinbach am Rande des Thüringer Waldes bei einem Landwirt einen Ortstermin. Auf einem Bauernhof wird die Verhandlung abgehalten und Storm wird freundlich bewirtet. Sein ihn begleitender siebenjähriger Sohn Ernst, der spätere Jurist, darf mitkommen, und Storm schreibt am Nachmittag des 6. Augusts 1858 an Constanze:

„Der Termin ist abgehalten. Ein Bauer, in dessen Hause wir die Verhandlung aufnahmen, bewirtete uns mit Waffeln und Kaffee (für mich Milch); Du kannst Dir denken, wie Ernst sich pflegte.“

Storm hatte an diesen Tagen Magenschmerzen, deshalb erbat er sich nur Milch und keinen Kaffee, denn er schreibt am nächsten Tag an Constanze:

„Sonnabend, 8 Uhr. Lokaltermin in Ruhneber abgehalten ... Um 2 Uhr waren wir wieder zu Hause. Um 3 Uhr legte ich mich zu Bett und schlief bis nach 6 Uhr und nun sind heute zum erstenmal die Magenschmerzen fortgeblieben."

Als Nachkomme einer väterlichen Großfamilie, die sowohl aus Müllern wie aus Landwirten besteht, hat er von Milch, insbesondere auch von der Milchherstellung, eine hohe Meinung. So weist er in der Novelle „Im Schloß" auf die damals auf den Bauernhöfen üblichen kühlen Milchkeller hin, in denen die frische Milch zum Abrahmen eine Zeitlang in flachen Holzgefäßen stand und möglichst kalt und keimfrei gehalten werden mußte, um das Verderben zu vermeiden: „Bald darauf verließen wir die Stube und besahen die Einrichtung des Gebäudes, vorab den großen, Sauberkeit und Frische atmenden Milchkeller; wie Arnold bemerkte, das eigentliche Staatszimmer unsrer Bauern."

An Festtagen gibt es im Hause Storm Trinkschokolade aus Milch. Wie die Schokoladensuppe war auch Schokolade als Getränk etwas Besonderes. So feiert die Familie in Heiligenstadt Storms siebenundvierzigsten Geburtstag mit Tee und Gebäck. Die Kinder erhalten allerdings Schokolade, und Storm schreibt am 15. September 1863 an Ludwig Pietsch:

„Meinen gestrigen Geburtstag haben wir im stillsten Familienkreis ganz bescheiden mit Tee und Oblättern gefeiert, die Kinder aber tranken Schokolade."

In dem „Appetitlexikon" des Rudolf Habs aus dem ausgehenden 19. Jahrhundert wird ausführlich zur Schokolade als Getränk Stellung genommen:

„Einfache, gute Gewürz-Schokolade

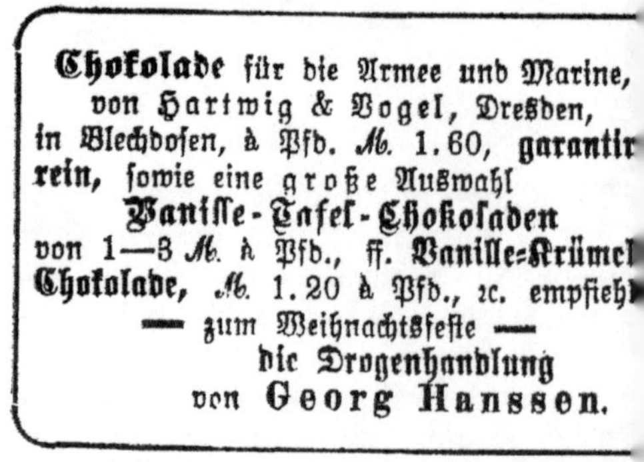

in Milch oder Wasser, wie sie dem heutigen Geschmack entspricht, ist durchaus kein Philtrum (Liebestrank – Anm. d. Verf.), vielmehr gerade die Milch-Schokolade bei Magenschwäche äußerst dienlich, da sie fast in der Regel besser bekommt und leichter verdaut wird als reine Milch. Auch die Zugabe von ungequirltem Ei verdirbt nicht, alle anderen Zutaten dagegen, soweit sie nicht einen reinen arzneilichen Zweck verfolgen, sind ebenso widersinnig wie bedenklich, da sie einerseits den feinen, samtweichen Würzgeschmack des Getränkes ruinieren und andererseits den Magen überreizen ... Die Schokolade kommt in sehr verschiedener Güte im Handel vor, ohne daß man ihr von außen anzusehen vermag, wes Geistes Kind sie eigentlich ist. Die guten Sorten riechen, auch wenn die Tafel alt ist, angenehm würzhaft (niemals ranzig), schmecken rein und mild (nicht rauh oder trocken) und setzen namentlich beim Kochen weder oben Fettaugen noch auf dem Boden des Gefäßes eine unlösliche Grundsuppe ab. Die französischen und schweizerischen Sorten schmecken in der Regel etwas süßer als die österreichischen und deutschen, sind also stärker mit Zucker versetzt, haben aber dafür einen höheren Gehalt an Theobromin (ein coffeinähnliches Alkaloid – Anm. d. Verf.).

Spanische Schokolade dürfte noch heute, wie vor 300 und 200 Jahren, die beste sein; jetzt zunächst steht die französische und die portugiesische, dann folgen die schweizerische, die österreichische und die deutsche, dann kommt eine lange Strecke gar nichts und endlich tief unten die englische Schokolade, von der sich nichts sagen läßt als: Beatus qui procul! (ein Ausspruch von Horaz: ‚Glückselig, der, der fern . . .‘, Anm. d. Verf.) . . . Bedeutende Schokoladenfirmen der einzelnen Länder sind: Mennier in Paris, die großartigste Schokoladenfabrik der Erde, die täglich 50 000 kg zu liefern vermag; Ph. Suchard in Neuchâtel; P. W. Gaedke in Hamburg; Gebr. Stollwerck in Köln a. Rh.; Robert Berger in Pössneck (Thüringen) und andere mehr.“

CHOCOLADE
(nach Johanna Kuß)

Die Chocolade wird in Tafeln gekauft; man unterscheidet Chocolade mit Gewürz und solche ohne Gewürz, und unter jener wieder: Vanille-Chocolade, feine Gewürz-Chocolade und einfache Gewürz-Chocolade. Die gewürzlose Chocolade ist gleichbedeutend der Gesundheits-Chocolade, außer dieser gehört aber auch noch solche dahin, die mit medicinischen Elementen vermischt ist: z. B. Isländische Moos-Chocolade, Malzextrakt-Chocolade, Eisen-Chocolade, Wurm-Chocolade. In Dosen kauft man Chokolade-Pulver, z. B. Vanille-Puder-Chocolade, Gewürz-Puder-Chocolade und Gesundheits-Puder-Chocolade. Entölter Cacao wird als der Gesundheit besonders zuträglich empfohlen und ist in Tafeln und in Pulver mit und ohne Zucker im Handel. Man kocht sie in Wasser oder Milch und rechnet ungefähr auf eine Kanne Flüssigkeit 250 gr. Chocolade. Milch oder Wasser kocht man und giebt die Chocolade zerrieben oder in kleine Stücke zerschnitten mit etwas Milch ausgerührt, oder trocken hinein. Gut rührend, läßt man die Chocolade noch einmal aufkochen; dann ist sie fertig. Man kann sie auch, wenn man sie schäumend haben will, mit einer Ruthe quirlen, bis sie gut kocht. Will man sie mit Eidottern legiren, so rechnet man ein Eidotter auf 125 gr. Chocolade. Dies geschieht aber weniger, auch ist sie dann schwerer zu vertragen.

Man kann auch das Eiweiß zu Schaum schlagen und davon obenauf legen.

Puder-Chocolade wird mit kalter Milch eben gerührt und dann kochend darauf gegossen oder Wasser statt der Milch.

CACAO ZU KOCHEN
(nach Doris Stender)

2 Loth gebrannten und wie Caffee gemahlnen Cacao mit den Schalen schüttet man in eine Kaffeekanne oder einen Topf, gießt 12 Obertassen voll kochendes Wasser darauf und läßt es so während $^1/_2$ Stunde weit verkochen, daß, nachdem es durch ein anders Tuch in eine Kaffeekanne geseihet ist, noch etwa 7–8 Tassen nach bleiben; dann gibt man, wie beim Kaffee, Milch und Zucker dazu.

Als Lucie (Lute) Storm (1853–1927), die Nichte des Dichters, Tochter seines Bruders Johannes Storm (1824–1906), der Holzhändler in Hademarschen ist, und der Friederike Jensen (1826–1905), Schwester seiner Ehefrau Dorothea, im Jahre 1883 seinem Sohn Hans im bayrischen Wörth (an der Donau), wo er als Arzt praktiziert, eine Zeitlang den Haushalt führt, schickt Dorothea ihr zu ihrem Geburtstag am 12. August 1883 unter anderem Schokolade; ob nun nur zum Naschen, zum Backen oder für ein Getränk, ist jedoch nicht ersichtlich.

Storm schreibt an den Sohn Karl hierüber mit dem 14. August 1883 aus Husum:

„Auch von Lute ein netter, eingehender Brief; sie habe erst nicht geschrieben, weil sie tüchtig Heimweh gehabt, nun gehe es schon besser; zu tun habe sie bisher sehr viel gehabt; sie müsse auf bayrisch kochen; aber Hans sei immer sehr damit zufrieden, selbst da sie einmal die Suppe arg versalzen; . . . So scheint es denn mit den beiden für den Anfang ganz leidlich zu gehen. – Am 12. d. M. war ihr Geburtstag; Mama schickte einen Kuchen, 1 Pfund Schokolade und ein Stück Schinken."

Milch kann aber auch noch anders serviert werden:

Bei den wechselnden Witterungsverhältnissen, insbesondere im nördlichen und westlichen Schleswig-Holstein, ist es eine gute Tradition, heiße Milch mit Ei oder Alkohol oder beidem nebst Zucker zu versetzen. So gönnt sich Storm als Junggeselle, wie bereits oben erwähnt, einmal Eiermilch.

Ob Eiermilch nun als Getränk oder als eine Art Milchsuppe gereicht wurde, ist nicht zu klären. Es gilt wohl ähnliches wie beim Warmbier, daß man es als Suppe oder wärmendes Getränk geben kann.

Hier nun ein weiteres zeitgenössisches, aber alkoholfreies Rezept:

HEISSE MILCH MIT EIERN
(nach Johanna Kuß)

Man schlägt etliche Eidotter in der Suppenterrine tüchtig mit Zucker und etwas gestoßenem Zimmt, beliebig einen Löffel voll Kartoffelmehl oder Maizena, und giebt die Milch unter beständigem Rühren kochend darüber. Zwieback oder heiße Wecken werden dazu gegeben.

EIERMILCH
(altes Hausrezept der Verfasserin)

1 Liter Milch wird mit einer Prise Salz aufgekocht. 4 Eier werden gut verschlagen und unter ständigem Rühren in die Milch gegeben. Die Masse wird aufgekocht und mit Zucker und Zimt abgeschmeckt.

Gehaltvoller war das Eierbier, das noch heute an der Westküste, insbesondere auf Helgoland, zu wahren „Orgien" verführt. In der Novelle „Der Herr Etatsrat" darf der unter dem Kommando seines Vaters noch mit siebenundzwanzig Jahren stehende Sohn des Etatsrats mit dem vielversprechenden Namen Archimedes nach einem Aufenthalt an der See jeweils ein Glas Eierbier trinken.

„Damit war das Bad (ein Sandbad, Anm. d. Verf.) beendet; nur daß sich Alle dann noch nach dem Wirtshause begaben, wo der Herr Etatsrat sich eine letzte Stärkung nicht entgehen ließ; für Archimedes war von seinem Vater als das ihm angemessenste Getränk ein für alle Mal ein Glas Eierbier bestellt, welches er denn auch mit vielsagendem Lächeln zu sich nahm."

EIERBIER
(nach Henriette Davidis)

Es werden 4–6 Eidotter oder ganze Eier in einer Terrine tüchtig mit einem Eßlöffel Kartoffelmehl und Zucker geschlagen, unterdessen kocht man 2 Liter Bier mit einigen Stücken Zimmt und Citronenschale, Ingwer und gieße es kochend, die Eier beständig peitschend, über dieselben und fahre nach einigen Minuten damit fort, um das Gerinnen zu verhindern. Ist das Eiweiß zurückgelassen, so kann es als Schaum auf die Suppe gegeben werden und wird alsdann mit feinem Zimmt und Zucker bestreut. Zwieback giebt man dazu.

EIERBIER
(nach Johanna Kuß)

Man nimmt 4 Eier und 150 gr. Zucker auf 1 Liter Bier, setzt Eier, Zucker und Bier zusammen auf's Feuer, schlägt mit einer Schaumruthe, bis die Masse eben vor dem Kochen ist und giebt sie dann behutsam in Gläser oder in eine Terrine. Es ist aber gut, das Eierbier, nachdem es vom Feuer genommen worden, noch etwas zu schlagen, um das Gerinnen zu verhindern.

Adrian Ludwig Richter, Illustration zu der Erzählung „Teure Eier" von J. P. Hebel

Dem Wortlaut ist zu entnehmen, daß Storm dem Eierbier keine große alkoholisierende Wirkung zugesprochen hat.

Diese harmlose Wirkung scheint Storm dem Trinken unverdünnten Biers hingegen nicht zugebilligt zu haben. Denn er schreibt an den jungen Ferdinand Tönnies (1855–1936), den Begründer der modernen Soziologie, der mit Storms Söhnen befreundet war und schräg gegenüber vom Schloß vor Husum bis zu seinem Studium in dem sogenannten Tönniesschen Haus zusammen mit seinen Eltern lebte, mit dem 15. Mai 1872, als dieser von der Universität Straßburg nach Jena wechselte:

„Glauben Sie übrigens nicht, daß ich gegen Jena bin, ich habe nur kein Urteil darüber. Genießen Sie dort nur frisch weg Ihr junges Leben unter guten Genossen; aber eine herzliche Bitte! Gewöhnen Sie sich nicht an das verdammte Biersaufen. Sehen Sie sich immerhin nur die auf solchen Bieruniversitäten sich rumtreibenden fetten Alkohol-Gestalten an, und schaudern Sie ein wenig dazu. Ich kann diese meine Bierpredigt, wie gegen meine Jungens, so auch gegen Sie, lieber Ferdinand, nicht zurückhalten."

Dieser Einstellung entspricht auch Storms vernichtende Kritik am Bier, die er in der Erzähung „Am Kamin" durch einen älteren Herrn verlauten läßt:

„Sie werden mir zugeben, daß, so wie das Bier der Feind, so der Tee der Freund der denkenden Menschen ist; und es dürfte daher die Art, wie dieser

Freund in einem Hause be-, respektive mißhandelt, wie er serviert und genossen wird, zu allerlei nicht gar zu fehltreffenden Schlußfolgerungen in der angedeuteten Beziehung berechtigen."

Wie bereits vermerkt, haben Storms Vorfahren mit dem Bierhandel u. a. ihr Vermögen gemacht. Er läßt die Figur seines Urgroßvaters Simon in seinen Erinnerungsbildern „Von heut' und ehedem" in „In Urgroßvaters Hause" aus dem Spätrokoko wieder auferstehen, indem er darin Joachim Christian Feddersen beschreibt:

„Und jetzt erscholl ein Schritt vom Hinterhause her; begleitet von seinem Mops Fidel, der pflichtgemäß hinterherwatschelte, erschien der Urgroßvater, ein wackerer Fünfziger, zierlich bezopft, im schokoladefarbnen Rock; und nicht von ungefähr spielten seine Finger mit der emaillierten Festtagsdose ... Singend war er ans Fenster getreten, und im Nacken schlug der Zopf bescheidentlich den Takt dazu; vergnüglich blickte er durch die Blumen über die sonnige Straße nach dem Hafen hinab, wo eben eine Menge größerer und kleinerer Tonnen in ein Helgolander Schiff verladen wurden. Der Urgroßvater schmunzelte; sie enthielten freilich nicht jenen ‚Labewein' vom Rhein (nämlich den Rüdesheimer Wein – Anm. d. Verf.), wohl aber das berühmte Gutbier aus seiner eigenen Brauerei, das derzeit weit und breit versandt wurde."

In den im Jahre 1838 niedergeschriebenen Erinnerungen an seine Berliner Studienzeit „Beroliniana" gibt Storm kund, wie sehr er in Berlin mit dem dortigen „Nationalgetränk" in Berührung gekommen ist:

„‚Das ist nun das Berliner Nationalvergnügen', fing der Doktor von hinten an. ‚Des morgens trinkt der Berliner seine Stange Weeße, des Mittags ißt er seine Bierkaltschale. Abends geht er wieder aus und trinkt seine kühle Blonde, und wenn er dann nach Hause kommt, hat er sich jettlich amüsiert!'"

Und die typische Berliner Volksseele meint man bei Storms ebenfalls dort vermerkter Beobachtung charakterisiert zu finden:

„Die Berliner saßen wie gewöhnlich familienweise um kleine Tischchen geschart und delektierten sich familienweise an einer Stange Weißbier."

Diese Passagen zeigen deutlich seine Mißachtung des Bieres, zumindestens des Berliner Bieres! Dennoch kann auch Storm sich ein gelegentliches Glas Gerstensaft nicht versagen. So schildert er mit dem 24. Januar 1856 aus Potsdam seinem Vater den Weihnachtsabend. Nachdem der mit ihm befreundete Kollege Schnee und dessen Familie ihn gegen 19 Uhr verlassen haben, begibt man sich zum weihnachtlichen Abendessen:

„Um 7 Uhr gingen sie fort zu ihrer eigenen Bescheerung; wir blieben dann mit den Kindern allein, aßen Fische und tranken die Gesundheit aller Großeltern in Weißbier."

Weißbier wird aus schwach gedörrtem Malz und wenig Hopfen gebraut. Es hat eine helle, mattgelbe Farbe und ist ungemein durststillend und nicht so nährend und anregend wie andere Biersorten.

WEISSBIER
(nach Mary Hahn)

In einem sauberen emaillierten Eimer oder Topf vermischt man 7 l Wasser mit 2 Flaschen Lagerbier, 1 Flasche Braunbier, 250 g Zucker und 7 g Weinsteinsäure, deckt ein Tuch darüber und läßt es über Nacht stehen. Am andern Morgen füllt man es in saubere trockene Flaschen mit Patentverschluß und läßt es ungefähr 5 Tage nicht zu kalt stehen, dann ist es zum Trinken fertig.

Insbesondere die leichten hausgemachten Biere waren aber nicht sehr haltbar und säuerten rasch. So finden sich in alten Kochbüchern auch Hinweise darauf, wie man die bessere Haltbarkeit des Getränkes gewährleisten kann.

BIER GANZ KLAR UND FEST ZU MACHEN, DASS ES SICH JAHRE LANG HÄLT
(nach Amalie S.)

Auf 1 Tonne Bier nimmt man für 2 Schillinge geraspeltes Hirschhorn, welches mit 2 Quart von demselben Biere aufgekocht wird. Dies gießt man warm in die Tonne, läßt sie 24 Stunden gut liegen und zieht dann das Bier, welches aber 4 Tage alt sein und gehörig gegohren haben muß, auf Bouteillen (auf Flaschen – Anm. d. Verf.).

SAUER GEWORDENES BIER WIEDER GUT UND TRINKBAR ZU MACHEN
(nach Amalie S.)

Man tut $^1/_2$ Pfund Pottasche in 2 Pfund Wasser, läßt es 24 Stunden stehen und schüttelt es oft um, dann seihet man diese Flüssigkeit durch reines Leinen und bewahrt sie in Flaschen auf. Hat man nun saures Bier, so gießt man in jede Bouteille einen kleinen Theelöffel voll von dem Pottaschenwasser, welches der Gesundheit durchaus nicht nachtheilig ist und dem Bier augenblicklich den sauern Geschmack benimmt.

Adrian Ludwig Richter: „Goldene Regel“

Diese beiden Hinweise lassen erahnen, wie schwierig die Vorratshaltung in den vorigen Jahrhunderten insbesondere im Sommer war und wie sehr man darum bemüht war, Lebensmittel noch für den Verzehr zu retten und nicht wegzutun.

Storm, der andere vor dem Biergenuß warnt, ist jedoch bereit, auch gelegentlich ein Bierlokal aufzusuchen. So reist er mit zweien seiner Söhne zum 1. September 1862 nach Hamburg, um sich mit dem Zeichner und Radierer Otto Speckter (1807–1871) und dessen Schwager, dem Theologen und Schriftsteller Carl Heinrich Schleiden (1809–1890), zu treffen. Der in Schleswig-Holstein bei den Eltern weilenden Constanze erzählt er von einer Dampfergondelfahrt auf der Alster, diesem „stillen idyllischen Strom" bis nach Eppendorf, wo man ein „ländliches Frühstück" verzehrt. Nach der Besichtigung des naturhistorischen und zoologischen Museums und der Nikolaikirche und einem Besuch bei den Verwandten seiner Mutter, der Familie Scherff in Altona, werden die Jungen ins Bett geschickt. Und Storm macht zusammen mit Speckter einen Lokalbummel. Einige Tage später, nach Heiligenstadt zurückgekehrt, berichtet er am 3. September 1862 seiner Ehefrau:

„Abends gingen die Jungen zeitig zu Bett, Speckter und ich in ein sehr behagliches Bierlokal, wo wir Schleiden, Martens aus Kiel und andere künstlerische Menschen trafen. Nachdem dieser Ort noch mit einer Weinstube vertauscht war, brachten Speckter und Schleiden mich nach Hause, d. h. 12½ Uhr."

Es ist tröstlich zu lesen, daß der sparsame und vielgeplagte Familienvater Storm sich gelegentlich einen sogenannten „Herrenabend" gönnt und diesen dann offensichtlich auch genießt!

Die Gepflogenheit, bereits kleinen Kindern Bier, insbesondere von diesem leichten hausgemachten Bier, zu geben, hat sich bis in unser Jahrhundert regional an der Nordsee erhalten. So erzählte vor einigen Jahren eine Schulrektorin, daß sie nach dem zweiten Weltkrieg von ihrer Großmutter auf Sylt letztlich „mit Bier großgezogen worden sei"! Auch Theodor Storm hat keine Skrupel, seine beiden Söhne, nämlich Hans, der immerhin schon fünfzehn Jahre, und Karl, der zehn Jahre alt ist, im Herbst 1863 mit Bier bewirten zu lassen! Anfang Oktober 1863 begleiten die beiden Jungen ihre Mutter in dem üblichen Wochenwagen von Heiligenstadt nach Göttingen. Constanze will erneut einige Ferientage in Schleswig-Holstein verleben. Der kleine Karl muß außerdem in Göttingen zum Zahnarzt Dr. Breithaupt, wo ihm eine Wurzel und drei Zähne gezogen und ein paar Plomben eingesetzt werden. Danach begeben sich die Jungen in das Hotel „Zur Krone", das schon früher bei Durchreisen in Göttingen die ständige Unterkunft für Storm und auch seinen Vater war.

Hier werden sie von dem Wirt Bettmann beköstigt. Storm berichtet am 10. Oktober 1863 seiner Frau aus Heiligenstadt vom Zahnarztbesuch und der Bewirtung:

„Karl hat die ganze Prozedur das außerordentlichste Vergnügen bereitet. Das Neue hat für ihn einen Reiz, das ihn auch kleine Schmerzen vergessen macht. Herr Bettmann in der ‚Krone' hatte sich sehr ihrer angenommen, sie noch einmal mit seinem Wagen nach dem Bahnhof mitfahren lassen usw.

Die Unterhaltung des alten originellen Herrn hat beide sehr interessiert, und da sie Kalbsbraten und Lagerbier genossen, so kamen sie ganz wohlkonserviert hier an."

Der Begriff Lagerbier deutet darauf hin, daß es sich um ein Bier handelt, das im Keller auf Lagern hinreichend ausgegoren worden ist. Es ist eines der haltbarsten Biere und ist daher im vorigen Jahrhundert im Auslande „geradezu zum Synonym für Bier überhaupt geworden", wie ein altes Lexikon es wissen läßt.

Obwohl Storm in der Novelle „Im Brauer-Hause" sich gegen das bayrische Bier stellt, das so bitter sei, daß es sich nicht einmal für Biersuppe eigne, hindert ihn dieses jedoch nicht, es selbst zu genießen. Am 4. Mai 1868 schreibt er aus Husum an seinen Sohn Hans, der noch in Berlin studiert, daß man Pfingsten, als ein Lübecker Schulfreund Storms, der Obergerichtsadvokat Wilhelm Becker (1818–1884) nebst Frau aus Oldenburg/O. zu Besuch gewesen sei, in das Ausflugslokal Deertz' Garten gegangen sei:

„... am 2. Pfingsttag waren wir mit den Frauen und Ernst, Karl und Lisbeth vormittags in Deertz' Garten, genossen dort mitgenommenes Butterbrot und bayrisch Bier."

„Deertz' Garten" hieß offiziell „Garten-Etablissement Friedrichsberg". Um 1860 legte der frühere Weber und spätere Gärtner Deetz aus der Husumer Süderstraße an der Kreuzung Flensburger und Schleswiger Chaussee in einem halb verwilderten Garten, in der eine alte Kate der Spöken-Kiekerin „Fieken Eerns" stand, dieses Alt-Husumer Lokal an. Da Deertz ein passionierter Gartenfreund und -fachmann war, entstand hier bald ein idyllischer Kaffeegarten, der zum großen Anziehungspunkt für die Husumer wurde. Neben dem Garten befand sich eine alte Mühle. Deertz erbaute ein Wirtshaus mit einem trichterförmigen Tanzsaal. Den Namen „Friedrichsberg" hatte das Lokal nach dem dänischen König Friedrich, der als Kronprinz einmal hier zu Gast war. In dem Führer „Alt-Husumer Bilderbuch" von 1939 beschreibt Felix Schmeißer das Lokal:

„Und für die Jugend Käfige mit ‚seltenen Tieren', wie Eichhörnchen und dergleichen, Eiersuchen und dergl., für die ‚reifere Jugend' – allsonntägliches Konzert und Tanz und für die Aelteren Kaffeetafel und Bierbank, Gartenbau und Geflügelausstellung!"

Bier wird aus Gerste, Hopfen und Wasser bereitet. Bereits die Ägypter kannten schon vor 800 Jahren v. Chr. einen Gerstentrank, der jedoch noch nicht mit Hopfen zubereitet wurde. Erst um 1079 wird der Hopfen ausdrücklich als Bierzutat erwähnt, 1240 erscheint der Hopfen als Handels- und Ausfuhrartikel.

Daß Bier ein ausgesprochenes Getränk für eine allgemeine Geselligkeit ist, diese These unterminiert Theodor Storm durch seine zahlreichen familiären literarischen Teestunden. Den-

noch verschmäht Storm, wie auch andernorts, in seinem Heiligenstädter Singkreise nicht unbedingt gelegentlich ein Glas Bier, denn er schreibt am 4. Mai 1859 an die Eltern:

„. . . alle Montag ist dann Singkränzchen . . . Nach einer (allerdings verrückten) Beliebung der Gesellschaft, darf nur Tee und ein (derber) Teekuchen, resp. ein Glas Bier für die Herren gegeben werden."

Als Theodor Storm im Sommer 1887 von Hademarschen aus seinen Sohn in Osterhusum besucht, der sich in diesem Jahre als Rechtsanwalt in Husum niedergelassen hat, berichtet er Ehefrau Doris von dem ersten Abend im Hause seines Sohnes, wobei er, offenbar auch mit Genuß, Husumer Bier trinkt:

„Husum, 31 Juli 87 . . . Gestern Abend saßen wir alle – auch Ferdinand (wohl Ferdinand Tönnies – Anm. d. Verf.) war nach Tisch gekommen – bis 1/2 11 Uhr in der wunderbaren Nacht vor der Thür u. tranken Husumer Gutbier."

Und auch das bayrische Pschorr-Bier verachtet er nicht, sondern besorgt es extra für eine Feier, nämlich die seines siebzigsten Geburtstages. So meldet er am 17. August 1887 von der Insel Sylt, wohin er sich, zusammen mit Tochter Lucie, für einige Tage zur Erholung begeben hat, in Vorbereitung auf das Fest an Doris:

„Von dem schönen Moselwein habe ich noch 12 Flaschen bestellt, dann haben wir 24 Fl. u 8 Fl. Graves, der ebensogut in die Bowle kann, macht 32 Fl. Mehr gebrauchen wir nicht; es wird ja keine Nacht-Kneiperei, sondern nur etwa 8 1/2 oder 9 U. Abends bis 11 oder 11 1/2 Uhr. Das ist tausend genug, zumal, wenn auch noch Pschor[r]bier hinzukommt."

Klingt es noch bescheiden, wenn er Ehefrau Dorothea gegenüber erklärt, daß man gar nicht so viele Getränke für den 70. Geburtstag benötige, so ist er dem Freund Petersen gegenüber einen Monat später recht realistisch. Denn tatsächlich waren unzählige Gäste zu erwarten, und letztlich feierte der ganze Ort Hademarschen mit und freute sich zuvor auf den Ehrentag des Dichters:

„Hademarschen, 11. September 87. Sie hoffen, nur auf einige Stunden zu kommen! Also nur etwa zum Diner, das man mir gibt? Und abends 8 Uhr beginnt erst das Fest unsers Hauses. Gartenerleuchtung durch 60 Erfurter Papierlaternen, Kinderzug von 100–150 Kindern mit allerlei Beleuchtung; voraussichtlich ziehen wir mit ihnen durchs Dorf; Fackelzug der Feuerwehr, große Illumination, Hamburger, Kieler, Husumer und andre Gäste. Bei uns Champagnerbowle, alter Punsch (Goldtropfen),

Pschorrbier, Münchner Bürgerbräu (100 Liter sind bestellt)."

Das Münchener Pschorrbräu wurde 1820 durch Josef Pschorr (1770–1841) durch Übernahme einer seit 1423 bestehenden Braustätte gegründet. Durch die Auswahl zweier bayrischer Biere – die Storm in der Novelle „Bötjer Basch" ganz allgemein doch als zu „bitter" verunglimpft hat, soll wohl die besondere Festlichkeit dieses Tages hervorgehoben werden. Denn in Schleswig-Holstein wurden doch auch bereits um 1880 und davor schmackhafte Biere mit landesweitem guten Ruf gebraut, wie etwa das heimische Husumer Bier der Brauerei Fuglsang, deren großes Brauereigebäude um 1880 am Schloßgang errichtet wurde und bis 1979 bestand. Die alten Kellergewölbe sind heute in ein gepflegtes Lokal integriert und können noch besichtigt werden.

Ob Storm den kalten Punsch etwa mit „Danziger Goldwasser" veredelt hat, wagt die Verfasserin bei der Bezeichnung „Goldtröpfchen" nicht zu behaupten. Doch sei ein Rezept für „Goldwasser", allerdings für Großabnehmer, angegeben und zwar aus dem Jahre 1869:

GOLDWASSER
(nach Carl Krackhart)

158 gr. (9 Loth) Danziger oder Leipziger Goldwasser-Oel, 44 gr. (2 $1/2$ Loth) Veilchenblüthen-Essenz und 26 gr. (1 $1/2$ Loth) Weinsprit-Essenz löse man auf in 3 $1/2$ Liter (3 Maaß) 90gradigem Sprit. Lasse die Mischung 12–14 Tage lang an warmem Orte, unter öfterem Umschütteln, stehen, gieße sie dann in 80 Liter (75 Maaß) guten Sprit und arbeite nun Alles tüchtig durcheinander. In 13 Liter (12 Maaß) weichem Wasser koche man 28 Kilo (50 Pfund) Zucker mit 26 gr. (1 $1/2$ Loth) Salz auf; gieße diesen flüssigen Zucker zu obiger Mischung hinzu; gieße noch 96 Liter (90 Maaß) Wasser hinzu und rühre Alles mehrmals durcheinander. Zuletzt werden die Goldfunken (zerriebenes Blattgold) zugesetzt.

Sympathischer als Bier waren Storm aber offensichtlich süße Bowlen und Punsche, gleichgültig, ob kalt oder heiß genossen. So übersendet er im Januar 1858 der Ehefrau des Heiligenstädter Rechtsanwalts Schlüter, die Constanze und Theodor Storm zu einem „lucullischen Souper" eingeladen hatte und bei dem Storm verhindert war, ein Gelegenheitsgedicht, über das er seiner Mutter am 31. Januar 1858 berichtet:

„Vor einigen Tagen war Constanze zu einem lucullischen Souper bei Schlüters. Da ich nicht dabei sein konnte, so erhielt ich andern Tags ein ganzes Kistchen reservirter Leckerbissen nebst einem Fläschchen Ananas-Bowle in's Haus geschickt. Ich dankte unserer Freundin und schrieb ihr:

‚Wer arme Brüder gern erquickt,
Und wer Poeten Kuchen schickt,
Wird neben Liebe, Lenz und Wein
Von ihnen stets gefeiert sein. –' "

Wohl erkannte Frau Schlüter die Vorliebe Theodor Storms für alles Süße in der Küche, denn sie antwortete ihm:

„Wer süße Lieder singen kann,
Wer über süßen Versen sann,
Wer – (ja was nun?) –
Wer sich die Süßeste gewann,
Dem wird auch stets das Süße nahn,
Denn Gleiches zieht ja Gleiches an."

Ananas, die Königin der Früchte, von der Experten behaupten, sie vereine die Süße des Honigs mit dem Geschmack der Erdbeere, den Duft des Weins, dem Aroma der Pfirsiche und der Saftigkeit der Melone, ist in Süd- und Zentralamerika zu Hause. In Europa wurden die ersten Früchte gegen Ende des 17. Jahrhunderts in Holland gezogen. Ab 1830 begann man in großen Treibhäusern, insbesondere in Bamberg, Nürnberg, Planitz bei Zwickau, Görlitz, Leipzig und Potsdam mit dem Anbau in großem Stil. „Ananas-Bowle" oder auch „Ananas-Kardinal" waren noch etwas ganz Besonderes, so daß es in dem „Appetitlexikon" aus dem vorigen Jahrhundert heißt:

„Ananasschnitten roh mit Zucker zu einem Glas Rotwein oder Ananas-Bowle mit Champagner sind eine kleine Todsünde wert, wenn man sie durchaus nicht billiger haben kann. Auch für Ananasgelee und Ananasgefrorenes darf man sich ungescheut begeistern, und wer sein Geld in Ananasspalten von Baumer in Perchtoldsdorf anlegt, handelt entschieden gescheiter, als wer es der Coeur-Dame oder dem Pique-Buben opfert."

In den zugänglichen schleswig-holsteinischen Kochbüchern des vorigen Jahrhunderts ist fast kein Rezept für „Ananas-Bowle" zu finden, so daß dieses Getränk in Schleswig und Holstein noch nicht verbreitet war. Daher soll auf eine Rezeptur der Altmeisterin Henriette Davidis zurückgegriffen werden, deren erstes Kochbuch, wie anfangs erwähnt, 1844/45 erschienen und möglicherweise auch der Frau Schlüter bekannt war.

ANANAS-BOWLE
(nach Henriette Davidis)

Eine dünn abgeschälte und in feine Scheiben geschnittene frische Ananas, je nach der Größe der Frucht. 8–12 Flaschen Rhein- oder Moselwein, 1 Flasche Rotwein und nach Geschmack pro Flasche 80 bis 100 Gr. Zucker. Die Scheiben der Ananas bestreue man lagenweise stark mit Zucker, gieße ein Glas Madeira, in dessen Ermangelung Wasser, darüber und stelle sie 24 Stunden zugedeckt hin. Danach lege man sie in eine Bowle und füge Wein und den etwa zurückbehaltenen Zucker hinzu. Auf eingemachte Ananas schütte man 10–12 Stunden vor dem Gebrauch eine Flasche Wein. Die in Blechbüchsen eingemachten aus Havanna herüberkommenden Ananas werden in Scheiben geschnitten und ganz so wie angegeben damit verfahren. Der in der Büchse befindliche Saft wird zur Bowle verwandt.
Anmerk.
Um bei einer Gesellschaft, wo die halbe Frucht hinreichend sein würde, die zweite Hälfte bis zu einer anderen Zeit aufzubewahren oder die Kosten und Mühe zu ersparen, welche oft zur augenblicklichen Beschaffung einer Ananas verwendet werden müssen, wird auf das Einmachen derselben aufmerksam gemacht.

ANANAS EINZUMACHEN
(zur Bowle)

Die Ananas, aus welcher die Krone entfernt, wird in sehr feine Scheiben geschnitten, lagenweise mit geriebener Raffinade in ein zugedecktes Porzellangeschirr gelegt. Der Zucker richtet sich nach dem Wein. Zu einer Ananas von mittelmäßiger Größe kann man 10–12 Flaschen Wein und zu jeder Flasche 70 Gr. Zucker rechnen. Es wird also zu einer Ananas von angegebener Größe etwa 750 Gr. Zucker gebraucht; wird mehr Zucker zum Punsch gewünscht, so kann nach Belieben etwas hinzugefügt werden. Nach Verlauf von 3–6 Tagen wird der Saft 5 Minuten gekocht, 1 Glas Madeira durchgerührt, kochend über die Ananas gegossen und erkaltet in ein Glas gefüllt.

Der Kenner weiß, daß „Ananas-Bowle“ eigentlich nur von frischen Früchten schmeckt, und es ist durchaus nachvollziehbar, daß sich Frau Schlüter von den Ananastreibhäusern aus Potsdam Ananasfrüchte schicken ließ. Auch der „Ananas-Kardinal“ erfreut sich bei Storm großer Beliebtheit. Mit diesem macht Storm bereits im Herbst 1853 in Berlin Bekanntschaft. Nachdem Storm meint, die Herzogtümer Schleswig und Holstein aus politischen Gründen verlassen zu müssen, und sich Bewerbungen für unterschiedlichste juristische Positionen in Gotha, Hannover und Buxtehude zerschlagen haben, bewirbt er sich um eine Anstellung als preußischer Richter.

Am 14. Oktober 1853 erhält er seine Ernennung als unbesoldeter preußischer Assessor und beginnt am Potsdamer Kreisgericht. Im September fährt er der Familie voraus und ist unter anderem auf Wohnungssuche. Seinen Geburtstag am 14. September verlebt er, zusammen mit Theodor Fontane, im Hause des Berliner Kunsthistorikers Franz Kugler (1808–1858), damals vortragender Rat im Kultusministerium. Am darauffolgenden Samstag, den 17. September, wird er zu dem Provinzialschulrat Dr. Karl Bormann (1802–1882) in Berlin eingeladen, der Mitglied der schriftstellerischen Vereinigung „Rütli" ist. Der „Rütli" ist eine Abzweigung des „Tunnels über der Spree", einer im Jahre 1827 gegründeten literarischen Gesellschaft, in der bedeutsame Autoren wie Theodor Fontane, Paul Heyse, Emanuel Geibel, Heinrich Seidel, Felix Dahn und andere Mitglied sind sowie auch zahlreiche nicht literarisch tätige Personen. Zu ihnen gehört auch Dr. Bormann. Alle Sonnabende treffen sich Mitglieder des „Rütli" in Berlin. An diesem Abend hatten Bormanns in ihrer „eleganten Wohnung" zu Tisch gebeten, und Storm berichtet seiner zu diesem Zeitpunkt in Segeberg bei den Eltern weilenden Ehefrau Constanze am Sonntag, den 18. September 1853:

„Gegen 10 Uhr gingen wir zu Tisch, wo denn auch die Frau Rätin mit zwei erwachsenen Töchtern und dito Sohn zum Vorschein kam . . . Nachher aber wurde vortrefflicher Ananas-Kardinal getrunken, dem ich alle Ehre antat. So kamen wir denn wieder um 1 Uhr zu Bett."

„Kardinal" und „Bischof" sind zwei alkoholreiche Getränke, die überwiegend mit Orangen und Pomeranzen zubereitet werden. „Kardinal" wird im Gegensatz zum „Bischof" mit Weißwein hergestellt. Dessen Grundlage ist roter Wein. Ob Storm der Unterschied zwischen „Bowle" und „Kardinal" bzw. „Bischof" so sehr geläufig war, ist zu bezweifeln, da sämtliche Rezeptangaben in den Kochbüchern überwiegend bei beiden Getränken von Pomeranzen oder Orangen ausgehen, nicht jedoch von Ananas oder anderen Früchten. Somit wird vermutlich im Hause des Schulrats eine „Ananas-Bowle" und kein „Ananas-Kardinal" serviert worden sein. Bei dem Getränk kann es sich aber auch um kalten „Ananas-Punsch" gehandelt haben.

Da der Übergang zwischen „Punsch", „Bowle" und „Kardinal" fließend ist – denn selbst „Der Brockhaus" stellt bei „Punsch" nicht auf die Beigabe von Rum oder Arrak ab, was man wohl landläufig als unverzichtbare Voraussetzung für „Punsch" betrachtet – sind die Bezeichnungen „Punsch", „Bowle" oder „Kardinal" letztlich austauschbar. Die Hauptsache ist wohl, daß das Gebräu schmeckt!

ANANAS-PUNSCH
(nach Carl Krackhart)

Zwei nicht zu große Ananas schneidet man in Scheiben, legt sie in eine Terrine, bestreut sie reichlich mit Zucker, etwa mit 700 Gr. ($1^1/_4$ Pfund), läßt sie einige Stunden stehen, gießt hinzu 5 Flaschen guten Rheinwein, nach Belieben auch noch eine Flasche Champagner, rührt das Ganze um und serviert den fertigen Punsch.

KARDINAL
(nach Traugott Hammerl)

Zwei Flaschen Rheinwein, die Schale von zwei Apfelsinen und der Saft von 4 Apfelsinen, sowie gut 375 Gr. Zucker dazu; durchfiltriert, in Eis gegraben. Kurz vor dem Servieren wird $^1/_2$ Flasche Champagner darangegossen.

„Kardinal"-Rezepte sind im übrigen so vielfältig wie andere alkoholische Mischgetränke. Ihre Geschmacksnote ist aber immer mild-weinig bis süß, mit dem Aroma von Apfelsinensaft und -schale.

In Schleswig-Holstein bereitete man „Kardinal" allerdings auch von Himbeeren und Erdbeeren, so daß durchaus die Möglichkeit besteht, daß die Variation mit Ananas allgemein in Berlin als „Kardinal" bezeichnet wurde.

KARDINAL VON HIMBEEREN ODER ERDBEEREN
(nach Johanna Kuß)

Auf einen guten Teller voll Himbeeren rechnet man 2 Flaschen Wein und ungefähr 200 gr. Zucker. Die Himbeeren werden, nachdem sie verlesen und abgewaschen, mit dem Zucker bestreut, man gibt $^1/_4$ Liter Wasser darüber und läßt sie mehrere Stunden zugedeckt stehen, darnach werden 2 Flaschen Wein und 2 Flaschen Selterwasser dazu gegossen. Man kann auch Erdbeeren statt der Himbeeren nehmen.

KARDINAL
(nach Johanna Kuß)

Kardinal bereitet man wie Bischof, nur wird statt rothem weißer Wein genommen. Auch nimmt man wohl statt der Pomeranzen Apfelsinen und gibt von diesen auch den Saft hinzu.

Doch der klassische „Kardinal“ wurde mit Apfelsinen zubereitet. In dem im Jahre 1912 erschienenen Sammelwerk der Mary Hahn „Illustriertes Kochbuch“ ist allerdings auch ein Gemisch von Ananas und Apfelsinen zu finden, das – noch gut monarchistisch – als „Kaiserpunsch“ bezeichnet wird. Vielleicht wurde dieser einst Storm im preußischen Berlin kredenzt!

KAISERPUNSCH
(nach Mary Hahn)

Man läßt in 1 l kochendem Wasser ein fingerlanges Stück geschnittene Vanille und ein eben solches Stück Zimt ausziehen, läßt es erkalten und gießt es durch ein feines Sieb oder Tuch in die Bowlenterrine. 1 kleine Ananas und 4 Apfelsinen schält man, schneidet sie in Scheiben und gibt sie in die Bowle, sowie auch den Saft von 5 Zitronen, 375 Zucker, auf dem man die Schale 1 Zitrone abgerieben hat, 2 Flaschen Rheinwein und 1/2 l Arrak, deckt die Bowle zu und stellt sie auf Eis. Kurz vor dem Anrichten wird 1 Flasche Schaumwein und 1 Flasche Selterwasser dazugegossen.

Ein einziges Rezept aus dem Jahre 1874, also über zwanzig Jahre nach Storms Bewirtung bei Schulrat Dr. Bormann, ist in einem schleswig-holsteinischen Rezeptbuch zu finden, das sich „Cardinal“ nennt und dennoch mit Ananas zubereitet wird. Allerdings gibt man hierzu auch Rotwein, was wiederum eigentlich nur in das Terrinengetränk „Bischof“ gehört:

CARDINAL
(nach Julie Köller)

Entweder bereitet man ihn von Weißwein und Apfelsinen, ebenso wie den Bischof, oder man schält eine mittelgroße Ananas, schneidet sie in dünne Scheiben und läßt diese mit 1 Flasche Rothwein gut verdeckt 1 bis 2 Stunden stehen. Dann löst man $^{1}/_{4}$ Kilogr. Zucker in $^{1}/_{4}$ Liter Wasser auf, mischt denselben unter den Wein und gießt 1 Flasche Champagner dazu. In Flaschen gefüllt wird dieser Cardinal auf Eis gestellt. Man kann statt der Ananas auch Ananas-Extract dazu verwenden.

Beim gedanklichen Nachvollziehen der „Kardinal"-Rezepte stellt sich sofort die Frage, wie denn „Bischof" zubereitet wird.

BISCHOF
(nach Doris Stender)

Zu jeder Flasche Wein reibt man 4 Pomeranzen auf Zucker ab, schneidet sie auf allen Seiten ein und röstet sie. Alsdann legt man sie mit dem Zucker, worauf die Orangen abgerieben, etwas gestoßenem Kaneel, Nelken und Muskatennuß, auch wohl etwas Vanille in eine Terrine, gießt nach Verhältniß rothen Wein darauf, und läßt ihn einige Stunden, während welcher die Orangen öfters ausgedrückt werden, zugedeckt stehen. Hierauf gießt man ihn durch ein feines Sieb oder eine Serviette, und füllt ihn zum Gebrauch auf Flaschen.

GUTER BISCHOF-EXTRAKT
(nach Henriette Davidis)

12 Stück frische grüne Pomeranzen, $^{1}/_{2}$ Liter völlig entfuselter Spiritus.

Die Pomeranzen werden mit einem scharfen feinen Messer so fein als möglich abgeschält, die grünen Schalen alsdann mit dem Spiritus übergossen und bei gelinder Wärme 3 Tage digeriert, wobei das Gefäß mit Blase gut verschlossen und öfters umgeschüttelt werden muß (mit einer Schweinsblase – Anm. d. Verf.). Nach dem Ausziehen wird die Essenz durch Löschpapier (heute Filterpapier – Anm. d. Verf.) filtriert und zum Gebrauch aufbewahrt.
Man nimmt hiervon zu jeder Flasche Rotwein etwa 2 Eßlöffel voll und versüßt sie nach Geschmack mit 100 bis 130 Gr. feinem Zucker.

Auch Storm kennt „Bischof“ als Getränk: In der Novelle „Marthe und ihre Uhr“ beschreibt er die Weihnachtsfeier des Erzählers bei einer mit ihm befreundeten Familie. Hierbei wurde neben dem obligaten Fisch als Getränk „Bischof“ serviert:

„. . . die Kinder waren jubelnd in die lang verschlossene Weihnachtsstube gestürzt; nachher hatten wir die unerläßlichen Karpfen gegessen und Bischof getrunken; nichts von der herkömmlichen Feierlichkeit war versäumt worden.“

BISCHOF VON GRÜNEN POMERANZEN
(nach Luise Keck)

Eine grüne Pomeranze von der Größe einer Walnuß wird fein geschält und die Schale 8 Stunden in guten roten Tischwein gelegt. Die Pomeranze selbst darf nur 2 Stunden darin liegen. Auf 6 Flaschen Rotwein nehme man $^1/_2$ Kilo Zucker. Dieser Bischof von grünen Pomeranzen ist besonders wohltuend für den Magen, auch selbst beim Keuchhusten. Nachdem der zugedeckte Wein die bestimmte Zeit gestanden, wird er filtriert und wieder in die Flaschen gegossen. Will man selbst Bischofextrakt machen, den man Jahre hindurch aufbewahren kann, so nehme man die Schale von einigen grünen Pomeranzen und gieße ein kleines Weinglas voll Alkohol darauf. Dieser Extrakt ist viel besser als der gekaufte und hat die gute Eigenschaft, daß man nie Kopfschmerzen danach bekommt.

BISCHOF
(nach Julie Köller)

2 Flaschen guter Rothwein werden mit 1 Eßlöffel Pommeranzen-Extrakt und dem nöthigen in Wasser aufgelösten Zucker vermischt.

Auch Segebergs Bürgermeister Esmarch schreibt an Constanze am 20. Dezember 1852 hinsichtlich der bevorstehenden Weihnachtstage:

„Hier steht Alles fast beim Alten, die Weihnachtskuchen sind fertig, Pomeranzen u. Karpfen sind in Aussicht . . .“

Der Hinweis auf Pomeranzen spricht dafür, daß es auch bei „Bürgermeisters“ am Weihnachtsabend „Bischof“ zu trinken gibt.

Dieses Getränk wurde, sofern man ein derartig dekoratives Fayencegeschirr erwerben konnte, in der sogenannten Bischofsschüssel serviert, einem bemalten Bowlengefäß, auf dem sich ein mitraförmiger Deckel befindet. Besonders schöne Exemplare, noch aus der Zeit der schleswig-holsteinischen Fayence-Herstellung in Eckernförde oder in Kiel, sind in einigen Museen Deutschlands zu bewundern. Zu diesem Getränk bemerkt Rudolf Harbs in seinem „Appetitlexikon“:

„Bischof, ein vortreffliches Getränk, das nach starken Strapazen, ja selbst nach starken Mahlzeiten vorzügliche Empfehlung verdient. Mäßigkeit ist jedoch, wie immer, so auch beim Genuß dieses herrlichen Getränkes anzuraten. Es gibt verschiedene Arten, den Bischof zu bereiten. Die empfehlenswerteste ist, indem man reife und saftige Orangen in ihrer Schale einschneidet und sie über glühenden Kohlen so lange röstet, bis die Schale schwarz wird, dann legt man sie in einen irdenen glasierten Topf, übergießt sie gleich mit gutem Rotwein, setzt Zucker zu, auch ein Stück geröstetes Brot, etwas Muskat und Zimt, deckt das Gefäß zu und läßt es einige Stunden stehen, am besten in heißer Asche, wobei man die Orangen mehrmals ausdrückt. Dann seiht man den Wein durch ein Tuch und serviert das Getränk gewöhnlich warm, zuweilen aber auch auf Eis.

Cardinal ist Bischof in Weiß, d. h., er wird auf ganz dieselbe Weise aus Weißwein wie jener aus Rotwein bereitet.“

FEINER BISCHOF
(nach Henriette Davidis)

Zu einer Flasche Rotwein die möglichst fein abgeschälte Schale von einer kleinen grünen Pomeranze und 100 Gr. Zucker. Die Schale muß nach 10 Minuten entfernt werden.

Bei Theodor Storm wird auch häufig ein Glas Punsch kredenzt.

„Punsch“, ursprünglich bestehend aus Fruchtsirup, Orangensaft, Rum und Eis, in unterschiedlichen Variationen, war im 18. und 19. Jahrhundert ein beliebtes Getränk an der Westküste.

In der Novelle „Der Schimmelreiter“ läßt Storm in der Rahmenhandlung in einem Krug am Deich ein Dutzend Männer an einem Tisch sitzen:

„. . . eine Punschbowle stand darauf, und ein besonders stattlicher Mann schien die Herrschaft über sie zu führen.“

Nach der Definition von Karl Ernst Laage im Stellenkommentar zum „Schimmelreiter“, in der Storm-Gesamtausgabe, Band 3, besteht eine Punschbowle, deren Bezeichnung aus dem Englischen Bowl (= Terrine) stammt, aus Rum oder Arrak, Wein, Wasser und Zucker, die meist heiß getrunken wird.

PUNSCH
(nach Johanna Kuß)

1 Flasche Rothwein, 1 1/4 Flasche Weißwein, 1/4 Flasche Rum und 375 gr. Zucker werden mit einander fast zum Kochen gebracht, dann abgenommen und vermittelst eines Fidibus von weißem Papier zum Abbrennen angezündet. Man gibt beliebig kochendes Wasser hinzu.
Oder:
Man gebe 1 Flasche Rum oder Arrac in eine Bowle und 500–750 gr. Zucker, sowie Saft und Schale von 4 Citronen dazu, die Schale sehr fein geschält, dann kann man ungefähr 3 Liter kochendes Wasser dazu gießen.

FRISCH ZUBEREITETER PUNSCH
(nach Carl Krackhart)

560 gr. (1 Pfund) Zucker läßt man mit 1 Liter (1 Maaß) Wasser einmal aufkochen, schäumt ihn ab, gießt hinzu: den Saft von 2 Citronen, 1/2 Liter (1/2 Maaß) Rum oder Arac und 1/4 Liter (1 Schoppen) Wein, läßt den fertigen Punsch etwas ziehen und servirt ihn heiß. Auch kann man Thee-Absud zusetzen.

PUNSCH
(nach Theodor Storm)

3 Flaschen Graves (weißer oder roter Bordeaux-Wein aus der Gironde – Anm. d. Verf.), (wo möglich von „Werners Nachfolger in Husum"; Sie bekommen sonst ganz andern Wein; eventl. cote d'or von Struve hier) (wohl eine Weinhandlung in Hanerau-Hademarschen – Anm. d. Verf.) 1 Flasche Madeira, $1/2$ Flasche Arrack, 1 Pfund Zucker, nur etwa 1 Tasse Wasser zum Auflösen des Zuckers; dann nur aufkochen lassen. Kalt oder heiß getrunken, schmeckt's am besten, wenn der Punsch wenigstens 8 Tage vorher gemacht und in Flaschen hingelegt ist.
Proficiat! (Er möge vollendet sein! Er möge zustande kommen! – Anm. d. Verf.)

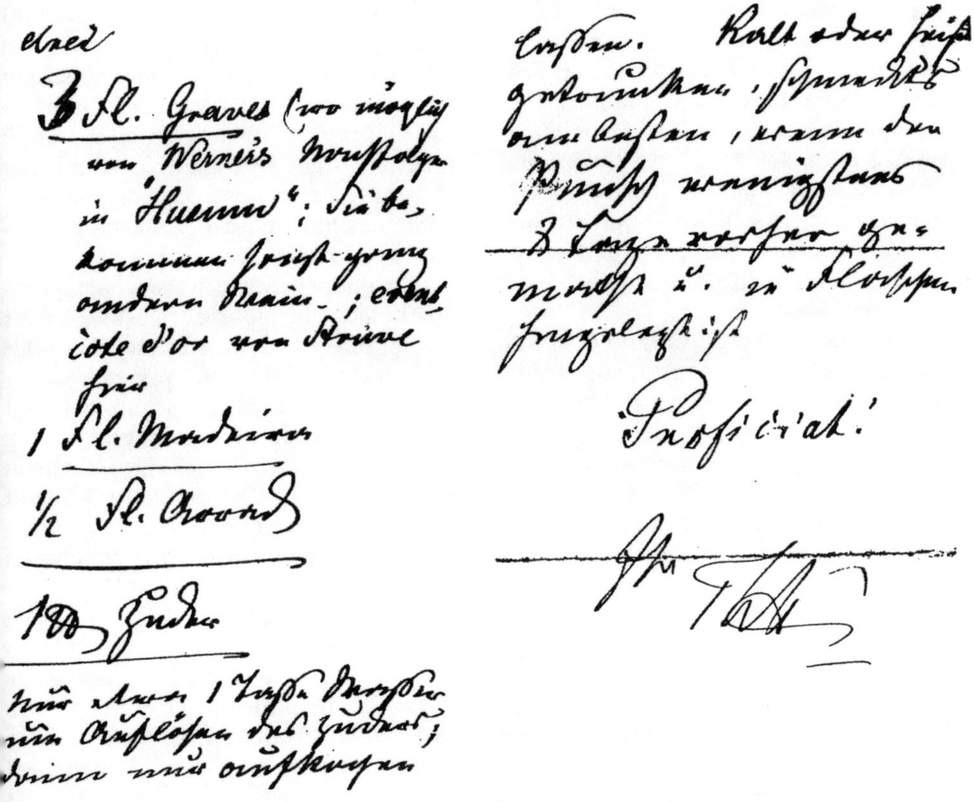

Ein schönes Punschgefäß aus dem Nachlaß des Dichters besitzt das Storm-Haus. Es ist ein braunglasiertes, geschwungenes Steinzeuggefäß, mit zwei Griffen und einem hellen Deckel, dessen oberer Teil unter dem Knauf mit Blattornamenten verziert ist. Es wurde bei Storms „Römischen Abenden" kredenzt und ging später in den Besitz der Familie Ernst Storms über. (Eine Abbildung davon befindet sich auf dem Schutzumschlag dieses Buches.) Der Lieblingspunsch Theodor Storms war ein Getränk, das er, wie Tochter Gertrud schreibt, „kurzweg Landvogt genannt hat". Es ist das weihnachtliche Festgetränk. Storm übersandte in seiner Hademarschener Zeit dem Hanerauer Leiter der dortigen Privatschule, Dr. Johannes Mannhardt (1840–1909), ein Punschrezept. Wir können nur hoffen, daß es sich hierbei um den von ihm persönlich kreierten „Landvogt" gehandelt hat!

Punschgetränke durchziehen in verschiedenen Variationen Storms Briefe und sein Novellenwerk.

Punsch war ursprünglich ein ostindisches Warmgetränk, das aus Wasser, Tee, Arrak, Zucker und Limone bestand. Es kam mit englischen Seeleuten seit Ausgang des 17. Jahrhunderts in die Hafenstädte der Nordsee und des Kanals und fand im Binnenland nach dem siebenjährigen Krieg Eingang. Insbesondere in Norddeutschland erfreute sich Punsch alsbald im letzten Drittel des 18. Jahrhunderts einer großen Beliebtheit, so daß man die bis dahin bekannten Tee- und Warmbier-Abende durch „Punschiaden" (Punsch-Kränzchen) ersetzte. Aus dieser Zeit stammt auch die Sitte des Silvester-Punsches. Besonders „Königs-Punsch", von Storm „Kings-Punsch" genannt, und „Römischer Punsch" waren sehr beliebt.

Ein abschreckendes Beispiel von der Auswirkung des ständigen Punschgenusses vermittelt uns Storm, trotz seiner offensichtlichen persönlichen Vorliebe für dieses belebende Getränk, in der Novelle „Der Herr Etatsrat". Er schildert, wie dieser Wasserbau-Beamte in seinem Gartensaal vor einem altarähnlichen Schrank an einer Glasharmonika sitzt und unentwegt aus einer silbernen getriebenen Punschbowle ein dampfendes Gebräu zu sich nimmt und später, in einem fortgeschrittenen Zustand der Alkoholisierung, von seinem Sohn Archimedes und seinem Diener Käfer ins Bett gebracht werden muß:

„Drinnen im Saale, wenn vom Garten aus kein Licht mehr durch die Fenster drang, brannte dann zu jeder Seite des Altars eine Kerze auf hohem Silberleuchter; die mächtige Schale war mit dampfendem Trank gefüllt, und je nach Beendigung eines Liedes, mitunter auch einer Strophe, faßte der Herr Etatsrat sie bei den silbernen Ohren und ließ einen breiten Strom über seine dehnbaren Lippen fließen . . .

Wenn die Bowle auf die Neige ging, begann der heiße Trank den Herrn Etatsrat allgemach zu drangsalieren; der Lauscher draußen sah es deutlich, wie unter dem schwarzen Borstenhaar der dicke Kopf gleich einer Feuerkugel glühte.

Dann riß der Herr Etatsrat an seinem

Adrian L. Richter: „Guter Burgunder“

Halstuch, daß ihm die Augen aus den Höhlen quollen und der teilnehmende Rotgießermeister (ein beobachtender Nachbar, der als Handwerker Messing bearbeitete – Anm. d. Verf.) erst wieder aufatmete, wenn endlich das Tuch mit zorniger Gebärde fortgeschleudert wurde. Diesem folgte alsbald unter mühseliger und gefahrvoller Häutung noch das eine oder andere Gewandstück, bis er zuletzt in greuelvoller Unbekleidung dasaß.

Aber nicht jedesmal gelang ihm dies in gleicher Weise; mitunter – und das war eben das Hauptstück für den vergnüglichen Zuschauer – erscholl um solche Zeit aus dem Saale ein dumpfer Fall, und abgerissene, elementare Laute, einem Windstoß in der Esse nicht unähnlich, drangen in die Nacht hinaus. Wenn dann nach einer Weile die Hausgenossenschaft zusammenstürzte, rannten die Mägde wohl mit Geschrei im selben Augenblicke wieder fort; denn auf dem Fußboden neben seinem Altar lag der Herr Etatsrat gleich einem ungeheuren Roßkäfer auf dem Rücken und arbeitete mit seinen kurzen Beinen ganz vergebens in der Luft umher, bis Herr Käfer, das allmählich immer unentbehrlicher gewordene Faktotum, und der einzige Sohn des Hauses den Verunglückten mit geübter Kunst wieder aufgerichtet hatten und in seinem Kabinett zur Ruhe brachten.“

Der Erstdruck dieser Novelle erfolgte 1881. Man sollte meinen, Franz Kafka habe sich später in seiner Novelle „Die Verwandlung“ von dem roßkäferartigen Etatsrat inspirieren lassen!

PUNSCH
(nach Doris Stender)

Man giebt den Saft von 3 Citronen in eine Terrine mit anderthalb Flaschen kochenden Wassers, einem halben Pfund Zucker, einer halben Flasche Rothwein und einer halben Flasche Rum.

KALTER PUNSCH
(nach Doris Stender)

Zu 1 Flasche Rum oder Arack giebt man 1 Flasche Wasser, 1 Flasche Rothwein, den Saft von 8 Citronen und 1 Pfd. Zucker.

Trotz dieses so abschreckenden Beispieles, das er selbst sehr plastisch ausgemalt hat, läßt Storm es sich nicht verdrießen, immer wieder heißen und kalten Punsch verschiedener Variationen zu genießen. So besucht er im August 1863 mit seiner Mutter, deren langjähriger Gesellschafterin Tine Jensen sowie Constanzes Schwester Sophie Esmarch die Tante Magdalene Stuhr geb. Woldsen (1791–1865), eine Schwester seiner Mutter, sowie deren Sohn Fritz (1813–1880) in Friedrichstadt. Auch Bruder Aemil (1833–1897) und dessen Ehefrau Charlotte, geb. Esmarch (1834–1910), gesellen sich dazu. Man trinkt Tee im Garten, plaudert im Lusthause und die drei jüngeren Frauen plündern die Stachelbeerbüsche. Zu Abend wird im Hause gegessen. Storm teilt nun seiner in Heiligenstadt zurückgebliebenen Ehefrau mit:

„Fritz tischte feinen Rotwein auf und hatte außerdem noch kalten Punsch gemacht. Da er sich eben die Reuterschen Gedichte (Gedichte von Fritz Reuter, 1810–1874, – Anm. d. Verf.) hatte kommen lassen, so lasen Emil und ich wechselweise daraus vor, was dann die heiterste Stimmung gab. Um 10 Uhr etwa fuhren wir bei schönstem Mondenschein nach Hause.“

Kalter Punsch wie Storm ihn hier beschreibt, ist in schleswig-holsteinischen alten Kochbüchern fast gar nicht zu finden.

Doch in den Kochbüchern der benachbarten Regionen ist das Getränk nachzulesen.

KALTER SILVESTERPUNSCH
(nach Mary Hahn)

Man setzt diesen Punsch, der recht kalt serviert werden muß, schon am Morgen an. In ein Tee-Ei gibt man 1 Eßlöffel guten schwarzen Tee, hängt es in die Teekanne, gießt $^1/_2$ l kochendes Wasser darüber und läßt ihn 3 Min. ziehen. Dann gießt man den Tee in eine Terrine und deckt sie zu. 700 g Zucker wird mit $^1/_4$ l Wasser aufgelöst, aufgekocht, geschäumt, $^1/_2$ Stange Vanille und die Schale $^1/_2$ Zitrone hinzugefügt und an der Seite (neben dem Feuerloch auf dem Herd – Anm. d. Verf.) 1 Std. ziehen gelassen. Dann gießt man den Zucker durch ein Tuch zu dem Tee, fügt 1 Flasche Rotwein, 1 Flasche Rheinwein, $^1/_2$ Flasche Madeira, $^1/_4$ Flasche abgebrannten Rum, den Saft von 2 Apfelsinen und 2 Eßlöffel Ananasextrakt hinzu und läßt die Bowle gut zugedeckt kalt stehen.
Beim Anrichten kann man noch 1 Glas Maraschino hinzufügen.
(Bei dem „Ananasextrakt“ handelt es sich allerdings um eine „Ananasessenz“, die zwar das ganze Aroma der Frucht wiedergab, aber aus einer Lösung von reiner Buttersäure in 8–10 Gewichtsanteilen reinen Alkohols bestand – Anm. d. Verf.)

KALTE ARRAK-BOWLE FÜR HERREN
(nach Frieda Ritzerow)

1 Flasche feiner Arrak wird über 250 Gr. Zucker, auf welchem die Schale von höchstens $^{1}/_{4}$ Citrone leicht abgerieben worden, so lange unter fortgesetztem Rühren abgebrannt, bis der Zucker gelöst ist. Dann gießt man 3 Flaschen Sauternes und 2 Flaschen Rhein- oder Moselwein dazu, läßt dies zusammen eben einmal aufkochen und stellt es zum Abkühlen hin, wenn möglich auf Eis. Kurz vor dem Einfüllen in Gläser gibt man noch 1 Flasche Champagner daran.

KALTER PUNSCH
(nach Carl Krackhart)

Von 2 Citronen und 1 Apfelsine rührt man das Gelbe auf Zucker ab, schabt dasselbe in eine Bowle, preßt hinzu: den Saft von 4 Citronen und 2 Apfelsinen, schlägt 1 Kilo 120 Gr. (2 Pfund) Zucker in kleine Stücke, wirft diese gleichfalls in die Bowle, preßt hinzu: 3 Flaschen Rothwein, 1 Flasche guten Weißwein und 1 Flasche Arac oder Rum, rührt Alles durcheinander, bis der Zucker sich aufgelöst hat, und läßt die Bowle eine Stunde stehen, bevor man sie servirt.
Den Zucker kann man auch mit $^{3}/_{8}$ Liter (1 $^{1}/_{2}$ Schoppen) Wasser aufkochen. Er muß jedoch wieder erkaltet sein, bevor man ihn eingießt.

KIRSCHLIQUEUR
(nach Doris Stender)

Man nimmt 2 Kannen Franzbranntwein, 2 Pfd. Zucker, 8 Pfd. Kirschen, welche mit den Steinen gestoßen werden, 4 Tassen voll schwarzer Johannisbeeren, 1 Loth Kaneel, 1 Loth Nelken, füllt Alles in Flaschen, läßt es 24 Stunden destilliren, und schüttelt es täglich einige Male um (1 Kanne = ca. 2–2$^{1}/_{4}$ l – Anm. d. Verf.).

KIRSCHLIKÖR
(nach Luise Keck)

Auf 10 Liter Kornbranntwein nimmt man 1 Teller voll ausgesteinter saurer Kirschen wie auch die zermalmten Steine, 20 Stück Gewürznelken, 30 Gramm Kaneel in Stücken und etwas Ingwer. Diese Masse läßt man 8 Tage stehen, gießt sie dann durch ein Tuch und nimmt Zucker nach Belieben daran.

Daß man Bowlen damals geschmacklich mit Maraschino, einem in Dalmatien aus der Maraskakirsche hergestellten Likör, verfeinerte, wußte auch Storm.

In der Erzählung „Am Kamin“ heißt es:

„Da erscheint der Trank, bei dem der selige Hoffmann seine Serapionsgeschichten erzählte (E. T. A. Hoffmann 1776–1822, „Die Serapionsbrüder“, 4 Bände, 1819 – Anm. d. Verf.) – Setzen Sie die Bowle vor den Kamin, Martin! – Es ist auch eine halbe Flasche Marasquino dazu, alter Herr!“

Eine halbe Flasche süßen Marasquinolikörs auf eine Bowlenfüllung erscheint allerdings heute geschmacklich viel zu süß und außerdem recht unbekömmlich!

Ein weiteres Getränk entwickelt sich am Lebensabend Storms fast zu seinem Hausgetränk: Das ist „nordischer Punsch“, was auch immer darunter zu verstehen ist!

Der Begriff des „nordischen Punsch“ durchzieht immer wieder Storms Alters-Briefe. So schreibt er beispielsweise in einem Brief vom 1. März 1882 an den jungen Germanisten Erich Schmidt (1853–1913), den späteren Entdecker der Handschrift des „Ur-Faust“, den er seinerzeit anläßlich eines Aufenthaltes in Würzburg, wo Storm seinen Sohn Hans besuchte, kennengelernt hatte. Storm schildert ein geselliges Beisammensein in Hademarschen bei Pastor August Treplin (1840–1917), wo man sich alle 14 Tage zu dem sogenannten „großen“ Klub trifft:

„Hademarschen-Hanerau, 1 März 82 ... und dann gingen wir alle zu Pastor's in den ‚großen‘ (wir haben auch einen ‚kleinen‘) Klubb, und bei einem guten Glase nordischem Punsch und unter einem Rudel frischer junger Mädchen, die theils das Mannhardtsche Institut in Hanerau (die Privatschule in Hanerau, geleitet von Dr. Johannes Mannhardt, – Anm. d. Verf. –), theils die eigenen Häuser geliefert, schwamm ich denn wieder ganz lustig in der Gegenwart."

Seinem Dichterkollegen, dem Münchener Paul Heyse, erklärt er am 7. Dezember 1881 bedauernd, daß er ihm, als Heyse ihn zu seinem Geburtstag am 14. September 1881 in Hademarschen besucht hatte, nichts handfestes Alkoholisches angeboten habe:

„Weißt Du, was mich noch ärgert – daß ich damals an meinem Geburtstag, ich glaube aus verdammenswerter Bequemlichkeit (ich hatte ja an Dir genug), nicht unsern trefflichen nordischen Punsch bereitet hatte, der in der Tat – mir viel erprobt – das reine Zauberglor für die Dinge dieser Erde ist.“

Ob Storm hiermit seinen eigenen Punsch „Landvogt“ meint und ob es sich hierbei um das Rezept handelt, das er an Dr. Mannhardt übermittelt hat, ist leider nicht zu erkennen.

Silvester gibt es bei Storms in Hademarschen nicht mehr „Bischof“, wie früher, sondern „Silvester-Punsch“, was auch immer darunter zu verstehen ist. So schreibt er aus dem Husumer Schloß, wo er wieder einmal besuchsweise bei Graf zu Reventlow weilt, am 9. Januar 1883 an Paul Heyse:

„Zum Sylvesterabend-Punsch und zum Neujahrstag hatten wir den lieben Erich Schmidt bei uns.“

Etwas sehr Exquisites ist Storm bereits als Student im Herbst 1841 in Kiel angeboten worden. In einer wunderbaren Mondnacht besuchte er mit dem später bekannten Historiker Theodor Mommsen (1817–1903) und anderen Kommilitonen, sowie einigen jungen Damen, ein skandinavisches Segelschiff, um dort schwedischen Mädchen zu huldigen. Man bot den Studenten „Kings-Punsch“ an, zu deutsch „Königs-Punsch“, der im Lande regional unterschiedlich hergestellt wurde:

KÖNIGSPUNSCH
(nach Doris Stender)

Von 12 Apfelsinen reibt man die Schale auf Zucker ab, drückt den Saft auf den Zucker und giebt noch den Saft von 4 Citronen, 3 Flaschen Champagner und 1 Flasche Arack hinzu. Darauf gießt man den Punsch durch ein Haartuch und trinkt ihn kalt.

KÖNIGS-PUNSCH
(nach Julie Köller)

Zu 3/4 Kilogr. (1 1/2 Pfd.) Zucker giebt man den Saft von 2 Citronen und 2 Apfelsinen, ferner 1/4 Liter klaren starken Thee, 1/4 Liter Rothwein und eben so viel Rheinwein, 1 Flasche Champagner und 1/2 Flasche Arac. In Flaschen gefüllt wird er recht kalt serviert.

KÖNIGS-PUNSCH
(nach Carl Gruber)

Bestand: 1 Kilo Würfelzucker, 1 Flasche Johannisberger, 1 Flasche Sekt, 1 Flasche Rotwein, 1/2 Flasche Arrak, 1 Weinglas Maraschino, 5 Zitronen, 4 Orangen, 1 Ananas.

Der Saft der Früchte und der Zucker werden in einer Schüssel zusammen vermischt, die Ananasschale auf Zucker abgerieben, 1/4 Liter Wasser auf den Zucker gegossen, dann die Weine beigegeben.
Bemerkung: Da die Serviergläser in Form und Größe sehr differieren, ist es nicht möglich, vorstehende Quantumsangaben auf ihre Ausgiebigkeit hin fixieren zu können. Man kann ungefähr 4 Liter Flüssigkeit für 14–16 Gläser normaler Grösse rechnen.

KINGS-PUNSCH
(nach Frieda Ritzerow)

Man thut 250 Gr. feinen Zucker, am besten aufgelösten weißen Candies, in eine Bowle, gießt nach einander 3 Flaschen Mosel- und 2 Flaschen Rheinwein (Pisporter- und Markobrunner) und, nachdem aller Zucker gut darin aufgelöst ist, eine Flasche Champagner hinzu. – Die Bowle wird noch feiner, wenn man auf den obigen Wein noch 1/4 Flasche Burgunder daran giebt; billiger aber doch wohlschmeckend kann man sie herstellen, wenn man statt Mosel- und Rheinwein französischen Weißwein und Mosel (Sauternes und Pisporter) nimmt.

Alljährlich besucht Storm wie gesagt Landrat Reventlow zu dessen Geburtstag am 6. Januar und verbleibt dann auch noch einige Tage bei seinem Bruder Aemil in Husum. So auch im Jahre 1884, und er teilt am 4. Februar dieses Jahres dem Freund Heyse mit:

„... meine Frau, Dodo und ich waren

Kaffee-Service für römischen Punsch

16 Tage in Husum vom 5. Januar an, wie alle Jahr; halb bei Reventlows, halb bei meinem ärztlichen Bruder. Ich habe viel Fasanen, Puter und Haselhühner dort verspeist, Yquem und römischen Punsch (zu heißer Suppe eine große Erfindung) dort getrunken etc., bin aber doch heil wieder nach Hause gekommen ..."

Ob es diese Köstlichkeiten sowohl bei den Reventlows auf dem Schloß vor Husum, wie auch bei Bruder Aemil in der Süderstraße oder nur bei einer der gastgebenden Familien gab, ist nicht klar formuliert. Die Verfasserin neigt aber dazu, die exquisite Beköstigung Graf Reventlow zuzuschreiben, der als preußischer Landrat möglicherweise mehr gesellschaftliche Verpflichtungen hatte als ein niedergelassener praktischer Arzt und daher auch in der Auswahl der Speisen und Getränke zu repräsentieren hatte.

„Römischer Punsch" oder „Punsch romain" ist ein angefrorenes alkoholisches erfrischendes Getränk. Liest man die Zusammensetzung und Zubereitung, leuchtet es ein, daß es etwas ganz Besonderes war, was der Landrat seinen Gästen servierte.

In mehreren Kochbüchern waren Zubereitungsarten zu finden:

PUNSCH ROMAIN FÜR 6–8 PERSONEN
(nach H. Behnke)

Zutaten: 3–4 Zitronen, 1/16 Ltr. Rum, 1/4 Pfd. Zucker, 1 Flasche Sauerbrunnen (einfaches kohlensaures Wasser, z. B. Apollinaris – Anm. d. Verf.), 1 Flasche Sekt, 3 Eiweiß.

Man gibt ihn hauptsächlich beim Diner vor oder nach dem Gemüsegang oder nach der Suppe. Den Saft von 3–4 Zitronen gießt man durch ein Sieb; gibt dann 1/16 Ltr. Rum, 1/4 Pfd. Zucker, 1 Flasche Sauerbrunnen, 1 Flasche Sekt und den festen Schnee von 3 Eiweiß dazu und bringt das Ganze in der Eismaschine unter raschem Drehen in 40–50 Minuten ins Frieren. Man serviert Punsch romain in Gläsern, am besten mit Strohhalmen.

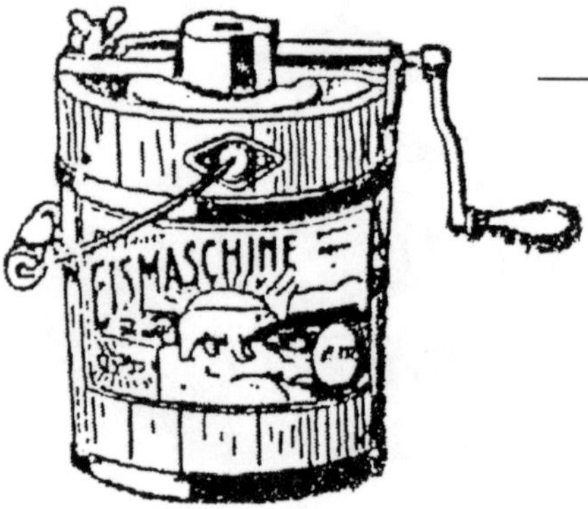

Die Eiszubereitung auch für ein derartiges Getränk war eine aufregende Angelegenheit, um die man sich auf dem Schloß vor Husum gewiß sehr bemüht hat:

EIS ZUBEREITEN, ALLGEMEINE REGELN
(nach Henriette Davidis)

Gerätschaften und Bereitungsweise

Die Gerätschaften dazu sind: 1 Eimer und 1 Büchse von Zinn oder Blech, die ganz fest verschlossen werden kann, zugleich darf das Eis nicht fehlen, welches man so fein zerschlagen muß, daß die Stückchen nicht größer sind, als kleine Haselnüsse. Zuerst schüttet man eine Hand hoch Eis in den Eimer und paar Handvoll Salz darüber; dann setzt man die mit Creme (in diesem Fall mit dem Getränk – Anm. d. Verf.) gefüllte Büchse, fest zugemacht, hinein, legt an den Seiten rund herum eine Lage Eis, streut eine Handvoll Salz darüber, stellt die Büchse fest und fährt mit dem Eis- und dem Salzstreuen so fort. Die Büchse und das Eis müssen mit der Höhe des Eimers gleichstehen. Dann streut man noch eine Handvoll Salz darüber. Ohne Salz kann kein Gefrornes gemacht werden; je mehr man davon nimmt, desto schneller ist man fertig. So läßt man die Büchse $^1/_4$ Stunde im Eise stehen, dreht sie am Henkel einigemal herum, ohne sie zu heben, nimmt den Deckel behutsam ab, rührt mit einem dazu geschnittenen glatten Spaten die Masse durch und macht das, was sich am Boden und an den Seiten angesetzt hat, los, während man mit der anderen Hand die Büchse immer so schnell als möglich im Kreise um den Spaten dreht; doch muß man ja vorsichtig dabei sein, daß kein Eis in die Büchse falle. Ist nun die Masse gut gerührt, so macht man die Büchse wieder fest zu und läßt sie nochmals $^1/_4$ Stunde ruhig stehen, fängt dann wieder an zu rühren, alles Eisige abzustoßen und mit der Masse zu vereinigen, indem die Büchse immer bewegt werden muß. So fährt man fort, bis die Masse dick geschmeidig wird und sich wie dicke Sahne rühren läßt. Wenn dieselbe zu schnell gefrieren sollte, muß man sie mit Gewalt losstoßen und zerrühren, jedoch ohne die Büchse zu heben und langsamer drehen. Wird das Gefrorne zu früh fertig, gießt man $1^1/_8$ Liter kaltes Wasser auf das Eis, damit das in der Büchse Befindliche nicht nachfriere und eisig werde, deckt den Eimer mit einem Tuch zu und läßt die Büchse bis zum Anrichten darin stehen. Dann füllt man das Gefrorne in Gläser und gibt es zum Dessert.

EIS-PUNSCH
(nach Henriette Davidis)

1 Pfd. Zucker, 1 Zitrone darauf abgerieben, mit ein wenig Wasser aufs Feuer gesetzt, den Saft von 2 Zitronen hinzugefügt, wenn es kocht, gut abgeschäumt. Erkaltet, gibt man den Saft von 6 Apfelsinen dazu. Man gießt dies in eine Gefrierbüchse. Nachdem es ziemlich steif gefroren ist, fügt man nach und nach 1 Flasche Champagner, 1 Weinglas voll Arrak und $^1/_2$ Glas Jamaika-Rum hinzu.

EIS-PUNSCH, VORZÜGLICH
(nach Luise Keck)

1 Flasche Champagner, 1 Flasche Rheinwein, 1 Flasche Madeira, von 4 Apfelsinen der Saft, von 2 Pomeranzen die Schale und 1 Kilo geläuterter Zucker werden zusammengegossen und bleiben zugedeckt $^1/_2$ Stunde stehen. Dann wird das Ganze durchgegossen und in die Gefrierbüchse getan.

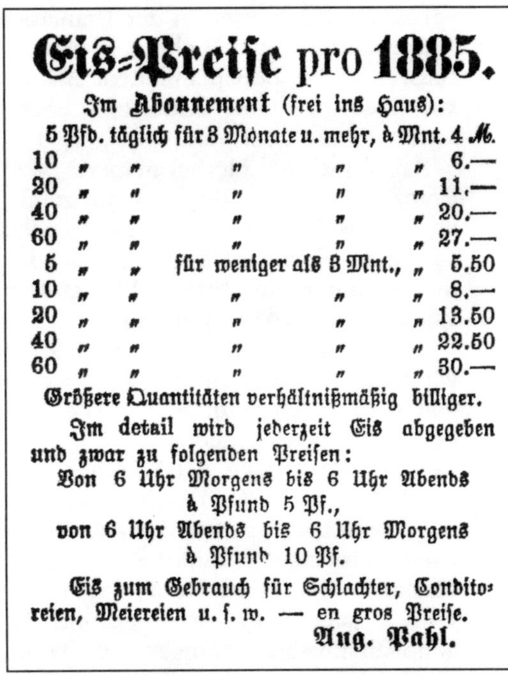
Eis-Preise pro 1885.

Im Abonnement (frei ins Haus):

5	Pfd.	täglich	für 3 Monate u. mehr,	à Mnt.	4	ℳ.
10	"	"	"	"	"	6.—
20	"	"	"	"	"	11.—
40	"	"	"	"	"	20.—
60	"	"	"	"	"	27.—
5	"	"	für weniger als 3 Mnt.,		"	5.50
10	"	"	"	"	"	8.—
20	"	"	"	"	"	13.50
40	"	"	"	"	"	22.50
60	"	"	"	"	"	30.—

Größere Quantitäten verhältnißmäßig billiger.

Im detail wird jederzeit Eis abgegeben und zwar zu folgenden Preisen:
Von 6 Uhr Morgens bis 6 Uhr Abends à Pfund 5 Pf.,
von 6 Uhr Abends bis 6 Uhr Morgens à Pfund 10 Pf.

Eis zum Gebrauch für Schlachter, Conditoreien, Meiereien u. s. w. — en gros Preise.

Aug. Pahl.

Natürlich war für Gräfin Reventlow in der Husumer Schloßküche eine Köchin tätig, die sich auch der Eiszubereitung angenommen haben mag. Zwar besaß Ludwig zu Reventlow kein Familienvermögen mehr, sondern mußte mit dem Gehalt eines preußischen Landrats auskommen, doch Personal war unerläßlich!

Daß Familie zu Reventlow auf dem Schloß vor Husum nicht nur Mädchen im Haushalt, sondern auch eine Köchin sowie einen Gärtner und andere Dienstboten gehabt hat, ergibt sich aus dem autobiographischen Roman der Tochter Franziska „Ellen Olestjerne". Hierin schildert diese recht authentisch unter anderem ihre Jugend in Husum und den Beginn der weihnachtlichen Bescherung im Kreise der Dienstboten:

„Endlich wurde geschellt, und nun stürzten sie die Treppe hinunter, jeder wollte zuerst kommen. Im Eßzimmer standen die Leute in ihrem Sonntagszeug, die Mädchen mit weißen Schürzen und Hauben, die uralte bucklige Köchin, der Gärtner, all die langjährigen Getreuen, die eng zum Schloß und zur Familie gehörten."

Franziska Gräfin zu Reventlow wurde im Jahre 1871 geboren. Ihr Bruder Theodor verstarb fünfzehnjährig im Jahre 1878. Die Erinnerungen in ihrem autobiographischen Roman beziehen sich auf Weihnachtstage, an denen der Bruder noch lebte, also auf die Zeit vor 1878, als sie noch ein kleines Mädchen war. Bereits zu diesem Zeitpunkt verkehrten Landrat Graf zu Reventlow und der Amtsrichter Theodor Storm miteinander freundschaftlich-kollegial. Daher geben die Erinnerungen der Franziska zu Reventlow auch Einblick in das gesellschaftliche Leben auf dem Schloß vor Husum zu einer Zeit, als Theodor Storm dort zu Gast war.

Am Rande sei hierbei bemerkt, daß Franziska zu Reventlow sich nur zu gut an Storms Gespensterfurcht erinnerte. In ihren „Erinnerungen an Theodor Storm", die sie 1897 für die „Frankfurter Zeitung" schrieb, berichtet sie:

„Eines eigentümlichen Zuges möchte ich hier noch Erwähnung tun. Storm glaubte trotz seiner rationalistischen Lebensauffassung an alle möglichen Geister. Es war so eine Art Märchenglauben in ihm. Er verkehrte viel in der Familie des Landrats, dem das alte, malerisch von Ulmen umkränzte Schloß Husums mit seinen weiten Räumen, großen Sälen, Wendeltreppen und unheimlich düsteren Gängen zur Amtswohnung diente. Nachdem Storm Husum verlassen hatte, kehrte er alljährlich zu längerem Besuch im Schlosse ein und war dann durch keine Macht der Welt zu bewegen, sein Quartier in einem der ziemlich zahlreichen Zimmer aufzuschlagen, in denen es ‚spuken' sollte. Abends vermochten wir Kinder ihn öfters zum Erzählen von Geister- und Spukgeschichten <anzuregen>, dann konnte ihn selbst das Gruseln so heftig ankommen, daß er stets eines von uns als Begleitung mitnahm, wenn er sich nach den entlegenen Gastzimmern, die er bewohnte, begeben wollte."

Franziska zu Reventlow schildert auch eine reizende Episode, die sich vermutlich bei einer Abendgesellschaft im Schloß vor Husum zugetragen hat:

„In diesem Haus (in der Wasserreihe – Anm. d. Verf.) wohnte Husums Dichter Theodor Storm lange Jahre seines Lebens hindurch, hier hat er jene Novellen geschrieben, die auf dem Boden seiner Heimat spielen, auf dem Boden dieses abgelegenen, in grauen Nordseenebeln verborgenen Erdenwinkels, dessen intime Reize keiner so wie er zu belauschen und so unvergleichlich wiederzugeben wußte.

Seinem bürgerlichen Beruf nach war Storm, solange er in Husum lebte, Amtsrichter. Die Husumer pflegten in der Liebe und Verehrung für ihren Sänger, seinen Titel stets zu ignorieren und nannten ihn zum Unterschied von zahlreichen Namensvettern nie anders wie ‚Dichter Storm'. Er selbst verabscheute alles, was einer Beweihräucherung ähnlich sehen konnte.

Als ihm einmal in einer Abendgesellschaft ein besonders begeisterter Verehrer in etwas aufdringlicher Weise zu huldigen bestrebt war, indem er stets aufs Neue sein Glas emporhob und, Storm zutrinkend, ausrief: ‚Dichter! – Dichter!‘, da wandte Storm sich schließlich ärgerlich mit einem ziemlich laut gemurmelten ‚Schafskopf‘ ab und würdigte den armen X. keines Blickes mehr. Er wollte eben wie jeder wahre Künstler nur ein Mensch unter Menschen sein.“

Insbesondere der heiße Punsch hat, wie gesagt, Storm als angenehm wärmendes Getränk sein Leben lang begleitet. Dies ist auch der Novelle „Ein stiller Musikant“ zu entnehmen:

„Während ich mich bemühte, über meiner Spiritusmaschine ein Kännchen nordischen Punsches zu brauen, stand er an meinem Bücherbrett und besichtigte mit offenbarem Vergnügen die hübsche Reihe meiner Chodowiecki-Ausgaben (Daniel Chodowiecki – 1726–1801, Maler und Kupferstecher – Anm. d. Verf.) . . . Und bald saßen wir neben einander im Sofa, die dampfenden Gläser vor uns, er aus meiner längsten Pfeife rauchend, die er statt der vor ihm liegenden Zigarren sich erbeten hatte. – Als er den Probeschluck getan, hielt er das Glas noch in der Hand und sagte darauf hinnickend: ‚Das tranken wir zu Hause immer am Neujahrsabend; einmal als Knabe trank ich mir sogar einen argen Rausch darin, so daß mir viele Jahre ein Widerwille gegen dieses edle Kunstgebräu geblieben ist. Aber jetzt –, jetzt schmeckt es wieder!‘ Er tat einen behaglichen Zug und setzte sein Glas dann auf den Tisch . . . Er nahm sein Glas und leerte es auf einen Zug. ‚So‘, sagte er, ‚nun habe ich mir Mut getrunken! Ihnen erzähl' ich's gern; ja, mir ist, als könnt' ich Ihnen noch einmal meinen Mozart spielen!‘ . . . ‹Ich› benutzte aber zugleich die Pause, um das Glas meines Freundes wiederum aus dem belebenden Quell zu füllen, den ich vor uns über dem blauen Flämmchen glühend erhielt.“

Bei der Beschreibung dieser kleinen Trinkszene spürt man den guten Beobachter und Kenner eines „nordischen Punsches“!

Gertrud Storm berichtet in ihren Erinnerungen „Vergilbte Blätter aus der grauen Stadt“ von den Lustbarkeiten im Hause der Urgroßeltern Feddersen, von denen sie nur aus Familienerzählungen erfahren haben kann. Sie geht hierbei letztlich mehr ins Detail als Theodor Storm in seinen Erinnerungen „Von heut' und ehedem“. Auch bei den Urgroßeltern wurde bereits ein dampfendes Bowlengefäß mit Punsch serviert, wenn Gäste kamen:

„Die Bewirtung war immerzu ausgezeichnet, darum gehörte es sich auch, daß die Speisen von den Gästen gelobt wurden und sie ihnen gehörig zusprachen. Nach dem Abendessen wurde eine dampfende Bowle mit Punsch auf den Tisch getragen. Hierbei wurden harmlose alte Lieder gesungen, die heute von keinem mehr gekannt sind und die man für sinnlos erklären würde, z. B.: ‚Auf der Brücke zu Paris, da sitzen die Herren von St. Mathies, die sitzen da in Gloria und trinken von solcher Materia‘ oder ‚Kaiser Carl, de had en Peerd, dat weer en ohle Stute; op enen Ooge was se blind, dat andere was rein ute, rein ute.‘

Während des Refrains mußte jeder sein Glas leeren."

Man kann sich unschwer vorstellen, daß die Stimmung, beschwingt durch das heiße Getränk, immer ausgelassener wurde und die Lieder für Außenstehende recht albern klangen.

Auch in dem Aufsatz „Theodor Storms Altersheim" in der Vossischen Zeitung, Nr. 469, vom 14. September 1917 berichtet Gertrud Storm:

„Eine Bowle, nach einem alten Familienrezept bereitet, wurde herumgetragen und alle Gläser wurden gefüllt."

Als Storm Weihnachten 1852 in Berlin bleiben muß, um sein Anstellungsgesuch beim preußischen Justizministerium persönlich zu fördern, verbringt er den Heiligabend bei dem Maler, Radierer und Porträtisten Johann Hermann Kretzschmer (1811–1890) und dessen Familie. Er schreibt an Constanze aus seiner Unterkunft „Reinhardts Hotel" am zweiten Weihnachtstag einen ausführlichen Bericht über die Festlichkeiten. Auch hier wird der Abend mit einem heißen alkoholischen Getränk würdig begangen:

„Kretzschmers sind mir freilich mit alter Herzlichkeit entgegengekommen; sie haben jetzt nur so viele Kinder, sonst würde ich auch dort logieren. Ich blieb denn auch gestern abend da hängen ... Die Weihnacht war wie bei uns, teilweise etwas kostbarer ... Deine Gesundheit in sehr gutem Punsch wurde nicht vergessen."

Johann Hermann Kretzschmer war mit Emanuel Geibel (1815–1884) befreundet. Storm kannte Geibel seit seiner Lübecker Gymnasiastenzeit auf dem Katharineum. Ein weiterer Freund Kretzschmers war der Kunsthistoriker und Schriftsteller Franz Kugler, Mitglied des „Tunnels über der Spree" und zusammen mit Fontane Gründer des „Rütli", beides literarische Zirkel. Hier lernte Storm Kretzschmer kennen und schätzen.

Die im Jahre 1862 entstandene Novelle „Auf der Universität" macht Husum und Kiel zu Orten der Handlung. Dabei erinnert sich Storm an eigene Jugenderlebnisse, wie Tanzstunde, Jahrmarkt oder winterliches Treiben auf dem zugefrorenen Osthusumer Mühlenteich, der 1867 trockengelegt wurde. In der Novelle ist ein großes Weinzelt am Gewässer aufgeschlagen, um die eislaufende Jugend zu beköstigen:

„Schon stand ich vor dem großen Weinzelte; und als auch Barthel sich bald darauf einfand, hatte ich mit dem Opfer meiner ganzen Barschaft ein Glas Punsch und ein mit Wurst belegtes Butterbrot für ihn in Bereitschaft."

Bei der Tanzstunde in Husum, sind die Eltern der Schüler anwesend. Die Damen trinken Tee und essen Kuchen, und die Herren halten sich an ein alkoholisches Getränk:

„Während Lore, der ich unwillkürlich folgte, sich der Tür genähert hatte, war schon der Bürgermeister zu ihrem Vater getreten und lud ihn ein, sich ein Glas Punsch im Saal gefallen zu lassen."

In der Novelle „Unter dem Tannenbaum" erinnert sich der Amtsrichter an die Zeit der ersten Liebe zu seiner späteren Ehefrau Ellen, als sie noch im Elternhaus, „bei dem alten prächtigen Kirchspielvogt", lebte. Die Anspielung

Adrian Ludwig Richter, aus: „Studentenliedern“

auf Storms Schwiegervater Esmarch ist nicht zu verkennen. Am Altjahrsabend wird nachmittags auf dem Hof nach goldenen Eiern geschossen, die zuvor den Weihnachtsbaum geschmückt haben. Um Mitternacht kredenzt Ellens Vater einen heißen Punsch:

„Der Kirchspielvogt hatte auf andere Dinge zu achten, er schenkte den Punsch, den er eigenhändig gebraut hatte; und als es drunten im Dorfe zwölf schlug, stimmte er das alte Neujahrslied von Johann Heinrich Voß an ...“

EMPFANG DES NEUJAHRS

(Johann Heinrich Voß 1751–1826)

Des Jahres letzte Stunde
Ertönt mit ernstem Schlag:
Trinkt, Brüder, in die Runde,
Und wünscht ihm Segen nach.
Zu jenen grauen Jahren
Entfliegt es, welche waren;
Es brachte Freud und Kummer viel
Und führt' uns näher an das Ziel.

Alle
Ja, Freud und Kummer bracht es viel
Und führt' uns näher an das Ziel.

In stetem Wechsel kreiset
Die flügelschnelle Zeit:
Sie blühet, altert, greiset
Und wird Vergessenheit;
Kaum stammeln dunkle Schriften
Auf ihren morschen Grüften.
Und Schönheit, Reichtum, Ehr und Macht
Sinkt mit der Zeit in öde Nacht.

Alle
Ach, Schönheit, Reichtum, Ehr und Macht
Sinkt mit der Zeit in öde Nacht.

Sind wir noch alle lebend,
Wer heute vor dem Jahr,
In Lebensfülle strebend,
Mit Freunden fröhlich war?
Ach, mancher ist geschieden
Und liegt und schläft in Frieden!
Klingt an, und wünschet Ruh hinab
In unsrer Freunde stilles Grab.

Alle
Klingt an, und wünschet Ruh hinab
In unsrer Freunde stilles Grab.

Wer weiß, wie mancher modert
Ums Jahr, gesenkt ins Grab!
Unangemeldet fodert
Der Tod die Menschen ab.
Trotz lauem Frühlingswetter
Wehn oft verwelkte Blätter.
Wer von uns nachbleibt, wünscht dem Freund
Im stillen Grabe Ruh, und weint.

Alle
Wer nachbleibt, wünscht dem lieben Freund
Im stillen Grabe Ruh, und weint.

Der gute Mensch nur schließet
Die Augen ruhig zu;
Mit frohem Traum versüßet
Ihm Gott des Grabes Ruh.
Er schlummert leichten Schlummer
Nach dieses Lebens Kummer;
Dann weckt ihn Gott, von Glanz erhellt,
Zur Wonne seiner bessern Welt.

Alle
Dann weckt ihn Gott, von Glanz erhellt,
Zur Wonne seiner bessern Welt.

Auf, Brüder, frohen Mutes,
Auch wenn uns Trennung droht!
Wer gut ist, findet Gutes
Im Leben und im Tod!
Dort sammeln wir uns wieder
Und singen Wonnelieder!
Klingt an, und: *Gut sein immerdar!*
Sei unser Wunsch zum neuen Jahr!

Alle
Gut sein, ja gut sein immerdar!
Zum lieben frohen neuen Jahr!

Adrian Ludwig Richter, „Die Waise“

Storm muß diese Verse sehr geliebt haben. Mit seinem wohlklingenden Tenor hat er die Vertonung häufig gesungen.

So schrieb er bereits am 31. Januar 1841 an Bertha von Buchan:

„Nun, mein herzliebes Blümelein ... Den Neujahrsabend beging ich einfacher; des Jahres letzte Stunde hörte ich im Bette schlagen ... Wäre ich zu Hause gewesen, so hätte ich Johann Heinrich Voß' ‚Des Jahres letzte Stunde ertönt mit ernstem Schlag‘ meinem Vater und den andern unsrer Familie vorsingen müssen; wie ich's immer, wenn ich zu Hause gewesen, getan habe. Du kennst doch das alte Lied! Es ist so schön, so fromm und stimmt hinreißend alle Herzen zur Andacht. Wenn sein Dichter das ganze Jahr hindurch vergessen wäre, in jener Jahresstunde würde dies unvergeßliche Lied seine größte Totenfeier hervorrufen. Mit ungeheurer lyrischer Gewalt zwingt er uns die Gedanken an Tod und Vergänglichkeit auf; doch mit den versöhnenden Worten ‚Der gute Mensch nur schließet die Augen ruhig zu, uns beruhigend, schließt er sein schönes Lied mit dem schlichten, aber großen Wunsche: ‚Klingt an! und gut sein immerdar sei unser Wunsch zum neuen Jahr!‘ – und so geschehe es!“

Das Gedicht wurde von Johann Abraham Peter Schulz (1784) und von Bernhard Anselm Seber (1798/99) vertont.

Das letzte Weihnachtsfest seines Lebens – doch er ahnt es wohl nicht – begeht Storm 1887 in Hademarschen mit Ehefrau Dorothea, den Töchtern Gertrud und Friederike, Bruder Johannes und dessen Ehefrau Friederike, sowie deren Kindern. Im Jahr davor war er schwer krank gewesen, so daß man einen Weihnachtsbaum in der Nähe seines Krankenzimmers hatte herrichten lassen, wie er glücklich am 9. Dezember 1887 an den Schweizer Dichter Gottfried Keller (1819–1890), wenn auch mit einer gewissen Selbstherrlichkeit, berichtet:

„Frau und Kinder weinten heimlich, weil sie mich sterbend glaubten.“

Doch nun genießt Storm dieses Weihnachtsfest 1887 und erzählt dem Züricher Freund:

„Diesmal ist's doch wieder, wie sonst, ... und Abends kommen mein Bruder u. Frau und Kinder, und wir trinken im Weihnachtspunsch das Wohlsein aller fernen Freunde, worunter Sie nicht fehlen werden!“

Storm, dem die heimatliche Luft am Husumer Deich schöner und bekömmlicher zu sein scheint als etwa die in Italien, wohin Theodor Fontane zu reisen beabsichtigt, erklärt diesem mit Brief vom 22. August 1853:

„... auf unserm Deich ist, denk' ich, noch ganz andre Luft für Sie als in Italien; sie ist wirklich *trinkbar*, diese Luft und dabei weich und kühl."

Doch diese „trinkbare Luft" stellt Storm dann wohl doch nicht völlig zufrieden, denn er genießt auch ein anderes Getränk des Landes, wenn auch in Maßen, und bringt es in sein Novellenwerk ein, den Grog! Einer Legende nach soll der englische Admiral Edward Vernon, dessen Spitzname „the old Grog" (der alte Grobrock), das Getränk um die Mitte des 18. Jahrhunderts bei der englischen Marine eingeführt und dadurch ungewollt den Namen veranlaßt haben. Das Wort „Grog" ist eine Verkürzung des englischen „Grogram", eines ungemein grobfädigen ägyptischen Kamelhaarstoffes. Vernon war Oberkommandierender der königlich-britischen Seestreitkräfte in Westindien. Er ließ sich seine Röcke aus Grogram-Tuch schneidern. Seit Mitte des 17. Jahrhunderts war es in der britischen Marine Brauch, daß an die Mannschaften Rum ausgegeben wurde, um sie bei Laune zu halten. Bereits am frühen Morgen wurde den Leuten auf nüchternen Magen ein großes Glas Rum ausgeschenkt. Da Vernon von diesem übermäßigen Alkoholkonsum nichts hielt, versetzte er die Rumration mit Zuckerwasser und ließ das Ganze auch noch erhitzen, um den Seeleuten den Appetit zu verderben. Zu seinem Erstaunen soll die Besatzung aber von diesem Getränk begeistert gewesen sein, und ihm dann seinen Spitznamen „Grog" verpaßt haben. Wie es in dem „Appetitlexikon" von Rudolf Harbs heißt, ist für dieses Getränk, bestehend aus heißem Wasser mit Rum oder Arrak und Zucker, „unerläßliche Bedingung Hundewetter oder Heidenkälte!"

Demgegenüber wird bei Storm Punsch und Grog auch im Sommer getrunken.

So teilt er mit dem 13. Juni 1883 der Tochter Lucie über seinen Herrenabend in Hademarschen mit:

„Es war gerade Dreimännerabend mit Dr. Wachs (Hans Heinrich Wachs, 1822–1895, Gutsherr im benachbarten Hanerau) und Dr. Julius Mannhardt (dem Augenarzt aus Kellinghusen, Bruder des Institutsleiters Johannes Mannhardt, 1834–1903, – Anm. d. Verf.), bei uns, und wir saßen behaglich nach dem Essen beim Glase Punsch in der Veranda."

Hierbei schauen sich alle genüßlich von weitem ein Haus an, das nach einem Blitzschlag abbrennt, wozu Storm mitleidslos bemerkt: „... und das prachtvolle Feuer ließ uns nach meiner Stube hinaufsiedeln, wo es schön zu sehen war."

Während hier offen bleibt, ob es sich um heißen oder kalten Punsch handelt, läßt Storm in der Novelle „Der Herr Etatsrat" eine Gruppe Studenten erstaunlicherweise im Hochsommer, anläßlich einer Landpartie, heißen Grog genießen, was eine nordfriesische Sitte ist. Denn noch heute bekommt man an der Westküste, auch in der warmen Jahreszeit, in vielen Haushalten bei festli-

Adrian Ludwig Richter, „Verlobung in der Küche"

chen Anlässen, ein Glas heißen Grog oder eine Tasse Teepunsch serviert.

„Am Tage darauf, am schönsten Junimorgen, fuhren wir Studenten ab . . . vor dem stattlichen Wirtshause, dem der mit dunklen Tannen bestandene Hügel gegenüber lag, wurden die dampfenden Pferde abgeschirrt und den Herren Studenten das helle Staatszimmer zur Mittagstafel eingeräumt. Und bald auch saßen wir Alle, . . . um den sauber gedeckten Tisch; glänzende Schinkenschnitte, Eier und Eierkuchen, und was sonst noch in den hochbeladenen Schüsseln aufgetragen wurde, verschwand mit unglaublicher Geschwindigkeit. Buttermilch wurde nicht getrunken, vielmehr kann nicht verschwiegen werden, daß neben jedem Teller ein tüchtiges Glas Grog seinen erquickenden Dampf versandte, während zur Tafelmusik Finken und Rotschwänze drüben aus den Tannen schlugen. Mit einem unsäglich frohen Angesicht saß Archimedes neben mir . . . so oft er mit vergnügtem Lächeln sein dampfendes Glas zum Munde führte, machte er seine kriegerischen Augen, als wollte er sagen: ‚Leben, wo bist du? Komm heraus; wir wollen dich bestehen!' Und ‚Prosit! Prosit, Archimedes!' klang es von allen Seiten."

Storm selbst war wohl kein Anhänger eines besonders „nördlichen" Grogs, nach dem an der Westküste üblichen Motto: Rum muß, Zucker kann, Wasser ist nicht nötig! Er verschmähte ein starkes Getränk und begnügte sich mit einem kleinen Schuß Rum. Ein „dünnes" Glas Grog wird für ihn einmal zum traurigen Anlaß, eines jungen ertrunkenen Seeoffiziers zu gedenken:

Am 3. November 1862 war der jüngste Sohn von Heiligenstädter Freunden, der Seekadett Walter von Kaisenberg (1839–1861) beim Untergang der preußischen Corvette „Amazone" vor Helsingør ertrunken. Zwei Jahre zuvor hatte seine Schwester Klara den Bruder der Anna von Wussow, geb. von Buern, Ehefrau des Landrats Alexander von Wussow, geheiratet. Der junge Paul von Buern war Assessor in Heiligenstadt und gehörte, ebenso wie seine Frau Klara und der Schwager Walter von Kaisenberg, zu dem engeren Freundeskreis der Storms. Um so mehr traf den Dichter der Tod dieses jungen Mannes. In Erinnerung an ein gemütliches Zusammensein mit ihm und seinen beiden Brüdern Leopold und Albrecht, hatte Storm in die Novelle „Drüben am Markt" den Satz eingefügt:

„Jan Ohm, ein Glas Grog! Aber ein blasses, für den Doktor."

Das Buch wollte er nach dem Erscheinen dem jungen Kaisenberg senden, weil dieser sich über Storms alkoholschwaches Getränk lustig gemacht hatte, wie er seiner Mutter am 14. Dezember 1861 berichtete:

„. . . ich sehe noch, wie der übermütige Junge sich seinen steifen Schiffergrog braute, und mich so liebenswürdig über mein blasses Glas verhöhnte. In meiner Doctorennovelle, in der letzten Zeile, habe ich dran erinnert. Er sollte das Buch als Gegengabe für sein Bild haben, wenn er nach Hause käme."

Um aus einem Grog einen „steifen Schiffergrog" oder einen „blassen Grog" zu machen, bedarf es nur unterschiedlicher Mengen von Wasser. Das Quantum Rum möge hierbei jeder mit sich selbst ausmachen!

GROG
(nach Henriette Davidis)

Man gieße zu einem Teil Arrak oder Rum und Zucker nach Belieben 3–4 Teile kochendes Wasser. Ein ganz vorzüglicher und bekömmlicher, auch Damen im Winter als sogenannter Schlaftrunk sehr zu empfehlender und beliebter Grog, wird aus echtem alten Jamaica-Rum, recht reichlich Zucker und kochendem Wasser, 4–5mal soviel als Rum, bereitet. Vorgenannter Rum ist in vorzüglicher Qualität und nicht teuer zu beziehen von G. C. Lorenz Meyer in Hamburg.

GROG
(nach Carl Gruber)

Zu 2$^{1}/_{2}$ Liter kochendem Wasser gibt man 1 Flasche Arrak und $^{1}/_{2}$ Kilo Zucker und lässt es zusammen eine Weile zugedeckt stehen, um das Getränk dann in Gläsern zu servieren.

GROG-ESSENC FÜR GROSSABNEHMER
(nach Carl Krackhart)

3 Kilo 640 Gr. (6$^{1}/_{2}$ Pfund) Zucker kocht man mit Wasser zum Flug (eine Zuckerprobe, bei der der aufgekochte Zucker mittels Pusten durch die Löcher eines Schaumlöffels zu kleinen fliegenden Blasen gebracht werden kann – Anm. d. Verf.), gießt 6 Flaschen Arac oder Rum hinzu, füllt diese Essenc in Flaschen und hebt sie zum Gebrauch auf.

Zur Bereitung von Grog gießt man zu einem Theil Essenc 2 Theile kochendes Wasser.

Einen bereits „steifen Schiffergrog" erzielt man mit der Mischung $^{1}/_{3}$ Rum, $^{2}/_{3}$ Heißwasser.

In der Novelle „Hans und Heinz Kirch", zu der erste Notizen während Storms Aufenthalt bei dem Schwiegersohn Pastor Gustav Haase (1838–1904) und Tochter Lisbeth in Heiligenhafen an der Ostsee am 5. Oktober 1881 entstanden, läßt er den Sohn Heinz Kirch seiner für ihn verlorenen Freundin Wieb in einer Schifferschenke entgegenrufen: „Ein Glas Grog; aber ein festes!"

Die Auswirkungen eines zu reichlichen Groggenusses beschreibt Storm mit viel Sachkenntnis:

„. . . eine Stunde der Nacht schlug nach der anderen, ein Glas nach dem anderen trank er; nur wie durch einen Nebel sah er mitunter das arme schöne Antlitz des ihm verlorenen Weibes, bis er endlich dennoch nach den Anderen fortging und dann spät am Vormittag mit wüstem Kopf in seinem Bett erwachte."

In der Novelle „John Riew'", die 1885 erstmalig erschien und zu der Storm durch ein ihm geheimnisvoll erscheinendes Haus und dessen Bewohner in Hademarschen angeregt worden war, läßt er den alten Kapitän reichlich Grog trinken.

„Ich . . . saß dort kaum in einem guten Polsterstuhl, den er mir hingeschoben hatte, als ich ihn auch schon, die Hand am Schlüssel, vor einem Wandschränkchen stehen sah. ‚Nun, Nachbar', rief er, ‚wir müssen, deucht mir, ein Quantum heizen! Rum oder Cognac? Für Prima-Qualität wird garantiert.'

Von den Schätzen dieses Schrankes hatte ich schon gehört: ‚Das wird Ihnen überlassen, Kapitän!' rief ich.

‚Also Rum!' erwiderte er. Dann schloß er auf, und nachdem er an der Klingelschnur gerissen hatte, stellte er eine Flasche und zwei tüchtige Glashumpen auf ein daneben stehendes Tischchen.

Nach einer Weile flog ein leichter Schritt die Treppe herauf, und Anna trat mit einem Kesselchen voll heißen Wassers in die Stube; sie nickte uns vertraulich zu, entzündete dann die auf dem Tisch stehende Spirituslampe und setzte den Kessel darüber . . . Dann aber ging sie lautlos nach dem Schrank, hob ihre schmächtige Gestalt auf den Zehen und holte vom obersten Bord eine Schale mit Zucker herab . . . Dann begann sie die drei Elemente sorgsam zu mischen, schaute auch einmal durch das Glas, indem sie es mit dem etwas hageren Ärmchen gegen die jetzt über unserem Tisch brennende Ampel hielt, und goß noch ein paar Feuertropfen in dasselbe, ohne aber vorher weder mit noch ohne Löffelchen daraus gekostet zu haben.

‚Wenn's gefällig ist!' sagte sie dann, indem sie uns die Gläser auf einem Tablettchen darbot.

Ich nahm das meine, und schon an dem Duft merkte ich, es war ein steifes Seemannsglas."

Später erklärt der alte Kapitän:

„Sie wissen, Nachbar, es war meine alte Seemannsart, zwischen Nachmittag und Abend ein gutes Glas zu trinken, und was den Rum anlangt, so hatte ich allzeit was Echtes in meinem Schränkchen."

Wer schon eisige Tage an der Nordsee, besonders auf den Inseln, erlebt hat, weiß ein gutes Glas Grog zu schätzen! Im vorigen Jahrhundert war eine Fahrt im Spätherbst oder gar Winter zu den Inseln kein reines Vergnügen! So muß Storm am 24. November 1868 für drei Tage mit dem Assessor H. Muhl eine Disziplinaruntersuchung auf der Insel Nordstrand führen.

Man stelle sich die tiefen, nicht befestigten Kleiwege in der Marsch vor, die bei Regenwetter fast grundlos werden.

Von ihnen erklärt Storm in der Spukerzählung „Am Kamin":

„Ich weiß nicht, meine Damen, ob Sie jemals durch die Marsch gefahren sind! Im Herbst und bei Regenwetter will ich es Ihnen nicht gewünscht haben."

Dazu gibt es feuchte Quartiere und klamme Betten! Und dabei haßt Storm feuchte Betten – wer eigentlich auch nicht!

So hat er sich einst als junger Mann am „Sonntag, den 26. Oktober 1845, Nachts 12¾ Uhr" aus der Hohlen Gasse über das Mädchen seiner Mutter bei Braut Constanze beklagt:

„Jetzt ist die Uhr eins, und auch ich will mein Bett suchen, worin ich eben von Sophies Umsicht eine heiße Kruke hineingelegt finde, wahrscheinlich weil frische Laken aufgelegt sind. – Sind sie sonst nicht abgedampft, so ist es freilich ein schlechter Ersatz."

Bei derartigen Unbilden der ungemütlichen Jahreszeit ist ein Glas Grog – in Maßen – ein Akt der Nächstenliebe! Storm schildert anschaulich diese drei Gerichtstage auf Nordstrand seinem Sohn Hans:

„Husum, 27. November 1868
Lieber Hans, gestern morgen kam ich von Nordstrand, wo ich drei Tage und Nächte mit Muhl geweilt habe, um eine Disziplinaruntersuchung zu führen. Als wir Montag morgen per Dampfschiff ankamen, mußten wir bei den unergründlichen Wegen über eine Stunde, ich auf Gummischuhen, im dicken Rock, zu Fuß gehen, um die Mitte der Insel, unser Quartier und das dabei belegene landschaftliche Gerichtshaus zu erreichen. Schweißtriefend kamen wir an; dann ein Butterbrot; und dann inquirierten wir neun Stunden, ohne aufzusehen. Um 8½ Uhr aßen wir Mittag. Am Dienstag wieder bis 8 Uhr abends inquiriert. Dann war ich beim Amtsrichter Hansen ganz gemütlich, wo auch der Landschaftsarzt, ein alter Schulkamerad von mir, war, den ich in zwanzig Jahren nicht gesehen. Muhl war abgefallen und zu Bett gegangen. Das Haus meines Kollegen war aber nur unter steter Gefahr, in dem tiefen Klei stecken zu bleiben oder von dem glitschigen Fußsteig in den Graben zu fallen, zu erreichen. Mittwoch abend 8 Uhr waren wir fertig, marschierten im Mondesdämmer wieder durch die Insel – es lag eine imponierende Einsamkeit auf der Landschaft,

namentlich wo es durch den öden neuen Koog geht. Aber schon schimmerte durch den Nebel das Licht der Hafenhalle, eines schönen, auf hoher Werfte neu erbauten Wirtshauses dicht an dem ebenfalls neu ausgegrabenen Hafen. Denn dort wollten wir die letzte Nacht bleiben, um andern Tags um 7 ³/₄ Uhr gleich aufs Dampfschiff zu steigen. Behaglich saßen wir nun noch bei einem Butterbrot und Gläschen Grog, die hinter uns liegende, allerlei psychologische Rätsel bietende Untersuchung besprechen. Andern Morgen brachte das Dampfschiff ‚Nordstrand' uns rasch zurück."

Die Auswüchse des Grogmißbrauches läßt Storm in der Novelle „Der Herr Etatsrat" anklingen. Anläßlich eines Kondolenzbesuches, den der Erzähler in dieser Novelle bei ihm macht, erinnert sich der Herr Etatsrat an seine eigene Studentenzeit und den Consenior, den zweiten Vorsitzenden seiner studentischen Verbindung:

„Er war ein Rheinländer, aber der Wein war bei ihm ein überwundener Standpunkt; er trank des Morgens Rum und des Abends wieder Rum; und so fiel er auch nicht, wie mein unsterblicher Archimedes, als ein Opfer der Wissenschaft, er war vielmehr dem Laster der Trunksucht ergeben und ging dadurch zu Grunde. Des ohnerachtet bliesen wir ihn mit zwölf Posaunen zu Grabe und tranken sodann im Ratskeller so tapfer auf seine fröhliche Urständ, daß bei Anbruch des Morgens nur noch Wenige von uns an das Tageslicht hinaufzugelangen vermochten."

Hierbei spürt man deutlich Storms Abneigung gegen studentische Verbindungen, von denen er selbst einst zu Anfang seiner Kieler Studienzeit in seinen Tagebuchaufzeichnungen „Aus der Studienzeit" – erklärt hat:

„Ich möchte sagen der Kieler, und ich glaube sagen zu können, der deutsche Student ist entweder ein Mensch, der viel kneipt und trinkt, alle Naslang auf der Mensur liegt, sich in Gemeinheiten gefällt, eben von nicht‹s› anderm redet, als von Kneipereien und Paukereien . . . und nebenbei etwas ins Kolleg geht."

Der an der Nordsee so beliebte Teepunsch scheint Storm nicht so sehr geschmeckt zu haben, denn er vermerkt ihn nur einmal im Zusammenhang mit seinem Sohne Ernst. So berichtet er am 22. Mai 1869 an Hans von einem Besuch mit seinen Söhnen im Pastorat von Langenhorn, wo Pastor Peter Heinrich Herr von 1868–1892 amtierte:

„Ernst . . . trank einen Theepunsch ."

TEEPUNSCH
(nach Johanna Kuß)

$^1/_2$ Flasche Rum wird in einem geeigneten Gefäße auf Kohlen gesetzt, mit 375 gr. ($^3/_4$ Pfd.) Zucker und $^1/_3$ Flasche Weißwein, sowie einer in Scheiben geschnittenen Citrone (doch müssen die Kerne ausgenommen sein) und eine beliebige Quantität guten Thees dazu gethan. – Der Punsch wird heiß zu Tisch gegeben, darf aber nicht völlig kochen.

Verständnisvoll schickt aber Vater Storm dem Sohn Karl im Sommer aus dem Pastorat in Grube, am 5. Juni 1887, die Zutaten zum Teepunsch:

„Mein lieber Junge! Übermorgen ist nun Dein Geburtstag, und da sind wir ausgegangen und haben 1 Pfd. besonders guten Tee, Zucker und 2 Fläschchen Rum für Dich erstanden, wozu Lisbeth aus ihrer Speckkammer das Nötige noch hinzufügen wird, so daß Du dir eine angenehme Abendmahlzeit wirst bereiten können."

Ein anderes heißes Getränk läßt Storm den alten Kapitän „John Riew'" genießen, nachdem dieser keinen Appetit mehr auf Grog hat. Dieses Getränk ist heute, zumindest in dieser Zubereitungsart, gänzlich aus der Mode gekommen:

„John Riew' zog jetzt die Gläser an sich und begann den heißen Trank für uns zu mischen; als er aber die Flasche aufgezogen hatte, spürte ich an dem Duft, daß es Madeira oder Xeres sei, welchen er hineingoß. ‚Ei was, Kapitän', sagte ich; ‚Sie trinken ja wie ich! Hat der Jamaika Sie jetzt verlassen?'"

Xeres ist ein süßer Sherry aus der spanischen Stadt Jerez de la Frontera in Andalusien, die insbesondere durch den Weinbau bekannt geworden ist. Dieser Dessertwein ist mäßig süß, aber sehr würzig. Xeres, den die Engländer „Sherry" nennen, hatte seit Beginn des 19. Jahrhunderts den Madeira an Beliebtheit abgelöst. Seitdem 1812 der englische König Georg IX. die unmaßgebliche Meinung von sich gegeben hatte: „Der verdammte Madeira bringt mir die Gicht, ich will's einmal mit dem Sherry versuchen", seitdem hatte der Xeres allgemein an Beliebtheit ständig zugenommen. Er gilt als klassischer Frühstückswein. Hauptkonsument ist England, wo er etwa 45% der gesamten Weineinfuhr ausmacht. Ihn heiß zu trinken, erscheint jedoch als Barbarei! Aber es war offenbar ein gängiges Getränk des 19. Jahrhunderts, ebenso wie erhitzter und mit heißem Wasser verdünnter Madeira(!).

GROG
(nach Carl Krackhart)

In ein hohes Schoppenglas legt man 3–4 Stückchen Zucker, etwa 35 Gr. (2 Loth), gießt das Glas zu $^{1}/_{3}$ voll mit Arac, Rum oder Madeira, füllt es ganz mit kochendem Wasser, gibt zum Umrühren einen Glaslöffel oder Theelöffel bei und servirt den Groß heiß.

Der wohlschmeckende Madeira wird bei Storm in der Novelle „John Riew'" zwar erhitzt und damit letztlich verdorben, doch der „Herr Etatsrat" trinkt ihn, wie es sich gehört, unverdünnt mit Zimmertemperatur:

„Ihm zur Seite stand ein kleiner Tisch, darauf eine Krystallflasche mit Madeira und ein halbgeleertes Glas. Als ich näher trat, sah er mich eine Weile mit offenem Munde an; dann langte er hinter sich nach einem Schränkchen und brachte ein zweites Glas hervor, das er sofort füllte und nach der anderen Seite des Tisches schob."

Storm verdarb den Xeres hoffentlich nicht durch heißes Wasser, sondern trank ihn besser „pur". Nachdem er, nach seiner schweren Erkrankung Weihnachten 1886, im Februar wieder auf die Beine kommt, trinkt er zur Feier des Tages am 5. Februar 1887 mit seiner Frau und dem Gutsbesitzer, Dr. Hans-Heinrich Wachs, eine Flasche Hautbarsac von 1782, die dieser ihm verehrt hat. In seinem Keller befindet sich zu dieser Zeit noch eine „edle Buddel", die Klaus Groth der Tochter Friederike Storm für den Vater mitgegeben hatte, als sie im Januar 1887 zwei Konzerte in Kiel besuchte und danach auch Klaus Groth im Schwanenweg eine Visite abstattete. Über den Wein des Dr. Wachs und gleichzeitig über das Präsent von Klaus Groth schreibt Storm an den Bruder Aemil am 5. Februar 1887:

„Das Köstlichste, was je meine Zunge berührt hat; eine desgleichen Flasche Xeres (ein Rarissimum), steht auch noch zum Genuß, von dem guten Klaus Groth in Kiel, die er Dodo als sie zum Joachim- und Quartettconzert in Kiel war, für mich mit gab."

Es handelt sich hier übrigens um ein Konzert des Geigers und Tonsetzers Josef Joachim (1831–1907), der ein berühmter Violonist und Führer eines Streichquartetts war.

Friederike Storm konnte nicht ahnen, daß sie im Jahre 1889, zusammen mit ihrer Mutter und ihrer Schwester Gertrud, ganz nach Kiel in die Muhliusstraße 12, erster Stock, ziehen sollte. Ihre Mutter konnte nach Storms Tod die Altersvilla in Hademarschen vermieten. Das kulturelle Angebot von Kiel und die Nähe zu Freunden, wie beispielsweise Klaus Groth und dessen großem Bekanntenkreis, mag hierbei den Ausschlag gegeben haben. Außerdem hatte die Schwester des Schriftstellers Hermann Heiberg (1840–1910) in der Juliusstraße eine Pension. Mit der gesamten Familie waren die Storms gut bekannt.

Adrian Ludwig Richter, „Rheinwein – eine kostbare Blume!“

Ein weiterer Süßwein, der bei Storm aufgeführt wird, ist Malaga. Dieser alkoholstarke, süße Dessertwein stammt aus der Umgebung der spanischen Hafenstadt Malaga. Es scheint in Storms Vorstellung ein beliebter Wein für alte Damen zu sein. In der Erzählung „In St. Jürgen“ wird der Knabe, der im Husumer St. Jürgen-Stift eine betagte ehemalige Angestellte seiner Großmutter besucht, von dieser hiermit an ihrem 65. Geburtstag bewirtet:

„Es war im April, an ihrem fünfundsechzigsten Geburtstage. Wie in früheren Jahren, so hatte ich ihr auch heute die beiden hergebrachten Dukaten von der Großmutter und einige kleine Geschenke von uns Geschwistern überbracht und war von ihr mit einem Gläschen Malaga bewirtet worden, den sie für solche Tage in ihrem Wandschränkchen aufbewahrte.“

Storm war zu sehr Realist und Jurist, um nicht die verderblichen Auswirkungen eines Alkoholmißbrauches zu erkennen, insbesondere, nachdem sein Sohn Hans durch zu starken Alkoholkonsum seine Gesundheit und seine Existenz aufs Spiel gesetzt hatte. In mehreren Textstellen drückt sich seine Abscheu gegen den Mißbrauch alkoholischer Getränke aus. So stöhnt er am 26. Dezember 1851, wohl in Erinnerung des weihnachtlichen Besuches eines angeseuselten Mandanten:

„Am Weihnachtsonntag kam er zu mir,
In Jack‘ und Schurzfell und roch nach Bier,
Und sprach zwei Stunden zu meiner Qual
Von Zinsen und von Kapital;
Ein Kerl, vor dem mich Gott bewahr’!
Hat keinen Festtag im ganzen Jahr.“

Leicht beschwipste Mitmenschen rufen hingegen nur sein Lächeln hervor. So teilt er am 12. Juli 1864, offenbar amüsiert und recht indiskret, Ludwig Pietsch über Bruder Aemil und Schwägerin Charlotte mit:

„Ein höchst liebenswürdiger Umgang für uns ist das Doppelgeschwisterpaar, Doctors, Emil u. Lotte, die oft abends spät noch angeschwipst kommen und dann immer frisch und mitteilsam sind.“

In der Novelle „Drüben am Markt“ verkauft Mamsell Sophie in Aushilfe für den erkrankten Angestellten Friedeberg in dem kleinen Ladengeschäft, das in dem stattlichen Kaufmannshaus des zweiten Bürgermeisters weitergeführt wurde, Alkohol. Storm läßt uns seinen eigenen Widerwillen spüren:

„Als sie die Ware aus der Hand legte, setzte schon wieder ein Arbeiter seine Branntweinflasche vor sie hin. Sie blickte einen Augenblick wie hülfesuchend nach dem Lehrling. Als sie ihn beschäftigt sah, kniete sie seitwärts vor das Ankerfaß und hielt das zinnerne Maß unter das Messinghähnchen. Aber während die Flüssigkeit hineinrann, bog sie den Kopf zurück und schüttelte sich unmerklich, als widre sie der Dunst des Alkohols."

In der Novelle „Carsten Curator" wird dem Leser abstoßend der betrunkene Sohn Heinrich vorgeführt:

„Da, wie in plötzlicher Anwandlung, griff Carsten nach der flackernden Umschlittkerze und hielt sie dicht vor seines Sohnes Angesicht.

Zwei stumpfe, gläserne Augen starrten auf ihn hin.

Der Greis taumelte zurück. ‚Betrunken!' schrie er, ‚du bist betrunken!'

Er wandte sich ab; mit der einen Hand die qualmende Kerze vor sich haltend, die andere abwehrend hinter sich gestreckt, wankte er nach der Tür des Seitenbaues ... Der Trunkene war plötzlich seiner Sinne mächtig geworden. Wie aus dem Nebel eines Traumes erwachend, fand er sich allein in dem ihm wohlbekannten dunklen Raume."

Dennoch zieht Storm in seinem Novellenwerk und seinen Briefen das volle Register seiner Kenntnisse von den unterschiedlichen alkoholischen Getränken und macht die Leser mit seinen eigenen Trinkgewohnheiten und denen seiner Landsleute mehr als genug bekannt!

In der kulturhistorischen Skizze „Wie den alten Husumern der Teufel und der Henker zu schaffen gemacht" aus seiner Sammlung „Zerstreute Kapitel", formt er das Bild eines Scharfrichters aus Husum um die Mitte des 18. Jahrhunderts, der im Alkohol zu Exzessen neigt.

„Es scheint übrigens durchaus in der Natur dieses lebhaften Halbmeisters gelegen zu haben, seine Gelage mit dergleichen kleinen Schnörkeln zu verzieren; er ist stets bereit, etwas vom Besten zu geben, aber seinen Spaß, freilich, will er davon haben. Bei einem Glasermeister, wo er mit Anderen zusammentrifft, läßt er erst Bier, dann vier Flaschen Franzwein holen; als aber die liebe Gottesgabe ausgetrunken ist, streicht er den berauschten Gästen das Gesicht mit Schwärze an; die junge ebenfalls schwarz angestrichene Tochter der Grethe Rohrmannsch hat er, wie es in den Akten heißt, ‚so vollgesoffen, daß sie wie todt dagelegen und ihr die Flammen als ein Rauch aus dem Halse geschlagen'; die Mutter derselben, welche sie abzuholen kommt, erhält sofort denselben Anstrich. Wir erfahren dies alles aus dem Zeugnis der Grethe Rohrmannsch selber, ob sie beim Trinken mitgehalten, darüber läßt sie nichts verlauten."

Bei der Bezeichnung „Franzwein" ist grundsätzlich ein guter milder Branntwein gemeint, der von ausgezeichneter Qualität ist und in Frankreich durch Destillation verschiedener Weinsorten erzeugt wird. Hierbei sind die besten Sorten Cognac, Armagnac und Languedoc. Heute versteht man unter dem Begriff „Franzbranntwein" allerdings einen vergällten Alkohol, den man zu äußeren Einreibungen verwendet. In den Kochbüchern des vorigen Jahrhunderts handelte es sich jedoch noch um einen sehr reinen Alkohol, der auch häufig in der Küche beim Einmachen benötigt wurde. Die Kruken oder Flaschen wurden damit ausgespült, bevor das Einmachgut hineingegeben wurde.

Auch der Absinth ist Storm nicht unbekannt.

Absinth ist ein grüner Wermutlikör von würzig-bitterem Geschmack, der ursprünglich nur als Arzneimittel im Gebrauch war, jedoch etwa seit 1791 zum Genußmittel erklärt wurde. Reiner Absinth duftet stark ätherisch nach Fenchel und Anis und wird milchig trübe, wenn man ihm Wasser zusetzt. Im 19. Jahrhundert geriet Absinth, ursprünglich als magenstärkender Apperitif geschätzt, in Verruf, als man Kartoffelschnaps mit Pfeffer, Schwefelsäure, Kupfervitriol und anderen gesundheitsschädlichen Zusätzen versah und diesen als „Absinth“ verkaufte.(!)

EXTRAIT D'ABSYNTHE
(nach Carl Krackhart)

140 Gr. (8 Loth) Wehrmuth, 140 Gr. (8 Loth) grünen Anis, 26 Gr. ($1^1/_2$ Loth) Sternanis, 18 Gr. (1 Loth) Wacholderbeeren, 18 Gr. (1 Loth) Koriander, 18 Gr. (1 Loth) Fenchel und 4 Gr. (1 Quentchen) Muscatblüthe digerirt man mit gut 2 Liter (2 Maaß) Weingeist 8 Tage lang am warmen Orte. Zu diesem Abguß mischt man 2240 Gr. (4 Pfund) Zucker und 1 Liter (1 Maaß) Wasser.

Cüraçaoliqueur.

In einem großen Kessel setzt man 8 Pfund Zucker, mit ein klein wenig Wasser auf's Feuer, schäumt ihn und läßt ihn kochen, bis er zu einem steifen Syrup wird. Dann gießt man 6 Flaschen Franzbranntwein dazu und läßt ihn über Feuer kochend heiß werden, aber nicht zum Kochen kommen. In ein Faß schüttet man 8 Pfund getrocknete, von aller weißen Haut gesonderte und in Streifen geschnittene Pommeranzenschalen, gießt den Zucker und den Branntwein nebst noch 6 Flaschen von Letzterem, heiß darauf. Wenn sich Alles abgekühlt hat, spundet man das Faß zu, läßt es 14 Tage in der Sonne oder an einem warmen Ofen stehen, schüttelt es aber täglich um, und zieht den Cüraçao auf Flaschen.

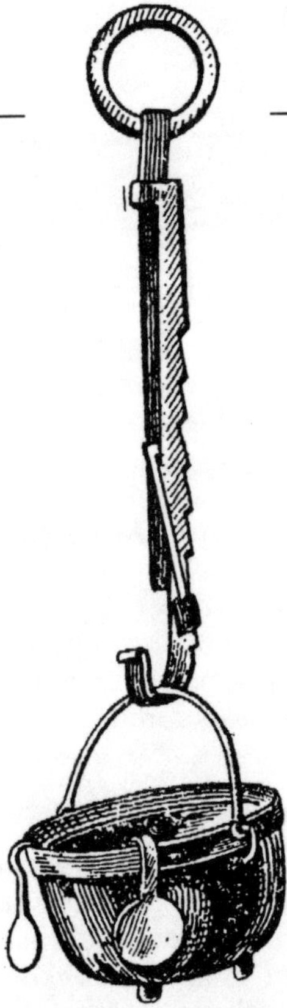

In seiner Novelle „Der Herr Etatsrat" hält Storm den bitteren Pomeranzenlikör für das Verderbnis der studentischen Jugend. Der Sohn des Etatsrats, Archimedes, gesellt sich zu einer Gruppe von älteren Männern, die im Hinterzimmer eines Gasthauses regelmäßig dem Pomeranzenlikör huldigen:

„Im Hinterstübchen eines Gasthofes, wo sonst nur die Leute aus der Marsch ihre Anfahrt hielten, pflegte sich ein paar Mal wöchentlich ein Kleeblatt älterer Männer zusammenzufinden, sämtlich voll mannigfacher Welterfahrung und scharfer rücksichtsloser Beurteilung aller übrigen Menschen. Bei einer Pfeife Petit-Kanasters und einem Gläschen feinsten und nur in diesem Stübchen zum Ausschank kommenden Pomeranzen-Liquors, das ohne Bestellung vor jeden hingestellt und ebenso erneuert wurde, verstanden sie es, die respektabelsten Häupter der Stadt in so einseitige Beleuchtung zu rücken, daß sie Jedem als die lustigsten Karikaturen erscheinen mußten. Diesen Leuten, welche in halbem Bruche mit der übrigen Gesellschaft sich selbst genug waren, hatte im letzten Winter Archimedes sich als Vierter angeschlossen ... Da tauchte, etwa einen Monat nach unserer letzten Rückkehr, unter einer Anzahl ihm bekannter Corpsstudenten eine Tollheit auf, welche vielleicht von einzelnen älteren Herren noch jetzt als ein Auswuchs ihres Jugendübermuts belächelt wird, welche aber für Andere der Anfang des Endes wurde. Ohne Ahnung jener späteren Ära des Absinthes, behaupteten sie, in dem ‚Pomeranzen-Bittern' den eigentlichen Feind des Menschengeschlechts entdeckt zu haben, und erklärten es für eine der idealsten Lebensaufgaben, selbigen, wo er immer auch betroffen würde, mit Hintenansetzung von Leben und Gesundheit zu vertilgen. Dieser Erkenntnis folgte rasch die Tat: eine ‚Bitternvertilgungskommission' wurde gebildet, die an immer neu erforschten Lagerorten des Feindes ihre fliegenden Sitzungen hielt. Die Sache wurde bekannt und begann über die Studentenkreise hinaus Anstoß zu erregen; sogar ein Anschlag am schwarzen Brett erschien, welcher den Studenten unter Androhung der Relegation den Besuch einer Reihe näher bezeichneter Häuser untersagte ..."

POMMERANZENGEISTLIQUEUR
(nach Doris Stender)

1 Pfund feiner Zucker wird mit 1 Quentchen [4 g] Anies und $^{1}/_{2}$ Quentchen [2 g] Nelkenöl der Art vermischt, daß sich das Oel ganz in dem Zucker verliert; dann giebt man 1 Kanne [2$^{1}/_{4}$ l] Franzbranntwein, $^{1}/_{2}$ Kanne spanischen Sect, (Sherry – Anm. d. Verf.), $^{1}/_{4}$ Kanne Milch, die Schale von 4 Pommeranzen, 1 Loth [ca. 17 g] Nelken und 1 Loth Kaneel dazu; läßt Alles 48 Stunden ruhig stehen, nimmt dann mit einem Löffel das auf der Oberfläche schwimmende Gewürz ab, gießt es durch Löschpapier und füllt es in Flaschen.

Pomeranzenlikör muß im vorigen Jahrhundert in Norddeutschland besonders beliebt gewesen sein, denn auch Detlev von Liliencron (1844–1909), der mit Theodor Storm korrespondierte und den Husumer verehrte, läßt in seiner Erzählung „Auf der Seehundsjagd“ im Hooger Fährhaus auf der Insel Pellworm einen Schiffer begehrlich nach der Flasche mit Pomeranzenlikör auf dem Wandbrett schauen.

POMERANZEN-LIQUEUR
(nach Carl Krackhart)

1680 Gr. (3 Pfund) Zucker, 1 Liter (1 Maaß) Wasser, 1$^{1}/_{2}$ Liter (1$^{1}/_{2}$ Maaß) Weingeist, 12 Tropfen Pomeranzenöl, 6 Tropfen Citronenöl (Gelb).

Liqueur-Zubereitung:
Um Liqueur zuzubereiten, gießt man Weingeist in eine Flasche, gießt das betreffende Oel hinzu und schüttelt Beides tüchtig durcheinander. Dann erst bringt man den Zuckersaft hinzu und das nöthige Wasser. Ist der Zuckersaft trübe, so setzt man ihm Kuhmilch zu, auf gut 2 Liter (2 Maaß) Zuckersaft $^{1}/_{4}$ Liter (1 Schoppen), und filtrirt ihn.

Sämtliche Liqueure, wenn sie nicht ganz rein sind, werden durch Flanell- oder Löschpapier filtrirt. Will man die Liqueure ordinärer, so setzt man Wasser zu.

Ein besonders feiner Kräuterlikör mit Pomeranzengeschmack ist der „Benediktiner“, der ursprünglich von Benediktiner-Mönchen in Fécamp in der Normandie hergestellt wurde. Auch Storm genießt gerne diesen aromatischen Likör mit honigartiger Geschmacksnuance.

Im Januar ist er wieder einmal bei Landrat Graf zu Reventlow zu dessen Geburtstag im Husumer Schloß eingeladen, wie noch an anderer Stelle berichtet wird. Es gibt nicht nur römischen Punsch, sondern auch „Benedictiner“, und Storm vermerkt hierzu mit Brief vom 26. Januar 1884 an Erich Schmidt: „Alles I Qualität“.

BITTERER LIQUEUR
(nach Carl Krackhart)

Man vermengt: 105 Gr. (6 Loth) unreife Pomeranzen, 9 Gr. (1/2 Loth) Thümian, 9 Gr. (1/2 Loth) Salbei, 18 Gr. (1 Loth) Kümmel, 18 Gr. (1/2 Loth) Anis, die Schale von zwei Citronen, 9 Gr. (1/2 Loth) Wacholderbeeren und 9 Gr. (1/2 Loth) Quassia (südamerikanisches Bitterholzgewächs – Anm. d. Verf.). Dieses Gemenge übergießt man mit gut 2 Liter (2 Maaß) Weingeist, läßt es 8 Tage lang an warmem Ort ausziehen, schüttelt es dabei täglich einige Male durcheinander, gießt es ab und versüßt den Abguß mit dem Zuckersaft von 1680 Gr. (3 Pfund) Zucker, 1 Liter (1 Maaß) Wasser.

ZUCKERSAFT ZU LIQUEUREN
(nach Carl Krackhart)

1680 Gr. (3 Pfund) Zucker läutert man mit 1 Liter (1 Maaß) Wasser, läßt ihn einige Male aufkochen, zerschlägt mit etwas Wasser ein Eiweiß und gießt dieses dazu. Dadurch erhalten die Liqueure das Oelige, welches die französischen so sehr auszeichnet. Zu ganz feinen Liqueuren kocht man den Zucker stärker ein und läßt ihn, wenn er nicht ganz rein ist, durch ein feines Sieb laufen.

MAGENBITTER-LIKÖR
(nach Carl Gruber)

120 g Orangenschalen, 120 g Wacholderbeeren, 120 g Anis, 120 g Wehrmut, 120 g Salbei, 120 g Angelika, 60 g Lavendelblume, 60 g Pfefferminze, 30 g Nelken werden vermischt und angesetzt und in 3 Liter dieses angesetzten Extraktes 5 1/4 Kilo Zucker gegeben. Diese Ingredienzen sind mit Wasser und dem Spiritus zu übergiessen und in einem gut verschlossenen Gefäß 8–10 Tage lang dem Durchziehen zu überlassen.

LIKÖR-ZUBEREITUNG
(nach Carl Gruber)

Bei Zubereitung der Liköre wird stets Läuterzucker verwendet, im Gegensatz zum Branntwein, zu dem man einfach aufgelösten Zucker nimmt. Durch die Zugabe des Läuterzuckers erhält der Likör die Milde und Feinheit und entbehrt der Härte und Schärfe. Es ist zu beachten, daß die Klärung eine vollkommene ist, da dadurch der Likör an Ansehen gewinnt. Man nimmt zu diesem Zweck auf $^1/_2$ Kilo Raffinade Zucker $^1/_5$ Liter Wasser und kocht ihn bis zu 28–30 Grad (siehe Zuckerwage). Die Zubereitung der Liköre geschieht fast ausnahmslos auf kaltem Wege, d. h. man setzt dem Läuterzucker im erkalteten Zustand die ätherischen Oele und Essenzen usw. zu. Der zur Verwendung kommende Spiritus muß rektifiziert, d. h. gereinigt sein.

DAS LÄUTERN DES ZUCKERS
(nach Carl Gruber)

Zucker, Melis oder Raffinade wird in einem beliebigen Quantum zerhackt, in einem Kessel mit Wasser übergossen, mit einem Schaumlöffel zerdrückt, bis er sich vollständig aufgelöst hat, einige mit Wasser aufgeschlagene Eiweiss hinzugefügt und so auf Feuer gesetzt, wo man ihn langsam zum Kochen kommen lässt. Sobald er steigt, giesst man etwas kaltes Wasser hinein, wodurch er wieder fällt und ist das einige Male zu wiederholen. Man setzt ihn vom Feuer, nimmt den sich gebildeten Schaum ab, wäscht ihn an der Wand des Kessels mittels eines in kaltem Wasser getunkten Bürstchens zusammen, setzt ihn wieder auf das Feuer und lässt ihn so lange kochen, bis er sich vollständig geklärt hat. Nun stellt man die Probe an mittels einer Zuckerwage, die man darin schwimmen lässt. Zeigt diese 30 Grad, so kann man den Läuterzucker absetzen und in ein dazu bestimmtes Gefäss schütten, wo er bis zum weiteren Gebrauche zugedeckt aufbewahrt wird. Im Falle er mehr als 30 Grad zeigt, giesst man etwas Wasser daran, da er sonst kandieren würde.

ORANGE-LIKÖR
(Orange gefärbt, also gelb und rot) (nach Carl Gruber)

$2^1/_2$ Kilo Zucker, geläutert mit $1^3/_4$ Liter Wasser, $2^1/_2$ Liter Weingeist, 15 bis 20 Tropfen Orangenöl.

Durch den Berliner Schriftsteller und auch Kunsthistoriker Friedrich Eggers (1815–1872) lernt Storm den heute noch gängigen Berliner Kümmelschnaps, den sogenannten „Gilka“ oder „Kaiserkümmel“, kennen. Im Brief an Friedrich Eggers aus Heiligenstadt vom 8. Juli 1857 läßt er die Familie Kugler, deren Wohnung man aufgrund ihrer Gastfreundschaft den „ewigen Herd“ nennt, grüßen und möchte sie mit diesem lieblichen Kümmelschnaps, der 1836 erstmals auf den Markt kam, nach Heiligenstadt locken:

„Daß Herds ihr Haus verkauft, wußte ich nicht; hätt's mir kaum denken können. Grüßen Sie dort herzlich. Der Herdpriester, der soviel von seinen Fußwandrungen rühmt, könnte sich doch wohl einmal in meine Berge versteigen. Sollte es gut haben bei mir; selbst den Gilka kommen zu lassen, würde ich weder Müh noch Kosten sparen!“

KÜMMELLIKÖR WEISS
(nach Carl Gruber)

$2^1/_2$ Kilo Zucker, geläutert mit $1^3/_4$ Liter Wasser, $2^1/_2$ Liter Weingeist, 40 bis 45 Tropfen Kümmelöl.

KÜMMEL-LIQUEUR
(nach Carl Krackhart)

1680 Gr. (3 Pfund) Zucker, 1 Liter (1 Maaß) Wasser, $1^1/_2$ Liter ($1^1/_2$ Maaß) Weingeist, 30 Tropfen Kümmelöl.

Doch nicht nur der Berliner Kümmelschnaps ist Storm bekannt, sondern auch der dänische. Und so läßt er diesen in „Der Herr Etatsrat“ durch den Sohn Archimedes anbieten:

„War dieselbe (nämlich die Mathematikstunde – Anm. d. Verf.) in aller Pünktlichkeit gehalten worden, dann – es war sicher darauf zu rechnen – stellte Archimedes zwei kleine geschliffene Gläser auf den Tisch und füllte sie mit einem feinen Kopenhagener Kümmel, den er sich, ich weiß nicht woher, mitunter zu verschaffen wußte. ‚Trink einmal‘, sagte er während des Einschenkens; ‚das vertreibt die Grillen!‘ Und gleichzeitig leerte er auf einen Zug sein Glas.“

Der Samen des Wiesenkümmels enthält $3^3/_4$ Prozent eines würzigen ätherischen Öls, dem man eine krampflösende Wirkung nachsagt. In dem „Appetitlexikon“ von Rudolf Harbs heißt es hierzu:

„. . . ebenso tritt er in der Brennerei bedeutsam hervor . . . in Deutschland hat sogar das ‚Kümmeln‘ das ehemals beliebte ‚Schnapsen‘ völlig aus dem Sattel gehoben: Man betrinkt sich in Norddeutschland nicht, sondern man ‚bekümmelt‘ sich und es gibt dort schon seit langem keine Schnapsbrüder mehr, sondern nur noch ‚Kümmelbrüder‘.“

Apotheker sind seit Jahrhunderten dafür bekannt, einen guten Likör zu brauen. Ähnliches vermochte offenbar auch Schwager Dr. Stolle in Segeberg, wobei leider die Rezeptur nicht übermittelt worden ist. Er gibt Storm im Oktober 1860, als dieser von Segeberg nach Neumünster per Wochenwagen und ab Neumünster per Zug über Hamburg bis Göttingen und dann per Kutsche zurück nach Heiligenstadt reist, ein Fläschchen Selbstgebrautes als Reiseproviant mit. Rückblickend erinnert sich Storm in einem Brief an Schwiegervater Esmarch:

„Heiligenstadt 10 October 1860 . . . mit unter nahm ich denn auch wohl einen Schluck Stolleschen Höllenelixirs und dachte so herzlichst meines herzlieben Schwagers, des Doktors.“

Betrachtet man die Fülle der bis jetzt beschriebenen alkoholischen Getränke, so verwundert es ein wenig, wenn Storm, nachdem sein Freund Paul Heyse ihm, offenbar zu seinem siebzigsten Geburtstag, einige originelle Kristallgläser verschiedener Größe geschenkt hat, zurückschreibt:

„Hademarschen, 20. Oktober 1887
. . . Sage Deiner lieben Frau, . . ., daß ich ein völlig durstloser Mensch bin und aus so großen Gläsern wie das des Landsknechts und des Pfaffen gar nicht trinken k a n n, daß dagegen das Liqueurgläschen in ständigen Gebrauch genommen ist, während die anderen beiden mich freundlich anschauen.“

Als Storm um die Jahreswende 1886/87 mehrere Wochen sehr krank ist, beschließt er etwas für seine Gesundheit zu tun. Auf eine Badereise, die ihm gewiß sehr bekömmlich gewesen wäre, verzichtete er allerdings und meint, eine Trinkkur zu Hause würde auch genügen. So berichtet er am 1. März 1887 Tochter Elsabe:

„. . . und erwarte nun 30 Flaschen ‚Kronenquell‘, die mir aus Salzbrunn in Schlesien verschrieben. Ich hoffe, daß sie mir die persönliche Badereise überflüssig machen, da sie gründliche Haus-kur schaffen sollen."

Schon Jahrzehnte zuvor im Jahre 1856, als er nervös und überarbeitet war und der Arzt ihm eine Trinkkur verordnen wollte, bemerkt er zu der für einige Ferientage in Segeberg weilenden Ehefrau Constanze:

„Montag, den 2. Juni. Später. Eben verläßt Branco (der Arzt Storms – Anm. d. Verf.) mich, er hat mir das Arbeiten auf mindestens sechs Wochen verboten, und werde ich um Verlängerung meines Urlaubs nachsuchen. Aber was soll ich hier? Ich soll Kissinger Brunnen trinken; das kann ich auch in Segeberg; und bei dir werd' ich leichter gesund. Wollen und können Deine Eltern auch mich noch mit dazu haben, so komme ich nächsten Montag."

Doch Storm ist kein überzeugter Wassertrinker, es sei denn mit Zusatz von Tee oder Kaffee! Vielmehr wendet er sich auch gerne Wein und Champagner zu, insbesondere dann, wenn er Gast und nicht Gastgeber ist!

Zwar erklärt er am 16. August 1872 dem Sohn Hans vom Schloß Leopoldskron bei Salzburg aus, wohin ihn der österreichische Politiker Julius Alexander Schindler (1818–1885, als Schriftsteller bekannt unter dem Pseudonym Julius von Traun) eingeladen hat:

„Hier leb' ich denn wie Gott in Frankreich, nur ist mir Kost und Wein gar zu reichlich, ich bin nicht geschaffen, mich ins Schlaraffenland hineinzuessen."

Doch wußte Storm unterschiedlichste Weinsorten durchaus zu genießen – besonders, wenn sie gut und teuer waren!

In seinen Berliner Studentenimpressionen von 1838, deren Handschriften erstmalig 1988 im vierten Band der von Karl Ernst Laage und Dieter Lohmeier herausgegebenen „Sämtliche Werke" abgedruckt wurden und die mit „Beroliniana" bezeichnet werden, läßt Storm eine Reminiszenz an seine Lübecker Schulzeit und den dortigen alten Ratsweinkeller anklingen. Denn in dem Kapitel „Wie ein Berliner kein Deutsch verstand, wie der Studiosus Nor‹d›heim ein Glas Wein trank und was für wunderliche Träume er danach träumte" heißt es von dem träumenden Studenten, der autobiographische Züge trägt und hier einen kräftigen Alptraum wiedergibt:

„Dann saß er wieder zu Lübeck im alten Weinkeller und schenkte sich perlenden Johannisberger in das grüne Römerglas; sobald er aber auf seine Zunge

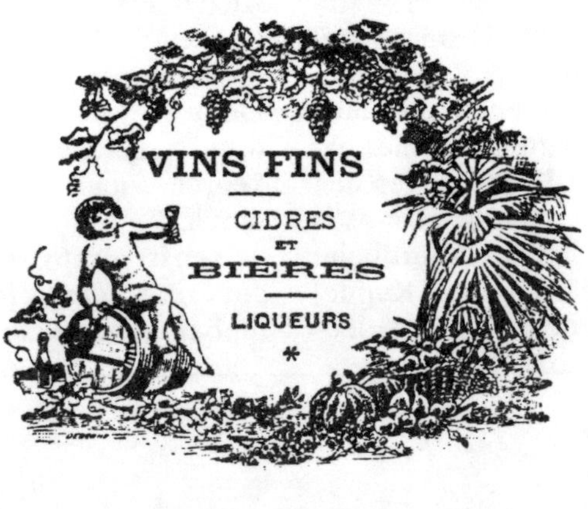

kam, war es der Berliner St. Julien, der ihn in schrecklichen Konvulsionen unter den Tisch stürzte; wenn er dann wieder auftauchte, da wollte er sich nach seiner Ermattung am schönen Johannisberger erquicken, der vor ihm auf dem Tisch stand, und wieder fiel er unter den Tisch und so gings fort bis die Flasche leer ward, die Flasche aber ward niemal‹s› leer ..."

Schloß Johannisberg, im Rheingau gelegen, ist eine der berühmtesten Weinlagen Deutschlands. Schon beim „Vetter Christian" dürfen sich die Gäste daran delektieren. Die am Fuße des Schloßbergs wachsenden Rieslingreben werden zu einem fruchtigen, charaktervollen Wein gekeltert. Wenn Storm hier allerdings von dem „perlenden Johannisberger" spricht, so meint er damit vermutlich einen Winzersekt aus Johannisberger Provenienz. Schloß Johannisberg wurde 1816 durch den österreichischen Kaiser dem Kanzler Fürst Metternich zum Geschenk gemacht, dessen Nachfahren noch heute dort Weine und Sekte produzieren. So kann man sich vielleicht unter dem „perlenden Johannisberger" einen Sekt à la „Fürst Metternich" vorstellen. Mit dem Getränk „St. Julien" ist nicht der bedeutende französische Beaujolais aus dem Weinbauort Julienas, einer der besten Beaujolais-Weine der Welt, gemeint, sondern es handelt sich hier offenbar um eine verballhornte Bezeichnung für einen extrem billigen herben Rotwein, für den besonders Berlin berüchtigt gewesen sein mag, denn der Student Nordheim muß sich in diesem Stormschen Kapitel von seinem Freund, dem Doktor belehren lassen, daß der Zoll für französische Weine gar zu hoch sei. Wie sauer dieses Getränk gewesen ist, beschreibt Storm, möglicherweise aus eigener Erfahrung, sehr anschaulich:

„‚Da bringen Sie mir doch eine Flasche St. Jülien!' – Der Kellner ging. – ... Der Wein war da; der Studiosus schenkte sich und seinem Freunde ein und war, wie denn die Studenten pflegen, beim Anblick der – ‹Flasche?› wieder froh und frisch geworden.

‚Komm, Doktor, stoß an, wollen den Berliner Staub herunterspülen', lachte er und jagte durstig das ganze Glas durch die Kehle. Doch kaum wars geschehen, so schoß er kerzengrade vom Stuhl in die Höhe, daß er wie eine Salzsäule in die Luft starrte. Aus seinen Augen quollen ‹armdicke?› Tränen, sein Mund verschrumpfte sich ‹zum?› schiefwinkligen Dreieck und seine Seele rang vergeblich nach Luft und Sprache. Der Doktor aber setzte die Hände in die Seiten und brach in ein unmäßiges Gelächter aus. ‚Mensch, das ist Berliner St. Jülien; wer wird den denn auch gläserweis trinken; des Guten nicht zu viel auf einmal!'

‚Ah', stöhnte Nordheim und kam endlich zur Besinnung, ‚was ist das schon wieder, ich wollte ja Wein trinken!'

‚Hast auch Wein getrunken und wird dir keinen Schaden tun', spottete der Doktor. ‚Mußt Dich nur nicht gleich drauf schlafen legen; fleißig wenden und kehren, ‹sonst?› frißt er den Magen durch.'"

Nun ist nicht anzunehmen, daß Storm ein Freund dieses Rotweins war, der offenbar „das letzte Knopfloch zusammenzieht"! Es haben ihm tatsächlich mehr die Rheingaulagen angetan. Gegenüber von Johannisberg liegt in Rheinhessen das historische malerische Städtchen Ingelheim. Ein Drittel der Weinbauflächen ist dort mit roten Sorten, insbesondere einem ansehnlichen Spätburgunder, bestockt, was Ingelheim landesweit den Ruf der rheinhessischen Rotweininsel eingebracht hat. Die Ingelheimer Rotweine sind mit die beachtenswertesten deutschen Rotweine.

In dem Märchen „Der Spiegel des Cyprianus" läßt Storm den alten Hausmeister diesen Rotwein abzapfen:

„In demselben Augenblick ... stand der alte Hausmeister tief unten im hintersten Verschlage des Kellers, wo ein Knecht mit der Abzapfung eines Fasses Ingelheimer beschäftigt war."

Bei einer Flasche Lübecker Rotspon, die ihm im Hause des Kellinghusener Augenarztes Doktor Julius Mannhardt in der Villa Fernsicht serviert wird, treffen die Dichter Detlev von Liliencron (1844–1909) und Storm im Jahre 1884 auf einer größeren Gesellschaft zusammen. Liliencron erinnert sich später in einem Brief vom 25. März 1885 an den Leipziger Schriftsteller Hermann Friedrichs (1854–1911) daran:

„Ueber meinen feinen, vornehmen, unsäglichen eitlen, merkwürdigen Landsmann Th. Storm, den Adelshasser, auf allen Gütern meines kleinen Heimatlandes aber vom Adel sich gern verhätscheln lassenden Dichter, schreibe ich schon lange ... Den müßten Sie kennen. Wirklich: ein Dichter! Ich sah ihn neulich auf einem Diner, wo man mich neben ihn setzte. Das erste war, daß er eine Flasche Rotspon umgoß; dann aber stürzten die Damen auf ihn, und alles war wieder gut. Es genierte ihn absolut nicht."

Rotspon ist eine Lübecker Spezialität. Die Bezeichnung kommt aus dem Mecklenburgischen. „Spon" ist der niederdeutsche Ausdruck für „Span" – Holzspan. Rotspon ist daher Rotwein aus dem Holzfaß.

Die Anfänge des Lübecker Rotweinhandels gehen zurück auf das 13. Jahrhundert. Schiffe der Hanse brachten von der französischen Westküste Bordeaux-Weine mit. Doch erst ab 1530, als der Lübecker Kaufmann Thomas Bugenhagen als erster begann, Rotwein in größeren Mengen einzuführen und in tiefen Weinkellern an der Trave zu lagern, gewann der Lübecker Weinhandel an Bedeutung. Bugenhagen soll seinem Lagermeister die Anweisung gegeben haben, den Wein in Holzfässern reifen zu lassen, „damit seine guten Eigenschaften sich voll entwickeln und der Wein nicht laut und heftig, sondern fröhlich und gesellig macht". Die erstaunliche Qualitätsverbesserung des französischen Weins durch die Lagerung in Lübeck resultiert tatsächlich aus der Lage der Lübecker Weinkeller. Dies erkannten zuerst 1806 französische Offiziere, als sie unter Napoleon Lübeck besetzten. Die Franzosen stellten fest, daß ihr heimischer Bordeaux aus Lübecker Weinfässern weit besser schmeckte als in Frankreich. Um der Ursache auf den Grund zu gehen, füllte man denselben Bordeaux in mehrere Fässer und ließ einige in Frankreich lagern und andere nach Lübeck verfrachten und dort einlagern. Bei einer Weinprobe stellte man dann fest, daß

Carte des Vins

VINS ROUGES

	La Bouteille
Ordinaire.......	» 60
BOURGOGNE	
Mâcon ordinaire.	1 »
» vieux....	1 50
Moulin-à-Vent..	2 50
Beaune ordinaire	2 50
Fleury.........	3 »
Pomard........	3 50
Chambertin.....	5 »
BORDEAUX	
Ordinaire.......	1 25
Médoc.........	2 50
Pomerol........	2 50
Pontet-Canet....	3 »
Saint-Julien.....	3 50
Saint-Émilion...	4 »
Saint-Estèphe...	4 »
Château-Léoville	5 »

VINS BLANCS

	La Bouteille
Ordinaire......	» 60
Chablis.........	1 »
» vieux...	1 50
Graves ordinaire	1 50
Sainte-Foy.....	2 »
Pouilly.........	2 50
Barsac.........	3 50
Sauterne.......	4 »
Haut-Sauterne..	5 »
CHAMPAGNE	
Trémant........	3 »
Grand Mousseux	4 »
Mercier & Cie...	5 »
Ay Mousseux...	6 »
Montebello.....	7 »
Rœderer & Cie...	7 »
Moët & Chandon	8 »
Pommery.......	8 »

der Lübecker Wein tatsächlich besser mundete. Wenn Theodor Storm eine Flasche Rotspon versehentlich im Hause des Augenarztes Mannhardt umgestoßen hat, so geschah dieses gewiß nicht aus Mißachtung dieses Getränkes, das mittlerweile genauso ein Qualitätsbegriff für Lübeck geworden ist wie das „Lübecker Marzipan".

Auch mit ungarischem Wein macht Theodor Storm Bekanntschaft: Am 7. Dezember 1863 hatte der Deutsche Bundestag, auf Betreiben Preußens und Österreichs, die Bundesexekution gegen Dänemark beschlossen. Das Ziel war, die Bestimmung des Londoner Protokolls wiederherzustellen, das die einheitliche dänische Erbfolge garantierte und die Integrität der dänischen Monarchie für europäisches Interesse erklärt hatte. Österreichische Truppen marschierten in Schleswig-Holstein ein. Auch in Husum hatte man Einquartierung. Die Österreicher gaben ein Festessen, das Storm im August 1865 seinem Sohn Hans beschreibt:

„Sonntag morgen, 20. August ... Das österreichische Offizierskorps gab zum Geburtstag des Kaisers ein Diner bei Md. Caspersen ... Es wurde österreichisch – sie haben ihre eignen Köche – gegessen und ungarisch getrunken, und aus letzterem entspann sich später allerlei Teufelei, denn die Kraft dieses Traubenbluts lag außer Berechnung unsrer Landsleute."

Ungarische Weine, besonders die Tokayer, haben sich jahrhundertelang eines weltweiten Rufes erfreut. Bei der Fülle der Sorten und Geschmacksrichtungen kann hier aber in keiner Weise festgestellt werden, welchen ungarischen Wein Storm gemeint hat. Es muß auf jeden Fall ein sehr süffiger schwerer gewesen sein, der bei den Husumern zu ungeahnten Auswirkungen geführt hat!

Am 5. Februar 1887 trinkt Storm, der seit Oktober 1886 für Monate erkrankt war und nun auf dem Wege der Genesung ist, zur Feier des Tages zusammen mit Ehefrau Doris und dem Gutsbesitzer Dr. Hans-Heinrich Wachs, wie oben erwähnt, eine Flasche „Haut barsac" aus dem Jahre 1782. Haut-barsac-Weine gehören zu den Sauternes-Weinen und sind praktisch das französische Gegenstück zu deutschen und österreichischen Beeren- und Trockenbeerenauslesen. Das heißt, es sind mehr oder weniger süße goldfarbene Weine mit cremigsamtigem Geschmack und einem hohen Alkoholgehalt (14% Vol. und mehr sind keine Seltenheit). Sie gelten als sehr blumig und fruchtig. Barsac ist der nördlichste der fünf Sauternes-Orte mit eigener Appellation. Er ist geschmacklich den anderen vier Sauternes-Weinen gegenüber aufgrund seines unterschiedlichen Bodens und seiner anderen Lage, trotz ähnlicher Rebsortenverhältnisse und gleicher Ausbauarten, deutlich zu unterscheiden. Er ist weniger süß als traditionelle Sauternes, sondern hat nur eine feine, verhaltene Süße. Da der von Dr. Wachs dedizierte Wein aus dem Jahre 1782 stammte, ist anzunehmen, daß er sehr viel schwerer war als Barsac-Weine jüngeren Jahrgangs.

Die Krone eines eleganten Getränkes ist für Storm der Chateau d'Yquem. Auch dieser ist ein Wein aus der Sauternes, der bei einer Klassifizierung von

1855 noch über die großen roten Bordeaux-Weine eingestuft wurde. Storm schwärmt in mehreren Briefen davon, insbesondere anläßlich des Geburtstagsdiners bei Landgraf Reventlow am 5. Januar 1884.

An Erich Schmidt berichtet er am 26. Januar 1884:

„Dienst‹a›g kamen wir zurück und ich arbeite nach Kräften, kann aber eine große Müdigkeit nicht loswerden; denn in Husum ging es scharf her: Puter, russ. Haselhühner, Fasane, röm. Punsch, Yquem etc Benedictiner etc, Tag für Tag. Alles I Qualität."

Seiner Tochter Elsabe erzählt er aus Hademarschen am 23. Februar 1884:

„Der Karneval in Husum war in den letzten 9 Tagen auch ziemlich stark. Soupers und Diners (letztere höchst fein: Fasanen, russische Haselhühner, Yquem, römischen Punsch usw.) wechselten Tag für Tag. Jetzt aber muß ich stramm zur Arbeit."

Als Bruder Aemils zweitälteste Tochter Margarete Storm (1864–1942) den Gynäkologen und späteren Professor Dr. Ludwig Glaevecke (1855–1905) aus Kiel heiratet, wird am 3. August 1887 die Hochzeit in Husum mit einem prachtvollen Diner gefeiert, an dem Dorothea Jensen allerdings, aus welchen Gründen auch immer, nicht teilnimmt. So beschränkt sich Storm auf eine Beschreibung und bezeichnet den Chateau d'Yquem als seinen „Leibwein":

„Osterhusum, 4 August, Vorm. 10 U. Mein Do! Also: Vorgestern Abend bei Aemils Souper für 30 Personen mit guter Bowle bis 1 Uhr Nachts, gestern nach der Trauung Diner mit etwa 9 Gängen für 50 Personen bei Bydekarken, wo wir in Chateau d'Yquem, meinem Leibwein, u. Champagner u. feinster Röthe schwammen bis etwa $1^1/_2$ U., wo beide Töchter allerliebst aussahen u. fleißig tanzten; und heute morgen 7 U. frisch u. fröhlich aufgestanden."

Am Rande sei hier übrigens bemerkt, daß Prof. Dr. Ludwig Glaevecke und Ehefrau Margarete drei Kinder hatten: Der älteste Sohn Karl (1888–1914) fiel im ersten Weltkrieg. Die beiden jüngeren Kinder, Hans und Elisabeth, blieben unverheiratet und lebten nach dem zweiten Weltkrieg in Bornhöved, somit in dem Ort, in dem einst der Großvater von Storms Schwager Dr. Stolle, Pastor Oertling, von 1811–1837 als Seelsorger tätig gewesen war.

Hans Glaevecke war ab 1946 bis zu seinem Tode als praktischer Arzt in Bornhöved tätig. Er wurde am 31. März 1890 in Kiel geboren und wohnte später in Bornhöved zusammen mit seiner Schwester Elisabeth Charlotte (geb. 1893), die dort Fürsorgerin war. Das Geschwisterpaar vermachte eine alte Familienbibel von 1692 der Kirche zu Bornhöved. Man hatte sie in Kiel während der Bombenangriffe immer mit in den Luftschutzkeller genommen und sie wohl so vor der Vernichtung bewahrt. Nun findet sie sich hier, von dem Großneffen und der Großnichte Theodor Storms gestiftet, im Kirchenarchiv in unmittelbarer Nähe der Kirche, wo einst der Schwiegervater von Storms Schwägerin, Helene Esmarch, verheiratete Stolle, gepredigt hatte.

Die Hochzeitsfeier muß wirklich sehr

elegant und üppig gewesen sein, was unter anderem an der guten finanziellen Situation von Bruder Aemil gelegen haben mag. So berichtet Storm in Vorschau auf die Eheschließung am 26. Mai 1887 an Paul Heyse:

„Zu uns, d. h. in mein und das brüderliche Haus kommt zu Pfingsten unser Bruder Dr. aus Husum mit Frau und 2 Töchtern und dem Bräutigam der einen, einem trefflichen jungen Arzt, der in Kiel auf die akademische Laufbahn zu will. Da Wohlhabenheit auf beiden Seiten, so ist schon diesen Sommer Hochzeit."

Das Chateau d'Yquem ist auch heute noch eines der bedeutendsten Weingüter der Welt. Das Schloß stammt aus dem 15. Jahrhundert und befindet sich im Familienbesitz der gräflichen Familie Lur-Saluces. Man kann den Chateau d'Yquem als den berühmtesten süßen Wein der Welt bezeichnen. Es erfolgt jährlich ein sehr geringer Ausstoß, nämlich nur 1250 Flaschen von einem Hektar. In schlechten Jahren wird gar nicht gekeltert. Das Weingut hat nur eine Größe von ca. 100 Hektar. Der Geschmack soll köstlich, geradezu cremig, von ungewöhnlicher Fruchtigkeit und Rasse sein. Ein Yquem wird erst nach vielen Jahren serviert, da er eine lange Reifeperiode braucht. Der unnachahmliche Geschmack entwickelt sich nach Jahrzehnten.

Kein Wunder, daß Storm diesen Tropfen zu würdigen weiß!

Im Freundes- und Bekanntenkreis Theodor Storms hatte es sich offenbar seit langem herumgesprochen, daß der Dichter für diesen teuren Süßwein eine

ausgesprochene Schwäche hatte. So bot der in Heiligenhafen geborene, in Stuttgart, Schleswig, Flensburg, Kiel, Freiburg und München lebende Dichter Wilhelm Jensen (1837–1911) in seiner Schleswiger Zeit bereits Storm eine Flasche Chateau d'Yquem an, um den Gast im Juni 1867 eines Abends damit zu beeindrucken und zu erfreuen. Doch dieser zeigte gar keine Reaktion!

Wenige Tage zuvor war das Ehepaar Jensen bei Storm in Husum über Nacht zu Besuch gewesen. Gertrud Storm berichtet darüber in den Erinnerungen an den Vater, „Theodor Storm, ein Bild seines Lebens":

„,Donnerstag waren Dr. Jensen und der junge Heiberg nebst Frauen bei uns'; heißt es in einem Briefe Storms vom Juni 1867 an seinen Sohn Hans, ,es war ungemein behaglich. Leider mußte Frau Heiberg, eine Halbspanierin aus Carracas, nachmittags wieder fort. Die Übrigen blieben die Nacht, und Freitag fuhr ich mit nach Schleswig, wo es mir sehr gut ward. Das sind so kleine Oasen im werktäglichen Leben."

Storm bleibt als Gast des jungen Jensenschen Ehepaares mehrere Tage in Schleswig. Jensen erzählt in seinen Heimat-Erinnerungen von diesem ersten Besuche eine köstliche Geschichte. „Ich holte aus dem Keller“, heißt es da, „das Beste, was er enthielt, eine seit langem für besonderen Fall aufbewahrte Flasche Chateau d'Yquem vorzüglichsten Jahrgangs. Sie mußte jedem Kenner irgendwie Zeichen der Achtung abnötigen, Storm trank indes ein paar Gläser, ohne ein Wort zu äußern, noch eine Miene zu regen. Zuletzt konnte ich mich nicht enthalten, einmal zu fragen, ob der Wein ihm zusage, und er antwortete: ‚O, ja, er könnte nur ein bißchen süßer sein.‘ Süßer als alter Yquem – mir ging's plötzlich wundersam auf, daß man dem Dichter des Oktoberliedes zu einem beliebigen Rebsafte einige gutgefüllte Löffel Zucker rühren mußte, um ihm ‚den Wein, den holden‘, zu seiner vollen Befriedigung herzustellen. Übrigens war er – darin völlig von Geibel und Groth abweichend – eigentlich kein Wein-, sondern ein Teeliebhaber.“

Storm „schwimmt“ gerne Zeit seines Lebens „in Champagner“! Hatte er schon als Junggeselle der Braut gegenüber von dem alljährlichen Deichbezugsschmaus im Weinhaus Werner in Husum geschwärmt, das „zuletzt in Champagner endete“, so wird am 15. September 1853 aus Berlin Constanze von seiner Geburtstagsfeier berichtet, die ihm Kugler und Fontane gestalten.

„Dann aßen wir vortrefflich und tranken in Rheinwein und Champagner Deine und der Jungen Gesundheit, und Fontane zog natürlich wieder ein langes Gedicht aus der Tasche.“

Dennoch hält sich Storm letztlich fast für einen Antialkoholiker! So berichtet er Ehefrau Constanze nach Segeberg, wo diese Ferien macht, am 17. Juli 1858, daß er sich nachts in einem „wahren Sommerabendzauber“ zusammen mit dem Strohwitwer Schlüter bei einem Heiligenstädter Bekannten Zegbaum zu einer Weinprobe eingefunden habe, die ihm aber letztlich nicht bekommen sei:

„Nein, meine Dange, ich soll keine Eroberungen mehr machen! Da hab' ich mir nun doch gestern abend bei einer Weinprobe, trotz meiner geringen Beteiligung, eine rote Nase geholt ... Der alte Z. (Zegbaum – Anm. d. Verf.) ließ seinen Weinkeller einen köstlichen Rheinwein nach dem andern herausgeben bis zum edlen Steinberger Kabinett. Um $^3/_4$ 1 Uhr drückte ich mich. Ich hatte schon lange geseeltagt. Und trotz meines mäßigen Trinkens fühle ich doch, daß ich zuviel getrunken. Ich darf eigentlich nicht über ein Glas hinaus.“

Der Steinberg ist ein berühmter, 32 ha großer Weinberg mitten im Rheingau. Er wurde bereits im 12. Jahrhundert von Zisterziensermönchen angelegt. Noch heute sind das Kloster und der Weinberg mit der alten Umfassungsmauer umgeben, die dem Berg seinen Namen gab. Die Reben sind fast ausnahmslos Rieslingreben. Sie sind voll und kräftig im Geschmack und gehören mit zu den bemerkenswertesten des ganzen Rheingaues.

Auch später begeistert sich Storm immer wieder für Champagner. Am 30. Oktober 1858 freut er sich in einem Brief an Hermann Schnee auf ein am folgenden Tag zu erwartendes Picknick, wo man zusammen mit Landrat Wussow und Göttinger Prominenz, wie beispiels-

weise dem Prinzen Isenburg nebst Hofmeister in dem Dorfe Ahrenshausen (zwischen Heiligenstadt und Göttingen) im Grünen tafeln will:

„Ich nehme Bordeaux-Wein mit, Constanze Kaffee, Tee und verschiedene Kuchen, darunter die berühmten braunen Husumer, die sie eben auszurollen beschäftigt ist; Rheinwein, Aßmannshäuser, Champagner etc., Gänseleberpasteten etc. werden von andern Seiten erscheinen."

Hierbei sei vermerkt, daß Asmannshausen ein malerischer Ort nördlich von Rüdesheim ist, in dem der in der Regel teuerste deutsche Rotwein angebaut wird. Dieser ist deutlich von dem Schieferboden geprägt, auf dem die Reben gedeihen.

Am 3. November 1878 berichtet Storm Paul Heyse über die Taufe der ersten Tochter seines fünfundsechzigjährigen Vetters Friedrich Stuhr in Friedrichstadt:

„Verwandtschaft von weit und breit, Champagner in Strömen."

Der Begriff „Sekt", als Oberbegriff für moussierende Weine, war Storm, zumindest, wenn er historische Gegebenheiten verarbeiten wollte, die vor dem 19. Jahrhundert lagen, nicht geläufig. Denn erst im 3. Jahrzehnt des 19. Jahrhunderts wurde diese Bezeichnung, eine Verkürzung des spanischen Begriffes „Vino seco" für Trockenbeerwein, (englisch: sac) durch den Schauspieler Ludwig Devrint auf den Champagner übertragen. Wenn also Storm in der Skizze „Wie den alten Husumern der Teufel und der Henker zu schaffen gemacht", die Grete Rohmannsch, als sie mit dem Glasermeister und dem Henker trinkt, Sekt genießen läßt, so handelt es sich hierbei nach Storms Vorstellung vermutlich um einen trockenen Sherry oder anderen weißen Südwein. Dennoch soll nicht versäumt werden, die Auswirkungen dieses Getränkes, die sich ebenso nach zwei Flaschen Sekt pro Person einstellen können, hier zu zitieren:

„Aber der demnächst vernommene Glasermeister hat uns verraten, auch sie habe zwei Flaschen Sekt geholt (Storm vermerkt hierzu irrtümlich: „wahrscheinlich eine Sorte Bier" – Anm. d. Verf.) und sei derart in Lust gewesen, daß sie ein Nest mit Eiern von dem Bette gerissen und dabei gekakelt habe, wie eine Henne."

Faßt man die Fülle der alkoholischen Getränke zusammen, die Storm selbst genießt oder in seinem literarischen Werk beschreibt, so kann man die Feststellung Jensens eigentlich nicht bestätigen und muß den Nimbus, der den Dichter als einen Haupt-Teetrinker Nordfrieslands umgibt, bedauerlicherweise zerstören!

Manch guten Tropfen hat Storm in seinem Leben zu trinken gewußt. Nicht zufällig hat er bereits in seiner Rechtsanwaltszeit in Husum am 28. Oktober 1848 ein, wie er selbst seinem Freund Brinkmann schreibt, „unsterbliches Gedicht gemacht". In ihm zeigt er, wenn auch noch unbewußt, seine Lebensanschauung, der er in Zukunft, trotz aller Widrigkeiten und Nackenschläge, nachzukommen versucht:

OKTOBERLIED

Der Nebel steigt, es fällt das Laub;
Schenk' ein den Wein, den holden!
Wir wollen uns den grauen Tag
Vergolden, ja vergolden!

Und geht es draußen noch so toll,
Unchristlich oder christlich,
Ist doch die Welt, die schöne Welt,
So gänzlich unverwüstlich!

Und wimmert auch einmal das Herz, –
Stoß an, und laß es klingen!
Wir wissen's doch, ein rechtes Herz
Ist gar nicht umzubringen.

Der Nebel steigt, es fällt das Laub;
Schenk' ein den Wein, den holden!
Wir wollen uns den grauen Tag
Vergolden, ja vergolden!

Wohl ist es Herbst; doch warte nur,
Doch warte nur ein Weilchen!
Der Frühling kommt, der Himmel lacht,
Es steht die Welt in Veilchen.

Die blauen Tage brechen an;
Und ehe sie verfließen,
Wir wollen sie, mein wackrer Freund,
Genießen, ja genießen!

Hugo Bürkner (1818–1897), Holzschneider, Kupferstecher und Radierer aus Dresden, Illustration zu Theodor Storms „Oktoberlied" in „Gedichte von Theodor Storm", Kiel 1852.

Einmachfeste und Gartenvergnügen

In Theodor Storms Familie wurde immer kräftig Vorratswirtschaft betrieben, sei es durch das Trocknen bzw. Dörren von Gemüse oder Früchten, das Einmachen von Obst, Säften und Hülsenfrüchten oder das Schlachten mit Fleischgerichten und Wurstzubereitung. In einem Jahrhundert ohne zahlreiche Lebensmittelgeschäfte, ohne Tiefkühltruhen und Kühlschränke, ohne Fertiggerichte war dieses auch mehr als notwendig, um die Familie ständig mit schmackhafter, nach Möglichkeit auch frischer Nahrung zu versorgen.

Obst, Beeren und Gemüse, insbesondere aus eigenem Garten, spielten daher in der Stormschen Küche eine große Rolle. Bereits in der Junggesellenzeit legt er mit Eifer den Garten hinter der Neustadt 56 an. Am 26. November 1845 berichtet er Constanze, daß der von 1836–1848 als Husumer Bürgermeister amtierende Reinhard Hermann Ludwig Karl von Kaup ihm „rotblühende amerikanische Himbeeren", die er sehr liebe, gesandt habe.

„Sie blühen hübsch und haben schönes Laub und außerdem einen süßen sommerlichen poetischen Waldgeruch. Diese Anlage nimmt reichlich das untere linke Viertel des Gartens ein. Das rechte untere nach dem Totengang (Weg zum Husumer Friedhof – Anm. d. Verf.) hin soll mit Erdbeeren bepflanzt werden. Zwischen beide habe ich einen dichten Zaun gewöhnlicher Himbeeren ziehen lassen, damit die kleine englische Anlage so eine Art Garten für sich bildet. Die beiden oberen kleinen Viertel sind für Gemüse bestimmt."

Birnenbäume und Stachelbeergebüsch hat Storm ebenfalls angepflanzt und beschreibt Constanze den Garten in demselben Brief:

„Ich hab' heute viel im Garten gewirtschaftet und die ganze Anlage fertiggemacht ... Zwei Plätze zu Bänken habe ich auch eingerichtet, den einen geradeaus von den Saalfenstern ... am Ende der Partie zwischen zwei Birnbäumen ... An der linken Seite steht viel Flieder und Stachelbeerengebüsch."

Auch rotblühende Johannisbeeren pflanzt er, wie er am 9. Dezember 1845 nach Segeberg berichtet. Am 5. März 1846 kauft er bei der Gärtnerei Livoni in Husum sogar einen gelbblühenden Johannisbeerstrauch. Livoni ist übrigens der Voreigentümer des Hauses in der Wasserreihe, das Storm Jahre später, nach seiner Rückkehr aus Heiligenstadt und Constanzes Tod in der Süderstraße, kaufen wird. Er ließ das Nachbarhaus abreißen und schuf das kleine reizende Gartengrundstück neben dem Hause.

Am 20. März 1846 berichtet Storm abends, daß sein Vater ihm in dem Garten hat Schalotten (kleine scharfe Zwiebeln – Anm. d. Verf.) legen lassen. Und er plant noch mehr im Garten zu pflanzen, wenn Constanze erst einmal das Haus bezogen hat:

„Zum Herbst, wenn Du hier bist, wollen wir noch allerlei ändern und pflanzen, z. B. große Johannisbeeren und Stachelbeeren für Dange ihren Schnabel. Den alten Büschen, die jetzt da stehen, traue ich nicht viel zu . . .“

Auf dem Rondeel vor der Schlafstube, die nach hinten in den Garten hinausgeht, pflanzt er einen jungen Walnußbaum und teilt ihr am 21. März 1846 mit:

„Das Rondell vor unserem Schlafstubenfenster ist auch fertig; in die Mitte ist aber keine Eiche, sondern ein schöner, junger Walnußbaum gekommen, darum ein Kreis Reseda, das übrige Rasen. Wenn Dange nun im anderen Sommer des Morgens das Fenster offenschlägt und mit ihren zärtlichen, schönen Augen in die Morgenluft hinaussieht, dann strömt ihr gleich der Resedaduft entgegen. Ist das nicht anmutig?“

Am Bretterzaun zum Nachbarn hin befinden sich Fliederbüsche, von denen Constanze unmittelbar nach ihrer Ankunft, wie bereits geschildert, Fliederbeersaft kocht. Hierbei macht Storm – wie landesüblich – noch den Unterschied zwischen „Flieder“ und „Syringen“. „Syringen“ sind bei ihm die duftenden Sträuche von „spanischem Flieder“, unter „Flieder“ versteht er hingegen den Holunderbeerbusch. Erdbeeren hat er auch im Garten gesetzt und bittet dazu später, bereits einige Zeit verheiratet, am 19. April 1850 Schwiegervater Esmarch um Rat:

„Es treibt jetzt so herrlich, daß man sich mit Freude wieder zu seinem Garten wendet, und da denk ich meiner Erdbeeren, die mir noch nie etwas bringen wollten, 2 Beete von eueren Monatserdbeeren habe ich, eins vor Herbst 48, eins vorigen Herbst gesetzt. Willst Du mir, wenn Du wiederschreibst, nicht mittheilen, wann u. wie oft Du sie rankst?“

Im Sommer 1848 bereitet Constanze Himbeersaft, möglicherweise auch den aromatischen Himbeeressig, der sich sowohl zum Trinken als auch zum Übergießen von Reisbrei eignet. Am 5. Juli 1848 berichtet sie dem Vater nach Segeberg:

„Ich muß Dir doch erzählen, daß wir heute Morgen 2 Kannen Himbeeren aus unserem Garten geerntet haben ‹,› ein großes Fest wie Du denken kannst; der größte Theil ist gequetscht und nach dem Boden gesetzt, um später zu wirtschaftlichem Saft verbraucht zu werden.“

Entgegen den ausführlichen Rezepten, die hier veröffentlicht werden, bereitete man Himbeeressig auch, indem man nur Himbeersaft mit Weinessig mischte. In dem bereits so häufig zitierten „Appetitlexikon“ von Rudolf Harbs heißt es hierzu:

„Um so wichtiger ist sie (die Himbeere – Anm. d. Verf.), in der Küche als Himbeergelee und Himbeersaft oder Himbeersirup, der als Zusatz zum Trinkwasser für Durstkranke jeder Art unersätzlich ist. Ein Teil Früchte mit zwei Teilen Weinessig maceriert, gibt den bekannten Himbeeressig, aus dem mit Wasser und Zucker die Himbeerlimonade bereitet wird.“

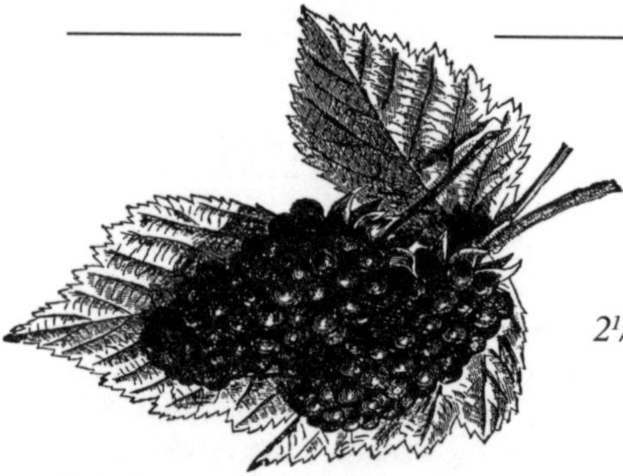

GUTER HIMBEERESSIG
(nach Henriette Davidis)

$2^1/_2$ Liter Himbeeren (Litermaß – Anm. d. Verf.),
$1^1/_8$ Liter guter Weinessig.
Zu je $1^1/_8$ Liter Saft 750 Gr. Zucker.

Die Beeren werden etwas zerrührt, mit dem Essig 24 Stunden hingestellt und dann ausgepreßt. Am andern Tage wird der klare Saft vom Bodensatz abgegossen, mit dem bemerkten Zucker aufs Feuer gestellt, ausgeschäumt, über Nacht stehengelassen und alsdann nach Nummer 1 verfahren.

NUMMER 1, . . . FRUCHTSÄFTE:

Fruchtsäfte bewahre man entweder in kleinen halben Flaschen oder Medizingläsern. In kleineren Haushaltungen sind letztere zweckmäßiger, indem eine angebrochene Flasche sich nie lange erhält.

HIMBEERESSIG
(nach Johanna Kuß, von der Verfasserin selbst ausprobiert)

3 Kilo (6 Pfd.) Himbeeren werden in 1 Liter Weinessig 24 Stunden zugedeckt hingesetzt; dann gequetscht und durch ein Tuch gewrungen; dann nehme man auf knapp 1 Liter Flüssigkeit 500 gr. Zucker und lasse den Zucker in Wasser getaucht erst etwas zergehen. Dann gebe man den Himbeeressig dazu und rühre diesen bis zum Kochen. Man muß gut schäumen und wenn der Essig abgekühlt ist, gibt man ihn in Flaschen, welche man zukorkt und zuharzt. Im Gebrauch gibt man ein wenig Himbeeressig in ein Glas mit Wasser und süßt nach Belieben.

Einmachen erforderte und erfordert immer absolute Sauberkeit! Die Gläser wurden damals mit Schweinsblasen zugebunden, Flaschen wurden verkorkt und diese verlackt. Da man ohne chemische Zusätze arbeitete, außer, daß man die Flaschen ausschwefelte, war die Gefahr des Verderbens noch immer recht groß.

ALLGEMEINE VORBEMERKUNGEN
(nach Frieda Ritzerow)

Sehr empfehlenswerth zum Erhalten der mit Zucker eingemachten Früchte ist das Schwefeln der Flaschen und Häfen (große Glasgefäße – Anm. d. Verf.). Man bewerkstelligt dies, indem man ein in flüssig gemachten Schwefel getauchtes Stück Leinewand auf einen dazu hergerichteten Draht hakt, anzündet und in die zu schwefelnden Geschirre steckt; auf die Flaschen ist sofort ein Kork zu setzen, die Häfen sind mit einem Teller zu bedecken. Nach 10 Minuten sind die Geschirre hinreichend geschwefelt und können gefüllt werden.

Die eingemachten Früchte müssen völlig mit Saft bedeckt und vor dem Verschließen der Geschirre ganz darin erkaltet sein; bis dahin bedeckt man sie mit einem Bogen Papier. Wenn sie mit Zucker kurz eingekocht sind, legt man ein mit Arrac oder Rum getränktes Stück Briefpapier darauf und bindet über die Häfen oder Gläser recht steifes Papier, oder besser noch Schweinsblase, welche dadurch gereinigt ist, daß man sie einige Stunden in Branntwein gelegt und dann mit Weizenkleie abgerieben hat. Flaschen füllt man mit den aufzubewahrenden Fruchtsäften bis zu 2 Finger breit unter den Kork, gießt etwas Provenceöl darauf, verschließt sie mit neuen, vorher in heißes Wasser gelegten Korken und verlackt sie, oder bindet ein Stück Papier oder Stanniol (eine silberglänzende Zinnfolie – Anm. d. Verf.) darüber. Vor dem Gebrauche entfernt man das Provenceöl durch langsames Hinzugießen von kaltem Wasser, welches das Oel oben über den Rand der Flasche treibt. Auf Früchte, welche mit Essig eingemacht sind, z. B. Pflaumen oder Kirschen, legt man ein Stück Schiefer und beschwert dies durch einen Stein, nicht mehr jedoch, als nöthig ist, die Früchte unter den Essig zu halten. Alle Geschirre, in welchen sich eingemachte Früchte befinden, müssen an einen nicht zu hellen, recht kühlen, doch dabei trockenen Orte aufbewahrt werden. Sollten, trotz aller Vorsichtsmaßregeln, in Zucker eingemachte Früchte sich in nicht mehr ganz gutem Zustande befinden, so macht man, wenn sie reichlich Saft haben, einen Zusatz von Franzbranntwein (unvergällt! – Anm. d. Verf.) und Zucker dazu und läßt sie offen in einem Gefäß mit Wasser kochend heiß werden.

LÄUTERZUCKER
(nach Mary Hahn)

Hierzu verwendet man Hutzucker, schlägt ihn in Stücke, legt ihn in einen Kessel und gießt kaltes Wasser darüber (auf 1 Kilogramm Zucker 2 l Wasser), wenn er gut durchgezogen ist, wird er zerdrückt, zum Kochen gebracht und der sich vielleicht bildende Schaum rein abgenommen. Bei gutem, ungeblautem Zucker zeigt sich fast gar kein Schaum. Ist dann der Zucker klar wie Wasser, so ist er fertig geläutert.

DAS BRECHEN DER FLASCHENHÄLSE
(nach Mary Hahn)

Um aus den Flaschen das Eingemachte bequem herausnehmen zu können, schlägt man nicht einfach den Hals der Flasche ab, wie das meistens geschieht, weil dadurch sehr leicht Glassplitter in das Eingemachte kommen, sondern man macht den kleinsten Herdring im Feuer glühend, nimmt ihn mit dem Feuerhaken heraus und schiebt ihn über den Flaschenhals. Nach einigen Augenblicken springt die Flasche rings um den Ring, man tropft dann auf die gesprungene Stelle etwas kaltes Wasser, damit der Riß vollständig durchspringt. Danach kann man den Flaschenhals abheben und das Obst bequem ausschütten.

Schon lange kannte man das Einmachen durch Sterilisieren, denn bereits in „Beim Vetter Christian" heißt es:

„Die Rosen im Garten hatten ausgeblüht; Hülsenfrüchte und Spargel waren nicht nur abgeerntet, es stand auch ein gut Teil davon in blanken Konserven in der Vorratskammer; daneben reihten sich sorgsam verpichte Flaschen, voll von Stachelbeeren und von jenen saftreichen Schattenmorellen, deren beliebiger Verwendung jetzt nichts mehr im Wege stand."

Es ist eine alte praktische Gewohnheit, Stachelbeeren, wenn sie noch unreif und nicht zu groß geraten sind, in Flaschen aufzubewahren. Hierzu stellte man vorher eine Zuckerlösung aus Läuterzucker her, den man aus dem harten Hutzucker bereitete.

Das Brechen der Flaschenhälse

Die Flaschen konnte man jedoch mit einem erhitzten Herdring erst auf diese Art öffnen, als es die Kochherde mit Eisenplatte und unterschiedlichen Ringen auf den Feuerlöchern gab! Zuvor wird man wahrscheinlich versucht haben, die Früchte nebst Saft aus den Flaschen herauszukippen, wenn man sich nicht der unschönen Methode bedienen wollte, die Flaschenhälse vorsichtig abzuschlagen.

UNREIFE STACHELBEEREN
(nach Johanna Kuß)

Unreife Stachelbeeren werden frisch gepflückt, wenn sie noch nicht gar zu groß sind, dann wischt man sie ab, befreit sie von Blumen und Stengeln und steckt sie in geschwefelte Flaschen. Fest niedergestoßen, werden sie zugekorkt und verharzt.

KIRSCHEN EINZUMACHEN
(nach Johanna Kuß)

Kirschen macht man ganz in ausgeschwefelten Flaschen ein und nimmt hierzu, wie überhaupt zum Einmachen, Weinkirschen. (Glaskirschen lassen sich auch dazu verwenden). Diese trocknet man einzeln gut ab, steckt sie in Flaschen, stößt diese fleißig nieder, damit die Kirschen möglichst fest liegen, hüte sich aber vor Quetschen derselben. Man kann sie auch mit Zucker einkochen und nimmt auf 500 gr. Kirschen 125 gr. Zucker. Beliebig werden die Kirschen ausgesteint oder ganz genommen. Oder man kocht die Kirschen in wenig Wasser sehr mürbe, etwa auf 500 gr. Kirschen eine Tasse Wasser, gießt den so ausgekochten Saft durch ein feines Sieb und benutzt denselben. Die nachbleibenden Kirschen sind noch zu verwenden zu Suppen u. dergl. Die gefüllten Flaschen werden zugekorkt und geharzt. Oder man folgt der etwas veralteten, aber nicht zu verachtenden Weise, korkt die Flaschen nicht zu, packt sie in einen Kessel in Heu, füllt denselben mit Wasser und läßt sie $^1/_4$ Stunde kochen, danach gekorkt und verharzt.

Die Glaskirsche, eine sehr hellfleischige Sorte, war auch Storm bekannt. So heißt es in der Novelle „Ein grünes Blatt“:

„Indem trat das Mädchen in die Stube und schüttete einen Haufen roter Glaskirschen aus ihrer Schürze auf den Tisch.“

Kirschen trocknete man auch und weichte sie dann später für Kirschsuppe wieder auf. Doch dieses bewerkstelligt Constanze, zumindest in Preußen, nicht selber, sondern kauft die getrockneten Früchte.

Soweit Theodor Storm in seinem Leben einen Garten nutzen durfte, wird nach Möglichkeit Obst und Gemüse gepflanzt, geerntet und auf Vorrat eingekocht, sofern ein Überschuß vorhanden ist. Gärten bewirtschaftete Storm in Husum in der Neustadt 56, in Heiligenstadt, später zur Landvogtszeit wieder in Husum hinter der Süderstraße 12, dann in der Wasserreihe (wo man allerdings nur über einen kleineren Ziergarten verfügte). Zuletzt bearbeitete man den riesigen Garten in Hademarschen am „Botterbarg", wie damals die lange Durchgangsstraße hieß. Nicht zu vergessen sei außerdem der großelterliche Garten in der Hohlen Gasse 3 und der urgroßmütterliche Garten an der Husumer Au. Auf all diesen Grundstücken drängen sich in Storms Schilderungen Erdbeerbeete, Kirschenbäume, Stachelbeerbüsche, viele Apfelbäume, Johannisbeerbüsche, Pflaumen- und Zwetschenbäume, ja selbst ein Quittenbaum, ein Walnußbaum und hinter der Hohlen Gasse 3 sogar Aprikosenbäume (!), ein Zitronen-Birnenbaum, Augustapfel-Spalierbäumchen, Spalierkirschen, Schattenmorellen, neben Erbsenbeeten, Sauerampferbüscheln, Kürbissen, nicht zu vergessen die geliebten Spargelbeete, Kohlköpfe, Radieschen und besagte Fliederbeerbüsche. Storm schöpft aus dem ganzen Füllhorn der heimischen Erzeugnisse, genießt dieses sehr, ohne allerdings selbst bei der Ernte groß Hand anzulegen. Seine Freude verbreitet er in alle Welt durch seine Briefe und Novellen. Waren es am Anfang der Ehezeit in Husum noch ungenannte Mengen von Fliederbeersaft, die die junge Constanze einkochte, so sind es im Oktober 1858 in Heiligenstadt genau achtzehn Flaschen, wie die Eltern in Husum erfahren sollen:

„2. Ocktober. Ihr solltet sehen, welch ein Zwetschenhaufen in unserer Speisekammer liegt, 5 große Tragkörbe voll, à Korb 80½ Sgr., dazu kommt von Otto noch ein Korb mit Birnen, die in diesem Jahr seltener sind, und dann beginnt Montag im großen Waschkessel das Fest des Muskochens ... Auch Fliederbeeren, die wir von Otto geholt – einen Teil haben Constanze und ich selbst gepflückt – sind etwa 18 Flaschen eingekocht. Otto hat für sich allein 30 Flaschen Fliedersaft eingekocht; was er an dergleichen Dingen einhamstert, ist unglaublich."

Hatte man sich noch in Potsdam damit begnügt, daß Freunde der Familie Fliederbeeren für ein Mittagsmahl schenkten, so geht man jetzt in die Vollen! In Potsdam hingegen hatte Storm den Eltern nur am 22. September 1855 bescheiden mitteilen können:

„In diesem Augenblick kommt Louise Schnee und bringt mir Fliederbeeren zur Suppe."

Jetzt bietet aber Heiligenstadt die Möglichkeit, ordentlich Einmachwirtschaft zu betreiben. Und das wird man im Hause Storm in den nächsten Jahrzehnten beibehalten!

Wenn Lebensmittel verderben, bedeutet dieses immer einen herben Verlust! So bedauert Storm gegenüber Wilhelm Petersen Jahrzehnte später, mit Brief vom 24. Oktober 1876, der ihm offenbar – aber zu spät, auf dem Postwege Beeren gesandt hat:

„Ja, die Fliederbeeren! Das war ein

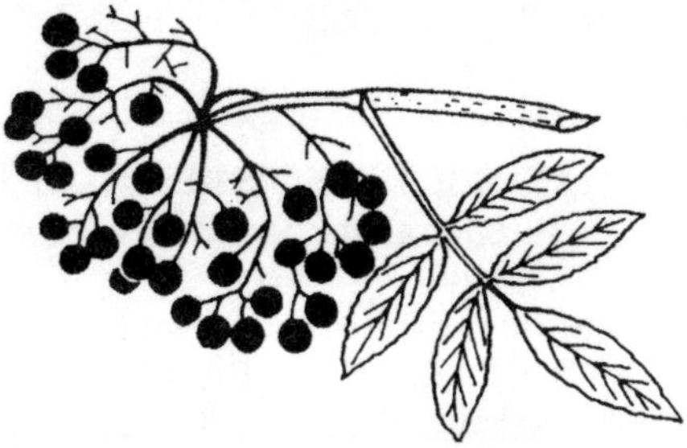

Jammer! Sie wurden sofort in den Kessel getan; aber das ganze Haus roch sofort wie eine Branntweinbrennerei. Es war alles in Gärung. Weinen nützt nichts, ein andermal wird's besser, sagt der Held eines einst berühmten Marryatischen Romans (Friedrich Marryat 1792–1849, englischer Erzähler, u. a. „Sigismund Rüstig" – Anm. d. Verf.). Diesmal hat uns ein Bauer geholfen und uns für diesen Winter hinlänglich versorgt. Dank aber doch für freundliches Gedenken . . ."

Anfangs hat Storm wohl vor der Hauswirtschaft nicht allzuviel Respekt gezeigt. So beschäftigt ihn in der Brautzeit am 3. August 1845 ein Prozeß beim „Koogsgericht" in Simonsberg, in unmittelbarer Nähe Husums, den er am folgenden Tag zu führen hat. Das Verfahren vor diesem alten traditionellen Laiengericht geht ihm nicht aus dem Kopf und neidvoll, aber auch herablassend, stellt er gegenüber der jungen Braut fest:

„Da hast Du's doch besser, mein geliebtes Kind, wenn Du Johannisbeeren pflückst und einmachst."

Obst war, ebenso wie Gemüse, offenbar eine Kostbarkeit.

Hatte Storm doch am 14. August 1857 die Schwiegermutter Elsabe Esmarch gebeten, für Constanze Johannisbeersaft einzumachen. Man kann sich nur wundern, daß er es wert befunden hat, auf dem kostspieligen Postwege nach Preußen den Saft in Flaschen transportieren zu lassen!

„Und nun noch eine große Bitte an Mutter von C'. Wenn bei Euch noch Johannisbeeren sind, so bittet sie Mutter, ihr etwas Saft einzumachen und mit Lotte oder p‹er› Post zu schicken. Wir haben es über C.s Krankheit versäumt, und es sind hier auch fast keine Johannisbeeren zu haben; da die Leute, wahrscheinlich in Folge der reichlichen Waldbeeren, nichts darauf geben."

In den folgenden Jahren müht sich Constanze aber selbst um die Saftzubereitung.

Eine Saftherstellungsart erfahren wir von Storm persönlich, allerdings kein Hausrezept:

Am 20. Juli 1862 teilt er seiner in Holstein weilenden Ehefrau mit, daß Frau Anna von Wussow ihm Johannisbeeren gesandt habe, die das Dienstmädchen Dorte einmachen wird:

„Gestern nachmittag schickte Anna Johannisbeeren, die Dortchen morgen nach ihrer Anweisung einkocht: ein Pfund Saft, dreiviertel Pfund Zucker. Daß sie Dir auf mein Ansuchen Erdbeersaft einkocht (zu fünf Pfund Zukker), hab' ich wohl noch gar nicht geschrieben. Er steht schon längst in vier verschiedenen Gläsern unten im Schrank. Bickbeeren werden leider gar nicht angeboten, nur einmal und sehr teuer."

ROTHER JOHANNISBEERSAFT
(nach Doris Stender)

Man streift die reifen Johannisbeeren von den Stielen ab, rührt sie zu Mus und drückt sie durch ein reines grobes Tuch. Zu jedem Pfunde Saft nimmt man fünf Viertel Pfund Zucker, welcher gestoßen und durch ein feines Sieb gegeben sein muß. Der Saft wird mit dem Zucker eine gute Stunde lang umgerührt, alsdann in eine Kruke gegeben und verwahrt.

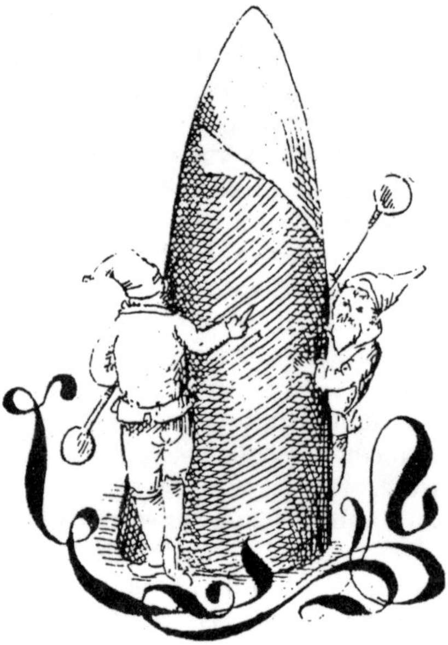

Das Einmachen mit Hilfe von Salizylsäure wurde offenbar erst um die Wende zum 20. Jahrhundert allgemein üblich, obwohl Salizylsäure, eine der wichtigsten organischen Säuren, bereits 1838 entdeckt worden war. Salizyl wird seitdem sowohl als keimtötend in der Hautheilkunde wie zum Haltbarmachen von eingelegten Früchten und ähnlichem verwendet. Doch die Kochbücher des 19. Jahrhunderts schweigen noch zur Anwendung dieser Säure. Selbst die 1885 erschienene Auflage des Kochbuches der Henriette Davidis läßt noch „en nature“ einkochen. Und so wird im Hause Storm ganz klassisch auch der Erdbeersaft in Flaschen ohne Hilfe der Chemie hergestellt worden sein.

ERDBEERSAFT IN FLASCHEN
(nach Luise Keck)

Die Erdbeeren werden auf gelindes Feuer gesetzt und dürfen nicht lange kochen. Auf ein Sieb gegossen, läßt man den Saft langsam abtropfen, kocht diesen dann mit 1 Kilo Zucker auf 2 Kilo Saft und gießt ihn heiß in die erwärmten Flaschen. Am besten eignen sich Medizingläser dafür, da es ratsam ist, den Rest nicht stehen zu lassen ... Sobald die Gläser soweit abgekühlt, daß man sie anfassen kann, werden sie verkorkt und verharzt.

Das Risiko des Schlechtwerdens und die Mühe des luftdichten Abschlusses vermittelt Johanna Kuß in ihren „Vorerinnerungen zum Einmachen".

EINMACHEN DER FRÜCHTE, VORERINNERUNGEN
(nach Johanna Kuß)

Die zum Einmachen bestimmten Früchte müssen trocken sein und wohl verlesen, und die dazu bestimmten Gefäße oder Flaschen gut geschwefelt werden ... Ist die Flasche mit Schwefeldampf gefüllt, so setzt man einen Kork darauf, bis die Früchte oder Säfte hineingethan werden. Dann werden die Flaschen gut verkorkt und verharzt, d. h. die Korken werden in geschmolzenes Harz gethan und rasch darin umgekehrt, damit sie ringum am Rande der Flasche verschlossen sind, oder sie werden mit Flaschenlack versichert. Zieht man vor, nicht zu schwefeln, so kann man die gut gespülten und getrockneten Flaschen, besonders auch Kruken mit Franzbranntwein ausspülen. So eingemachte Sachen müssen an einem kühlen trockenen Orte aufbewahrt werden. Im Sommer eignen sich sehr gut Windöfen (kleine runde Öfen aus Eisenblech, ohne Abzug – Anm. d. Verf.) dazu, im Winter sind sie vor Frost zu hüten, doch dürfen sie auch nicht zu warm stehen. Verharzte Flaschen lassen sich auch durch Eingraben in die Erde gut erhalten, ist aber schwierig und weniger zu empfehlen. Die Kruken für Gelee oder Früchte werden, nachdem diese darin abgekühlt sind, mit weißem Papier, nach der Größe der Oberfläche ausgeschnitten und, mit Rum oder Franzbranntwein angefeuchtet, bedeckt, zur größeren Sicherheit kann man auch noch geschmolzenes Pech über dieses Papier gießen, nur darf letzteres nicht geschehen, wenn die Oeffnung der Kruke sich nach oben verengt, weil in diesem Falle die Scheibe des gehärteten Pechs nicht gut auszunehmen ist. Auch durch geschmolzenes Ochsen- oder Hammelfett läßt sich die Oberfläche bedecken, nachdem genanntes Papier untergelegt worden, damit sich nicht der Geschmack des Fettes mittheile. Auf Säfte, in Flaschen aufbewahrt, gießt man ein wenig Oel, Rum oder Franzbranntwein, oder man steckt in Franzbranntwein getauchte Watte hinein. Sonst verfährt man, wie eben gesagt. Verschließen kann man die Kruken, indem man eine angefeuchtete Schweins- oder Ochsenblase oder auch nur Papier darüber bindet ... Es ist gerathen, die eingemachten Sachen im Laufe des Herbstes oder Winters mitunter nachzusehen und das getränkte Papier zu erneuern, falls sich Schimmel zeigt. Bei Früchten, in Essig gekocht, kann diese, wenn nötig, wieder aufgekocht werden. Jede Kruke oder Flasche ist mit einer Etiquette zu versehen, auf welcher Inhalt und Jahr zu bemerken sind.

Liest man diese umständlichen Anmerkungen, so freut man sich, auf das umfangreiche Angebot im Supermarkt zurückgreifen zu können oder heute mit den Twist-Off-Gläsern rasch etwas Einmachgut selbst mühelos konservieren zu können!

Das feine Aroma der Erdbeeren hat es Storm besonders angetan, denn er schreibt der Braut galant während der Verlobungszeit am 12. Juni 1844:

„Ja, süße Dange, Dein Kuß schmeckt richtig nach Erdbeeren; die haben recht einen heimlichen Liebesduft an sich; der Geruch der Erdbeere ist viel schöner als unsere Natur hier; darum macht sie mich sehnen in ferne schöne Länder."

Bereits am 30. Mai 1844 hatte er ihr poetisch mitgeteilt:

„Donnerstagmorgen 7 Uhr . . . Das Wetter ist schön, und meine Stube ist voll Erdbeeren- und Lilienduft."

Am besten gediehen die Stormschen Erdbeeren offenbar in dem großen Garten in Hademarschen, denn er teilt am 11. Juli 1885 dem Literarhistoriker Dr. Erich Schmidt begeistert mit:

„Die Hitze ist aufs Höchste gestiegen; Elsabe . . . und Dodo haben von kaum einem Beet zwei mächtige Schüsseln Vierlander-Erdbeeren (die würzigste) eben in die Küche gebracht; 154 Beeren auf einer Pflanze."

Der Stormsche Garten war in Hademarschen von einer prachtvollen Üppigkeit, so daß er bereits im Jahr zuvor Erich Schmidt gegenüber schwärmte:

„Hademarschen, Sonntag 13. Juli 84 . . . Der Garten giebt's in Fülle; Erbsen, Erdbeeren, worin sich Alles fast leid gegessen; nun Kirschen und Stachelbeeren; und Sie glauben nicht, wie schön die Holst‹einische› Landschaft in solchem Sommerwetter ist."

Bei den Birnen läßt Storm uns alte Sorten kennenlernen. So fliegt in der Sommergeschichte „Im Sonnenschein", für die sich Storm Impressionen im Schloßpark von Sanssouci während seiner Potsdamer Zeit holte, ein Falter in einen „Zitronen-Birnbaum". Hierbei soll es sich nach Dieter Lohmeier um eine hellgelbe, sehr süße, aber nicht lange haltbare Birne handeln. Dieser Zitronen-Birnbaum war tatsächlich existent, denn in seinen Erinnerungen an den Feddersenschen Garten an der Husumer Au beschreibt ihn Storm in den autobiographischen Skizzen „Urgroßmutter Feddersens Garten":

„. . . dann schloß ich auch die Hintertür auf, stieg ein Trepplein, über dem sich der mächtige Zitronen-Birnbaum wölbte, hinunter und war nun in dem einsamen Garten, der im Rücken den eben durchwanderten Speicher, zur Linken eine blinde Hausmauer und eine sehr hohe mit köstlichen Augustapfel-Spalierbäumen besetzte hohe Planke und zur Rechten das Gleiche hatte."

In der Novelle „Im Nachbarhause links", in der lokale Bezüge auf die Hafenstadt Flensburg verweisen, überreicht die alte, geizige Botilla Jansen dem Erzähler einen Korb voll „Moule-Bouches", eine französische Birnensorte.

Auch Äpfel tauchen in Storms Werk reichlich auf, so der Augustapfelbaum sowohl in „Im Nachbarhause links", wie in „Wenn die Äpfel reif sind". Storm nennt Sorten wie „Gravensteiner" in dem bereits zitierten Brief vom 4. September 1885 aus dem Pastorat in Grube und den „Grand-Richard-Apfel" im „Schimmelreiter". Mit viel Humor bittet er in einem „Inserat", das erstmals im Volksbuch für 1849 als Kalenderspruch zum Monat September erschien, seit 1864 aber in den Gedichten unter der Überschrift „August" aufgeführt wird:

„Die verehrlichen Jungen, welche heuer
Meine Äpfel und Birnen zu stehlen
gedenken,
Ersuche ich höflichst, bei diesem
Vergnügen
Womöglich in so weit sich zu
beschränken,
Daß sie daneben auf den Beeten
Mir die Wurzeln und Erbsen nicht
zertreten."

Ein Birnenbaum steht auch im Garten in der Neustadt 56, denn Storm berichtet Hartmuth Brinkmann:

„Sonnabend, den 11. September 1852 ... Die Jungens brachten indes ihren Großeltern Birnen aus unserm Garten, die dieß Jahr vortrefflich gerathen und bis jetzt auch noch nicht bestohlen sind, vielleicht weil eine Schildwache auf dem Kirchhof steht."

Um das Mus-Einkochen quält man sich alljährlich sehr im Hause Storm. So berichtet Storm an den Schwiegervater Esmarch in Segeberg im Herbst 1859:

„20 September Vormittag ... Eben haben wir Birnen und Zwetschen zum

Illustration: Adrian Ludwig Richter

Muuskochen gekauft; doch wirds hauptsächlich Birnenmuus werden, da die letztern dieß Jahr theuer sind. Fast 4 Körbe Birnen, wovon wir die Hälfte an

Johannes (Bruder des Dichters in Hademarschen – Anm. d. Verf.) schicken, werden getrocknet."

Und der Vater Johann Casimir Storm erfährt am 22. September 1859:

„Heute ist Mus gekocht, zwölf große Töpfe voll, hauptsächlich von Birnen, da die Zwetschen rar und teuer sind. Auch vier Körbe Birnen sind getrocknet."

Dieses Birnen-Zwetschenmus ist offenbar eine große Spezialität des Hauses Storm, denn schon im Herbst des Jahres 1857 war Constanze in Heiligenstadt eifrig am Muskochen gewesen, wie Storm wohlgefällig am 15. Oktober beiden Müttern, Mutter Lucie Storm und Elsabe Esmarch, mitteilte:

„Vor ein paar Tagen hat sie (Constanze – Anm. d. Verf.) Muuß gekocht (Ingredienzien: 3 Körbe Birnen, 2 Flaschen Fliedersaft, etwas Nelken und Citronenschaale, sowie ganze Wallnüsse mit grüner Schaale), was Onkel Otto, in Anerkennung ‹,› daß Const. ihm seine Einmacherei besorgt, in seiner Küche gestattete. Wenn's kocht, sprützt es nemlich immer lustig an die Wände, (daher denn auch in dieser Zeit viele Jungens mit verbrannten Mäulern und heiße Muußflecken im Gesicht umherlaufen) und da seine Küche nun doch von der kurz vorher gefeierten eignen Muußkocherei wie besch. . . aussah, so ging' in Einem hin. Die Procedur dauert übrigens 24 Stunden in einem fort. Es hat 7 stattliche Töpfe voll gegeben, die nun für Kind und Mägde den Butterdienst mit versehen helfen . . . Die Butter wird hier auch jetzt täglich theurer und schlechter. – In den letzten Tagen hat Kind und Kegel Birnen zum Trocknen geschält, wozu die Bäcker hier eigne Vorrichtungen haben und es daher ganz vortrefflich machen. Vortreffliche Schnitt- und Brechbohnen und Gurken aus Otto's Garten hat C.‹onstanze› schon früher eingemacht. Seine Bohnen sind überhaupt an Qualität und Quantität ausgezeichnet gewesen. Dagegen sind seine Kartoffeln leider ziemlich schlecht; wir haben 17 Körbe von ihm bekommen, und uns außerdem 4 Körbe feinere rothe (a Korb 17$^1/_2$ Sgr.) zugekauft. Durch Besorgung der guten Frau Göbel in Wahlhausen ist C‹onstanze› ferner für lange Zeit im Besitz eines wahren Schatzes von getrockneten süßen großen Kirschen (so große giebt's bei uns nicht) gekommen; ein Sack mit 50 Pfund, die nun a Pfund nur 2 Sgr. 2 Pfennig kommen. Außerdem hat sie ihr ein Achtel Ohm (altes preuß. Flüssigkeitsmaß, etwa 130–160 Liter – Anm. d. Verf.) des hier sehr belobten aus Birnen fabrizirten Obstessig zu 20 Sgr. besorgt.

Ich zweifle nicht, daß euch beide alte Hausfrauen Constanzens öconomische Fürsorge und Einhamsterung recht erbauen wird."

Für das Musrezept gibt Storm letztlich genaue Angaben. Was die ganzen Walnüsse mit grüner Schale betrifft, so müssen diese jedoch vorher einige Tage gewässert werden, um ihnen den Bittergeschmack zu entziehen.

WALNÜSSE ZU KOCHEN
(nach Johanna Kuß)

Diese werden 8–14 Tage nach Johanni (24. Juni – Anm. d. Verf.) gepflückt und muß man für diesen Zweck fleckenlose aussuchen, die Stengel abputzen und die Nüsse gut mit einer Nadel durchstechen; dann legt man sie in weiches Wasser und zwar 6 Tage, doch müssen sie täglich zwei Mal frisches Wasser haben. Nach dieser Zeit wäscht man sie nochmals gut ab und kocht sie in reichlich weichem Wasser so weich wie Pflaumen.

Ein Musrezept, jedoch ohne Birnen, aber mit einigen Walnüssen, findet sich bei Altmeisterin Henriette Davidis.

GEWÖHNLICHES ZWETSCHENMUS
(nach Henriette Davidis)

Zu 1/4 Scheffel (früheres deutsches Trockenmaß, schwankend zwischen 30 bis 300 Liter, in Preußen 1 Scheffel = 54,96 Liter) Zwetschen, 12 Walnüsse in ihrer grünen Schale und 15 Gr. gestoßene Nelken.

Die Zwetschen werden vorher gewaschen und in einem Kessel ohne Wasser aufs Feuer gestellt; ein eiserner Topf ist zu vermeiden, weil das Mus darin einen Eisengeschmack erhält. Wenn dieselben ganz zerkocht sind, werden sie durch einen Durchschlag gerührt, so daß Steine und Haut zurückbleiben. Dann lasse man die zerrührten Zwetschen mit den Walnüssen und Nelken kochen, bis sie ganz steif geworden, wozu bei einer großen Quantität eine Zeit von 8–9 Stunden gehört. Während dieser Zeit muß auf dem Grunde aufmerksam gerührt werden, weil Zwetschenmus sehr leicht anbrennt, besonders wenn es anfängt dick zu werden, weshalb man wohl thut zuletzt das Feuer nur schwach zu unterhalten. Beim Abnehmen des Kessels werde derselbe auf einen Strohkranz gestellt, und um das Anbrennen zu verhüten, noch eine Weile gerührt; dann fülle man das Mus in steinerne Töpfe, welche ganz neu oder nur zum Einmachen gebraucht werden, ausgebäht (in der Ofenhitze ausgetrocknet – Anm. d. Verf.) und nachdem im Ofen recht heiß gemacht sind. Zum längeren Erhalten stelle man die gefüllten Töpfe nach dem Herausziehen des Brotes so lange in einen Backofen, bis eine Kruste entstanden ist. Eine erfahrene Hausfrau streute danach einen halben Finger dick gestoßenen Nelkenpfeffer (Englischgewürz) darüber und versicherte, daß es das beste Mittel sei, Zwetschenmus zu erhalten; im übrigen

wird gewöhnlich geschmolzenes Nierenfett darüber gegossen. Man bewahre die Töpfe nicht im Keller, sondern an einem luftigen, möglichst kühlen Ort. Sollte das Mus für einen gewöhnlichen Tisch bestimmt sein, so kann man die Zwetschen vor dem Kochen aussteinen und unabgezogen einkochen.

Das Einmachen gehört bei Storm, ebenso wie das Kochen und Putzen, zu den wahren weiblichen Tugenden. So beschreibt er humorvoll den späten Lebensabend der „Tante Jette", der Mutter des „Vetters Christian":

„Allein bald nach dem Amtsantritt ihres Sohnes begann Tante Jette zu kränkeln und konnte es sich endlich nicht mehr verhehlen, daß sie das rüstige Leben, das lustige Scheuern und Polieren, das Kochen und Einmachen mit der für sie in keiner Weise passenden ewigen Ruhe werde zu vertauschen haben."

Storm befaßt sich in dieser Novelle auch mit der Konservierung von Gemüse.

So werden, vielleicht in Erinnerung an den Haushalt der Urgroßmutter und der Großmutter, Feuerbohnenschoten getrocknet. Auf dem Dachboden des Vetters hatte man in langen Schnüren die Bohnen aufgehängt:

„Es blieb Alles still; nur die türkischen Bohnen, die zum Trocknen reihenweise an aufgespannten Fäden hingen, raschelten im Nachtzuge, der durch die Ritzen des Daches fuhr."

Die rankenden rot- bis weißblühenden Feuerbohnen werden auch „Türken-, Pracht-, Prunk- oder Scharlachbohnen" genannt. Sie haben lange wohlschmeckende Hülsen, die man jedoch nicht zu spät ernten sollte, und nach der Reife buntviolette und schwarze Samen. Man befreit die noch nicht harten Bohnenschoten, nachdem man sie gewaschen hat, von den Fäden, so sie solche haben, und zieht sie auf ein sogenanntes „Bohnenband", eine dünne Schnur, auf. Dann hängt man sie zum Trocknen für mehrere Wochen auf dem Boden oder in der Küche auf. Im Winter bereitet man daraus einen wohlschmeckenden Eintopf:

UPPDRÖGT BOHNEN
(Hausrezept der Verfasserin)

500 Gr. getrocknete Bohnenschoten, 1$^1/_2$ Liter Wasser oder etwas mehr, 500 Gr. Kartoffeln, 500–800 Gr. durchwachsenen geräucherten Speck, 1 Prise Salz (Vorsicht!)

Man zieht die Bohnen vom Band und bricht sie in einzelne Stücke. Sodann weicht man die Schalen und Samen über Nacht in Wasser ein. Am nächsten Tag wird das Wasser abgegossen, die Bohnen werden mit frischem Wasser aufgesetzt und ca. 20 Minuten gekocht. Währenddessen sind die Kartoffeln geschält und geviertelt. Sind die Bohnen gar, werden die Kartoffeln obenauf gegeben und das Ganze weitergekocht, bis die Kartoffeln weich sind. Danach wird der Topf vom Herd genommen und die Masse gut durchgestampft, doch so, daß Kartoffeln und Bohnen noch einzeln zu erkennen sind. Der Speck wird in Scheiben geschnitten und in einer Pfanne ausgebraten. Dann wird das ausgelassene Speckfett über den Bohneneintopf gegeben, nochmals durchgerührt, eventuell mit Salz abgeschmeckt, je nachdem, wie salzig der Speck ist, und zu Tisch gegeben. Man kann auch alles mit etwas getrocknetem Bohnenkraut oder Basilikum verfeinern.

Auch das eine Dienstmädchen Constanzes in Heiligenstadt versteht sich auf das Trocknen, so daß Storm am Donnerstag, den 4. September 1862 seiner in Segeberg weilenden Frau Constanze mitteilen kann:
„Dortchen trocknet Schnittbohnen."

Gelbe und grüne Kocherbsen,
geschälte Victoria=Erbsen
käuft man besonders schön bei
Joh. Christiansen jun.

SCHNEIDEBOHNEN ZU TROCKNEN
(nach Henriette Davidis)

Man nehme dazu die großen sogenannten Specksalatbohnen, die schon ausgewachsen, aber noch recht zart sind, schneide sie einen halben Finger dick und einen halben Finger lang, koche sie in kochendem Wasser einige Minuten ab und trockne sie in einem leicht geheizten Ofen nicht zu stark. Sie müssen hellgrün und zähe bleiben, dürfen also nicht brechen.

GETROCKNETE SCHNEIDEBOHNEN ZU KOCHEN
(nach Henriette Davidis)

Diese werden mit heißem Wasser gewaschen und mit siedendem Wasser aufs Feuer gesetzt. Nachdem sie $^1/_2$ Stunde gekocht haben, werden sie abgegossen, nochmals $^1/_2$ Stunde lang abgekocht, dann mit kochendem Wasser, Butter oder Fett weichgekocht. Man füge später Salz, etwas Stärke oder Kartoffelmehl und gehackte Petersilie hinzu und richte sie mit einem Schüsselchen Kartoffeln an. Auch kann man vor dem völligen Weichwerden der Bohnen einige Kartoffeln darauf weich kochen.
Beilagen: Rauch- und Pökelfleisch, Bratwurst, Schinken, Koteletten, gewässerte Heringe.

SALATBÖHNCHEN ZU TROCKNEN
(nach Henriette Davidis)

Dazu sind die Prinzessböhnchen zu empfehlen, doch sind auch andere kleine Stocksalatbohnen gut. Man nehme sie nur nicht gar zu jung, wenigstens nicht eher, bis kleine Bohnen darin sind. Sie werden vorsichtig abgefasert, einmal aufgekocht und weder zu langsam noch zu stark getrocknet. Die Bohne muß zähe bleiben, darf nicht brechen. Die Fasern oder Streifen lassen sich nach dem Kochen am besten abziehen.

GETROCKNETE PRINZESS-BÖHNCHEN ZU KOCHEN
(nach Henriette Davidis)

Die nicht zu stark getrockneten Böhnchen setze man, mit heißem Wasser gewaschen, ohne sie über Nacht einzuweichen, mit weichem kochendem Wasser aufs Feuer und lasse sie $^1/_2$ Stunde kochen. Dann gieße man das Wasser davon ab, soviel kochendes hinzu, daß solches wenigstens eine Handbreit darüber steht, und lasse dieselben gut zugedeckt unter stetem Kochen und nochmaligem Wechseln des Wassers weich werden, was auf diese Weise nur $1^1/_2$ Stunden Zeit erfordert. Vor der letzten halben Stunde des Kochens gebe man das nötige Salz hinzu. Man schüttel sie auf einen Durchschlag und stove sie wie frische Salatbohnen auf oder gebe eine saure Eiersauce zu. In Ermangelung des weichen Wassers gebe man ein wenig Natron ins erste Abkochewasser, ehe die Bohnen hinein kommen. – Beilage, wie bei frischen Bohnen.

Servierte man die Bohnen frisch, erfolgte dieses gewiß auch im Hause Storm nach einer klassischen norddeutschen Zubereitungsart:

PERLBOHNEN, EBENSO WACHSBOHNEN, GESTOBT
(nach Johanna Kuß)

Perlbohnen muß man sorgfältig abziehen, halb durchbrechen und in Wasser garkochen. Dann stobt man sie entweder in Buttersauce mit Petersilie oder nur in Bouillon und Butterballen und etwas Petersilie, oder in Milch- oder Rahmsoße. Auch stobt man die Perlbohnen scharf. Dazu legt man die zubereiteten oder ungekochten Bohnen theilweise in eine kleine Pfanne auf ein Stück kalte Butter, bestreut diese Schicht mit Mehl, Pfeffer, Salz und einigen gehackten Zwiebeln, legt dann wieder ein Stück Butter darauf, abermals eine Schicht Bohnen, dann Mehl etc. und wiederholt dieses so lange, bis die Bohnen alle sind, gießt dann etwas kochendes Wasser über das Ganze und läßt es zugedeckt gar schwitzen. Man darf aber nicht darin rühren, nur öfter umschütteln. Wachsbohnen behandelt man wie Perlbohnen, nur stobt man sie nie scharf.

Die Vorratswirtschaft des Hausmädchens scheint außergewöhnlich gewesen zu sein, denn Storm erwähnt es nochmal einige Tage später im Brief vom 7. September 1862 an Constanze:

„Dortchen hat aus eigenem Antrieb eine Menge Bohnen getrocknet."

Und auch die „türkischen Bohnen" werden in einem der Briefe Storms genannt. Nach dem Tode Constanzes am 20. Mai 1865 schreibt Storm aus der Süderstraße an den Sohn Hans, der zu Storms Bruder Otto nach Heiligenstadt zurückgeschickt worden ist, um dort die Gärtnerei zu erlernen. Doch nach kurzer Zeit wird Hans wieder nach Husum zurückkehren, um das Gymnasium zu besuchen. Im August 1865 befindet er sich jedoch noch in Heiligenstadt, und Storm berichtet über ein Unwetter aus Husum:

„2. August 1865. Mein lieber alter Junge, ... Gestern raste wieder ein Sturm, der die Dächer abdeckte und bei Großvater (in der Hohlen Gasse – Anm. d. Verf.) alle Gravensteiner vom Baum warf, die schönen türkischen Bohnen in unsrem Garten verdarb und auch die Gurken, auf denen doch schon zwei große Früchte sitzen, sehr ruinieret sind. – Die Landvogtei ruft."

Die „blanken Konserven" in der Vorratskammer des „Vetter Christian" sind allerdings von Storm historisch etwas zu früh eingeführt worden. Er hatte sich insbesondere in dieser Novelle bemüht, die Sprechweise, das gesellige Wesen, die Denkweise, die Geräte sowie die Geschichte und Kostüme des späten 18. Jahrhunderts zu studieren, wie er an Friedrich Eggers am 8. Juli 1857 aus Heiligenstadt schreibt. War ihm doch das 18. Jahrhundert in ganz besonderem Maße durch die Familienerzählungen lebendig, so daß er unschwer Zeitgeschichtliches mit Familiengeschichtlichem verbinden konnte. Dennoch hat er die Handlung, wie oben erörtert, in die nachnapoleonische Zeit verlegt. Trotzdem stellt die Erwähnung der Konser-

ven einen ungewollten Anachronismus dar, da er ja in dieser Novelle in die Zeit des späten 18. Jahrhunderts zurückversetzen wollte.

Blechkonserven zur Vorratswirtschaft haben nämlich erst ab Mitte des 19. Jahrhunderts begonnen, eine Rolle in der Haltbarkeitstechnik zu spielen. Der Übergang von den alten Konservierungsmethoden, wie Einpökeln oder Einschmelzen, hin zur Blechdose war geeignet, das 19. Jahrhundert „weder das eiserne noch das papierene, sondern das Jahrhundert der Konserven" zu nennen, wie Rudolf Harbs am Ende des 19. Jahrhunderts feststellt. Zwar hatte schon der livländische Pfarrer Johann Georg Eisen in Torma Gemüse in Blechbüchsen konserviert, doch ist als eigentlicher Erfinder der Konservendose aus Blech der Engländer Peter Durand zu nennen, der am 25. August 1810 das Patent darauf erhielt.

Erst François Appert, Koch und Konditor seines Zeichens, begründete die neuzeitliche Konserventechnik. Man lötete Fleisch, Fisch und Gemüse roh oder oberflächlich abgekocht in dichte Blechbüchsen ein, erhitzte diese etwa 2 bis 4 Stunden lang im Wasserbad und stellte damit Büchsenkonserven von fast unbegrenzter Haltbarkeit her. Appert betrieb dieses Verfahren etwa seit 1813. Um sein Produkt zu prüfen, öffnete man eine Dose aus dem Jahre 1813 auf der ersten Londoner Weltausstellung im Jahre 1851, um zum allgemeinen Erstaunen den guten Erhaltungszustand und die Schmackhaftigkeit des Nahrungsmittels festzustellen.

Appert war schon zuvor durch sein Verfahren der Hitze-Sterilisation bekannt geworden. Hierbei füllte er das Einmachgut allerdings noch in Glasbehälter. Anregend für seinen Erfindungsgeist war Napoleon, der sich um die Ernährung des Heeres sorgte, weil er Frankreich permanent in Kriege verwickelte. Da die Marschverpflegung zumeist nur aus gesalzenem Fleisch, Hülsenfrüchten, Brot und Zwieback bestand, stellten sich nachhaltige Ernährungsstörungen bei den Truppen ein.

Deshalb setzte Napoleon im Jahre 1795 einen Preis für die Erfindung von Methoden zur Lebensmittelkonservierung aus. Am 30. Oktober 1810 erhielt

Appert für seine Forschungsergebnisse auf diesem Gebiet eine Prämie von 12000 France. Erst fünfzig Jahre später konnte dieses empirische Verfahren der Hitze-Sterilisation, über deren Auswirkung noch unklare Vorstellungen herrschten, durch Louis Pasteur (1822–1895), den Begründer der modernen Bakteriologie und Desinfektionstechnik, wissenschaftlich erklärt werden.

Die Blechdose wurde etwa seit den siebziger Jahren des 19. Jahrhunderts in Mitteleuropa populär. Noch nach dem zweiten Weltkrieg ließen die Hausfrauen sich die Blechdosen, gefüllt mit Gemüse aus den heimischen Gärten, durch einen Klempner zulöten, der von Straße zu Straße zog.

Die Reinigung der Dosen erwies sich anfangs noch als recht kompliziert:

DAS EINMACHEN DER GEMÜSE IN BLECHBÜCHSEN
(nach Frieda Ritzerow)

Das Verfahren beim Einmachen ist nun Folgendes: Man legt in die mit Pottaschenlauge und heißem Wasser tüchtig ausgebrühten Blechbüchsen das einzumachende Gemüse (Spargel, Blumenkohl, junge Erbsen, Brechbohnen, Schnittbohnen, Mohrrüben), nachdem man es in der im Abschnitt IX angegebenen Weise vorbereitet und $^1/_4$ Stunde blos in Wasser ohne Salz gekocht hat, und übergießt es mit seiner heißen Brühe so weit, daß zwischen Inhalt und Deckel ein strohhalmbreiter Raum leer bleibt; die Spargel, welche man mit den Köpfen nach oben in die Büchse stellt, kann man auch ganz roh lassen und nur mit kochendem Wasser übergießen. Jetzt legt man die genau in die Büchsen passenden und mit Rändern, die ein wenig umgebogen sind, versehenen Deckel auf die Büchsen und läßt sie von einem geschickten Klempner dicht verlöthen. Dann bringt man sie in kochendes Wasser, kocht sie die angegebene Zeit und beachtet, wo sich etwa Bläschen daran bilden, das oben angegebene Verfahren. – Ein sicheres Kennzeichen für die gute Beschaffenheit des Eingemachten geben Boden und Deckel der Büchse. Sind beide nach beendigtem Kochen leicht nach innen gebogen, so kann man von dem Gelingen der Procedur überzeugt sein, sind sie nach außen gebogen, so ist es ebenso gewiß, daß die Büchse Luft hatte und der Inhalt verderben muß, wenn dem Fehler nicht abgeholfen wird . . .
Die Zeit des Kochens hängt von der Größe der Büchsen ab; für Büchsen von 1 bis $1^1/_2$ Litern (1 bis $1^1/_2$ Pott) Inhalt, wie man sie am gewöhnlichsten verwendet, genügt ein zweistündiges Kochen; größere müssen bis zu 3 Stunden gekocht werden.

DAS GEMÜSE, ALLGEMEINE UNTERWEISUNGEN
(nach Frieda Ritzerow)

Zunächst suche man das Gemüse, solange die Jahreszeit es erlaubt, möglichst frisch zu erhalten ... Das Gemüse muß ferner gut verlesen und sauber geputzt, und, mit Ausnahme der Kartoffeln, in Betreff deren noch besondere Unterweisungen folgen sollen, nicht ausgewässert, sondern nur tüchtig gewaschen und, ehe man es aufs Feuer bringt, zum Abtropfen auf einen Durchschlag gelegt werden ... Alle Gemüse, denen im Folgenden nicht ausdrücklich das Gegentheil bemerkt wird, sind in kochendem Wasser auf das Feuer zu bringen; sollen größere Quantitäten auf einmal gekocht werden, so thut man gut, sie portionsweise, jedesmal etwa eine Schaumkelle oder einen Durchschlag voll, in das Wasser zu legen und nach jeder Portion wieder abzuwarten, daß dasselbe kocht.

Folgt man dem 1758 entstandenen Kochbuch von Markus Loofft aus Itzehoe, so war im 18. Jahrhundert das Einmachen der Stachelbeeren in verpechten Flaschen schon ein gängiges Konservierungsverfahren, von Blechdosen aber ist – natürlich – noch nicht die Rede! Gemüse hingegen, wie beispielsweise grüne Bohnen, salzte man noch ein, nachdem man sie halb gargekocht hatte, gab sie in ein Fäßchen und drückte sie mit einem Gewicht nieder. Sie wurden dann zum Gebrauch mit frischem Wasser ausgewässert und gargekocht. Oder man gab die angekochten Bohnen in eine Essig-Gewürzlake in einem Fäßchen. Zum Gebrauch mußte man sie dann auch auswässern.

Bei den Stachelbeeren und Kirschen verfuhr man hingegen wie folgt:

STACHELBEEREN EINZUMACHEN
(nach Markus Loofft)

Man kann dazu auf den Glashütten Bouteillen verfertigen lassen, welche kurze und weite Hälse haben, und denn die Stachelbeeren wie vorher rein gemacht, gewaschen und wieder abtrucknen lassen, und denn so rohe in die Bouteillen gefüllt, daß sie ganz voll werden, von Kork große Pfropfen geschnitten und damit fest zugepfropft, daß kein Wasser darein kommen kann, denn legt man etwas Heu in einen großen breiten Kessel, und setzet so viele Bouteillen darauf als hinein können und giesset so viel kalt Wasser darauf, daß die Hälse nur einen Finger breit blos stehen, denn zum Feuer gesetzet und fleißig untergehitzet, daß sie bald kochen werden, sonst werden sie in die Bouteillen zu mürbe, wenn sie ein wenig gekocht haben, so muß man sie abnehmen, etwas kalt Wasser zugießen, das kalte Wasser muß aber nicht an die Bouteillen kommen, sonst springen sie, denn noch eine kleine Weile also stehen lassen und denn heraus genommen, daß sie vollends kalt werden, denn so muß man Pech schmelzen, daß es nicht zu heiß, aber doch fliessend ist, die Pfropfe darin umkehren und wohl belaufen lassen, daß sie recht dicht werden, denn in Sand gesetzet aber den Hals unter gekehret, und denn auch überher mit Sand bedeckt, so können sie sich auch lange halten.

So wäre es also korrekt gewesen, wenn Storm im „Beim Vetter Christian“ diese altertümliche Art der Konservierung beschrieben hätte!

Storms eigene Gärten boten ein dankbares Betätigungsfeld für die Einmachaktionen seiner Ehefrauen.

Der kleine Garten in der Neustadt war zu Anfang der Ehe Theodor Storms erst frisch angelegt und trug noch keine reichen Früchte, auch wenn Storm in seiner Freizeit darin mit Begeisterung herumwerkelte. Doch wird später der große Garten in Hademarschen sein ökologisches Alterswerk. Am 30. April 1881 zieht er in Haus und Garten ein. Ein Brief vom letzten Apriltag dieses Jahres, den er Gottfried Keller in Zürich zuwendet, zeugt von seinem Glücksgefühl, endlich hier eine neue Bleibe gefunden zu haben, und auch von seinem Besitzerstolz:

„Hademarschen, Haus Storm, am letzten April 1881
Mit diesem Briefe, lieber Freund Gottfried, setze ich zum ersten Mal in meinem eigenen neuen Heim die Feder an. Ich allein bin nur noch eingezogen und sitze nun endlich wieder, umgeben von allen meinen Büchern und zu mir gehörigen Kram, in alter Behaglichkeit. Mein Zimmer liegt oben in der Nordostecke; es würde sehr hell sein; aber mattresedagrüne Tapete und schwere

Illustration: Adrian Ludwig Richter

Jutevorhänge geben dem Ganzen ein behaglich gedämpftes Licht. Nach Norden nur ein schmales Fenster – ich wollte die schöne Fernsicht auf den vorstoßenden Wald im Mittelgrunde und weiterhin auf das im Spätherbst oft prächtig überschwemmte Tal der Gi‹e›selau nicht missen; ich sitze, auf den Knien schreibend, ‚Bein gedeckt mit Beine' (Zitat nach Walther von der Vogelweide – Anm. d. Verf.), an einem der Ostfenster und, wenn ich aufblicke, schaue ich in die mit weichen Nebeln überdeckte Frühlingsferne. Ich bekenne, mir ist in diesem Augenblick recht wohl zu Sinne."

Schon im Sommer 1880 hatte sich Familie Storm in dem großen Garten nützlich gemacht. Acht Jahre hat der Dichter noch zu leben! Er arbeitet wie ein Jüngling in dem „fast zu großen Garten" mit Hacke und Gießkanne gegen Unkraut und Dürre, wie Gottfried Keller am 9. Juni 1880 erfährt.

Ein Haus zu bauen, einen Baum zu pflanzen, einen Sohn zu zeugen, diesen drei Idealen, die generationenlang Männer bewegt haben, ist Storm nun endlich ganz nachgekommen. Er hat drei Söhne, in all seinen Gärten hat er mehr als reichlich Baumsetzlinge angepflanzt und nun lebt er in seinem eigenen, von ihm selbst mitentworfenen Hause!

Die Tage werden nun gewissenhaft aufgeteilt den zwischen literarischem Schaffen, gepflegter Geselligkeit und Gartenarbeit. Zwar meint er, eine schöpferische Pause einlegen zu müssen. Da seit dem Einzug ein Freundes- und Bekanntenbesuch den anderen ab-

löst und die Lage seines neuen Zuhauses zum „sommerlichen Nichtstun" auffordert, glaubt er, überhaupt nicht mehr schreiben zu können. Doch im Herbst regt sich schon wieder sein Schaffensdrang, und er beginnt an der Novelle „Hans und Heinz Kirch" zu arbeiten, noch unter dem Eindruck von lokalen Recherchen in Heiligenhafen beim Besuch von Tochter Lisbeth und Schwiegersohn Gustav Haase. Der Garten und insbesondere der Gemüseanbau wird zu seinem Jungbrunnen! Eifrig setzt er Weinreben an das Haus, die ihm im Sommer in das Fenster duften, pflanzt Apfelbäume, Birken, Eßkastanien und Geißblattsträucher. Von Freund Wilhelm Petersen aus Schleswig läßt er sich Quittenbäume besorgen, von den achtundsiebzig Fichten, die sich breitmachen, muß er alsbald aus Platzgründen wieder einen Teil herausnehmen.

In dieser Zeit treten immer mehr Magenbeschwerden auf, so daß er seine Ernährungsweise darauf einstellen muß. Die Ärzte verschreiben ihm wieder einmal Wasser, was ihm offenbar ein Greuel ist. So bemerkt er zu Paul Heyse am 6. März 1887:

„Die Ärzte wollen mich später nach Wildungen (Heilbad in Hessen – Anm. d. Verf.) schicken, dessen Quell ich auch hier trinke; eine Qual und Verderb für meinen Magen, da ich niemals irgend etwas trinke."

Dennoch schmeckt ihm der selbst angebaute Kohl, wobei man sich fragt, ob es sich um Weiß- oder den landesüblichen Grünkohl handelt, als er mit dem 22. Januar 1882 seinem Freund Paul Heyse hiervon Mitteilung macht.

BRAUNER UND GRÜNER KOHL
(nach Doris Stender)

Dieser sowohl, als der Wirsingkohl, verträgt die Kälte und wird dadurch sogar mürber und besser. Er wird daher nach dem Ausnehmen im Garten dicht an einander gesetzt und an den Wurzeln etwas mit Erde bedeckt. Wenn er bei nasser Witterung nicht fault, hält er den ganzen Winter aus. Läßt man beim Abschneiden der Krone die Strünke stehen, so schlagen diese im Frühjahre zeitig aus und geben einen frühzeitigen, recht zarten und guten Kohl. Läßt man die Sprossen länger stehen, so treiben sie Blüthen und tragen Saamen.

WEISSER KOHL
(nach Doris Stender)

Er kann auf kurze Zeit sehr wohl aufbewahrt werden, wenn man die abgeschnittenen und abgeblatteten Häupter oder Köpfe im Hause an einen luftigen Ort legt, wo sie sicher gegen den Frost sind, doch muß man sie so legen, daß der Strunck oben zu stehen kommt. Zur längeren Aufbewahrung zieht man die ganzen Pflanzen mit Strunck und Wurzeln aus der Erde, blattet sie ab und schlägt sie mit Wurzeln wie die Kohlrabi im Keller in Sand ein. Um eine größere Menge aufzubewahren, kann man auch Gruben in die Erde machen, den Kohl hineinlegen und ihn mit Stroh und Erde, wie die Rübengruben, zudecken. So kann man frischen Kohl bis zum März haben.

Wenn ihn nicht gerade der Magen quält, was ihn monatelang halbe Tage vor Schmerzen kaum arbeiten läßt, und von denen er anfangs noch hofft, daß es nur eine „Folge schlechter Verdauung wegen Zahnmangel“ sei, wie er sich gegenüber Paul Heyse am 4. März 1885 äußert, so hindert ihn das aber nicht, kräftig auswärts zu schlemmen. Im August 1885 reist er mit Ehefrau Doris zu Schwiegersohn Pastor Haase nach Grube und besucht in Eutin Constanzes Bruder, Obergerichtsrat Ernst Esmarch (1821–1908), im Hause Elisabethstr. 37 und in Hamburg seinen alten Freund Heinrich Schleiden. Da muß er dann doch, zufrieden mit seiner guten Konstitution, Freund Heyse gegenüber mit dem 1. Oktober 1885 feststellen:

„. . . ein alter hündischer Kadaver dazu, von dem die andern und zum Geburtstag auch mein ärztlicher Bruder sagen, er sei ein zäher, und dabei in 13 sich folgenden Tagen 11 Diners oder Soupers nebst Frühstücken usw., das halt einer aus mit 68 Jahren!"

Euphorisch schwärmt er am 10. Juli 1885 gegenüber Erich Schmidt von seinem Garten:

„. . . ich bin wieder oben an dem einflügligen Nord-Ost-Fenster; und der Abendglanz liegt auf den Baumwipfeln meines jetzt wirklich zauberschönen Gartens, auf den gelben Kornfeldern dahinter und auf unserm Wald, der dann folgt . . . – Eben ruft Dodo vom Garten herauf und ich mußte ihr Bast zum Blumenanbinden herunterwerfen. – Das ist Sommerleben; vor Blühen und Lauben will eins das Andere ersticken. Vorhin habe ich 2 Stunden Begießen überwacht!"

Nach einem Besuch Weimars, wo Tochter Elsabe am Konservatorium Musik studieren soll, begeistert er sich am 2. Juni 1886 gegenüber Erich Schmidt:

„. . . so schön wie jetzt mein Garten, ist der Weimarer Park doch nicht; nur ist so viel sinnverwirrendes Aufarbeiten um mich."

Hatte er im Mai 1882 Spargel angelegt und den „ersten (einzigen, bis dahin) Spargel" auf dem neuen Grundstück gestochen, so freut er sich in diesen Jahren auch über Erbsen, Glaskohlrabi, Blumen- und Savoyenkohl sowie Teltower Rübchen.

Wohl den zukünftigen Mißerfolg eigener Spargelanpflanzungen vorausahnend, schreibt Storm im Jahre 1863, in der Novelle „Abseits":

„‚Das ist richtig, Mamsell Meta!' sagte er dann, indem er sorgfältig den Spargel aus der Erde hob. Wir gingen suchend an diesem und noch zwei anderen Beeten auf und ab, aber die Ernte war nur spärlich. Als ich ihm mein Teil hinüberreichte, sagte er: ‚Für eine Person sind das zu viele und für zwei zu wenig!'

Ehefrau Dorothea übt sich auch fleißig im Konserveneinmachen. So berichtet Theodor Storm am 26. Juni 1880

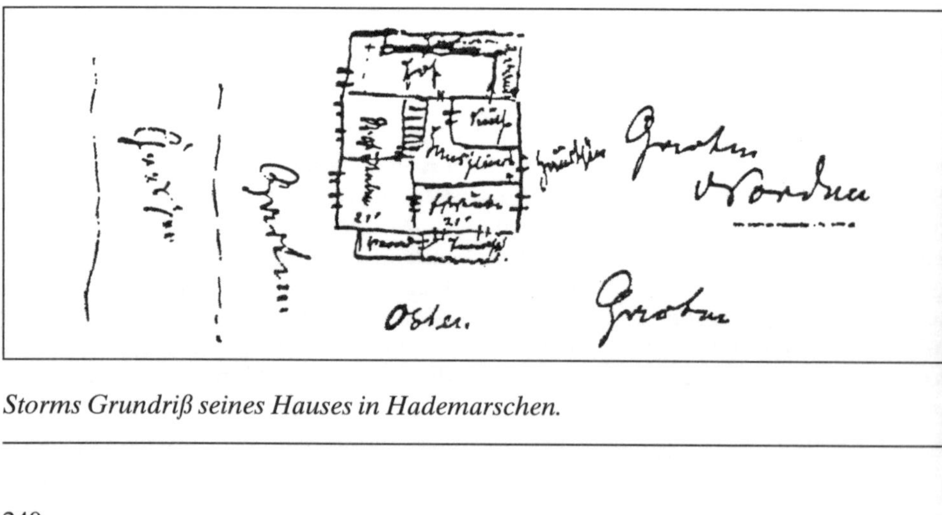

Storms Grundriß seines Hauses in Hademarschen.

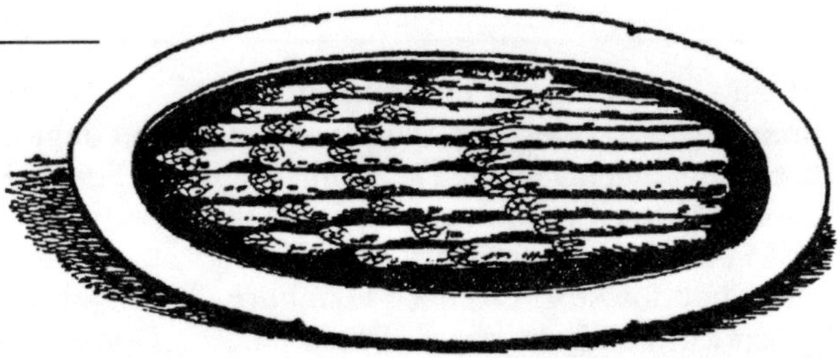

SPARGEL ZU KOCHEN
(Hausrezept der Verfasserin)

Man schält die Spargelstangen mit einem scharfen Messer, am besten einem speziellen Spargelmesser, beginnend direkt unter den Köpfen, ohne die Stangen zu zerbrechen. Nach unten zu wird die Schale dicker, daher ist nach unten zu etwas mehr Druck auf das Messer auszuüben. Die Schale muß vollständig entfernt werden. Am geeignetsten sind gut fingerdicke und 18–20 cm lange gleichmäßige Stangen. Benötigt man den geschälten Spargel noch nicht am selben Tag, schlägt man ihn in ein angefeuchtetes sauberes Geschirrhandtuch ein und legt ihn in den Kühlschrank. In einem weiten Topf wird reichlich Wasser aufgesetzt, das mit etwas Zucker, Salz, einem Klacks Butter und einem Schuß mildem Weißwein vorbereitet wird. Man kann auch etwas getrockneten Estragon hinzufügen. In das kochende Wasser hebt man den Spargel vorsichtig hinein, wobei man zuvor immer etwa 10 Stangen mit einem Baumwollfaden zusammengebunden hat. Ist der Spargel gar, jedoch noch bißfest, was man durch eine Probe feststellen kann (nach ca. 15 bis 20 Minuten, je nach Dicke und Alter) hebt man ihn mit dem Schaumlöffel aus dem Wasser und läßt ihn gehörig abtropfen. Dann entfernt man das Band und legt ihn auf eine angerichtete Platte, gießt noch einmal das sich sammelnde Wasser ab und gibt hellbraun zerlassene Butter (für 4 Personen etwa $^1/_4$ Pfund und mehr) hinzu. Dazu reicht man Salzkartoffeln mit Petersilie und gewürfelten rohen Schinken oder in Scheiben geschnittenen rohen Schinken. Das Spargelwasser kann, noch etwas eingekocht, am nächsten Tag als Grundlage für eine frische Suppe dienen.

seinem Freund Georg Lorenzen, dem Eigentümer des Hofes „Fobeslet“ bei Kolding (Jütland), wo Doris Jensen, die mit seiner Frau befreundet ist, sich ab 1853 zeitweise aufgehalten hat:

„Besser ist es schon mit dem Garten; da ich tüchtig gedüngt habe, so steht alles Gemüse in Ueppigkeit und kann nur mittelst Conserven gerettet werden.“

Wenige Tage zuvor hat er sich bei Erich Schmidt gemeldet und beschreibt und zeichnet ihm das neue Anwesen auf:

„Hademarschen bei Hanerau 16 Juni 1880. – . . . Nächsten Frühjahr wird eingezogen; der Gemüsegarten trägt schon dieß Jahr in solcher Fülle, daß wir es, wenn nicht $^1/_2$ Hundert Conserven voll gemacht werden, wohl kaum bezwingen können.“

Und so wird emsig Gemüse geerntet, frisch verspeist oder zum späteren Konsum eingemacht. Am 17. Juni 1883 schreibt Doris aus Hademarschen an ihren Mann. Es ist Sonntagabend um 19.00 Uhr. Theodor Storm ist nach Hamburg-Eppendorf gefahren, um als Patenonkel an der Kindtaufe bei Dr. phil. Julius Adorian Pollacsek, Hamburg-Eppendorf, Georgstraße 3 (heute Goernestraße) und seiner Ehefrau Karoline Elisabeth Charlotte Auguste, geb. Tiedemann, teilzunehmen. Frau Pollacsek ist die Schwester des Chefs der Reichskanzlei unter Bismarck von 1878 bis 1881, Christoph von Tiedemann, den Storm aus Segeberg kennt. Pollacsek ist Besitzer der Sylter Badeanstalt, wo sich Storm im Sommer 1878 zusammen mit Tiedemann aufgehalten hat. Doris berichtet ihm gewissenhaft aus dem Garten:

„. . . noch Eins muß ich Dir erzählen, vorher hatten wir die Spargel geholt u denke Dir mein Mann, 1½ bekommen ... Heute habe ich Frau Nottelmann genommen (wohl die Zugeh- und Gartenfrau – Anm. d. Verf.), ich will etwas Blumenkohl, Savoyenkohl (Wirsingkohl – Anm. d. Verf.) u Glaskohlrabi‹p›flanzen u dafür machen wir uns Platz im Garten."

Wie man sieht, haperte es noch immer mit dem erfolgreichen Spargelanbau.

Spargel, den schon die Römer als eine „Schmeichelei für den Gaumen" und die „zuträglichste Speise für den Magen" bezeichneten, wird in Deutschland bereits urkundlich in dem Stuttgarter Lustgarten und dann am Niederrhein erwähnt (1565 und 1578). In Norddeutschland findet er erst um 1660 Eingang. Auch gewinnt er hier nur äußerst langsam Anhänger, so daß noch um 1850 die Jahresproduktion von Erfurt sich auf höchstens 1200 bis 1500 Kilogramm erstreckte, während Gebiete um Schwetzingen bei Speyer zu dieser Zeit die zehnfache Menge erzeugten. Da Storm in früheren Jahren die Mutter zum Spargel um einen Räucherschinken gebeten hatte, ist anzunehmen, daß er bei den Storms genau so klassisch mit Schinken und gebräunter Butter serviert wurde, wie in den meisten heutigen Haushalten und Restaurants. In der Hoffnung, daß sich der Spargelertrag in den nächsten Jahren in Storms Garten gesteigert haben mag, seien hier einige klassische Rezepte des 19. Jahrhunderts für die Spargelzubereitung wiedergegeben sowie eine Einmachart:

SPARGEL IN BLECHBÜCHSEN
(nach Luise Keck)

Diese werden nicht erst gekocht, sondern roh, nachdem sie fein geschält und abgespült sind, in die hohen Dosen gestellt, so viele als hinein können, kochendes Wasser dann darübergegossen und nach dem Zulöten 1 Stunde gekocht.

SPARGEL
(nach Luise Keck)

Die frischen Spargel werden gut gewaschen und vom Kopf herunter sehr fein geschält, wozu man ein recht dünnes scharfes Messer haben muß. Die Schale wird aufgehoben und am nächsten Tage zur Suppe benutzt. Die langen Spargel werden nun, die Köpfe alle nach derselben Seite, in Bünde gebunden, wozu man am besten die ganz dicke Strickbaumwolle benutzt. In kochendes Wasser mit etwas Salz werden diese Bünde gelegt und ist es eine schöne Sorte Spargel, sind sie in 30–35 Minuten gar. Das muß ausprobiert werden, da sie nicht lange in dem Wasser stehen bleiben dürfen, weil sie das Salz zu sehr an sich ziehen und die schöne weiße Farbe darunter leidet. Die ganzen Bünde werden mit der Schaumkelle herausgehoben und auf einer runden Schüssel angerichtet, die Köpfe alle nach innen; das Band wird, wenn sie auf der Schüssel liegen, durchschnitten und drunter weggezogen. Sie schmecken am besten mit folgender Sauce: Für 6–8 Personen nimmt man 130 Gramm Butter, gibt 1 Eßlöffel voll Spargelwasser darauf und rührt die Butter mit dem heißen Spargelwasser weich. Dann gibt man 1–2 Eidotter dazu und rührt es recht lange, gibt nach und nach 2–3 Eßlöffel Spargelwasser noch dazu und die Sauce ist fertig.

Auch für die weiteren von Storm genannten Gemüsesorten finden sich zeitgenössische Rezepte:

BLUMENKOHL ZU KOCHEN
(nach Charlotte Lönne)

Der Blumenkohl wird von den kleinen Blättern befreit und gehörig rein geputzt in nicht zu wenig Wasser gar gekocht. Jetzt wird Rohm- oder Buttersauce gemacht, der Kohl auf eine tiefe Schüssel gelegt und die nicht zu dünn bereitete, mit Muscatblüthe gewürzte Sauce darüber gegeben; der Kohl kann auf einer flachen Schüssel angerichtet und Sauce dabei genommen werden. Beim Kochen des Kohls vergesse man das Salz nicht.

Savoyenkohl wird bereits im Sommer geerntet. Er ist zarter als Weißkohl und wurde früher im Herbst viel zu gedämpften Rebhühnern oder auch geschmorter Ente gereicht

WEISS- UND SAVOYENKOHL ZU SCHMOREN
(nach Charlotte Lönne)

Die Kohlköpfe werden von den auswendigen Blättern befreit, in Vierteln geschnitten, gut gewaschen und mit einem Stück Butter in einer Pfanne oder Kassarolle zu Feuer gebracht, Salz dazu gegeben und langsam, bis zum Garwerden geschmort. Es muß nicht zu wenig Butter genommen und der Kohl zugedeckt werden.

KOHLRABI
(nach Luise Keck)

Diese werden, nachdem sie gereinigt sind, in Scheiben geschnitten und mit kochendem Wasser und Salz zu Feuer gebracht. Sind sie mürbe, werden sie auf ein Sieb geschüttet, und es wird eine Sauce gemacht von einem Stück Butter, 2 Löffel Mehl, etwas Suppe und gehackter Petersilie, in die sie gelegt werden. Statt der Suppe kann man auch Milch nehmen.

Bei dem erwähnten „Glaskohlrabi“ handelt es sich um die Wiener Glas-Kohlrübe, die auch in Norddeutschland vielfach gezogen wurde und sich auch im Winter aufbewahren läßt.

Storm begibt sich nach der Tauffeierlichkeit in Eppendorf für wenige Tage zu Tochter Lisbeth nach Heiligenhafen, obwohl Ehefrau Doris ihn bereits am 27. Juni 1883 ungeduldig fragt:

„Mein Mann, wie lange denkst Du denn in Heiligenhafen zu bleiben? ... So mein Herzensmann, wie freue ich mich, wenn Du wieder da ‹bist› u ich Deine liebe Hand halte ...“

Sie teilt ihm in diesem Brief mit, daß es am nächsten Tag, einem Donnerstag, die erste Mahlzeit Erbsen geben wird, auch erwartet sie Erdbeeren, die aber wenige Tage später aufgrund der Dürre im Garten vertrocknen werden. Es herrscht Wasserknappheit, und obwohl man das Wasch- und Spülwasser für den Garten nimmt, kann dieser nicht feucht genug gehalten werden:

„Hademarschen d. 3/7 Abends 6 Uhr – ... die Hitze macht einen aber auch ganz wunderlich, wir schlafen sämtlich nur mit einem Hemd bekleidet, ohne Decken und Matratzen . . .; Gott gebe uns nur noch vorher einen tüchtigen Regen oder Gewitter. Alles Wasser vom Waschen hat der Garten bekommen, aber trotzdem vertrocknen die Erdbeeren ganz, aber die naß zu halten, haben wir kein Wasser."

Etwas später heißt es am 5. Juli 1883:

„Denk' doch gestern, den ganzen Abend donnerte u blitzte es, aber alles zog vorüber u der Regen mit; daß das Laub noch so gut ist, ich kann es nicht begreifen, die Himbeeren u Erdbeeren haben Wasch- und Spültag bekommen, aber jetzt kann ich nur eben die Rosen aufrecht erhalten, unsere Pumpe hat keinen Tropfen Wasser mehr, überhaupt ist nur die Jebensche Pumpe die Wasser gibt; ich wollte ehe Du kämest so gerne noch einmal Regen haben."

Nach den Erbsen sät Doris Teltower Rübchen, wie sie einmal anläßlich eines Besuches bei Lisbeth Haase aus Heiligenhafen bereits am 27. Juni 1880 dem Mann mitgeteilt hat:

„Da fällt mir ein, wir müssen uns noch Teltower Rübensamen kommen lassen, die säät man im Juli, wenn die ersten Erbsenbeete ausgetragen haben."

Die Teltower Rübe ist eine kleine, 5 bis 15 Gramm schwere Ackerfrucht aus der Mark Brandenburg, eine Delikatesse, deren Ruf bis in das 16. Jahrhundert zurückreicht und die selbst Goethe in die lebhafteste Unruhe versetzt haben soll, wenn sie nicht pünktlich von Berlin in Weimar angeliefert wurde. Teltow ist ein Städtchen, 10 Kilometer südwestlich von Berlin, das über einen ganz mageren Sandboden verfügt, der den Rüben ausgezeichnet bekommt. Aufgrund ihrer geringen Größe haben sie einen eigentümlichen würzigen Geschmack, der sie zu einem wahren Leckerbissen werden läßt.

TELTOWER RÜBEN
(nach Julie Köller)

Die Rüben werden sauber geputzt und gewaschen. Dann wird Zucker in heißem Fett oder Butter braun geschwitzt und Mehl dazu verrührt; darauf läßt man es unter beständigem Rühren braun werden und vergießt es mit Fleischbrühe zu einer seimigen Sauce, in welcher die Rüben mit dem nöthigen Salz weich gekocht werden. Wenn die Sauce schon sehr kurz ist, werden die Rüben öfter aufgeschüttelt, nicht gerührt; ist die Sauce noch dünn, so werden die Rüben mit einem Schaumlöffel herausgenommen, die Sauce mit etwas Pfeffer und 1 Stück Butter recht dick eingekocht und die Rüben vorsichtig wieder dazu gethan, einige Mal in der Sauce umgeschwenkt und nach Belieben mit Kastanien garnirt.

Kürbisse haben wohl nicht unbedingt Begeisterungsstürme bei Storm hervorgerufen! Sie werden nur einmal als weihnachtliche Dekoration erwähnt. So berichtet Storm am 11. Januar 1858 an Friedrich Eggers aus Heiligenstadt über die Weihnachtsvorbereitung, bei der ihm der kinderlose Rechtsanwalt und Notar in Heiligenstadt, Reinhard Schlüter, und die Gärtnerburschen seines Bruders Otto helfen:

„Ich hatte noch so eben das Glück mit Freund Schlüter . . . und meines Bruders Gärtnersgehilfen den Weihnachtsbaum und eine große, mit Kürbissen und goldenen Tannenzapfen verzierte Tannenlaube herrichten zu können."

Hingegen sammelt die Familie in Thüringen Pilze, um daraus ein „Soja" herzustellen. Anfangs muß sich Storm jedoch noch durch ein Pilzbuch belehren lassen und ist mehr als unsicher. So erzählt er am 11. Oktober 1863 der sich in Schleswig-Holstein erholenden Ehefrau Constanze:

„Genieße nur recht dies goldene, wundervolle Herbstwetter. Gestern war ich mit allen Kindern auf dem Iberg (ein Berg in der Nähe von Heiligenstadt – Anm. d. Verf.), um Pilze zu suchen. Ich hatte ein schönes Pilzbuch mit vielen Bildern in der Tasche, und doch vermochten wir von den gefundenen keinen einzigen zu bestimmen."

Auch den Eltern berichtet er zu deren Beruhigung, daß man zumindestens im Herbst 1863 noch keine selbstgesuchten Pilze verwertet, indem er am 3. Oktober des Jahres mitteilt:

„Einen anderen dort in großen Mengen wachsenden namentlich zu Soja sehr brauchbaren Pilz muß ich mir von Wussow (Landrat Alexander von Wussow – Anm. d. Verf.) erst genau bestimmen lassen."

Soja oder Soya ist eine bekannte Soße, die ursprünglich aus Japan kommt und von brauner Farbe und dicklicher Konsistenz ist. Sie wird eigentlich aus Gerste oder Weizen, Salz, Wasser, Hefe und gerösteten Sojabohnen hergestellt und vergoren. Durch eine Verwechslung mit dem indischen Soja (India Soja), einem ostindisch-englischen Ketchup, das aber auch unter Verwendung von Sojabohnen hergestellt wurde, kam es auf dem Kontinent im vorigen Jahrhundert in den europäischen Kochbüchern zu Rezepten über Sojazubereitung, die nichts anderes sind, als eine Art Champignon-Essenz. Diese hat auch Storm gemeint. Sie diente der Verfeinerung von Soßen.

SOJA ZU MACHEN
(nach Charlotte Lönne)

Hierzu muß man eine gute Portion Champignons haben und kann der Abfall von den getrockneten und eingemachten mit dazu benutzt werden. In der Regel wird die Soja nur aus Abfall bereitet, allein wenn man reichlich Champignons hat, nimmt man die kleinsten mit dazu. Nur selten hat man zu einer Zeit so viel Champignons, daß man die in Rede stehende Brühe auf einmal bereiten kann, man salzt daher dasjenige, was man hat, ein, jedoch nur schwach, damit die Soja nicht zu salz werde und kocht es nach 2 Tagen auf. Hat man endlich seinen Bedarf, wird Alles zusammen aufgekocht: mit Wein, Schüe, oder starker Bouillon, Basillicum, Sellerie, Porroe, Thymian, Majoran, Scharlotten, Dragon, Nelken und Pfeffer. – Wenn dieses Alles ziemlich lange gekocht, läßt man die Masse durch einen Gelleebeutel laufen und giebt solche, wenn sie abgekühlt ist, in Flaschen.
Die Soja giebt den Saucen oder der Schüe einen picanten Geschmack, man muß aber nicht zu viel daran nehmen, denn sie ist sehr stark.

SOJA ZU BEREITEN
(nach Luise Keck)

Hierzu kann man die weniger guten Champignons, auch den Abfall von den eingemachten benutzen, doch dürfen sie nicht madig sein. Gut gewaschen, dürfen sie nicht im Wasser liegen bleiben, da sie an Kraft und Farbe verlieren. Man tut sie in einen Kessel, nebst Pfeffer, Ingwer, Nelken, Lorbeerblättern und Salz, und bedeckt sie mit kaltem Wasser; dann kommen noch 2 in Scheiben geschnittene Meerrettichwurzeln dazu, nebst einigen Schalotten und rohen Zwiebeln. Man läßt das Ganze $1^1/_2$ Stunden kochen. Durch ein Sieb gepreßt, muß es bis zum nächsten Tage stehen, weil gewöhnlich ein starker Bodensatz vorhanden ist. Dann wird es klar abgegossen und so lange gekocht bis es leicht sirupartig ist. In Flaschen gegossen, gut verkorkt und verharzt, so wird die Soja kräftig und wohlschmeckend.

Auch die dekorativen Radieschen erwähnt Storm, wenn auch nicht als das Produkt seines Garten. In der 1863 erstmalig erschienenen Novelle „Abseits“ heißt es:

„So hatte ich in schweren Gedanken meinen Korb mit Radieschen gefüllt ...“

Kartoffeln haben bei Theodor Storm einen hohen Stellenwert. Man denke nur an seine Junggesellenzeit, wo er ungeniert Pellkartoffeln ohne Beilagen servierte. Storm schätzt die Erdäpfel, sei es, daß die Familie einen Sack voll geschenkt bekommt, sei es, daß er im Hademarschener Garten diese selbst anbaut. So sendet er Februar 1883 an den

Sohn Ernst, der anfangs Amtsrichter in Toftlund – Nordschleswig ist, nicht nur rotblühende Himbeeren für den Garten seiner Dienstwohnung, sondern erwähnt auch dessen Kartoffelanbau in einem Brief an Sohn Karl mit Datum vom 24. März 1883:

„Hademarschen, Sonnabend vor Ostern, 24. 3. 83
Mein alter lieber Junge ... Über den Zeitpunkt von Ernst's Hochzeit ist noch keine Klarheit; (Ernst heiratete in Tondern Maria Krause, 1863–1932, die Tochter des dortigen Lehrers am Lehrerseminar, Adolf Krause – Anm. d. Verf.) sie werden auch das jetzt wohl in Tondern bereden. Rotblühende Himbeeren hab' ich ihm auf seine Bitte im Februar geschickt, und er hat vor dem Hause ein Beet davon angelegt; auch den übrigen Garten, zunächst für Kartoffeln, damit das Land rein werde, in Angriff genommen."

Pellkartoffeln werden gegen Magenbeschwerden als Hausmittel eingesetzt. So berichtet Storm der Tochter Lisbeth Haase im Heiligenhafener Pastorat über die Pfingstfestvorbereitungen, die bei Dorothea zu Streß und damit Unwohlsein geführt haben:

„Hademarschen, 23. April 1882 (Sonntag morgen) ... Hier steht alles leidlich wohl; nur daß Mama bei dem Frühlingsschneidern (12 Kleider) und dem schon begonnenen Pfingstfest (natürlich: Reinigungs-) etwas an Magendruck leidet, was sie durch abends Pellkartoffeln zu kurieren sucht, indes bis jetzt vergebens."

Die Kartoffel hat sich, aus Südamerika kommend, nur mühsam ihren Weg bis nach Deutschland und in die Herzogtümer Schleswig und Holstein gebahnt. Erst zu Anfang des 19. Jahrhunderts war sie in den meistenTeilen Deutschlands und in dem Land zwischen den Meeren als Nahrungsmittel unentbehrlich geworden. Es war vor allem der schleswig-holsteinische Propst Philipp Ernst Lüders (1702–1786), der in der zweiten Hälfte des 18. Jahrhunderts für Modernisierungen im Agrarbereich eintrat. Er, den man den „Kartoffelpropst" nannte, engagierte sich maßgeblich für den Anbau der neuen Kulturpflanze in Schleswig-Holstein. Trotz aller Skepsis und Aversion gegen diese Erdfrucht, die man anfangs nur als Schweinefutter brauchte, wurde der Kartoffelkonsum, zur Zeit der großen Hungersnöte Anfang der 70iger Jahre des 18. Jahrhunderts, immer größer, als schlechte Getreideernten auch die wohlhabenden Bauern zwangen, die Frucht als Gemüse anzubieten. Als in den vierziger Jahren des 19. Jahrhunderts eine Krautfäule die Kartoffelbestände in ganz Europa dezimierte, führte dieses zu verheerenden Hungersnöten, durch die beispielsweise in Irland 80000 Menschen starben und 70000 ihre Heimat verließen. Auch in Deutschland kam es im Frühjahr 1847 zu einer großen Ernährungskatastrophe. Aus dieser historischen Sicht ist es verständlich, daß Storm als Junggeselle Gästen nur ein schlichtes Pellkartoffelessen anbietet und ein solches in seinem ansonsten recht üppigen Elternhaus gelegentlich verspeist.

Es ist auffällig, wie in den bürgerlichen Kochbüchern der ersten Hälfte des 19. Jahrhunderts die Kartoffelzubereitung an Raum gewinnt. Und es verwundert dann nicht, daß in dem Kochbuch von Johanna Kuß von 1853 ausführlich beschrieben wird, wie man die Kartoffel vor dem Kochen wäscht und schält, von Flecken befreit, wie man Salz- und Pellkartoffeln kocht, wie man sie gestobt, d. h. in einer Butterbouillon mit Petersilie oder in Rahm bzw. Milch zubereitet, wie man sie brät oder fritiert, wie man Kartoffelbrei oder -mus herstellt oder in einer sauren Specktunke serviert. Und auch Luise Rosendorf stellt noch in ihrem 1885 fortgeführten Kochbuch der Henriette Davidis fest: „Und doch ist eine schmackhafte Kartoffelspeise manchem lieber, als ein feines Gericht.“ Pellkartoffeln werden von ihr noch als ein Abendessen ohne Beilagen empfohlen!

KARTOFFELN IN DER SCHALE ZU BRATEN, PELLKARTOFFELN
(nach Henriette Davidis bzw. Luise Rosendorf)

Ein Gericht zum Sonnabend Abend zur Tasse Thee. (!) Recht gute Kartoffeln von mittlerer Größe werden aufs sorgfältigste ganz rein gewaschen, in einem eisernen Topf mit Wasser bedeckt, halb gar gekocht, trocken abgegossen, mit etwas Salz bestreut und fest zugedeckt, mit mittelmäßig starkem Feuer so lange gebraten, bis sie ganz weich geworden und Krüstchen erhalten haben. Sie werden mit kalter Butter gegessen.

Doris Stender hat ihr Kochbuch im Jahre 1847 zur Zeit der großen Hungersnot in Deutschland herausgegeben, und sie hat dieses im wohlhabenden holsteinischen Oldenburg, unweit der fruchtbaren Insel Fehmarn, erscheinen lassen, wo die fetten Weizenböden den Anbau von Kartoffeln nicht erforderlich machten. Sie nennt eine Fülle von Kartoffelgerichten ohne Fleischzugabe, was in der heutigen Zeit in Erstaunen versetzt. So werden Pellkartoffeln mit Schale nur mit Essig, Lorbeerblatt, Zwiebeln und etwas Bratenfett versetzt oder es kommen zu Kartoffeln in Scheiben in einer Mehlschwitze nur kleingehackte Stücke eines einzigen Herings oder die Kartoffeln werden zusammen mit Zwiebeln und Butter und Salz gekocht. Auch gibt man sie in eine saure

Eiersoße oder vermischt sie mit Birnen und etwas Weinessig oder mit Äpfeln und etwas Milch.

Unmißverständlich weist sie auf die große Not hin, die durch zwei Kartoffelmißernten in den Jahre 1845 und 1846 hervorgerufen worden ist:

„Kartoffeln. Diese in den beiden letzten Jahren leider so sehr mißrathene Frucht, war bisher eine der schönsten Gottesgaben, das Mark der Erde, die Erhalter ganzer Familien und Gegenden."

Wenn also Theodor Storm von Kartoffeln spricht, so sind es meistens nicht nur reine Beilagen, sondern es handelt sich jeweils um das Hauptgericht ohne Zusätze an Gemüse, Braten oder Fisch. Diese uns nicht immer gegenwärtige ganz andere Nahrungsmittelsituation sollte man beachten, wenn man die Hinweise Theodor Storms auf die Ernährungslage der Familie und die einzelnen Speisen liest! Dann kann man auch seinen letztlich wohlgefälligen Stolz verstehen, wenn er den Eltern und Schwiegereltern von üppigen Mahlzeiten etwas vorschwärmt!

Neben dem Spargel haben es Storm die Erbsen wohl sehr angetan, denn er möchte sie sogar, künstlerisch verewigt, als Illustration zu der Sommergeschichte „Ein grünes Blatt" von Otto Speckter dargestellt haben. Storm hatte die Idee, daß eine von Speckter illustrierte Ausgabe der Novelle „Ein grünes Blatt" veröffentlicht werden solle. Das wird jedoch nicht realisiert. Er schreibt deshalb am 22. September 1860 aus der schwiegerelterlichen Wohnung in der Kieler Straße in Segeberg:

„Mich hat übrigens in der letzten Zeit der Gedanke nicht verlassen wollen, daß keines meiner Sachen für ihre Illustrationen so passen würde, als das ‚grüne Blatt'; da ist die Haide in ihrer Einsamkeit, die ländliche Wohnung mit dem Immenhof, die Schatten des Waldes in der Mondscheinnacht etc.; der Alte bei den Bienen, das junge Paar zwischen den Erbsenbeeten etc. Ich kann, wie ich Ihnen schon sagte, über eine neue Auflage disponiren ."

Bereits im Sommer 1880 geben die Hademarschener Erbsenbeete mehr her, als die Familie bewältigen kann, wobei man sich allerdings fragt, ob es bei Storms nie Erbsen mit Wurzeln gegeben hat, da er letztere so gut wie gar nicht erwähnt.

Die zarte Gartenerbse ist eine uralte Kulturpflanze aus dem Orient. Sie gilt als „Königin der Hülsenfrüchte". Schon die Griechen und Römer bevorzugten sie vor den Bohnen und Linsen, und auch in mittelalterlichen Klosterküchen erfreute sich die Erbse großer Beliebtheit. Der Erbsenbrei war jahrhundertelang in der Volksernährung so bedeutsam wie später der Kartoffelbrei in Nord- und Mitteleuropa. Hierbei handelte es sich aber jeweils um die getrockneten Erbsen und nicht die grünen zarten Zuckererbsen. Diese eroberten sich in Mitteleuropa ihre Liebhaber erst im 17. und 18. Jahrhundert. In dem amüsanten „Appetitlexikon" von Rudolf Harbs heißt es hierzu:

„Die grünen Erbsen sind die Maiblumen der Tafel, das schönste Sinnbild des Lenzes, das sich überhaupt denken läßt – namentlich, wenn gebratene junge Tauben, gedämpfte Entenbrüste, vergoldete Lammkotelettes oder auch nur gesottene Stockfischschnitten auf diesem weichen – zarten Rasen vor das Antlitz des entzückten Gastes treten. In solchem erhabenen Momente bleibt dem Kenner nur der einzige Wunsch: der Gaumen möchte echte Waldmeisterbowle zu diesem Gericht vertragen und so des Maimonds ganze Wonne in einem einzigen Genusse schmecken können! ... Nur als Konserve steht sie entschieden gegen die grüne Bohne zurück, denn in diesem Zustand fehlt ihr feinster Reiz, die reine Jugendfrische, ‚beauté du diable', wie der Franzose es nennt, die sich eben auf keine Weise konservieren läßt, bei Menschen nicht und auch nicht beim Gemüse."

Nun reifen die Erbsen in Schleswig-Holstein üblicherweise nicht bereits im Mai, sondern Anfang Juli, dafür aber mit Macht! Und so schreibt Storm halb verzweifelt am 6. Juli 1880 an Tochter Lisbeth im Pastorat in Heiligenhafen:

„... heute überrumpelten uns die Erbsen, die alle auf einmal reiften. Nachdem ich und Anna Storm, die ich mir bei Gelegenheit des bei Onkel Fritz' Begräbnis nach Husum gemachten Abstechers hierhergeholt habe, für unsern und unsrer Wirtsleute Mittag am Morgen gepflückt hatten, zog die ganze Schar wieder nach dem Garten und brachte nach und nach gewiß gegen 40 Kannen zum Einmachen, ohne daß der Reichtum mehr als etwas über die Hälfte erschöpft wäre. Jetzt sitzt alles auf dem Flur und pahlt. Frau Pastorin, Lute und wer sonst einguckte, alle wurden mit dazu gepreßt.

Es dunkelt schon, mein Lite, im Mittelzimmer hör' ich den Teekessel sausen, die Erbsen sind gepahlt; es ist Vesperzeit ..."

Erbsen werden in Schleswig-Holstein üblicherweise im März – oder bei noch zu erwartenden Bodenfrösten – auch später gesät. Im Mai stehen sie hierzulande erst im Kraut, bedürfen dann eines milden Regens. Und so hofft auch Storm in einem Brief vom 6. Mai 1883 an Tochter Lisbeth darauf:

„Der Frühling kommt langsam, bis vorgestern noch mit Eis in den Nächten; dennoch wird es grün; wenn's nur endlich regnen wollte, acht prächtig stehende Maierbsenbeete verlangen auch danach."

Auch wenn die Erbsen angeblich in den Blechdosen an Wohlgeschmack verlieren mögen, so wurde doch immer wieder die Herstellung von Erbsen in Konserven in den Kochbüchern beschrieben.

JUNGE ERBSEN IN BLECHBÜCHSEN
(nach Luise Keck)

Über die Behandlung der Dosen ist das Nötige schon bei den Früchten angegeben, und sei hier nur wiederholt, daß die Verlötung sicher sein muß. Zum Einmachen eignet sich die kleine grüne Erbse, die man recht früh haben kann, sonst auch die spätere englische, die sehr zart ist. Frisch gepflückte Erbsen werden ausgeschotet und

5 Minuten gekocht, dann auf ein Sieb gegossen und in die Dosen gefüllt. Frisches Brunnenwasser, aufgekocht und abgekühlt, wird über die Erbsen in den Dosen gegossen und werden diese nach dem Verlöten 1 Stunde gekocht. In demselben Wasser abgekühlt.

GRÜNE ERBSEN
(nach Luise Keck)

Junge grüne Erbsen werden aus den Schoten genommen, und ist dieses vorsichtig geschehen, bedürfen sie keines Waschens. Man setzt nur wenig Wasser aufs Feuer und schüttet, wenn es kocht, die Erbsen hinein. Deckt man sie nicht zu, bleibt die Farbe schön grün, doch dürfen sie nicht aus dem Kochen kommen. Sind sie sehr zart, brauchen sie nur $^1/_2$ Stunde zu kochen. Dann gießt man das Wasser in ein reines Gefäß, indem man nur einen Deckel auflegt und es darunter ablaufen läßt. Sehr wenig Mehl, etwa einen Teelöffel voll, drückt man in 100 Gramm Butter fest hinein und rührt dieses in die abgegossenen Erbsen. Letztere ziehen so viel Wasser an sich, daß meistens Flüssigkeit genug daran ist. Kommen sie einem zu dicklich vor, gießt man wenig von dem Erbsenwasser dazu. Wenig Salz, wenig Zucker und gehackte Petersilie werden nach Geschmack dazugegeben.

Hat man eingemachte Erbsen, schütte man die Blechdosen schon morgens, wenn sie mittags gebraucht werden sollen, auf ein Sieb und streue etwas Salz darüber. Mittags schütte man sie 2 Minuten in kochendes Wasser und verfahre ganz damit, wie mit den vorigen, nur, daß kein Salz mehr darankommt. Statt des Erbsenwassers nehme man sehr wenig Suppe dazu. Sollen sie mit jungen Wurzeln angerichtet werden, koche man diese für sich und garniere sie im Kreise um die Erbsen.

Aus dem Kochen der Erbsen machte man eine kleine Wissenschaft, die es jedoch dann durch Wohlgeschmack dankte. Wollte man die frischen Erbsen zu einer Dauerkonserve verwandeln, d. h. sie trocknen, verfuhr man wie folgt:

GRÜNE ERBSEN
(nach Doris Stender)

Dieselben dienen zu einer angenehmen Zuthat an vielen Speisen und sind sehr leicht das ganze Jahr hindurch zu erhalten. Man pflückt nämlich die Schoten ab, wenn die Erbsen noch jung und weich sind, trocknet sie in der Sonne, nimmt dann die Erbsen heraus und bewahrt sie an einem trockenen Orte auf. Wenn sie wieder aufgequellt werden, sind sie den frischen gleich.

Illustration: Otto Speckter

In der Volkskunde findet sich die Erbse häufig als Zaubermittel und gilt als Sinnbild der Fruchtbarkeit.

In der Sommergeschichte „Ein grünes Blatt" wird das Erbsenpflücken ein Symbol für die verrinnende Zeit, die man versucht aufzuhalten: Das Mädchen Regine muß von Gabriel Abschied nehmen. Die letzten Minuten der Gemeinsamkeit verbringt man mit Erbsenpflücken so, als könne man durch diese Tätigkeit die Zeit aufhalten und das Beieinander verlängern:

„Endlich, da Regine noch immer nicht

zurückkehrte und schon die Mondhelle von jenseit des Gartens heraufkam, stand er auf, um von dem Mädchen Abschied zu nehmen. Er ging in den Garten; aber er sah nichts von ihr. Da hörte er es zwischen den Erbsenbeeten rauschen; und hier fand er sie, ein Körbchen neben sich, das schon zur Hälfte mit den gepflückten Schoten angefüllt war.

‚Es ist spät, Regine', sagte er, indem er zwischen die Ranken zu ihr hineintrat, ‚ich werde gehen müssen; ich möchte mit Sonnenaufgang in der Stadt sein.'

Regine pflückte weiter, ohne aufzusehen. ‚Es ist nicht gar so weit', sagte sie und bückte sich und langte zwischen den Stangen durch nach den tiefst hängenden Schoten . . .

Gabriel hatte sich zu ihr gesetzt und half ihr pflücken. Regine schüttelte mitunter das Körbchen, das schon den Vorrat nicht mehr fassen wollte. Die Dämmerung nahm immer zu; sie suchten mit den Händen nach den Schoten, die sie kaum noch sehen konnten und die endlich immer wieder über den Rand des voll gehäuften Korbes hinabglitten. Aber sie ließen nicht ab; sie pflückten langsam weiter, als sei es ihnen damit angetan."

Sauerampfer, den Doris Storm im Garten hat, wird möglicherweise sowohl zur Suppe wie als Gemüse zubereitet, wobei die Zugabe von Korinthen eine Spezialität des Landes ist. So wird hier auch seit alters her beim Schlachten die Blutwurst mit Rosinen versetzt.

SAUERAMPFER
(nach Julie Köller)

Nachdem man ihn rein gewaschen und falls er älter ist, die Blattrippe ausgelöst hat, wird er mit ein wenig zerflossener Butter weich gedämpft. Dann schwitzt man etwas Mehl oder feingestoßenen Zwieback in Butter, gießt so viel Wasser, nach Belieben auch Milch oder Rahm dazu, daß eine seimige Sauce entsteht, thut dazu den Sauerampfer, etwas Zucker und Salz, feingestoßene Muskatblüthen und einige Eßlöffel gut gereinigte Korinthen und läßt dann dies Alles zu einem dicken Brei verkochen.

Gurken scheinen in Hademarschen und auch in den anderen Gärten Storms nicht angepflanzt worden zu sein. Denn Theodor Storm erwähnt nur einmal in seinen Briefen Gurkensalat, als die Familie ohne Constanze im Sommer 1858 in Heiligenstadt zu Gast bei Landrat Alexander von Wussow und dessen Ehefrau Anna vor dem Casseler Tor ist.

Storm läßt in einem Brief am Sonntag, den 11. Juli, an seine Ehefrau, die zu dieser Zeit in den Herzogtümern Schleswig und Holstein ist, das Abendessen bei Wussows genüßlich noch einmal an sich vorbeiziehen:

„Als wir gestern Abend . . . ans Tor kamen (Casseler Tor –, wo die Wussows nunmehr das Haus bewohnten, das

1856–1857 die Storms bevölkert hatten – Anm. d. Verf.) kam uns der Landrat schon entgegen ... Dann, bei der Kälte, aßen wir, d. h. Tee und Butterbrot nebst allerlei guten Sachen (als da sind: kleine Eierkuchen, Kirschkuchen, Honig, saure Milch, Zunge und Gurkensalat) drinnen."

Unter dem Begriff „Suppenkraut" kann vieles verstanden werden. Heute ist das Bund „Suppengrün" eine Kombination aus einem Stück Sellerieknolle nebst -kraut, einer Möhre, einer Petersilienwurzel und einer Stange Lauch. Es ist ein unbedingtes Erfordernis bei den „Frischen Suppen", auf Rindfleisch- oder Hühnerfleischbasis, die mit viel Gartengemüse zubereitet werden.

Was Storm allerdings mit „Suppenkraut" meint, kann nur vermutet werden. Aus der Kinderzeit ist wohl allgemein das Lied „Petersilie, Suppenkraut wächst in unserm Garten ..." bekannt. Auch hier ist der Begriff nicht geklärt, doch handelt es sich wohl um Selleriekraut, das allen salzigen Suppen einen so typisch würzig-frischen Geschmack verleiht. In einer Reminiszenz an den Garten der Urgroßmutter Feddersen, der an der Husumer Au lag, erwähnt Storm in der Novelle „Abseits" dort Gemüsebeete und – besagtes Suppenkraut:

„‚Sie wissen, Herr Lehrer', sagte sie dann, ‚der Herr Senator hat einen Speicher in der kleinen Straße, die nach der Marsch hinuntergeht; dahinter ist ein großer Gemüsegarten, woraus für Winter und Sommer das ganze Haus versorgt wird. Eines Vormittags hatte die Frau Senator mich hingeschickt, um etwas Kraut zur Suppe zu schneiden!'"

Hiermit korrespondiert die Erinnerung Storms an den Feddersenschen Garten in den Skizzen „Autobiographisches – Aus der Jugendzeit", die teilweise schon bei dem Begriff „Zitronenbirnbaum" zitiert wurde:

„‹...› wohl von ihrem Manne her einen Speicher, der mit der Fronte dem Hafen zu gelegen war. Wenn ich in der Sommerzeit die Schlüssel erhalten hatte, wanderte ich den kleinen Weg hinaus, grad' auf vom urgroßväterlichen Hause. Ich erschloß die Außentür, ich ging durch den kleinen mit holländischen Klinkern gepflasterten hallenden Gang, nach dem große geschlossene Doppeltore hinauslagen; dann schloß ich auch die Hintertür auf, stieg ein Trepplein, über dem sich der mächtige Zitronen-Birnbaum wölbte, hinunter und war nun in einem einsamen Garten, der im Rücken den eben durchwanderten Speicher, zur Linken eine blinde Hausmauer und eine sehr hohe ... Planke ... hatte."

So sind alle bei Storm beschriebenen Gärten, die bis auf den in der Süderstraße und der Neustadt in Husum und bis auf den immer noch prächtigen Garten in Hademarschen, der heute allerdings wie ein kleiner Park mit seinen Rasenflächen und seinem alten Baumbestand anmutet, verschwunden sind, Ausdruck seines großen ökonomischen und naturliebenden Denkens. Hierbei ist der Garten in der Wasserreihe, als Ziergarten allerdings eine Ausnahme. Dadurch, daß alle Gärten aber in sein literarisches Werk eingebracht worden sind, sind sie auch „Gärten der Vergangenheit" – verschollene Gärten.

Von Fischen, Kaviar und Schalentieren

Hatte bereits Constanze in der Brautzeit im krabbenreichen Husum eine tägliche Abendmahlzeit aus Krabben für Verschwendung gehalten, so werden diese schmackhaften kleinen Krebstiere dann auch tatsächlich in Storms Berichten gar nicht mehr erwähnt. Nur eine junge Dichterin und Malerin, Hermione von Preuschen (1857–1918), die, sechzehn Jahre alt, ab 1873 einen Briefwechsel mit Storm führt und ihn im Sommer 1886 auf dem Wege nach Sylt besucht, erinnert sich an eine Mahlzeit im Hause Theodor Storms, wo es Krabben gibt. In ihren Erinnerungen an Theodor Storm berichtet sie rückblickend im Jahre 1899:

„Abends zeigte er dann seine Geschicklichkeit im Abschälen der kleinen Seekrabben oder Puren, die sich, dank seiner Fixigkeit, auf meinem Teller zu kleinen Bergen häuften."

Austern, von denen Storm bereits als junger Mann Theodor Mommsen berichtet hatte, waren in Husum damals ebensowenig wie Krabben eine Seltenheit. Die Auster erfreut sich seit Generationen einer großen Beliebtheit, und Kenner schlürfen zahlreiche Weichtiere mit dem in den Schalen enthaltenen Seewasser, mit Hilfe eines kräftigen Schluckes Champagner als Vorspeise, vor einem Diner herunter, ohne sich den Appetit auf die Hauptmahlzeit dadurch zu verderben. So zahlreich, wie im vorigen Jahrhundert allerdings die Austern von Gourmets verspeist wurden, vertilgt man sie heute nicht mehr des Wohlgeschmackes wegen. So heißt es noch in dem „Appetitlexikon" von Rudolf Harbs:

„Der wahre Kenner indessen geht nie über 60 höchstens 72 Stück hinaus, denn mindestens mit dem sechsten Dutzend hört die Auster auf, ein Genuß zu sein!"(!)

Unter den Austern gibt es verschiedene Sorten, wie die große Auster aus dem Kanal, die Colchester-Auster, die französische Hufeisen-Auster (Pied de Cheval), sowie die dickschalige schwere große „Holsteiner-Auster". Man serviert Austern roh, mariniert oder geräuchert, die feineren Sorten spült man allerdings mit etwas Pfeffer und Zitronensaft sowie Champagner oder Chablis herunter. Die Zeitschrift „Gartenlaube" berichtete im Jahre 1862 darüber:

„In den Seestädten ist die Auster ein Volksgericht . . . die Auster ist nahrhaft und leicht verdaulich, und sie könnte, wenn niedrigere Frachtsätze und Zolltarife den Bezug erleichtern wollten, zu einem allgemeinen Nahrungsmittel werden, während sie jetzt mehr oder weniger immer noch Luxusmittel ist. Man sagt zwar, daß in den Monaten ohne „r" der Genuß der Auster schädlich sei, in der kalten Hälfte des Jahres ist sie gewiß so gesund, wie nur irgendetwas, nur noch ein wenig zu teuer . . . Wer hat das stille Geschöpf betrachtet und an etwas anderes, als etwa an ihre Verschwiegenheit gedacht? Und doch ist sie von einem merkwürdigen Fleiß. Bereits nach dem ersten Jahre laicht sie, und man muß ihre Betriebsamkeit bewundern, wenn man erfährt, daß eine einzige Austernmutter, obwohl sie nur ein Alter von 10 Jahren erreicht, doch eine direkte Nachkommenschaft von mehr als 20 Millionen Kinder in die Welt setzen kann. Wenn sie keines ihrer Kinder verlöre und es bei den Austern Sitte wäre, einen Leichenzug zu bilden, so könnte sie mehr als 120 Millionen trauernde Kinder, Enkel, Urenkel pp. zum letzten Geleite haben."

Im vorigen Jahrhundert wurde für den Kontinent der „Austernpark von Husum", der sich an der äußersten Spitze des Dockkoogs befand, zwischen Simonsberg und der rechtsseitigen Insel Nordstrand geschaffen. In einem mit Deichen geschützten Koog hatte man die sogenannten „Parks" angelegt, die durch eingelagerte Gehbalken gitterförmig unterteilt waren. Davor befanden sich zwei große Wasserbecken, die mittels eines Schleusensystems zur Zeit der Flut mit frischem Seewasser gefüllt wurden. Dieses Meerwasser war erforderlich, damit bei auf- und ablaufendem Wasser die Austern fortwährend umspült wurden. Ab 1858 nahm die Husumer Austerncompagnie den Park selbst in die Hände, den ein Engländer, Johannes Miller aus London, angelegt hatte. Gezüchtet wurden Whitstabler-Austern. Man fischte die Austern zuvor an den Austernbänken von Föhr und Sylt, um sie dann in den Austernbassins bis zum Verkauf am Leben zu erhalten.

Heute, nach dem Konkurs von 1871, sind die Parks für die damals berühmten Husumer Austern verschwunden, so daß der Vers des Husumer Bürgermeisters Emanuel Gurlitt (1826–1896) nur noch Erinnerung ist:

„Dor swemmt de Austern fri herum,
Doch jo nich för dat Publikum."

Auf die Husumer Austernzucht weist Storm in der Novelle „Carsten Curator" hin, wo der Sohn Heinrich mit verschiedenen wirtschaftlichen Aktivitäten experimentiert:

„Zunächst versuchte man es mit einem Viehexport auf England, der bisher in den Händen einer günstig belegenen Nachbarstadt gewesen war. Nachdem dies mißlungen war, wurde draußen vor der Stadt unter dem Seedeich ein Austerbehälter angelegt, um mit den englischen Natives den hiesigen Pächtern Konkurrenz zu machen ... Eines Sonntags, die erste Ladung Austern war damals eben rasch und glücklich ausverkauft – da sie, ihren Knaben auf dem Arm, im Zimmer auf und ab ging, trat Heinrich rasch und fröhlich zu ihr ein."

Mit dem Begriff „Natives" meint Storm hier die Austern, die aus England exportiert wurden, um dann in den Austernparks an der Husumer Nordseeküste so lange in den Bassins zu lagern und zu wachsen, bis sie weiterverkauft wurden.

ANWEISUNG, WIE MAN DIE AUSTERN BEREITET, WELCHE ZU SAUCEN ODER SONSTIGEN SACHEN BENUTZT WERDEN SOLLEN
(nach Charlotte Lönne)

Die Austern werden geöffnet, von der Schale befreit und die Bärte davon genommen, das Wasser sorgfältig aufgefangen und hingesetzt. Die Bärte werden mit Boullion aufgekocht, durchgeschlagen und mit der Suppe davon und dem aus der Schalen aufgefangen Wasser werden die Austern eben aufgekocht, damit sie nicht zu hart werden.
Sind die Austern durchgeschlagen, läßt man sie abtröpfeln, sucht das von der Schale etwa abgesplitterte heraus, wäscht sie ab und gebraucht sie zu Suppen, Pasteten, oder Saucen.

GEBRATENE AUSTERN
(nach Julie Köller)

Man läßt sie in der untern Schale, bestreut sie mit feinem Pfeffer, Muskatblüthen, feingewiegter Petersilie, giebt etwas Citronensaft, frische Butter und feingestoßene Zwiebackkrumen darauf und bratet sie einige Minuten in einem Bratofen oder auf einem Rost über glühenden Kohlen, muß jedoch darauf achten, daß die Auster nicht an die Schale festbrät, da sie sonst in die Luft springt.
Beim Anrichten garnirt man sie mit Citronenscheiben.

In der handschriftlichen Kladde zu „Von heut' und ehedem: In Urgroßvaters Hause“ (im Storm-Nachlaß in der Schleswig-Holsteinischen Landesbibliothek, Kiel) heißt es in einem Entwurf, der dann nicht zur Ausführung kam, über den Zoll- und Schloßverwalter Matthias Friedrich Brinkman (1719–1788), den „Ballenfräter“, der ein Mitglied der „Vereinigten freundschaftlichen Gesellschaft“ war:

„Da war in Zopfperücke u. leberfarbenen Rock der Hr Zoll und Schloßverwalter, dessen breiten und kräftig gerötheten Wangen man es ansah, daß er sich nicht nur die heimischen Austern sondern, wie es hieß, auch die landüblichen ‚Ballen‘ mit gutem Erfolge schmecken ließ, in Folge dessen nach einer Familientradition einst der Großvater als noch kleines Jüngelchen ihn ganz bescheidentlich gefragt hatte, ob denn er der ‚Ballenfräter‘ sei.“

FARCIRTE AUSTERN
(nach Charlotte Lönne)

Die Austern werden nach der Anweisung zugerichtet und recht feine Farce von Hecht oder Dorsch gemacht; auch die aufgekochten Bärte von den Austern mit dazwischen gehackt, nur hüte man sich, daß keine Austerschalen dazwischen kommen. – Die Farce kann in den Schalen gebacken werden, wes Endes man sie reinigt, und mit Butter bestreicht. – Das Austernwasser wird zu der Farce gerührt.

Ist Alles fertig, legt man in die mit Butter bestrichene Schale etwas Farce, giebt, je nachdem man Austern hat, 2, 3, oder 4 darauf (mit 2 kann man sich nöthigenfalls behelfen) deckt Farce oben über und backt sie, jedoch nicht gar zu lange.

Der scharfzüngige Schriftsteller Adelbert Graf Baudissin (1820–1871), traf im Jahre 1864 in Husum mit Theodor Storm, den er sehr verehrte, zusammen. Er verbrachte einen seiner „glücklichsten Abende in dem Hause des Dichters Storm“ und ließ sich von ihm die „Regentrude“ vorlesen. Doch für Husum als Stadt und die Austernbänke insbesonders hat er nur eine vernichtende Kritik übrig, die er 1865 deutlich in seinem amüsanten Werk „Schleswig-Holstein Meerumschlungen“ zum Besten gibt. Hierbei war ihm wohl nicht bekannt, daß Storm nach elfjähriger Emigration, am 15. März 1864 nach Husum zurückgekehrt, glücklich war, endlich wieder in der Heimat leben zu dürfen.

„Wer so eine Welt im Herzen trägt, wie der Dichter Storm, wer so poetisch denkt und fühlt, der sollte billig nicht dazu verurtheilt werden können, in dem prosaischsten Winkel der Welt sein Leben zu vertrauern! . . . Ich kann mir nicht helfen, sollte ich in Husum leben, so würde ich mich für den unglücklichsten aller Erdenbewohner ansehen und am Spleen zu Grunde gehen . . .

Der erste Ort, den ich nach vierzehntägigem Aufenthalte bei den Nordsee-Friesen betrat, war Husum, ein Städtchen an der Westküste des Herzogthums Schleswig, das früher einen einträglichen Handel mit den Inseln führte, jetzt aber größtentheils auf den Verkehr mit dem Festlande und auf Ochsenhandel angewiesen ist. Ich würde der alterthümlichen, mit Häusern friesischer Bauart angefüllten Stadt nur im Vorübergehen erwähnen, wenn sie nicht die Geburtsstadt des Geographen und Geschichtsschreibers Dankwerth und des Bildhauers Brüggemann wäre, – und wenn nicht der Dichter Storm und der ehemalige Rathmann, jetziger Amtmann Thomsen Oldensworth, ihr Leben in ihr vertrauerten.

Enge Straßen, spitze Giebel, Heerden von Ochsen und Schafen, ein Hafen, der zur Ebbezeit wasserleer ist, ein Austernreservoir, in welchem die nicht verkauften Austern aufbewahrt werden, – um ihren Wohlgeschmack einzubüßen, Storchnester und eine Gegend, die so flach ist wie der Bogen Papier, auf den ich schreibe, können Jeden zur Verzweiflung bringen, geschweige denn einen Reisenden, dessen Herz voll Sehnsucht nach den herrlichen Fluren des östlichen Holsteins ist."

Eine weitere Delikatesse, mit der Theodor Storm sich und seine Familienangehörigen versieht, ist, man höre und staune, Kaviar! Seit 1750 war der sogenannte Hamburger oder Elbkaviar aus Stör- oder Hausenrogen in den Handel gekommen, der aber nicht bloß von der Unterelbe und aus Holstein, sondern auch aus Ostpreußen, aus Frankreich und sogar aus Amerika geliefert wurde. Den feinkörnigen Elbkaviar servierte man mit Zwiebeln und Zitrone, obwohl hierdurch der Kaviargeschmack vollständig verdeckt wurde, dazu gab es frisches oder geröstetes Weißbrot.

Kaviar galt auch als Stärkungsmittel für Genesende. So berichtet Dorothea Storm an ihren Ehemann anläßlich der Wochenbettpflege, die sie Stieftochter Lisbeth Haase im Pastorat in Heiligenhafen angedeihen läßt, am 22. Juni 1880:

„Ich wollte nun, ihr könntet Lite mal im Bett liegen sehen, glückselig und so gut, hat heut Mittag wieder eine ganze Taube mit Spargel, Wurzel u Suppe mit Nudeln gegessen. Morgens Kaffee mit Butterbrodt, Vormittags Caviar in Milch u Schinkenbutterbrodt, u ist sie eigentlich immer hungrig, sie kommt gewiß bald wieder heraus ... Der Kleine ist freilich so klein wie ich nie geglaubt habe daß ein lebendes Kind sein könnte, nimmt mit großer Mühe ein bischen Milch zu sich, Lite hat ganz gute Milch, aber die Kraft hat das Kind nicht, um zu saugen."

Bedauerlicherweise stirbt dieses erste Kind der Tochter Lisbeth, das am 16. Juni 1880 geboren wurde und den Namen des Großvaters erhielt, nämlich Hans Theodor, bereits am 1. Juli 1880.

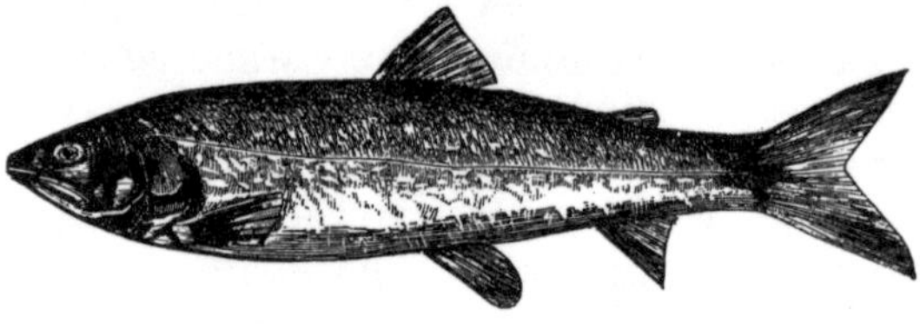

CAVIAR ZU MACHEN
(nach Charlotte Lönne)

Von dem Rogen der Makrele, des Störs und des Lachses wird der Caviar bereitet, es müssen die Fische aber lebendig seyn, wenn man den Rogen herausnimmt; (die Fische werden also noch nicht getötet, der Rogen wird nur abgedrückt – Anm. d. Verf.), man legt letzteren in ein Geschirr, gießt etwas Wein, oder Essig darauf, nimmt das Unreine davon, legt den Rogen auf einen Sieb zum Ablecken, salzt ihn und läßt solchen bis den andern Tag stehen. Der Rogen wird dann wieder zum Ablecken auf den Sieb gelegt, wieder gesalzen und dann in das Geschirr gethan, worin man ihn aufbewahren will; man muß den Caviar einige Tage stehen lassen, ehe er zugebunden wird.

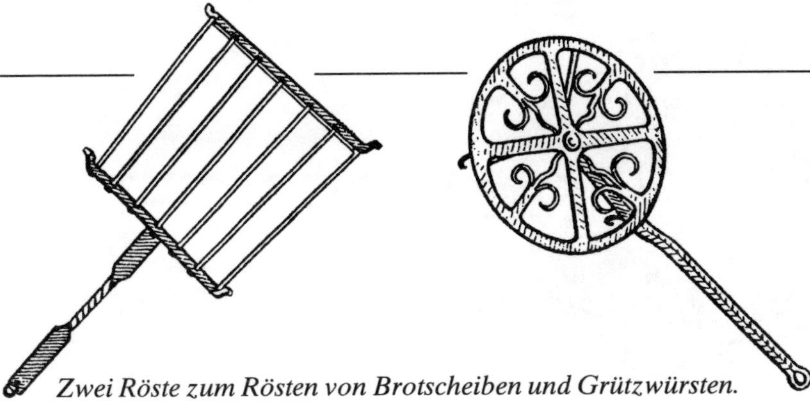

Zwei Röste zum Rösten von Brotscheiben und Grützwürsten.

CAVIAR
(nach Mary Hahn)

Wird der Kaviar für sich allein serviert, so stellt man ihn am besten, vorher gut gekühlt, in einer Kristallschale in die Mitte einer flachen, runden Schüssel, legt abwechselnd frischgeröstete Semmelscheiben und Butterkugeln und gehackte Zwiebeln auf Muscheln ringsherum und verziert die Schüssel mit Zitronenvierteln und grüner Petersilie.

Einige Jahre später läßt sich Storm von seinem Freund, dem Regierungsrat Wilhelm Petersen aus Schleswig, ein ganzes „Tönnchen Kaviar" zum Frühjahrsbeginn senden. Petersen hatte offenbar ein ähnliches auch an Paul Heyse nach München geschickt, denn Storm vermerkt an Heyse:

„Hademarschen, 4. März 1885. Liebster Freund! ... Von unserem schwarzen Freund aus Schleswig kam eben ein Tönnchen Kaviar, was auch wohl bei Euch eingekehrt sein mag.

‚Aber Liebesfäden spinnen
Heimlich sich von Land zu Land'."

Doch so üppig geht es bei Storm, außer zu Weihnachten, gar nicht her! Das obligate Essen zu Weihnachten oder Neujahr war bei seinen Eltern, bei seinen Schwiegereltern Esmarch und bei Ehefrau Constanze, wie schon erwähnt, Fisch und Futjen. In seiner Erzählung „Zwei Kuchenesser der alten Zeit" erwähnt Storm diese alte Husumer Gewohnheit:

„Es war an einem Neujahrsmorgen, als ich, wie herkömmlich, den Großohm für den Abend auf ‚Karpfen und Fürtgen' einzuladen hatte."

Gertrud Storm hatte in der Vossischen Zeitung in ihrem Aufsatz „Theodor Storms Altersheim" erzählt, daß das Abendessen am Heiligen Abend immer aus Karpfen und Schlagsahne mit geschmolzener Butter bestanden habe. Am 4. Januar 1873 berichtet Storm dem Sohn Ernst:

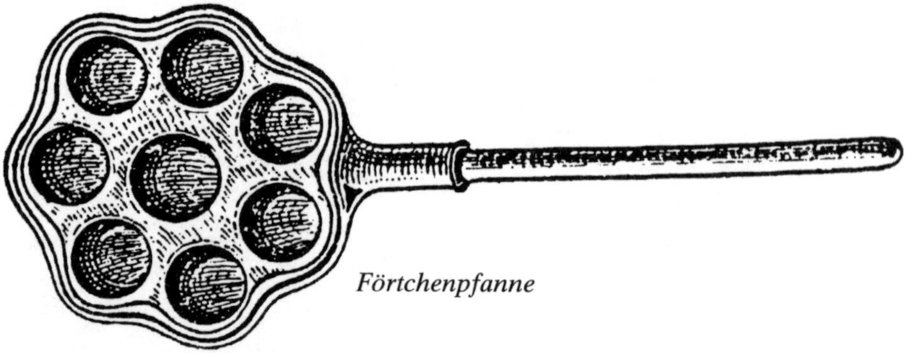

Förtchenpfanne

„. . . Mittwoch, am Neujahrsabend, waren wir alle von Dodo bis zu mir herauf bei Reventlows auf Karpfen und Futjees."

Bereits in Preußen wird an der heimatlichen Gewohnheit festgehalten, zum Weihnachtsfest Fische und Futjen zu verspeisen, wobei man wieder von Karpfen ausgehen darf. So schreibt Storm am 15. Januar 1854 den Eltern aus Potsdam:

„Nachdem sich die Kinderfreude etwas beruhigt hatte, aßen wir Fische und Futjen – ganz wie zu Hause."

Hierbei kam den Storms die Tonne Butter, die Vater Johann Casimir Storm ihnen geschickt hatte, gut zu Paß, um einen Bruchteil davon für den Fisch zu schmelzen. Die Husumer Butter war offenbar von ausgezeichneter Qualität, denn die Köchin der Familie Storm konnte sich gar nicht wieder beruhigen und wiederholte immer wieder, wie Storm amüsiert bereits am 19. Dezember 1853 schreibt:

„Unsere Köchin war ganz außer sich und wiederholte immer ‚Nu so 'ne scheene Butter. Sehn Se wohl, Herr Assessor, der liebe Gott läßt Keenen verderben.'"

Auf das etwas üppigere Leben im Hause der Urgroßeltern weist Theodor Storm in den zerstreuten Kapiteln „Von heut' und ehedem" hin. Hier bringt der Großvater Simon Woldsen, der sich als junger Mann nach Frankreich begibt, seiner dortigen Wirtin Husumer Hummer mit, was Storm in „In Großvaters Hause" erwähnt:

„Zwar die Hummer für die liebe Frau Wirtin waren richtig angekommen . . ."

Und in der Novelle „Drüben am Markt" dient das „Bruchstück einer roten Hummerschere" als Schlüsselanhänger:

„Der Doktor trat wieder an seinen Schreibtisch, und, nachdem er das vorhin aufgeschlagene Buch zugemacht und an seinen Platz getan hatte, holte er aus dem hintersten Fache einer Schublade das Bruchstück einer roten Hummerschere hervor, an welcher mit einem Bindfaden ein großer Schlüssel befestigt war."

Der Hinweis auf die Schere als Schlüsselanhänger mag dazu dienen, dem Leser klar zu machen, daß der Doktor von dem Luxus dieser Welt nicht sehr viel abbekommt, sondern daß ihm selbst von einem Hummer nur die leere Schere verbleibt!

HUMMER GEKOCHT
(nach Julie Köller)

Reingewaschen werden sie mit Salz und Kümmel in kochendes Wasser gethan, $^{1}/_{2}$ Stunde gekocht, herausgenommen, mit Oel bestrichen, damit sie eine glänzende Farbe bekommen, mit einem scharfen Messer der Länge nach gespalten und die Scheeren abgebrochen. Dann wird das Fleisch zerschnitten, wieder in seine Form zusammengesetzt und mit grüner Petersilie und Citronenscheibchen garnirt. Warm ißt man sie mit frischer Butter, kalt mit Essig und Oel oder einer pikanten Sauce.

Hinweise auf Fischgerichte finden sich mehrfach in Storms Werk. Storm lädt als Junggeselle in Husum am 9. April 1846 den Freund Brinkmann „auf Rührei und Fleckhering“ ein. Auch wird bei den Storms Bückling in einen ungesüßten Pfannkuchen eingebacken. Storm berichtet aus Hademarschen am 23. April 1882 der Tochter Lisbeth:

„. . . mein ’Lite, zunächst Anerkennung und Dank für den braven Bücklingsgedanken; es traf sich so günstig, daß wir am Tage der Ankunft gleich abends die eine Hälfte der guten Tiere in Gestalt der herrlichen Eierbückling-Pfannkuchen lieben Gästen vorsetzen konnten; die andern fanden später ihre Liebhaber und wurden nie ohne ein kleines Geplauder über Heiligenhafen, wofür schon Dette (Gertrud Storm – Anm. d. Verf.) Sorge trägt, genossen.“

In Potsdam gab es bereits zum spätnachmittaglichen Tee Bücklinge, vermutlich mit Brot, von denen Constanze lapidar den Schwiegereltern am 3. November 1853 berichtete:

„Der Tee und die Bücklinge sind verzehrt . . .“

In sein Elternhaus in der Hohlen Gasse wird Storm im Frühjahr 1846 in seiner Junggesellenzeit auf ein Hechtessen eingeladen. Am Freitag, den 28. Februar 1846 muß er dieses noch rasch seiner Braut mitteilen:

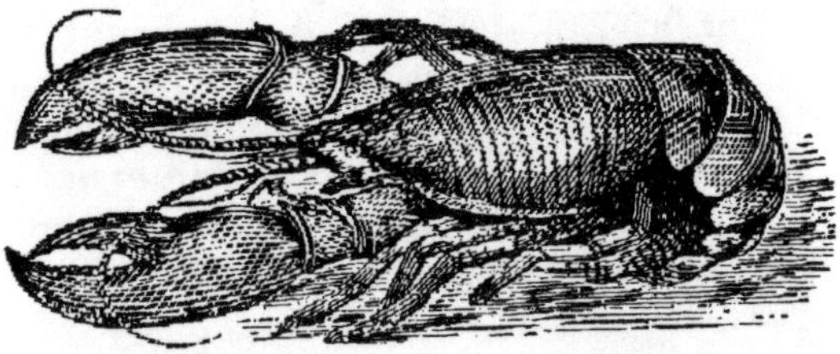

„Im Schloßgarten blühen die blauen Krokusse, alle gelben aus unserem Garten habe ich zwischen Bücher gelegt, um sie Dir zu schicken. – Agnes Wommelsdorf und Onkel Ingwer Woldsen sind heute abend auf Hecht in der Hohlen Gasse, und ich soll mich auch später hinverfügen . . .“

Hechtessen ist immer ein gutes Essen zur Bewirtung von Gästen, da das Fleisch von einer wohlschmeckenden Süße und angenehmen Festigkeit ist.

Hechte können vielfältig zubereitet werden, Liebhabern von Fischgerichten schmecken sie ausgezeichnet!

HECHT AUF BÜRGERLICHE ART
(nach Sophie Barthmann)

Man schwitzt einen gehäuften Eßlöffel feingehackter Petersilie nebst etwas feingehacktem Estragon und einer gehackten Schalotte oder Schnittlauch in 8 Loth Butter. Dann schneidet man einen Hecht von 4 Pfund, sauber geschuppt, ausgenommen und gewaschen, in hübsche Stücke, legt diese in eine Casserole, giebt die geschwitzten Kräuter, Salz, gestoßene Nelken, Pfeffer und Piment, Muskatnuß, eine in Scheiben geschnittene Citrone, ein paar Gläser weißen Wein und soviel Fleischbrühe hinzu, daß der Fisch reichlich bedeckt ist, läßt auf nicht zu starkem Feuer 20 Minuten oder so lange kochen, bis er gar ist, fügt ein wenig geriebene Semmel, 2 Löffel Kapern und noch 2 Eßlöffel Butter zu, läßt hiermit unter Begießen noch so lange kochen, bis die Brühe dünnseimig eingekocht ist, und quirlt sie dann mit einigen Dottern und 4 Loth Sardellenbutter so ab: Man quirlt die Dotter in einem Topfe mit ein wenig Wein recht klar, fügt die Sardellenbutter und die Hälfte der Fischbrühe zu, quirlt Alles gut untereinander, gießt es wieder auf den Fisch und läßt diesen unter Umschwingen und Schütteln der Casserole noch einmal aufkochen.

SCHÜSSELHECHT
(nach Sophie Barthmann)

Der sauber geschuppte, ausgenommene und gewaschene Hecht wird aus den Gräten und in hübsche Stücke geschnitten und gesalzen. Dann rührt man auf 1 Pfund Hecht 4–6 Loth Butter, mit feingehackter Petersilie, Kapern und Schalotten, einem guten Theil Sardellenbutter, gestoßenem weißen Pfeffer, Muskate und 2 Eßlöffel geriebener Semmel auf 8 Loth Butter, zu einem Brei, verdünnt diesen mit Wein und Fleischbrühe, und fügt den Saft einer Citrone und ein wenig Salz zu. Die Hälfte dieses Breies streicht man auf den Boden einer tiefen Schüssel, legt die Fischstücke nebst einer abgeschälten, in Scheiben geschnittene Citrone darüber, bestreicht sie mit dem Reste des Breies, deckt sie mit festschließendem Deckel zu und macht sie auf Kohlengluth oder in nicht zu heißen Ofen unter Begießen gar. Sollte die Sauce dabei zu kurz einschmoren, so gießt man etwas Wein zu; bleibt sie hingegen zu dünn, so macht man sie mit ein wenig geriebener Semmel seimig, kostet auch nach Salz. Beim Anrichten setzt man die gutgereinigte Schüssel auf eine andere.

GRILLIRTE HECHTE MIT KAPPERSAUCE
(nach Charlotte Lönne)

Große Hechte werden gerne zu diesem Gericht genommen. Man schuppt sie, nimmt sie aus, befreit sie von den Gräten, schneidet das Fleisch zu zierlichen Stücken und salzt sie ein. Sollen die Fischtheile zu Feuer gebracht werden, läßt man sie erst ablecken, kehrt solche in Butter und Zwieback um, legt sie auf eine Plate oder alte Schüssel (die zierlichsten Stücke oben) begießt sie mit Butter und backt sie. Kappernsauce, wozu die Hechtleber genommen worden, gibt man dazu.

Gern verspeist Theodor Storm auch Heringe und kann somit seine norddeutsche Abstammung auch auf diesem Gebiet nicht verleugnen. So liefert ihm Anfang März 1885 sein Freund, der Regierungsrat Wilhelm Petersen aus Schleswig, ein Tönnchen Hering, ob nur schlicht eingesalzen oder als Matjes in eine Marinade gelegt, ist nicht bekannt.

Man unterscheidet drei Arten von Heringen, den Hochseehering von 36 cm Länge und rund 9 % Fettgehalt, der im freien Ozean zwischen Norwegen und den Shetland-Inseln in Schwärmen umherzieht, den Küstenhering an der Nordsee bis höchstens 30 cm und den Ostseehering oder Strömling bis höchstens 25 cm und mit kaum 5 % Fett, der in der östlichen Ostsee vorkommt. Der Matjeshering ist der noch nicht ganz geschlechtsreife bzw., wenn geschlechtsreif, der unfruchtbare Fisch. Sein Fleisch ist sehr zart und fett und von vorzüglichem Geschmack. Die ersten Matjes kommen jedes Jahr im Juni und Juli auf den Markt. Da Storm bereits im März die Heringe geliefert erhält, ist daraus zu folgern, daß es sich nicht um Matjesheringe, sondern schlichte Salzheringe gehandelt hat.

Storm delektiert sich daran sehr und bedankt sich bei Wilhelm Petersen per Postkarte:

„Hademarschen, 10. 3. 85
Dank für die zarten Fischchen, lieber Freund, das halbe Tönnchen ist schon geleert. Ich esse jeden Abend einen zum Dessert."

Die Schleswiger erhielten durch die Nachbarschaft zu Kappeln besonders schöne Heringe, denn in der Schlei vor Kappeln hatten die Fischer Heringszäune aufgestellt, in die die Schwärme in großer Zahl hineingerieten.

Die Sprotte, auch Breitling genannt, gehört zu den Heringen, ist aber nur 10 bis 15 cm lang. Sie findet sich in der Nord- und Ostsee und wird namentlich bei Kiel und Eckernförde gefangen. Mit Gewürzen eingelegt nennt man sie Anchovis, wird sie besonders scharf gesalzen und gewürzt, wird sie als russische Sardelle gehandelt. Überwiegend kommt sie jedoch goldbraun geräuchert als Kieler Sprotte auf den Markt. Im „Appetitlexikon" erklärt Rudolf Harbst hierzu:

„Als solche bildet sie einen trefflichen Belag für Butterbrote, ist aber, da sie neben 60 % Wasser und 22³/₄ % Stickstoffsubstanz, 16 % Fett enthält, also zu den entschiedenen Seefischen gehört, keine Speise für papierene Mägen."

Auch Kieler Sprotten, die er gewiß noch aus seiner Studienzeit in Kiel kannte, liebt Storm sehr. Doch als ihm Wilhelm Petersen diese Anfang November 1886 schickt, ist seine Erkrankung bereits so weit fortgeschritten, daß er sie nicht essen kann. So bedankt sich Doris Storm mit dem 11. November 1886 bei Petersen:

„Lieber Herr R(egierungsrat) P.! Herzlichen Dank für die schönen Sprotten, worüber wir Gesunden uns sehr gefreut haben; leider konnte unser lieber Kranker noch nicht davon essen. Die Genesung schreitet auch so langsam fort, daß man es kaum merkt."

ANSCHOVIS EINZUMACHEN
(nach Charlotte Lönne)

Kommen diese Fische aus dem Wasser, werden sie sofort gesalzen. Man läßt sie einen Tag stehen und besprengt sie sodann mit etwas Essig. Gestossenes Gewürz, nämlich: Pfeffer, Nelkenpfeffer und in Streifen geschnittene Lorbeerblätter nimmt man dazu, und legt die Fische in eine kleine Tonne, oder Tönnchen, sonst in eine Kruke; in beiden Fällen wird der Boden mit Gewürz bestreut. Nun legt man die Fische in das zum Einmachen bestimmte Geschirr und streut zwischen jede Lage etwas Gewürz; sind die Fische nicht salz genug, giebt man noch ein wenig Salz hinzu und beschwert sie mit einem Gewicht.

Eine Einladung zum Fischessen war auch im 19. Jahrhundert etwas Besonderes, so daß Storm am 6. Juli 1846, noch Junggeselle und daher immer erpicht auf auswärtige Einladungen, Constanze mitteilt:

„Gestern Abend war ich denn zum Fischessen bei Hansen; nachher machten wir noch eine lange Spaziertour, und um 11 Uhr ging ich zu Bett und schlief trotz der Hitze gut."

Wer hier der Gastgeber ist, entzieht sich dem Wissen der Verfasserin. Möglicherweise handelte es sich um Verwandtschaft aus der Familie Jensen, denn ein Onkel Dorotheas war Johann

Jacob Hansen. Doch war dieser nach Amerika ausgewandert. Vielleicht befanden sich noch Familienmitglieder von ihm in Husum. Das Essen scheint auf Storm auch keinen großartigen Eindruck gemacht zu haben, denn sonst hätte er gewiß die Sorte Fisch erwähnt, zu der er eingeladen worden war. Es ist zwar nicht bekannt, wann Hansen nach Amerika auswanderte, doch war er ursprünglich noch Mitglied des von Storm gegründeten alten Husumer Gesangsvereins, so daß er eventuell doch gemeint sein kann.

Austern, Kaviar, Krabben, das sind alles Delikatessen, zu denen letztlich, wenn auch nicht zu den Fisch- und Schalentieren gehörend, Froschschenkel passen. Auch Storm macht hiermit Bekanntschaft. Liest man allerdings, wie die Frösche getötet wurden, um sie für Froschschenkel zu präparieren, so verschlägt es einem ökologisch bewußten Tierfreund heute tatsächlich den Appetit:

FROSCHSCHENKEL
(nach Rudolf Harbs)

Um sich besagte Froschschenkel zu verschaffen, schlägt man dem Besitzer einfach auf den Kopf, löst die Hinterbeine aus dem Staatsverband mit dem Rumpf, durchschneidet das Schlußknöchelchen der kleinen Zehe und balgt dann durch Zurückstreifen der Haut das Bein regelrecht ab. Tüchtig gewässert, dann mariniert und endlich mit Butter und Gewürzen in Weißwein gedünstet oder aber paniert und in Schmalz gebacken, dürfen sich diese deliziösen Schenkel auf der besten Tafel sehen lassen und sind immer eines bewundernden Ahs! der Versammlung bei weitem sicherer als manche anerkannte Schönheit in fußfreiem Kleid und sogar als manche Balletteuse in voller Uniform.

Weiter fährt der Wiener Feuilletonist fort:

„Hat man doch einen sehr hohen höheren Staatsbeamten und vorzüglichen Schenkelkenner an fürstlicher Tafel den Kneifer aufsetzen sehen, um mit verklärter Miene einige mit Petersilie garnierte Froschschenkel zu bewundern! Auch als Suppeneinlage gehören gedämpfte Froschschenkel zu dem Besten, was die Küche zu bieten vermag, denn sie sind nicht bloß schmackhaft und leicht verdaulich, sondern auch im höchsten Grade nährkräftig, mithin ein wahres Mustergericht für den Krankentisch.

Die Hauptverehrer des Frosches sind

die Belgier, die Franzosen und namentlich die Italiener, die sogar den ganzen Frosch mit Ausschluß des Kopfes und der Eingeweide verspeisen.

In der Mark Brandenburg und in Schlesien ahnte man ums Jahr 1600 nicht einmal die Möglichkeit eines gedämpften Froschschenkels und in ganz Norddeutschland gehört der Frosch samt der Schnecke noch heute zu den Ausnahmegerichten ... Jetzt (bei Erscheinen des „Appetitlexikons" im Jahre 1895 – Anm. d. Verf.), verspeist Wien seine 5000 bis 10 000 Paar Froschschenkel jährlich, je nachdem viel oder wenig zu haben sind ...

Die Laichzeit des Frosches fällt in den Mai und Juni, die eigentliche Froschsaison ist daher der Herbst (August bis Oktober), doch kommen auch im März und April sehr gute Schenkel auf die Tafel."

Wir können nur hoffen, daß Storm als Student in Berlin, wo er zum ersten Mal Froschschenkel angeboten sieht, es bei deren Anblick und nicht deren Genuß bewenden läßt! Doch gedenkt er dieser Delikatesse in seinen autobiographischen Studienerinnerungen „Beroliniana", indem er einen der Gäste Froschschenkel bestellen läßt:

„Bald war das café d'Hollande erreicht, wo die beiden sich an einen der vielen kleinen Tische setzten, und den Speisezettel besahen. ‚Adolph!' rief der Doktor Antonio; der hier sein tägliches Mittag einzunehmen pflegte, ‚bringen Sie mir einstweilen Froschkeulen' ... Das Bestellte wurde gebracht, der Doktor nagte mit unverkennbarem Behagen an seinen Keulen."

Froschschenkel als „exotische" Delikatesse begleiten Storm seit seiner Jugend aus der Familienhistorie. In den autobiographischen Aufzeichnungen „Aus der Jugendzeit – Von Vaters Seite" heißt es zu einem Vorfahren von Storm, nämlich seinem Urgroßvater Pastor Johann Casimir Claus (1729–1796) aus Hohn (bei Rendsburg):

„Anders war über ihn die Sage in der Familie ... auch die Erzählung seines genannten Enkels, (Storms Vater – Anm. d. Verf.) daß er ihn manchmal von Westermühlen aus besucht habe und daß sie Vormittags miteinander auf Frösche-Schlagen ausgegangen seien, deren Schenkel ihnen dann die Großmutter für die Abendmahlzeit habe bereiten müssen."

Folgt man Storms Beschreibungen der Fischgerichte, so muß man nicht unbedingt zwingend annehmen, daß er und seine zweite Ehefrau Doris sowie seine Mutter Lucie aus einer Hafenstadt stammen! Denn Fischgerichte sind nicht der überwiegende Bestandteil des täglichen oder sonntäglichen Speisezettels!

Und das verwundert ein wenig, da man meinen sollte, daß Fisch im vorigen Jahrhundert – wie auch noch heute – in Husum günstiger und frischer zu haben war als im Landesinneren!

Im Fett steckt die Poesie – Schlachten und Wurstmachen bei Familie Storm

Die Fleischbeschaffung war noch im 19. Jahrhundert überwiegend auf eine Selbstversorgung, zumindest bei der ländlichen oder der ländlich orientierten Bevölkerung, ausgerichtet. So hat auch in Storms Elternhaus und bei seinen Ehefrauen immer wieder ein Schlachtfest mit seinem gesamten arbeitsintensiven Aufwand stattgefunden. Wenn es ihm sein Magen gestattete, aß Storm gerne und mit Appetit. Doch schlugen die Speisen offenbar mit zunehmendem Alter nicht mehr bei ihm an oder er war gehalten, aufgrund des Magenübels Diät zu halten. Denn er beklagt sich noch aus Husum am 24. Oktober 1876 bei seinem Freund Wilhelm Petersen, daß er so abgemagert sei:

„Könnte ich mein schönes Fett nur wiederkriegen; ich bin fest überzeugt, darin steckt die Poesie; aber es will nicht."

Man muß sich vergegenwärtigen, daß die Ernährungslage in der Bevölkerung in den vergangenen Jahrhunderten alles andere als optimal war. So überliest man zu leicht schon in Storms erster Novelle „Marthe und ihre Uhr" die kleine Bemerkung, die ein Indiz für die bescheidene Lebensführung der ältlichen Marthe ist:

„So blieb denn Marthe allein in ihrem elterlichen Hause, worin sie sich durch das Vermieten des früheren Familienzimmers und mit Hülfe einer kleinen Rente spärlich durch's Leben brachte. Doch kümmerte es sie wenig, daß sie nur Sonntags ihren Mittagstisch decken konnte; denn ihre Ansprüche an das äußere Leben waren fast keine; eine Folge der strengen und sparsamen Erziehung, welche der Vater sowohl aus Grundsatz, als auch in Rücksicht seiner beschränkten bürgerlichen Verhältnisse allen seinen Kindern gegeben hatte."

Zur Versorgung der ärmeren Bevölkerung trug mit viel Gemeinsinn und gesellschaftlicher Verantwortung das gehobene Bürgertum bei, und so stiftete auch Storms Urgroßvater Friedrich Woldsen alljährlich einen großen Marschochsen für die Armen. Storm erinnert hieran in den autobiographischen Skizzen „Aus der Jugendzeit":

„Der Bedeutendste dieses Geschlechtes war mein Urgroßvater mütterlicherseits, Senator Friedrich Woldsen in Husum, der vor meiner Geburt verstorben ist; der letzte große Kaufherr, den die Stadt gehabt hat, der seine Schiffe in See hatte und zu Weihnachten einen Marschochsen für die Armen schlachten ließ."

Die Figur des Friedrich Woldsen läßt Storm insoweit in der Novelle „Die Söhne des Senators" auferstehen:

Ochsen- oder Rindfleisch.

Fig. 69. Teilung des Rindes.

1 Kopf.
2 Hals oder Kamm, gut zum Kochen, wird leicht weich.
3 Mürbekamm, vorzüglich zum Schmoren und Braten.
4 Hoch- oder Fehlrippe, zum Kochen, Schmoren und Braten geeignet.
5 Mittelrippe, Entrekote, Rumpsteak, zum Braten und Schmoren.
6 Roastbeef oder englischer Braten.
7 Vorderschwanzstück oder Rosenspitze, das zarteste Stück zum Kochen.
8 Mittelschwanzstück, zum Kochen, Schmoren und Braten.
9 Bruststpitze oder Brustkern, zum Schmoren.
10 Vorderblatt zu Fleischbrühe.
11 Brust zum Kochen.
12 Flanke, Kochfleisch, ist aber weniger gut.
13 Nuß, zum Schmoren und zur Fleischbrühe.
14 Hinteres Schwanzstück oder Oberschale, zum Braten und Kochen.
15 Schenkel oder Unterschwanzstück.
16 Hesse, zur Fleischbrühe, Jus und Glace.

„... ebenso sicher aber war auch dann schon vor Einbruch der schlimmsten Wintersnot ein auf dem naheliegenden Marschhofe des Senators fett gegraster Mastochse für die Armen ausgeschlachtet und verteilt worden."

Die fetten Marschochsen, für die Nordfriesland und Eiderstedt berühmt waren und berühmt sind, waren neben den in den Stallungen hinter den Häusern gemästeten Schweinen die Hauptfleischlieferanten. In dem vom Alkohol verursachten Alptraum des Studenten Nordheim in Storms „Beroliniana" erscheinen auch gebratene Ochsen vor den Augen des Schläfers:

„... und als der Schlaf seine Augen geschlossen, zogen seltsame Träume in sein Gehirn. – Da träumte ihm, er ginge daheim auf einer saft‹ig›grünen üppigen Marschwiese spazieren, und vor ihm auf trabten die fetten Marschochsen gespickt und gebraten. Da überfiel ihn schrecklicher Heißhunger, wütend jagte er hinterdrein, bis er sie eingeholt hatte, und schnitt sich mit seinem Taschenmesser das schöne Stück vom duftenden Hinterviertel; als er es aber verzehren wollte, biß er sich den Weisheitszahn aus; denn es war nichts andres als der steinharte Rinderbraten, den er Mittags schon einmal verzehrt hatte".

Wie bereits unter dem Thema über die karge Junggesellenküche bei Theodor Storm abgehandelt, wurde in seinem Elternhaus in der Hohlen Gasse 3 regelmäßig geschlachtet, nicht nur als Storm noch unverheiratet war, sondern auch später, als er mit der Familie nach Potsdam emigriert war. Nun schicken ihm die Eltern die Erzeugnisse des Schlachtfestes hinterher. So sandten die alten Storms zum Jahreswechsel 1853/54 den Kindern nach Potsdam einen Schinken, über den Storm hinsichtlich der Herzlosigkeit des Sohnes Hans berichtet:

„Potsdam, d. 15. Januar 1854.
Am Neujahrstage aßen wir vom schönen Schinken, den Du uns geschickt hast, lieber Vater. Hans belustigte es ganz besonders, daß der Schinken von dem Schwein ist, welches er so oft in Großvaters Stall gesehen hat."

Es ist zu vermuten, daß Lucie Storm den Schinken selbst räucherte, etwa in einer besonderen Rauchkammer, wie sie in die großen Schornsteine von älteren Häusern eingebaut waren und auch noch heute im ländlichen Raum zu finden sind.

DAS PÖKELN DES SCHWEINEFLEISCHES
(nach Johanna Kuß)

Die Schinken werden, nachdem der Wirbelknochen recht flach abgeschlagen und der Beinknochen mit Zurückschiebung der Haut ausgelöst ist, zu unterst in das Pökelfaß gelegt und mit heißem Salz, Salpeter, und etwas Zucker tüchtig eingerieben; alle Lücken, somit auch die Lücke unten beim Beinknochen, mit Salz und weißem Pfeffer gefüllt, damit das Salz gut durchdringe. Neben und auf die Schinken, welche auf der Schwartseite liegen, legt man die Schultern, Köpfe und Speckseiten. Dazwischen wird immer dick mit Salz bestreut und die Lücken sind mit kleinen stark eingeriebenen Stücken auszufüllen. Nachdem Alles 4 Tage so gestanden und sich Lake gebildet hat, wird diese aus einer Lücke, die beim Einlegen gelassen worden, geschöpft und täglich das Fleisch damit begossen.
Nach 14 Tagen kann das Fleisch in den Rauch gehängt werden. Die kleineren Sachen, z. B. Beine, Rippen, Schnauze, Rücken, Ohren, Klauen etc. bleiben , um als Pökelfleisch benutzt zu werden.

SCHINKEN EINZUSALZEN
(nach Luise Keck)

Die Schinken werden am zartesten, wenn sie mit heißem Salz eingerieben werden. Das Salz wird in einer eisernen Pfanne so heiß gemacht, daß man es nicht mit den Händen anfassen kann. Man nimmt zum Einreiben ein glattes Stück Holz oder einen Stein und reibt es tüchtig ein. Genau läßt sich das Gewicht nicht bestimmen, doch kann man ungefähr auf 10 Kilo Schinken 1 Kilo Salz, 10 Gramm Zucker und 10 Gramm Salpeter rechnen. Sobald der Schinken anfängt, Lake zu zeigen, wird er damit begossen, wenigstens vier- bis fünfmal täglich. Nach 9 Tagen ist er durchgesalzen und kommt in den Rauch. Wagt man nicht, alle Schinken, die lange aufbewahrt werden sollen, auf diese Weise zu salzen, so dürfen sie nie länger als 3 Wochen im Salz liegen bleiben, da sie leicht hart und trocken werden. Aus dem Rauch gekommen, werden sie in dünne Beutel gesteckt und an einem luftigen Orte aufbewahrt.

Es fällt auf, daß man sich im 19. Jahrhundert noch keinem Skrupel darüber hingab, daß man die Hausschweine, ebenso wie das häuslich aufgezogene Geflügel, zu dem sich schon ein gewisser Kontakt hergestellt hatte, irgendwann meinte verspeisen zu müssen.

Hatte Storms Ehefrau Constanze bereits in der Neustadt eifrig in der nicht unbedingt riesigen Küche geschlachtet, wie bereits vermerkt wurde, so greift sie dieses in Heiligenstadt zusammen mit Schwager Otto wieder auf. Die Eltern haben offenbar ein Schwein spendiert, das Otto in seiner Gärtnerei gemästet hat, und Storm berichtet gewissenhaft am 24. November 1857 den Eltern in Husum:

„Otto's Schwein ist glücklich geschlachtet und Constanze hat, Dank Deiner Fürsorge, die Hälfte davon in ihre Küche bekommen, woselbst jetzt 20 Würste am Stock hängen. Wäre sie nicht durch Schnupfenfieber an die Stube gebunden gewesen, so hätte ich doch zur Feier meiner Jugenderinnerungen ein Paar Grützwürste mitfabrizieren lassen.

Auf alle Fälle, liebe Mutter, schicke uns für vorkommende Fälle das Recept von Grütz- und Rinderwürsten und -Rollen."

Auch im Jahre 1859 haben die Eltern wieder ein Schwein geschickt, das nunmehr in Heiligenstadt aufgezogen wird. Storm bedankt sich mit dem 21. Dezember 1859 bei den Eltern:

„Schließlich muß ich noch meinen Dank für das Schwein sagen, das vor ein paar Tagen geschlachtet ist. Es wog 200 Pfund und wurde sofort an seinem Todestage in Würste und Schinken verwandelt; die einen Rippen bekam Wilhelmine (erste Ehefrau von Otto Storm, gest. 1865 – Anm. d. Verf.), und wir erhalten sie dann später in natura zurück, wenn sie das zweite Schwein schlachten."

Am 7. Dezember 1862 wird an das alsbaldige vorweihnachtliche Schweineschlachten gedacht, wenn Storm den Eltern mitteilt:

„Mittwoch über acht Tage wird Schwein geschlachtet; dann allmählig wirft der Weihnachtsbaum seinen Festschein durch's Haus."

Auch in der Wasserreihe wird sich die Familie, zurückgekehrt nach Husum, an Selbstgeschlachtetem und Geräuchertem delektieren. So berichtet Storm am 23. November 1877 an seinen Freund Georg Lorenzen, daß sich seine Ehefrau Doris „mit Schlachtgedanken: Schwein, ca. 150 Pfd." trage. Auch Gräfin Emilie zu Reventlow, geborene Reichsgräfin zu

Rantzau, erfährt mit dem 16. September 1883 aus Hademarschen, nachdem sie offenbar dem Ehepaar Storm geklagt hatte, daß ihre Wurst- und Schinkenvorräte zur Neige gingen, daß demnächst wieder im Hause Storm geschlachtet wird. Die Gräfin möge sich dieser Unternehmung doch anschließen, wenn sie wolle:

„Ihre Wurst- und Schinkennoth wird von meiner Frau lebhaft mitempfunden, obgleich, wie ich meine, in letzterer Beziehung bei uns noch kein Nothstand, trotz der recht starken Besuchswellen dieses Sommers, eingetreten ist. Jedenfalls wird die Sache bei Ihrer doch wieder unzweifelhaft feststehenden ‚Hademarschener Winterfrische' wieder in Ordnung sein, wenn sie nicht vorziehen sollten – denn es wird dießmal wohl wieder Schweineschlachten – die Sache selber mit in Ordnung zu bringen. Doch das müssen Sie beide Frauen miteinander ausmachen; nur – daß Sie jedenfalls kommen."

Das Schlachten erforderte von den Hausfrauen starke Nerven, auch wenn ein Fleischer zugegen war.

ROLLWURST
(nach Luise Keck)

Hierzu nimmt man vom Rind die sogenannte Schlagseite, klopft sie tüchtig und löst dann die innere sehnige Haut ab. Dann wird Salz, sehr wenig Salpeter und schwarzer Pfeffer daraufgestreut, das Ganze zu einer sehr festen Wurst aufgerollt und vermittelst einer Packnadel zusammengenäht. Mit Salz etwas eingerieben, liegt sie bis zum nächsten Tage unter der Presse, dann kommt sie in den Rauch. Zum Gebrauch wird sie 3–4 Stunden langsam gekocht, kommt wieder unter die Presse und wird kalt gegessen.

Adrian Ludwig Richter, Schlachtfest

ROLLWURST ZU MACHEN
(nach Charlotte Lönne)

Hierzu nimmt man die Schlachtseite und schneidet solche vorsichtig mitten durch. Ist das Fleisch gar zu fett, kann etwas vom fetten und auch etwas mageres Fleisch abgeschnitten werden. Salpeter, Salz, Nelken und Pfeffer streut man auf das Fleisch, wickelt es straff auf und bindet es dann zusammen.

DAS SCHLACHTEN DER SCHWEINE
(nach Johanna Kuß)

Nachdem das Blut, wie beim Ochsenschlachten, gerührt worden und das Schwein ausgenommen ist, hat man es an den Haken gehängt und ist mit den Gedärmen verfahren, wie beim Ochsenschlachten beschrieben worden.

WURSTFLEISCH, FLOMEN ETC.
(nach Johanna Kuß)

Während beim Zuhauen des Schweines die beiden Schinken, die beiden Seiten Speck und jedenfalls doch eine Vorderschulter zum Salzen und Räuchern zurückgelegt und möglichst bald beseitigt werden, nimmt man zu den Fleischwürsten alles Fleisch, was inwendig in den Speckseiten sitzt und Mett genannt wird, so wie den Mürbebraten, sowol weißes wie rothes Fleisch, welches sorgfältig ausgeschnitten werden muß. Außerdem nimmt man mageres, durchwachsenes Fleisch, wo etwas abfällt; will man aber noch mehr gebrauchen, so verwendet man das magere Fleisch einer Schulter dazu. Zunächst sortire man nun das Fleisch und lege alles weiße allein, um es nachher mit zu kochen oder roh gehackt zu Bratwurst zu verbrauchen.
Das rothe magere Fleisch sowohl, als auch das rothe mit Fett durchwachsene, hackt man nun jedes für sich, nachdem es geschnitten worden, gut fein. Mittlerweile hat man ein gutes Stück Bauchspeck, welches beim Zuhauen abgelös't ist, – wie man denn auch bis auf Fingerbreite den Speck vom Rückgrat lös't – mit Herz, Zunge und Nieren und einem mageren Stücke Fleisch, etwa vom Hals oder Blatt, auch das weiße Fleisch, je nachdem man davon zu Leber- und Knackwürsten benutzen will, mürbe gekocht, auch besonders gekocht die halbe oder die ganze Leber, je nachdem man die Leberwurst machen will.
Die Lunge wird ebenfalls allein eben aufgekocht.
Den Rücken legt man gewöhnlich zurück zu Karbonade, oder man legt einzelne Stücke davon in Pökel.

Die Rippen, wenn man nicht vorzieht, sie in Pökel zu legen, werden in der Regel mit Aepfeln gebraten. Während das von den Gedärmen etc. gepflückte Fett in Würfel geschnitten und gelinde ausgebraten wird, muß man von den sogenannten Flomen erst sorgfältig die Haut ablösen, damit sie ja keine Löcher bekomme, weil sie nachher zurecht geschnitten zusammengelegt und auf den Kanten doppelt umgelegt mit Vorstichen zusammengenäht wird, da sie sich besonders schön zu Mettwürsten benutzen läßt. Dann werden die Flomen in Würfel geschnitten und gelinde ausgebraten.

Schweinefleisch.

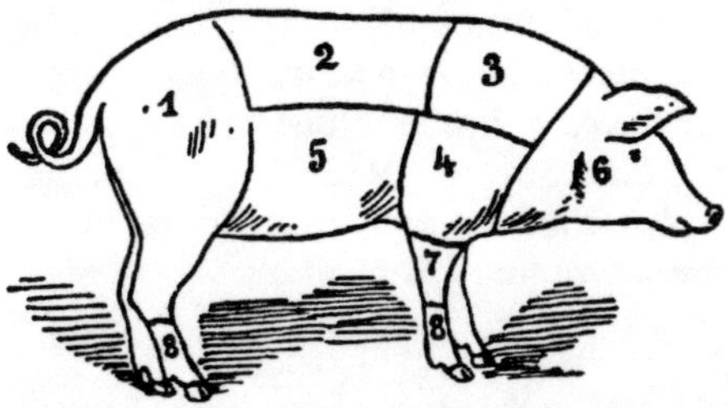

Fig. 100. Teilung eines Schweines.

1 Keule oder Schinken, wird gebraten oder frisch oder geräuchert gekocht.
2 Rücken oder Kotelettstück.
3 Hals oder Kamm, zum Braten sehr geeignet.
4 Blatt oder Vorderschinken.
5 Bauch, zum Kochen.
6 Kopf, wird gefüllt oder zu Sülze verwendet, Ohren und Schnauze gepökelt, [sehr beliebt.
7 Beine } gepökelt als Eisbein, frisch zu Sülze.
8 Füße }

Die Fleischstücke, die man weder frisch verarbeitete, noch räucherte, noch zur Wurstzubereitung nahm, kamen in eine Salzlake. Am liebsten bewahrte man sie dann in den schwarzen dänischen unglasierten „Jüttepötten" auf, die auf eine jahrhundertelange Tradition zurückgehen und wie Urnen aussehen. Mit Pferd und Wagen umherziehende Händler brachten sie aus der westjütländischen Gegend um Vaarde mit, wo sie aus blauem Ton noch bis zu Beginn des 20. Jahrhunderts auf einem Brett durch Drehen des Tonklumpens hergestellt wurden. Sie wurden sodann in einer mit Torf gefüllten Grube gedörrt. Durch den Rauch wurde die glänzend schwarze Oberfläche erzeugt. Von außen wurden dann Ornamente mit Flintstein aufgebracht. –

In dänischsprachigen Gegenden hießen sie „Suurpötte" oder „Jydepotter".

In sie gab man auch das Schwarzsauer, die sauren Rollen und andere sauer eingelegte Fleischgerichte. Storm verweist auf sie in „Von heut' und ehedem“:

„Vor dem Wohnkeller des Hauses, zwischen den schwarzen jütischen Töpfen, welche auf der niedergeklappten Schlußluke feilgestellt waren, saß spinnend die weiße Katze des Kellermanns.“

SEHR GUTE FLEISCHLAKE
(nach Luise Keck)

Für Rind- oder Schweinefleisch, das man aufbewahren, aber nicht räuchern will, diene folgende Lake: 25 Liter Wasser werden mit $3^1/_2$ Kilo Salz, $^1/_2$ Kilo Zucker und 150 Gramm Salpeter gekocht, geschäumt und, völlig erkaltet, über die Fleischstücke gegossen. Vom Schwein eignet sich vorzugsweise das Nackenstück dafür, doch kann man jedes beliebige Stück dazu nehmen. Noch besser, aber auch teurer ist die Mischung: 15 Liter Wasser, 2 Kilo Salz, $1^1/_2$ Kilo Zucker und 32 Gramm Salpeter. Will man nur ein einzelnes Stück Fleisch oder eine Zunge hineinlegen, so nimmt man selbstverständlich nur einen Bruchteil der Lake.

PÖKELFLEISCH
(nach Johanna Kuß)

Ein beliebiges Pökelfaß oder eine steinerne Kruke wird auf dem Boden mit Salz bestreut, nachdem es gehörig ausgetrocknet und falls es nicht recht frisch ist, mit Wachholderbeeren ausgeräuchert worden ist. Dann nimmt man auf 30 Pfund Fleisch ein gutes halbes Spint Salz und etwa 4–6 Loth Salpeter ($^1/_2$ Spint = ca. $4^1/_2$ l; 4–6 Loth = 70–100 g – Anm. d. Verf.). Zuerst reibt man nun das Fleisch mit dem Salpeter, dann nimmt man das Salz, welches in Pfannkuchenpfannen heiß gemacht worden ist und reibt das Fleisch tüchtig damit ein, wonach man es fest in das Gefäß packt, doch so, daß auf der einen Seite eine Vertiefung bleibt, in welcher die Lake sich sammeln kann, um das Fleisch oft mit derselben begießen zu können. Indem man das Fleisch einpackt, streut man Salz zwischen. Zugedeckt läßt man das Fleisch 8 Tage stehen; dann ist es schon als Pökelfleisch zu gebrauchen, doch darf es dann nicht abgewaschen werden.

3 Stunden bedarf Pökelfleisch mindestens zum Mürbewerden. Hat das Fleisch länger in Lake gelegen, so muß es Abends zuvor ausgewässert werden. Kohl-, Erbsen-, oder Bohnen-Suppen kocht man darauf. Zu Pökelfleisch nimmt man gewöhnlich weniger gute Stücke, auch kleinere, z. B. etwas vom Halse, von den Unterrippen, vom Blatt oder der Brust.

Braten, die das Kerzenlicht verdunkeln

Der allwöchentliche Sonntagsbraten wird bei Storm, zumindestens in Husum zur Zeit seiner Kinder- und Knabenzeit, als Höhepunkt des Wochenendes dargestellt, als Ausdruck eines allgemeinen Desinteresses an dem politischen Geschehen. So beschreibt er das alte Husum zu Beginn des 19. Jahrhunderts in seinen autobiographischen Erinnerungen „Aus der Jugendzeit“:

„... es war in der langen Friedenszeit nach Napoleons Sturz. Die Fürsten und ihre Minister regierten wieder; die in der Not versprochenen Verfassungen wurden nicht gegeben; wie aus blauem Himmel fiel dann und wann den Leuten eine Verordnung oder ein Reskript auf den Kopf; doch wurde es bei uns wohl mäßig damit gehalten. Derweile saßen die klugen Leute am Sonntag nach der Kirche im Weinhaus, kannegießerten eine Weile und gingen dann zum Sonntagsbraten. Es war eine praktisch unpolitische Zeit ...“

Doch auch Storm genießt gerne ein gepflegtes sonntägliches Mahl und erklärt am 7. Mai 1882 Paul Heyse:

„Von der Küche herauf tönt heiter allerlei Geräusch, das, einen guten Mittag versprechend, mir schon in meinen Knabenjahren, oder vielmehr: eben damals, an Sonntag-Vormittagen so feierlich verheißend klang.“

Verwöhnt von der üppigen Küche des großbürgerlichen Elternhauses verfaßt er für das Volksbuch auf das Jahr 1846 für Schleswig, Holstein und Lauenburg, das Karl Leonhard Biernatzki, damals Rektor in Friedrichstadt, herausgibt, eine kleine plattdeutsche Episode, „En Döntje“. Hierbei amüsiert er sich offenbar über die Sparsamkeit oder gar die Not anderer Leute, die für eine Hochzeitsfeier ein einziges Huhn zubereiten. Er schildert den Dialog zweier Nachbarinnen, der hier aus dem 4. Band der Theodor-Storm-Ausgabe von Dieter Lohmeier in dessen hochdeutscher Übersetzung wiedergegeben wird:

„Die eine Nachbarin besucht die andere und sagt: ‚Was riecht es hier so lecker bei euch?‘ – ‚Ja‘, sagt die andere, ‚wir haben geschlachtet.‘ – ‚Was habt ihr denn geschlachtet?‘ – ‚Ein Huhn!‘ – ‚Gott bewahre! wo wollt ihr denn mit all dem Fleisch hin?‘“ ...

Storm stellt mit dem „Döntje“ unter Beweis, daß er, neben dem Hochdeutschen und dem Dänischen, auch das Plattdeutsche beherrscht.

„En Döntje

De eene Naaversch besöcht de anner und seggt: Wat rückt dat hier so schmusig bi Jüm? ‚Ja‘, seggt de anner, ‚wi hem ok slacht.‘ Wat hem jüm denn slacht? ‚En Hön!‘ Gott bewaar uns! wo will’n jüm mit all dat Fleesch hen?“ ...

Noch ahnt der junge Advokat nicht, daß auch er einmal die materielle Not wird kennenlernen müssen und oft Mühe haben wird, seine Familie und sich satt zu bekommen! Dabei hat er der

Braut Constanze schon Monate vor der Ehe zündende Vorträge über die Tugenden des Sparens gehalten!

Im Elternhaus gab es allerdings nicht immer nur riesige Braten, sondern auch kleinere Fleischgerichte. So berichtet Storm am 22. Juni 1846 der Braut in Segeberg, daß er mit seinem Schwager Ernst Lorenzen und mit Peter Jensen, dem Vater der Doris Jensen, in die Südermarsch gefahren sei, um sich „Land und Ochsen und Gräben" anzuschauen. Zurückkehrend fanden sie bei den Eltern in der Hohlen Gasse Hartmuth Brinkmann beim Tee. Storm fährt fort:

„Wir aßen dann noch vortrefflichen Kükenbraten."

Ein Kükenbraten ist kein gebratenes Huhn, nicht einmal ein Hühnchen, sondern es handelte sich wahrscheinlich um die berühmten „Hamburger Stubenküken", die in Kisten im Winter in der Küche im Warmen gehalten wurden und dabei prächtig gediehen. Um den kleinen Braten jedoch etwas nahrhafter zu machen, füllte man ihn mit einer pikanten Farce. Hatte man allerdings reichlich von dem Federvieh, wurden sie nur gespickt und mit etwas Petersilie gefüllt, was den Wohlgeschmack des Fleisches ungemein erhöht!

KÜKENBRATEN
(nach Johanna Kuß)

Die zubereiteten und gespickten Küken bratet man eine Stunde in gebräunter Butter. Man kann sie mit etwas Petersilie füllen, indem man wohl ausgesuchtes Kraut ohne dicke Stengel in die untere Oeffnung steckt. Die Jüs bereitet man, nachdem die Küken ausgenommen sind, thut noch ein wenig Rahm oder Butter und etwas kaltes Wasser unter beständigem Rühren daran.

Die besseren Gerichte gab es, wie man sieht, offensichtlich bei den Eltern in der Hohlen Gasse.

Da Storms Eltern hinter dem Kontorhaus in Stallungen auch Schweine hielten, ist davon auszugehen, daß auch die Küken aus eigener Zucht herrührten und Johann Casimir Storm, aus bäuerlicher Familie stammend, noch an einer teilweise selbstversorgenden Wirtschaft festhielt.

Freund Brinkmann ist in Storms Junggesellenmonaten immer wieder ein gern gesehener Gast, und so bewirtet ihn Storm am Freitag, dem 10. Juli 1846, ebenso wie seinen Bruder Otto, mit Rührei und Schinken. Hierbei stellt sich die berechtigte Frage, da Storm bereits im Junggesellenkreise so wacker hat Beefsteak mitbraten helfen, ob er höchstpersönlich am gemauerten Herd mit den Luftkanälen Hand anlegt oder ob dieses seine Haushälterin für ihn bewerkstelligt hat. Denn erstaunlicherweise hat er nie hinsichtlich ihrer Küchenkenntnisse und Erfahrungen ein lobendes Wort in seinen Briefen bereit.

Rührei und Schinken sind ein schlichter, aber herzhafter Genuß, besonders wenn der Schinken milde geräuchert und zart ist.

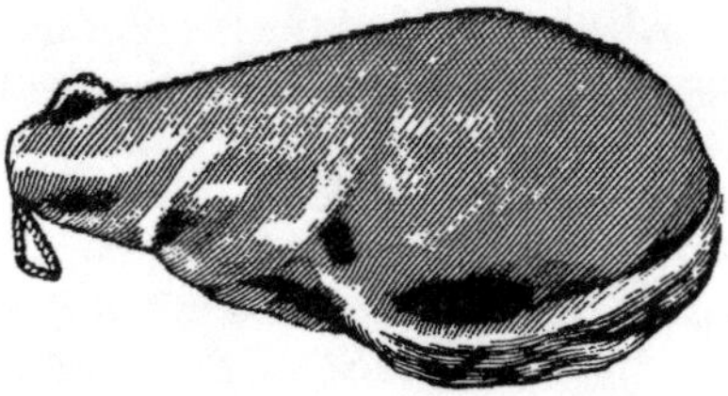

RÜHREI MIT SCHINKEN
(nach Johanna Kuß)

Eine beliebige Zahl Eier werden kleingeschlagen und auf jedes Ei einen Löffel voll Milch oder Wasser und auf jedes Ei $1/2$ bis 1 Loth Butter; weniger geht auch. Während nun die Butter in einer Casserole oder irdenen Pfanne auf dem Feuer zergeht, werden Eier und Flüssigkeit gut durchgequirlt und über die Butter gegossen. Nun läßt man es auf gelindem Feuer stehen, bis es unten anfängt zu erstarren; dann zieht man mit einem Löffel das Erstarrte in Flocken, doch darf es nicht hart werden, sondern muß, sobald es eben erstarrt ist, auf eine warme Schüssel gegeben und gleich zu Tische gebracht werden. Man kann auch Scheiben von gebratenem Speck, Schinken oder Mettwurst beim Anrichten hineinlegen.

Schinken wird regional auf die unterschiedlichste Art hergestellt, sei es als schwerer Westfälischer Schinken oder als Schwarzwälder über Rauchmehl gegarter Schinken oder Holsteiner Schinken in seiner unvergleichlichen Milde und Weichheit. Und so wird Storm zeit seines Lebens zwar nicht mit der „Wurst nach dem Schinken schmeißen", aber er wird ihn immer wieder erwähnen, sich schenken lassen, selbst verschenken und auch in seinen literarischen Arbeiten erwähnen. So bekommt der Leser förmlich Appetit bei der Schilderung des studentischen Picknicks in „Der Herr Etatsrat", wo, wie bereits zitiert, „glänzende Schinkenschnitten" neben Eiern und Eierkuchen die Tafel zieren. Als Storm einmal wieder in Heiligenstadt „Strohwitwer" spielt, weil Constanze in Holstein ist, serviert die Köchin Therese ihm und Bekannten neben Kalbskarbonade, Käse und Kirschen auch Schinken, wie er am Abend des 11. Juli 1858 Constanze berichtet. Auch Constanze, als Tochter der Heimat, findet offenbar nichts so köstlich, wie ein schlichtes Stück Schwarzbrot mit etwas Geräuchertem darauf. Storm berichtet den Eltern aus Heiligenstadt am 4. Mai

1859 nach einer Einladung bei Freunden zu Tee, Bier und Teekuchen:

„Der Kuchen ist aber nichts für meine Frau und so sitzt sie denn Montags um Mitternacht unfehlbar in der Schlafstube auf ihrem Bett und verzehrt mit großem Appetit ein tüchtiges Stück Schwarzbrot nebst einem Ende Wurst oder einer Scheibe Schinken, was ihre Speisekammer denn grade herzugeben hat ...“

Als Storm im September 1859 in Heiligenstadt den Jugendfreund aus Lübeck, Wilhelm Becker mit Ehefrau, erwartet, die mittlerweile in Oldenburg (in Oldenburg) wohnen, bereitet man als Abendbrot gebratenen Schinken mit Eiern vor, wie er den Eltern am 22. September 1859 mitteilt.

Doch Storm beläßt es nicht bei Eiern und Schinken, wenn er Gäste bewirtet, sondern tischt zu einem abendlichen Tee auch die heimischen nordfriesischen Krickenten auf, die ihm der Vater herüberschickt, allerdings nicht ohne zu monieren, daß der Zoll hierfür recht teuer gewesen sei. Es waren im Jahre 1859 für Güter, gleich welcher Art, mehrfach Zölle auf dem Wege von Husum nach Heiligenstadt zu entrichten. Denn Schleswig-Holstein und Lauenburg traten erst 1865 dem Deutschen Zollverein bei, nachdem der Krieg und der Friede von Wien 1864 die Loslösung von Dänemark gebracht hatten. Mecklenburg und Lübeck traten erst 1868, Hamburg und Bremen sogar erst 1888 bei. Storm dankt seinem Vater am 1. Dezember 1860 aus Heiligenstadt für die Sendung Krickenten:

„Zu allernächst, lieber Vater, Dank für die in der Tat exquisiten Krickenten, sie kosteten freilich $1^1/_2$ Sgr. Zoll pr. Stück, aber sie waren es ohne Zweifel wert. Die Kinder haben sie mit wahrer Passion gegessen und bei unseren Bekannten, die wir damit eines schönen Abendtee's bewirtheten, erregte dies ihnen neue Gericht, was halb gebraten, halb kalt, zu Tische kam, die uns eingeborenen Schleswigern ... wohltuendste Bewunderung. Unser armer Wussow war leider nicht dabei ... Fünf Enten habe ich ihm noch immer reserviert. Otto hat seine acht Stück erhalten.“

Die Krick-, Wachtel- oder Zwergente ist eine kleinere Wildart mit goldgrüner Kopfseite und grauem Spiegel. In den Vogelkojen der nordfriesischen Inseln wurden unzählige Wildenten durch gezähmte Lockenten von einem Rastteich aus in übergitterte, in einer Reuse endende Kanäle („Pfeifen“) gelockt. Vor allem im vorigen Jahrhundert hatte der Wildentenfang in diesen Vogelkojen eine gewisse wirtschaftliche Bedeutung. Sie wurden teilweise nach niederländischem Vorbild bereits Mitte des 18. Jahrhunderts angelegt. In ertragreichen Jahren wurden beispielsweise auf der Insel Föhr bis zu 50 000 Wildenten in sechs Kojen gefangen, die überwiegend auf das nahegelegene Festland exportiert wurden. Wildenten gehören zu dem Geflügel, von dem man sagt, daß ein Tier für zwei Personen zu wenig und für eine Person zu viel sei, wobei es jedoch wohl auf die Beilagen ankommt! Da die Tiere leicht in der Haut tranig sein können, ist es erforderlich, daß man sie immer abzieht oder daß man ein Stück Haut von der Bauchöffnung ablöst und in einer trockenen, sehr heißen

Pfanne ausbrät. Riecht dieses Hautstückchen intensiv nach Tran, so ist man gut beraten, die ganze Haut abzuziehen, obwohl dann gerade die leckere Knusprigkeit des Geflügels fehlt. Wildenten rupft man immer trocken, sengt sie ab und wischt sie nach dem Ausnehmen mit einem trockenen Tuch aus, salzt sie ein und reibt sie mit getrockneten Wacholderbeeren ab.

ENTEN
(nach Johanna Kuß)

bratet man ebenso (wie Gänse, siehe dort – Anm. d. Verf.), doch sind 2 Stunden zum Braten genügend. Von wilden Enten zieht man die Haut ab, weil der thranige Geschmack, welchen die wilden Enten leicht haben, größtentheils in der Haut sitzt. Dann muß man sie aber spicken.

GEDÄMPFTE WILDE ENTEN
(nach Amalie S.)

Man bereitet die Enten vor, wie zum Braten, bestreut sie inwendig und auswendig mit Salz und spickt sie reichlich; dann läßt man sie in einer Cassarolle in heißer Butter braun werden, bestreut sie mit Mehl, begießt sie wieder mit Butter, bis sich ringsum auch eine braune Mehlkrüste ansetzt, gießt dann gute Bouillon und ein paar Eßlöffelvoll Weinessig dazu, fügt auch eine ganze Zwiebel, einige Lorbeerblätter und Pfefferkörner bei und läßt sie nun auf gelindem Kohlenfeuer gar schmoren. Zuletzt nimmt man die Zwiebel heraus, giebt Capern und Citronenscheiben dazu und macht die Sauce mit geriebenem Roggenbrote seimig.

WILDENTE IN SAURER SAHNE
(Hausrezept der Verfasserin)

Die abgezogene ausgenommene Ente wird in einer Bratpfanne mit viel Butter (etwa 100 Gr.) auf allen Seiten ein wenig gebräunt. Sodann legt man sie auf die Brust und gießt etwa $^1/_4$ Liter saure Sahne an, so daß sie knapp bedeckt ist. Dann fügt man ein Lorbeerblatt, sowie etwas Zitronenschale hinzu (ungespritzt) und schmort das Fleisch bei geschlossenem Deckel langsam weich (etwa 1 knappe Stunde). Vor dem Servieren streut man in die Soße einen Eßlöffel voll Weißbrotbrösel, sodann gibt man die Ente auf dem Rücken in eine tiefe Schüssel, gießt die abgeschmeckte Soße darüber und verziert mit viel Petersilie.

Im Jahre 1862 erhält Storm in der Vorweihnachtszeit wieder eine Ladung Krickenten von den Eltern und dankt ihnen im Brief vom 7. Dezember 1862:

„Liebe Eltern! Die Krickenten sind glücklich angekommen, 10 haben wir Otto, 5 auf lebhaften Wunsch an Tante Anna Wussow gegeben, die Übrigen sind bis auf $1^1/_2$ Dutzend von uns verzehrt, sie scheinen mir dies Jahr extra schön zu sein, und wir bedanken uns so recht herzlich.“

Hieraus ist zu entnehmen, daß die Eltern offenbar zwischen 30 und 40 Krickenten nach Preußen zu den Kindern geschickt haben.(!)

Setzt Storm bereits in dem „Schimmelreiter“ die Ente, wenn auch dort eine Hausente, auf den Speiseplan des alten Deichgrafen, so wird dieses schmackhafte Geflügel ebenfalls in der Novelle „Abseits“ erwähnt. Es ist Weihnachtszeit, genau gesagt, der Mittag vor dem Weihnachtsabend. Der Knecht Marten hat an einem „mäßig breiten fischreichen Strom“, der in einen „Landsee“ einmündet, zahlreiche Hechte und Karpfen gefangen, die sich in einem Kübel auf seinem Flachboot auf dem Strom befinden. Nun versucht er, Enten zu jagen. Doch er hat kein Waidmannsheil.

„In demselben Augenblicke brauste dicht vor ihnen eine schwere Ente aus dem Schilf; der Knecht wandte sich und während die beiden Frauen einen Schrei ausstießen, knallte auch schon der Schuß über ihre Köpfe hin. Als sie sich umblickten, sahen sie den großen gelbbraunen Vogel unweit des Bootes scheinbar unverletzt auf dem Wasser schwimmen, das blanke, schwarze Auge unverwandt auf sie gerichtet. Als aber Marten Miene machte, mit dem Boot in seine Nähe zu kommen, tauchte er dicht am Schilfe unter und verschwand ... Die Haushälterin sah mit einem Blicke des Mitleids auf den Punkt, wo das Tier verschwunden war. ‚Wenn Er nur seine alte Donnerbüchse zu Hause lassen wollte‘ sagte sie.

‚Ei ja, Mamsell, der gebratene Entvogel hätte morgen doch geschmeckt!‘ ... ‚Dort liegen auch Beckasinen ...‘ “

Die Bekassine, ein Schnepfenvogel, wird, wegen des meckernden Fluggeräusches bei der Balz, auch „Himmelsziege“ genannt. Sie wird heute nicht mehr bejagt, sondern unterliegt der Bundesartenschutzordnung.

BEKASSINEN ODER MOOSSCHNEPFEN
(nach Mary Hahn)

sind kleiner als die Waldschnepfen und werden unausgenommen gebraten, doch muß der Magen mit dem Schlund und der Gurgel herausgezogen werden. Sie werden in kürzerer Zeit gar als die Waldschnepfen und können auch auf dem Feuer in einer Kasserolle zugedeckt gebraten werden. Beim Anrichten legt man sie auf goldgelb geröstete Semmelscheiben und gießt den mit ein wenig kräftiger Jüs oder Fleischbrühe losgekochten Bratensatz darunter.

Bereits in einem seiner Brautbriefe würdigt Storm die Krickenten, und insbesonders die Föhrer Krickenten, poetisch und kulinarisch: Am 5. August 1846 – es wurde in Husum am Vortage die Hochzeit der Sophie Setzer, einer Schwester Laura Brinkmanns, mit Justizrat Heinrich Tetens aus Pinneberg und die Verlobung der Schwester Mathilde Setzer mit Friedrich Georg Witte, Syndikus der Stadt Kiel, gefeiert, berichtet er Constanze:

„Die Kanonen der Hochzeit donnerten den ganzen Abend, und bei jedem Toaste erhoben die Gäste, Damen und Herren, und das Volk, was sich Waschbütten etc., etc. zum Übergucken an die Planke geschleppt hatte, ein wildes Huronengeschrei (Hurone = einst mächtiger nordamerikan. Indianerstamm – Anm. d. Verf.), das zu mir in den Garten drang, wo ich mit Tante Brick einsam wandelte und dem pfeifenden Flug der Krickenten lauschte, die in gewaltigen Scharen über uns weg nach Föhr zogen, um sich auf Königs Tafel braten zu lassen. (König Christian VIII. von Dänemark besuchte die Insel Föhr regelmäßig mit Familie und Hofstaat, ab 1842 bis zu seinem Tode im Jahre 1848 und verhalf dem Badeleben dort zu einem erheblichen Aufschwung – Anm. d. Verf.).

Krickenten

sind zu haben bei

Wwe. Clausen, Wasserreihe 6.

Früher verzehrte man viel mehr Wildgeflügel, auch Vögel, was uns heute nicht nachvollziehbar ist. So verspeiste der „Raugraf" in der Novelle „Auf der Universität" Lerchensalmi, deren Zubereitungsart dem Enten- oder Rebhuhnsalmi entspricht.

„... der Raugraf beschäftigte sich behaglich mit seinem Lerchensalmi und schlürfte schweigend seinen Wein dazu. ‚Willst du nicht essen, Lore?' fragte er endlich.

Sie schüttelte den Kopf.

Er sah sie einen Augenblick an. ‚Du willst nicht? – Nun', setzte er ruhig hinzu, ‚Deine Sache!' dann schenkte er sich ein und setzte seine Mahlzeit fort."

Abgesehen davon, daß diese geschilderte kleine Mahlzeit von starker Symbolkraft ist – so, wie der Student das Fleisch dieser kleinen Singvögel verspeist, genießt und zerstört er auch das Leben Lores – soll dennoch ein passendes Kochrezept wiedergegeben werden:

LERCHEN GEBRATEN
(nach Mary Hahn)

Die Lerchen werden wie die Krammetsvögel vorbereitet und in einer Kasserolle mit Butter von beiden Seiten schön braun gebraten, sie sind in 20 Min. gar. Beim Anrichten begießt man sie mit in Butter hellbraun gebratener Semmel. Der Bratensatz wird mit Jüs oder Fleischbrühe aufgekocht und unter die Vögel gegossen.

Salmi ist eine Art Ragout, bei dem man nur die Brust des kleinen Federwildbrets herauslöst und gesondert in Butter dünstet. Der Rest des rohen Geflügels wird im Mörser zerstampft (mit Knochen!) und mit Fleischbrühe und Gewürzen zu einem Brei eingekocht, auf den beim Anrichten die Bruststücke gelegt werden.

Salmi galt als angenehmes Zwischengericht, ist jetzt gänzlich aus der Mode gekommen und wäre heute auch nur noch aus Rebhuhn, Fasan oder Ente zuzubereiten.

Besonders in der Potsdamer Zeit zeigen sich bei der Beköstigung der Familie Storm erhebliche Engpässe, die Eltern und Freunde durch Naturalien verkleinern helfen. Doch nicht nur den Storms geht es nicht gut.

Am 28. November 1855 berichtet Storm den Eltern:

„Die Teurung scheint hier noch immer im Steigen."

Die Nahrungsmittelversorgung der Bevölkerung ist offenbar schlecht. So ist die Familie darüber erfreut, daß die Frau des Kollegen Schnee, Luise Schnee, ihnen Fliederbeeren zur Suppe schenkt, erst recht aber darüber, daß der Bruder des Potsdamer Kreisgerichtsrats Schnee, der Landwirt ist und den Eltern Storms in Husum einen Besuch abgestattet hat, mit einem freundlichen Brief an Storm auch Gänsekeulen beifügt:

„Die den Brief begleitenden Gänsekeulen haben Constanze und ich uns gut schmecken lassen."

Einige Jahre später sollen zu Weihnachten im Kreise von Bruder Otto und dem Rechtsanwaltsehepaar Reinhard Schlüter zwei fette Husumer Gänse verzehrt werden, wie Storm in Vorausfreude am 21. Dezember 1857 den Eltern bekundet:

„... so wollen wir doch mit Otto und Schlüters Otto's beide fette Gänse am Weihnachtsabend verzehren."

GÄNSEKEULE, HOLSTEINER ART
(Hausrezept der Verfasserin)

Man bereitet eine Brühe aus 4 Litern Wasser, 1 Liter Kräuteressig, 250 gr. Zucker, 1 gehäuften Tl. Salz, 1 Eßl. Senfkörner, 1 Eßl. schwarzen Pfefferkörnern und 1 mittelgroßen Zwiebel, die man mit 2 bis 3 Nelken gespickt hat. Wer mag, gibt ein Stückchen Ingwer oder eine Prise Zimt hinzu. Kocht dieser Fond, legt man die sauber gewaschenen Gänsekeulen hinein und läßt sie langsam auf kleinem Feuer ca. 2 bis 3 Stunden garen. Man nimmt sie sodann aus der Kochbrühe heraus und stellt sie warm. Die Brühe siebt man durch. Sodann brät man die Keulen in der Pfanne in reichlich Butter an, streut etwas Zucker von allen Seiten auf die Keulen und läßt sie bei relativ hoher Hitze sehr schnell schön braun werden. Man karamelisiert sodann 3 Eßl. Zucker und etwa 1 Eßl. Butter und löscht mit $^1/_2$ Liter Kochbrühe ab. Nach dem Aufkochen bindet man die Soße mit einem in Kaltwasser angerührten gehäuften Eßlöffel Kartoffelmehl. Sodann schmeckt man die Soße noch süß-sauer nach Belieben ab und reicht sie gesondert zu den Gänsekeulen, wozu man pro Person eine Keule à 400 bis 600 Gramm rechnet. Gleichzeitig werden kleine Bratkartöffelchen in Butter kroß gebraten. Wer mag und hat, reicht hierzu einen gemischten frischen Salat.

Das Töten dieses reizenden klugen Federviehs, auf das der Spruch in „Der Schimmelreiter": „Dumm wie eine Saatgans", keinesfalls zutrifft, ist auch kein Betätigungsfeld für zartbeseelte Wesen!

DAS GÄNSESCHLACHTEN
(nach Johanna Kuß)

Es ist wichtig, zum Einschlachten junge Gänse zu bekommen; wenn man bereits geschlachtete und gerupfte kauft, sind dafür zu beachtende Kennzeichen: eine zarte Haut und ein hellgelber Schnabel, der sich einbiegen läßt, so wie helle Füße und Beine. Bei fetten Gänsen ist der Brustknochen nicht spitz hervorstehend und der Bauch ist rund und fett mit Flomen angefüllt.
Junge Gänse wiegen etwa 12–16 Pfund.
Bei Enten hat man dasselbe beim Einkaufen zu beachten.
Ob aber Geflügel alt oder frisch geschlachtet ist, sieht man an den Augen, die eingefallen und trübe sind, sobald das Thier länger geschlachtet war. Nachdem die Gänse zerlegt worden, kocht man die Brüste entweder in Sauer, indem man sie in halb Essig, halb Wasser, mit Lorbeerblättern, Nelkenpfeffer und schwarzem Pfeffer etwa 1–2 Stunden kocht, dann in der Brühe aufbewahrt und mit Talg zuschmilzt. Beim Gebrauch wird die so aufbewahrte Brust noch eine Stunde gebraten. Man kann auch die Keulen mit der Brust einkochen.
Sollen die Brüste geräuchert werden, so lös't man den Brustknochen aus und reibt nun die Brust mit heißem Salz und etwas Salpeter gehörig ein, bindet sie dann fest zusammen, läßt sie noch einige Tage in Pökel liegen und, nachdem man sie mit Weizenkleie bestreut hat, hängt man sie 4 Wochen in den Rauch, räuchert jedoch in den letzten 14 Tagen nur sehr gelinde.
Das übrige Gänsefleisch wird entweder zu Schwarz- oder Weißsauer benutzt und kocht man es in halb Essig halb Wasser nicht zu mürbe und behandelt es wie beim Ochsenschlachten. Hat man kein Gänseblut, so nehme man Ochsenblut.

Zum Aufbewahren schmelze man die Töpfe, in welche das Sauer gefüllt worden, mit Talg zu.
Sollen Brust und Keulen in Gelee gekocht werden, so kann man etwa auf 2 Brüste und Keulen 1–2 abgebrannte Kalbsfüße mit 1 Kanne Wasser so einkochen lassen, daß nur $^3/_4$ Quartier nachbleibt und nachdem Brüste und Keulen in das bestimmte Gefäß gelegt worden sind, die runde Seite nach oben, gießt man den von den Kalbsfüßen gewonnenen Stand darüber und so viel Weinessig dazu, daß die Flüssigkeit etwa 1 Handbreit über dem Fleische steht (hier 1 Kanne = $1^3/_4$ l, 1 Quartier = 1 l – Anm. d. Verf.). Indem man nun das Gefäß aufs Feuer setzt, gibt man ganze Nelken, Zwiebeln, Chalotten, Lorbeerblätter und einigen ganzen weißen Pfeffer dazu und kocht sie, wenn die Gänse jung waren, etwa 1 Stunde.
Während des Kochens wird alles Fett sorgfältig abgenommen. Gar geworden, nimmt man das Fleisch aus der Brühe und gibt diese durch ein feines Sieb. Hat dann der Bodensatz sich gebildet, so gießt man das Klare über das Fleisch und schmilzt die Gelee zu, wie bekannt.

GÄNSEBRATEN
(nach Johanna Kuß)

Die zubereitete Gans, nachdem sie wenigstens 5 Tage vor dem Gebrauche geschlachtet ist, wird inwendig etwas mit Salz und Pfeffer eingerieben, dann gefüllt auf folgende Weise: Man nimmt etwa 2 Pfund Obst dazu, als: Katharinenpflaumen, Zwetschen oder geschälte und in Schnippel geschnittene Aepfel, $^1/_2$ Pfund geriebenes Weißbrot, beliebig Corinthen, gestoßenen Kaneel, Cardamom und Puderzucker; vermischt dieses unter einander und füllt die Gans damit, näht dann den untern Einschnitt zu. $2^1/_2$–3 Stunden muß die Gans braten. Um sie schön braun zu bekommen, muß man sie in der letzten halben Stunde fleißig mit dem Fett begießen und den Schieber der Bratenpfanne öffnen.
Alles Fett nimmt man beim Anrichten von der Jüs und rührt statt dessen etwas kaltes Wasser daran. Man gibt Sauerkohl oder Salate dabei.

Im Frühling 1858 tritt Storm in Heiligenstadt in näheren Kontakt zu Landrat Alexander von Wussow, woraus sich eine herzliche Freundschaft entwickelt. Storm möchte zwar das Landratsehepaar erstmals zu sich nach Hause einladen, hat jedoch Bedenken, daß man das Abendbrot nicht standesgemäß bereiten kann, und bittet daher den Vater am 12. April 1858 um einen Zuschuß:

„Ich hätte gerne mit dem Landrat angeknüpft; aber dazu gehört, daß wir sie wenigstens das erste Mal zum Beginn auf eine anständige Abendschüssel laden; und das würde das ganze Haushaltsbudget derangieren."

Im Januar – 30. Januar 1862 – ist gleichzeitig Kindergeburtstag für die Söhne Hans und Ernst. Aus Kostengründen legt man beide Feiern zusammen, da die Geburtstage nur fünf Tage auseinanderliegen, denn Hans wurde am 25. Dezember 1848 und Ernst am 30. Januar 1851 geboren. Es gibt Schokoladensuppe und Kalbsbraten, was Storm am selben Tag den Großeltern in Segeberg mitteilt.

KALBSBRATEN
(nach Johanna Kuß)

Dabei thut man gut, ihn vorher in abgerahmte Milch zu legen, dann wäscht man ihn ab, zieht die Haut ab und spickt ihn (s. d. A.). Eine Keule von 14–16 Pfund muß $2^1/_2$ Stunden braten; ein kleines Stück z. B. ein Nierenbraten wird ebenso wie die Keule behandelt, bedarf aber höchstens $1^1/_2$–2 Stunden. Fleißig mit Jüs begießen ist wichtig, nur in der letzten Zeit etwas weniger, damit der Speck kroß werde, auch kehrt man beim Nierenbraten in der letzten halben Stunde die Niere dem Feuer zu, damit das Fett kroß werde.
Die Jüs macht man eben wie beim Rinderbraten, gibt vor dem Anrichten etwas Rahm oder einen Löffel voll Stand (Kalbsgallert – Anm. d. Verf.) tüchtig rührend daran.

Am 2. Februar 1862 wird die Familie vom Landrat zu Wild und Pute eingeladen. Storm berichtet am selben Tag, einem Sonntagvormittag, hierüber den Eltern:

„Heut' Mittag sollen wir bei Wussow's auch ganz in Familie ein Reh verzehren, das auf ihrer Jagd geschossen ist. Frau Anna, die enragierte Köchin, hat uns aber nicht verschweigen können, daß sie außerdem noch einen Putenbraten und ein Reisgericht zur Tafel bringen werde. Wir werden heute Mittag also hoch leben."

Rehwild, das als „Ziege des Waldes" bezeichnet wird, ist mit keinem anderen Wild an Wohlgeschmack und Zartheit zu vergleichen. Ob nun nur die Keulen gebraten gereicht werden oder der zarte Rehrücken, ein Stück Rehwild ist immer etwas Besonderes!

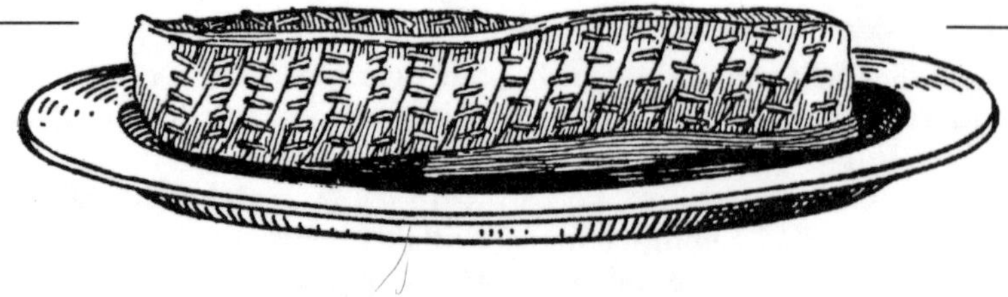

REHZIEMER (REHRÜCKEN)
(nach Johanna Kuß)

Man haut ein Reh so zurecht, daß Hals, Blätter und Keulen abkommen, zieht die Haut ab und spickt den Braten; doch muß das Fett, wenn viel daran ist, auf der obern Seite weggeschnitten werden. $1^1/_2$–2 Stunden bedarf der Rücken zum Mürbewerden. Während des Bratens muß er fleißig mit Jüs, Rahm oder Milch begossen werden. Die Jüs wird auf starkem Feuer mit Rahm und kalter Butter abgerührt und durch ein Sieb zu Tische gegeben. Die Keulen des Rehes bereitet man auf dieselbe Weise.

REH- UND HIRSCHZIEMER AM SPIESS
(nach Henriette Davidis)

Man brät den Ziemer frisch oder legt ihn einige Tage gerade wie Sauerbraten in gekochten Essig oder in dicke saure Milch, wobei er selbstredend vorher rein abgewaschen und alles Unreine entfernt werden muß. Beim Gebrauch wird derselbe enthäutet, wie Hase gespickt, etwas Salz darüber gestreut, an den Spieß gesteckt. Zeit des Bratens $1^1/_4$–$1^1/_2$ Stunde.

REH- UND HIRSCHZIEMER IM OFEN ZU BRATEN
(nach Henriette Davidis)

Beides wird nur schwach geklopft, abgehäutet und reich gespickt der Länge nach reihenweise und zwar so, daß man die Spicknadel nur zwischen zwei Speckfaden (Spicken) der hervorgehenden Reihe einsetzt. Dadurch wird das Spicken dichter, was sehr zum Saftigbleiben des zarten mageren Wildfleisches beiträgt.
Als Unterlage in der Pfanne werden Speckscheiben ausgebraten, der Braten wird hineingelegt, unter öfterem Begießen und mit dem Fett so lange gebraten, bis das Gespickte gelb wird und von nun an mit aufgelegten Butterscheiben oder übergefüllter saurer Sahne und dem nötigen Salz gar gebraten; nach Belieben können zuletzt einige feingestoßene Wacholderbeeren übergestreut werden. Bratezeit: Rehwild 1 Stunde, Hirsch je nach dem Alter $1^1/_2$–2 Stunden.

Puten, Truthühner oder Kalkuten werden als Haustiere gehalten. Das Fleisch besitzt alle Vorzüge des Geflügelfleisches. Es ist schmackhaft, nahrhaft und leicht verdaulich. Er ist ein eigentliches Festtagsessen. So hat sich bis in das 20. Jahrhundert beispielsweise in Ungarn die Sitte erhalten, einen teuren Freund mit einem gebratenen fetten Truthahn zu bewirten. Bei „Landrats“ wurde immer tüchtig aufgetischt, wie man feststellen kann. War doch die Familie Storm – Constanze war auf Sommerurlaub abwesend –, 1858 schon einmal zu kleinen Eierkuchen, Kirschkuchen, Honig, saurer Milch, Zunge und Gurkensalat eingeladen worden.

KALKUTENBRATEN
(nach Johanna Kuß)

Zubereitet und gespickt wird die Kalkute, nachdem sie 3–4 Tage abgeschlachtet ist. Den Kropf füllt man mit folgender Farce: Die Leber von der Kalkute wird blanchirt, fein gehackt und durch ein Sieb gestrichen; dann rührt man 4 Loth (ca. 70 g – Anm. d. Verf.) Butter zu Schaum, 2 Eier und eine gehackte in Butter weichgeschwitzte Zwiebel dazu, ferner ein bischen fein gehacktes Ochsenmark, $^1/_4$ Pfund Kalbshack, 8 Loth geriebenes mit Milch geweichtes Weißbrot, Muskatnuß und etwas Salz. Sodann füllt man die Oeffnung oben am Rumpfe mit einem passenden Stück Weißbrot, füllt den Kropf mit obiger Farce und näht die Kropfhaut zu. Den Hals bindet man im dritten Theile ab, damit der Kropf recht groß werde, befestigt den Kropf, nach den Flügeln gelegt, mit Bindfäden, steckt von unten ein Stück Butter und etwas verlesene Petersilie mit Salz hinein und bindet noch die Beine. Anstatt der obigen Farce kann man den Kropf auch mit 14 Loth geriebenem Weißbrot, 4 Loth Butter, 2 Eiern, gestoßenen Mandeln, Corinthen, Muscatnuß und Salz mit einander vermischt, anfüllen.
Nun legt man die so zubereitete Kalkute auf Speck- oder Fettscheiben in die Pfanne in braune Butter, oder man begießt sie mit derselben. Hat man sie in die Butter gelegt, so begießt man sie mit Bouillon oder Stand, nachdem man sie vorher mit Salz bestreut hat und läßt sie je nach der Größe $1^1/_2$–3 Stunden braten. Beim Anrichten läßt man die Jüs mit etwas Bouillon loskochen, gibt, nachdem sie durch ein Sieb gegeben, etwas über den Braten, belegt diesen mit grüner Petersilie und gibt ihn zu Tische.

Im vorigen Jahrhundert war es mehr als heute üblich, sich gegenseitig Nahrungsmittel zu schenken, besonders natürlich Delikatessen, die nicht allgemein zugänglich waren. Und so erhält Johann Casimir Storm zu seinem Geburtstag am 26. April 1871 von einem Nordstrander einen großen Puter geschenkt. Storm berichtet am folgenden Tag seinem Sohn Ernst davon:

„Husum, 27. April 1871. Mein lieber Junge, gestern hatten wir denn Großvaters Geburtstag … Der alte Peter Nahne von Nordstrand, den Du ja kennst, hatte mit dem Bemerken, daß er morgen seinen 83. Geburtstag feiere, einen Riesenputer geschickt. ‚Anbei ein schönes Huhn', fing der Gratulationsbrief an."

Wenn Theodor Storm meint, aus finanziellen Gründen das Ehepaar von Wussow nicht zum Essen einladen zu können, widerspricht dem seine Schilderung an Constanze vom 11. Juli 1858, als er zu 19.00 Uhr Heiligenstädter Bekannte eingeladen hat:

„Gegen 7 Uhr abends. Ein sauber servierter Teetisch steht in der Wohnstube, daneben der kleine runde Tisch, worauf unsere sämtlichen, jetzt recht frischgrünen Blumen mit Hilfe der Kalkschale, worin der Drachenbaum, zu einer sehr schmucken Gruppe aufgebaut sind. Herr Bonatz nebst Frau und Bruder und Herr Burchardt werden erwartet. Hör', wie es aus der Küche schallt! Therese kocht Kalbskarbonade! Daneben ist Käse, Schinken und Kirschen vorhanden."

Kalbfleisch.

Fig. 84. Teilung des Kalbes.

1 Keulen, im ganzen zu braten oder geteilt als Frikandeaus, Kalbsnuß, Schnitzel usw.
2 Nierenbraten } zusammen als Kalbsrücken zum Braten oder Dämpfen.
3 Kotelettstück
4 Hals
5 Blatt } wird gedämpft, gekocht oder zu Frikassee verwendet.
6 Brust
7 Kopf. Ganz oder ausgelöst zubereitet. Zunge und Gehirn geben besondere Gerichte.
8 Hesse oder Haxel zu Fleischbrühe und Gelee oder gedämpft.
9 Füße zu Sülze, Gelee, Aspik.

CARBONADE VON KALBFLEISCH
(nach Charlotte Lönne)

Man löst von einem Kalbsrücken die äußere Haut und die Sehnen und schneidet die Stücke so, daß in jedem ein Knochen kommt; der Rückgrat wird abgehauen und von dem Fleische bei dem Knochen etwas abgeschabt; das Fleisch geklopft, mit einem großen Küchenmesser zusammengehackt auf eine Schüssel gelegt und Salz darauf gestreut. – Soll die Carbonade auf dem Rost gebraten werden, kehrt man sie in Butter und Zwieback um, auch kann man ein wenig Pfeffer daran nehmen; will man sie in der Pfanne bereiten, kehre man sie in Eiern und bratet sie rasch.

Wer die Herren Bonatz und Burchardt gewesen sind, entzieht sich der Kenntnis der Verfasserin. Aus dem Zusammenhang ist zu vermuten, daß es sich bei Herrn Burchardt um einen Kollegen vom Kreisgericht Heiligenstadt gehandelt hat.

Landrat Wussow scheute auch ferner keine Müh' und Kosten, Storm gebührend einzuladen. So berichtet dieser am 28. Juni 1862 an die Ehefrau, die sich in Segeberg bei den Eltern erholt:

„Morgen sind wir und der ganz verwaiste Delius (Wilhelm Delius, 1815–1900, Staatsanwalt in Heiligenstadt, danach Oberjustizrat und Senatspräsident am Kammergericht in Berlin – Anm. d. Verf.) zu Wussows auf Rehbraten zu Mittag gebeten. Wenn das Wetter leidlich ist, hat Karl von Rinke (Jakob Rinke, geboren 1808, der Arzt der Storms in Heiligenstadt, ab 1853 dort Kreisphysikus – Anm. d. Verf.) Erlaubnis, mitzugehen, Suppe, etwas Braten, Gemüse und ein paar Kirschen zu essen.“

Sobald die Familie Storm nach Husum zurückgekehrt ist, wird sie immer wieder bei den Eltern eingeladen. So auch am 31. Januar 1867, wovon Storm am nächsten Tage dem Sohn Hans berichtet:

„Gestern waren wir alle – außer Tante Do, die zu Bett liegen mußte – bei den Alten, wo mit dem großen Löffel gegessen wurde, Puterhahn und Hase ...“

HASENBRATEN
(nach Johanna Kuß)

Der zubereitete und gespickte Hase wird $^1/_2$–$^3/_4$ Stunden gebraten und mit Rahm oder guter Milch fleißig begossen. Man kann vor dem Spicken den Rücken an der untern Seite einknicken, des Zerlegens wegen, wenn man nicht vorzieht, beim Zerlegen das Fleisch vom Knochen zu lösen. Die Jüs wird wie beim vorigen zubereitet (s. Rehziemer – Anm. d. Verf.).
Man deckt den Braten lieber zu, damit er nicht zu sehr ausdürrt.

WILDBRET
(nach Henriette Davidis)

Im allgemeinen und vom passenden Anwenden der verschiedenen Teile des Wildbrets. Das Wildbret darf ... nur leicht abgewaschen, nicht ausgewässert werden; zerschossene blutige Stücke machen hier eine Ausnahme. Dann darf man solches nach alter Sitte auch nicht dem Verderben nahen, d. h. zu alt werden lassen, weil dadurch alles Feine gänzlich verloren geht.

Die Braten müssen gut gehäutet, sauber gespickt und bei nicht gar zu starkem, doch auch nicht zu schwachem Feuer mit reichlich Butter und Speck saftig gebraten werden. Nach und nach reichlich Sahne zur Sauce angewandt, macht die Braten und Saucen besonders gut.

Als Haupterfordernis zur Bereitung eines guten Wildbratens kann ein unermüdliches Begießen desselben nicht nachdrücklich genug empfohlen werden.

Bei allem Wildbret ist, mit Ausnahme des wilden Schweines, der Kopf der schlechteste Teil und nur zu einem gröberen Ragout, wie Ragout von Schweinefleisch beim Einschlachten, zu gebrauchen, wozu man auch den Hals nehmen kann, die Zunge ist jedoch sehr gut. Danach folgt die Brust, besonders wenn sie durch den Schuß blutig geworden, und ist dann am passendsten zum Ragout. Nun folgen die Blätter und Keulen, die sich von altem Wild zum Schmoren, von jungen Tieren sehr gut zum Braten eignen, und endlich der Ziemer, das beste Stück zum Braten.

Vom Aufbewahren des Wildbrets. Der Hase erhält sich in kalten Wintertagen, im Fell an der Luft hängend, 8–14 Tage ganz frisch. Indes kann man alsdann den Braten, wenn es sein muß, noch einige Tage in Essig aufbewahren, doch wird er dadurch nichts weniger als verbessert. Fleisch von Reh, Hirsch und Schwein ist auf folgende Weise längere Zeit zu erhalten. Man läßt die Stücke gehörig zu Braten hauen, bestreut sie mit nicht zu viel Salz, sticht mit einem spitzen Messer schräg in das Fleisch, drückt kurze, einen halben Finger dicke Speckstreifen, welche in gestoßenem Salz, Nelken und Nelkenpfeffer umgedreht sind, nebst Schalotten hinein und läßt die Braten in einer Pfanne von allen Seiten schnell zurösten. Ganz kalt geworden, packt man sie mit einigen Zwiebeln, ganzem Pfeffer, frischen Wacholderbeeren, einer in Scheiben geschnittenen Zitrone und etwas Salz festschließend in ein kleines Faß oder in einen passenden Steintopf, gießt soviel gekochten und wieder kalt gewordenen Bieressig darauf, daß das Fleisch bedeckt ist und gießt es mit geschmolzenem Talg etwa zwei Finger dick zu. Es wird dadurch vor dem Zutritt der Luft bewahrt, erhält sich sehr lange und bekommt in dieser Beize einen angenehmen Geschmack. Dies ist besonders zur Konservierung des Fleisches von alten Tieren anzuwenden. In Buttermilch aufbewahrt bleibt es auch sehr gut.

Nach dem Herausnehmen eines Stückes muß man das Fett wieder schmelzen und darauf gießen. Man kann die Stücke sowohl zu Pasteten gebrauchen, als auch braten und schmoren.

Bei vorstehendem Verfahren Wildbret zu schmoren. Man legt von demselben ein Stück in einen Topf, gibt von dem Gewürz, worin es gelegen hat, etwas dazu, nebst einem Stück Butter, und läßt es fest zugedeckt gar schmoren. Vor dem Anrichten gibt man reichlich süße Sahne, etwas braunes Mehl und ein Stückchen Zucker zur Sauce.

HASENBRATEN IM OFEN
(nach Henriette Davidis)

Man nimmt dazu den ganzen Rücken nebst den Hinterläufen, das übrige wird zum Hasenpfeffer gebraucht. Beim Abwaschen sehe man aufmerksam zu, daß die Schlußstelle wohl gereinigt werde, auch keine Haare, welche vielleicht von den Hagelkörnern eingedrungen sind, zurückbleiben. Dann wird der Rücken enthäutet und gespickt. Man streue sodann etwas Salz darüber und lege ihn, den Rücken nach oben, mit reichlich Butter, in eine irdene Bratpfanne, umwickele die Füße mit Papier und brate ihn, damit er nicht austrockne, in einem heißen Ofen, der jedoch von unten eine nicht gar zu starke Hitze haben darf, weil sonst die Sauce leicht brenzlig wird. Sobald der Braten gelblich geworden, gieße man nach und nach 1 bis 2 Tassen dickliche süße Sahne darüber. Reichlich Butter und Sahne und fleißiges Begießen macht den Braten saftig, selbst das Fleisch an den Beinen kann dadurch fast ebenso mürbe und saftig zubereitet werden, als der Rücken. Man brate einen jungen Hasen nicht über $^1/_2$ Stunde, einen älteren etwa $1–1^1/_4$ Stunde und nehme den Braten, sobald er sich milde durchstechen läßt, sofort aus dem Ofen, selbst dann, wenn das Anrichten noch nicht erfolgen kann, indem durch Warmhalten im Ofen das Fleisch austrocknet. Zur Zeit setze man die Pfanne wieder 10 Minuten hinein und versäume nicht, das Papier beim Anrichten zu entfernen.

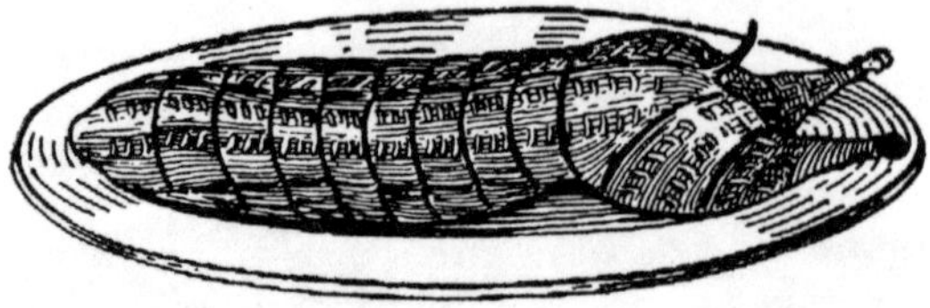

Wieviel Kunst noch um 1885, als eine Neubearbeitung des Kochbuches der Henriette Davidis erschien, dazu gehörte, einen Hasenbraten ohne Backofen gar zu bekommen, zeigt das folgende Rezept:

HASENBRATEN AM SPIESS
(nach Henriette Davidis)

Wenn der Hase nach vorhergehender Beschreibung vorgerichtet ist, wird er an den Spieß gebracht, über und über mit kochendem Wasser begossen und zu einem hellen, raschen Holzkohlenfeuer in die Maschine gebracht. Reichlich Butter wird braun gemacht, mit einem Löffel voll Mehl durchgeschwitzt, knapp $^1/_4$ Liter Milch durchgerührt und der Braten rund umher und fast ununterbrochen bei $^3/_4$stündigem Braten damit begossen. Liebt man das Fleisch nach englischer Weise inwendig rot, so bedarf es zum Braten nur $^1/_2$ Stunde; $^1/_4$ Stunde vor dem Garwerden gibt man eine Tasse Sahne zur Sauce.

Neben Rehrücken und Krickenten, sowie Krammetsvögeln, verschmäht Storm auch anderes Wildbret, etwa Hasen keinesfalls, wie man liest. So berichtet er Erich Schmidt am 14. September 1882, daß sein einer Neffe ihm, obwohl es Schonzeit sei, zu seinem Geburtstag am 14. September einen Hasen geschossen habe:

„... heut Nachmittag großer Familienkaffee; und jetzt scheint auch schon die Sonne. Mein Neffe hat mir gestern – Sie dürfen's nicht verrathen, da noch Schonzeit ist – einen Hasen geschossen, der auch bekränzt an den Geburtstagstisch kommt."

Im März 1882 schickt ihm sein Sohn Hans, der in Frammersbach bei Lohr im Spessart als Mediziner praktiziert, einen rohen Wildschweinbraten, der offenbar trotz des Transportes nach Hademarschen noch genießbar war. Storm berichtet amüsiert an Hans Speckter, den Sohn von Otto Speckter, am 27. Februar 1882 aus Hademarschen:

„... Hans schreibt prom‹p›t alle 14 Tage aus seinem Spessartdorfe (Frammersbach bei Lohr) vor ein paar Tagen schickte er sogar einen Wildschweinbraten, d. h. ungebraten; fügte übrigens auf dem Coupon der Paquetadresse dem guten Wunsche ‚Laßt's Euch schmecken u. denkt dabei an mich' die schrecklichen Worte ‚ich bin müde vom Amputiren' hinzu. Sie können denken, da der Inhalt nicht angegeben war, mit welchem Entsetzen ich das blutige Fleisch herauskramte, bis ich glücklicher Weise dann die schwarzen Schwarten sah."

WILDSCHWEINSBRATEN
(nach Henriette Davidis)

Der Braten von einem überjährigen Wildschwein oder Frischling ist der vorzüglichste. Das Stück wird mit dem Speck und etwas kochendem Wasser aufs Feuer gesetzt, abgeschäumt und folgende Gewürze hinzugegeben: Pfeffer, Nelken, Nelkenpfeffer, Zwiebeln, einige Lorbeerblätter, Wacholderbeeren, $^1/_4$ Liter brauner Essig, und nur ein wenig Salz, weil die Brühe durch Einkochen andernfalls zu salzig würde. Ist der Braten gar, so gießt man die eingekochte Brühe durch ein Sieb, läßt den Braten mit Butter unter fleißigem Begießen braun werden, indem man nach und nach die Kraftbrühe hinzugießt.
Man läßt die Keule etwa $2^1/_2$–3 Stunden, ein Stück vom Rücken kürzere Zeit, braten.

Von den Fasanen und russischen Haselhühnern, die er bei den Soupers und Diners während des Karnevals in Husum im Februar 1884 genoß, ist bereits berichtet worden. Ließ man einen Fasan früher so lange abhängen, bis ihm bereits die Federn abfielen, und fand man dann den fauligen Hautgoût besonders köstlich, so ist man davon bereits zum Ende des 19. Jahrhunderts abgekommen und verwertet ihn zumeist frisch. Besonders köstlich ist er auf Weinkraut angerichtet, wobei man nur vermuten kann, wie er in Husum serviert wurde.

FASAN ZU BRATEN
(nach Henriette Davidis)

Derselbe muß unbedingt vor dem Gebrauch 2–3 Tage in den Federn hängen, weil andernfalls der feine Geschmack nichts Feines darin finden will. Das sicherste Zeichen der richtigen Gebrauchszeit soll sein, wenn die Haut am Bauche einen etwas grünlichen Schein erhält, was indes bei anderem Geflügel nicht genug zu vermeiden und auch beim Fasan nicht jedermanns Sache ist.
Nach den Anforderungen der feinen Küche sollen Flügel, Kopf und Schwanz ungerupft abgeschnitten und beim Anrichten des Fasans wieder richtig angelegt werden. Darauf wird derselbe gerupft und behandelt wie es beim Geflügel geschieht, ausgeweidet, mit einem Tuche trocken ausgerieben, mit feinem Salz bestäubt und die Brust mit einer Speckscheibe umbunden. So wird der Fasan 1–$1^1/_2$ Stunde in reichlicher Butter aufmerksam recht saftig, zart und dunkelgelb gebraten, dann zierlich angerichtet, wobei der Kopf des Fasans, an der abgeschnittenen Seite mit einer ausgezackten Papiermanschette verklebt, angelegt wird. Hierdurch erhält das Ganze ein hübsches Aussehen und es wird zugleich das Unappetitliche des abgeschnittenen Kopfes verdeckt.

Den Bratensatz, etwas entfettet und mit etwas feinem Mehl gebraten, rühre man mit kalter Bouillon zusammen, lasse die Sauce sämig kochen und gebe sie in einer Sauciere zu dem Fasan. Das passendste Kompott zu demselben ist das von Pfirsich oder Aprikosen; übrigens paßt auch Selleriesalat und Brunnenkresse dazu.

Das Haselhuhn oder Waldhuhn ist ein ebenso schöner wie schmackhafter Vogel, der größenmäßig zwischen Fasan und Rebhuhn steht, aber weitaus geschmackvoller ist. Es kommt in Europa und Asien strichweise im Hasel-, Birken- und Wacholdergebüsch vor, häufig ist es jedoch nur in Ostasien und Rußland vertreten. Schon im vorigen Jahrhundert war es im eigentlichen Norddeutschland gar nicht mehr zu finden. Der Geschmack des Haselhuhns ist deshalb so köstlich, weil es sich nur von zarten Knospen, Beeren und Sauerklee ernährt. Hauptsaison ist September und Oktober, doch kann das Haselhuhn auch im April bejagt werden. In der Klosterküche des 14. Jahrhunderts wurde es in einer Weinsoße mit Rainfarn, Petersilie und Salbei serviert. Wir können jedoch annehmen, daß man Haselhühner in Husum auf eine einfachere Art hergerichtet hat.

Zur Verwertung von Haselhühnern heißt es in den meisten Kochbüchern nur lapidar:

„Haselhuhn und Schneehuhn wird wie Rebhuhn zubereitet."

Nur Henriette Davidis gibt eine genaue Zubereitungsart an:

BEKASSINEN, REB-, BIRK-, HASEL- UND FELDHUHN ZU BRATEN
(nach Henriette Davidis)

Gleich anderem Geflügel werden die Hühner zum Braten vorgerichtet und mit feinem Salz bestäubt. Dann wird die Brust mit einer dünnen Speckscheibe umbunden und am Spieß, in dem Bratofen oder in einem Bunzlauer Topf auf nicht starkem Feuer in reichlich Butter und wenig Wasser, fest zugedeckt, recht aufmerksam etwa $^1/_2$ bis 1 Stunde gebraten, während man sie fleißig begießt und in der letzteren Zeit zuweilen einen Eßlöffel süße Sahne, in Ermangelung derselben frische Milch hinzufügt. Nach dem Anrichten wird der Ansatz mit etwas kaltem Wasser losgerührt, wenig Milch hinzugefügt, so daß die Sauce sich etwas bindet, und mit dem vielleicht fehlenden Salz aufgekocht.

Mit einer weiteren Köstlichkeit des Landes macht Storm uns noch bekannt:

„Hamburger Rauchfleisch“, insbesondere zum Butterbrot, ist eine norddeutsche Spezialität. Es wird in Süddeutschland Selchfleisch genannt und durch mehrtägiges Einlegen mit Kochsalz und nochmaligem Räuchern über Holzfeuer hergestellt. Es galt im vorigen Jahrhundert als Delikatesse. Man nahm möglichst stark mit Fett durchwachsene Stücke Fleisch von Rind, Schwein oder auch Gans. Durch das Räuchern erzielte man ein äußerst saftiges wohlschmeckendes Fleischstück, das eine „Säule“ der kalten Küche war. Die edelste Form des Rauchfleisches ist die geräucherte Gänsebrust. Dann folgt der geräucherte Lachs, die geräucherte Ochsenzunge und der geräucherte Schinken. Das „Hamburger Rauchfleisch“ war sowohl preiswert wie schmackhaft und nährend. Seine Grundlage waren Holsteiner, Jütische und Mecklenburger Ochsen, die bis nach England hin Berühmtheit erlangten. Diese Konservierungsart von Fleisch wurde erst etwa ab 1820 mit dem Begriff „Rauchfleisch“ versehen. Für Theodor Storm ist Rauchfleisch, ebenso wie etwa Pförtchen oder braune Kuchen, mit der Erinnerung an die Heimat verbunden, und so erfahren die Eltern im Brief vom 8. Februar 1864 aus Heiligenstadt:

„Das Rauchfleisch ist seiner Zeit denn auch angekommen, $^1/_3$ davon auch in Andacht und Gedanken an die Heimat verspeist.“

Wieder heimgekehrt nach Husum, wird die Familie weiterhin von Vater Storm mit Rauchfleisch versehen. So berichtet Storm an Ludwig Pietsch vom Weihnachtsfest 1866:

„Husum, 5. Jan. 67. … Eben schickt mir mein Vater 20 Flaschen Wein; so schickte er am Weihnachtsabend, während Mutter hier und bei Doktors war und er allein in seiner alten schwarzen Advokatenhöhle saß, – ein großes Stück Hamburger Rauchfleisch und einen hübschen Kassenschein an meine Frau; so kommt bald eine Gans, bald einige Fuder Holz oder gar ein ganzes Haus, womit er seine Kinder erfreut. Dieser alte eigentümliche Mann trägt wie eine Mutter seine Kinder unterm Herzen, und wenn sie noch so alt werden.“

HAMBURGER RAUCHFLEISCH
(nach Charlotte Lönne)

Soll das Fleisch auf Hamburger Art geräuchert werden, wird es folgendermaßen bereitet. Jedes Stück, das man zum Räuchern bestimmt hat, wird einzelnd aufgekocht und heiß mit Salz, Salpeter und ein wenig Puderzucker, welcher zusammen gemischt seyn muß, eingerieben. Zungen und Rollwürste können auf gleiche Weise gekocht und eingerieben werden. Es kann das Vorbesagte bei Pöckelfleisch eingelegt werden und 8 Tage in der Lake bleiben; dann räuchert man solches.

RAUCHFLEISCH
(nach Johanna Kuß)

Die bei demselben vorhergehende Pökelmethode, durch welche das Fleisch am frischesten gehalten wird, ist folgende: Man erhitze eine tüchtige Portion Salz nach obigem Verhältnisse in zwei verschiedenen Gefäßen, um wechseln zu können und nachdem vorher an zwei Ecken starke Bindfaden-Oesen befestigt sind, zum Aufhängen des Fleisches, wird es bei den Oesen festgehalten und kaum 10 Minuten in kochendes Wasser getaucht, nicht aber hineingelegt. Ist das Fleisch darnach abgetröpfelt, so wird es erst mit Salpeter und darnach mit dem heißen Salz gehörig eingerieben, namentlich alle Ecken und Lücken am Knochen voll Salz gefüllt. So eingerieben, näht man das Fleisch entweder in altes, dünnes Gardinenzeug, oder man bestreut es von allen Seiten mit Weizenkleie. Darauf hängt man es gleich in den Rauch. Schon nach 14 Tagen ist das Fleisch für den Gebrauch gut. Man kocht es dann 3–4 Stunden und läßt es, nachdem es gar ist, noch eine halbe Stunde zugedeckt in der Brühe stehen, dann gibt man es auf, putzt es und zieht die Haut ab etc.
Soll das Fleisch sich länger conserviren, so muß es wohl 4 Wochen in dem Rauch und darnach an einem luftigen Ort hängen. Zuletzt verwahrt man es am Besten in Heu gepackt.
Die passenden Stücke zum Rauchfleisch sind: Das dicke Rippenstück, die Kluft, das Schwanzstück oder das dicke Mürbebratenstück, nachdem der Mürbebraten ausgelöst und anderweitig etwa zum Beefsteak benutzt worden, oder gespickt und ganz gebraten ist.

Am 4. Mai 1868 berichtet Storm dem Sohn Hans, daß man abends mit dem Bruder Aemil, dessen Frau und dem Ehepaar Becker bei den Eltern in der Hohlen Gasse war:

„Abends waren wir mit Aemils in der Hohlen Gasse, wo es sehr feierlich herging; in der großen Stube wurde getafelt, Braten und Torte. Die gute Alte hatte all ihr Silberzeug auf dem Tisch, und Großvater, der Gefallen an unseren Freunden zu finden schien, glänzte von Liebenswürdigkeit. Die beiden Beckers hinwiederum konnten nachher gar nicht genug ihr Entzücken über meine beiden ‚prächtigen Eltern‘ ausdrücken.“

Aus diesem Bericht ergibt sich, daß der ehemalige Lübecker Schulkamerad Wilhelm Becker, der Storm schon in Heiligenstadt besucht hat, zusammen mit seiner Frau auch nach Husum gekommen ist.

In Nordfriesland, wo seit Generationen große Schafsherden zur Beweidung der Deichflächen und des Vorlandes unumgänglich sind, wurde natürlich auch Hammelfleisch gegessen. So berichtet Storm seinem Sohn Hans am 1. Februar 1867 über einige Schafdiebstähle, bei denen man nur noch auf die Endprodukte der Schlachterei gestoßen sei:

„... vor ein paar Tagen gelang es mir

durch eine bloß auf das Indizium einer Wagenspur begründete Haussuchung die Südermarsch-Schafdiebe zu ertappen; mir fiel ein Stein vom Herzen – denn die Leute waren bisher nicht bestraft – als Ellermann abends 10 Uhr ins Zimmer trat und, den Finger an das Käppi, berichtete: ‚Herr Landvogt – alles gefunden!‘ Nämlich ein ganzes Nest von frischem und geräuchertem Schaffleisch, Schafwürsten und Mettwürsten usw. Das ganze Kontor war den andern Vormittag voll davon.

Dem patentlichen Carsten Dethmann (von 1867 bis 1872 Storms Sekretär – Anm. d. Verf.) wurde dabei so ekel, daß er nach seiner Versicherung sein schönes Rauchfleisch nicht hat essen können, das seine Gemahlin ihm mittags zu Tisch gebracht.“

Nach dem Tode von Constanze im Mai 1865 versuchen Freunde Storm von diesem Unglück abzulenken. So lädt Ludwig Pietsch Storm ein, zu ihm nach Baden-Baden zu kommen, wo dieser den mit ihm befreundeten russischen Dichter Iwan Sergejewitsch Turgenjew (1818–1883) besucht und dessen Portrait zeichnet. Turgenjew läßt durch Pietsch eine Einladung an Storm übermitteln. Zu diesem Zeitpunkt hat Turgenjew noch nicht seine prachtvolle, noch heute bestehende Villa bezogen, sondern lebt noch in der Schillerstraße 17 unweit der städtischen Anlagen. Hier wohnt Storm tatsächlich vom 5. bis 13. September 1865. Ludwig Pietsch versucht, ihm die Reise schmackhaft zu machen, und lockt ihn mit der Aussicht auf Bequemlichkeiten und gute Bewirtung. Am 5. August 1865 schreibt er:

„Hier hast Du Ruhe, Behaglichkeit, pünktliche Bedienung, die köstlichen Frühstücksstunden bei Deinem mundigen Tee, Roastbeaf, Eier und Rotwein mit dem Geplauder von Turgenjew . . .“

Diese Zusammenstellung mag für Storm die Krone der Beköstigung gewesen sein, sonst hätte Pietsch ihm den Mund wohl nicht so wässerig gemacht! Roastbeef wird aus dem Rippenstück des Rindes geschnitten, und in England wurde es am Spieß, auf dem Kontinent hingegen in der Pfanne zubereitet. Wie es allerdings im Hause Turgenjew serviert wurde, kann man nicht einmal vermuten, vielmehr nur annehmen, daß er eine badensische Köchin gehabt hat, die mit der landesüblichen Sorgfalt geschmackvoll und üppig gekocht und gebraten hat. Aber offenbar handelt es sich bei dem Roastbeef um ein gern verspeistes Fleischgericht, das landauf und landab ähnlich zubereitet wurde.

ROAST-BEEF IM TOPFE ZU BRATEN
(nach Henriette Davidis)

Es eignet sich zum Braten im Topfe auch das Fleisch von älteren Tieren, welches gut geklopft werden muß. Dann läßt man in einem passenden Topfe 1 Pfund festes, eine Nacht gewässertes und kleingeschnittenes Nierenfett oder die Hälfte Speck so lange braten, bis die Fettwürfel klar werden, legt den Braten hinein und läßt ihn unter häufigem Hin- und Herschieben, ohne hinein zu stechen, von allen Seiten gelbbraun werden. Dann bedeckt man ihn mit einem Teil der Fettwürfel, gießt 1–2 Tassen brausend kochendes Wasser seitwärts hinzu, deckt den Topf rasch mit einem genau schließenden Deckel zu, damit die dadurch entstehenden Dämpfe den Braten durchdringen, stellt ihn auf einen Platz, wo er ununterbrochen, doch nicht stark brät, und beschwert den Topfdeckel mit zwei Gewichtsteinen oder Bolzen. So läßt man das Roast-Beef, je nach der Größe des Stückes, 2–2½ Stunden braten, während dasselbe in der Mitte der Zeit einmal umgelegt und mit wenig Salz bestreut wird, wobei ins Fett, nicht ins Fleisch gestochen wird.

ROAST-BEEF ZU BRATEN AUF ENGLISCHE ART
(ganz vorzüglich, nach Henriette Davidis)

Man nimmt von gutem Ochsenfleisch das mittlere Schwanzstück, läßt solches einige Tage alt werden, häutet es, entfernt alles Fett und klopft es tüchtig. Dann schneidet man etwa 2 Pfund Nierenfett in Würfel, läßt es in einem zum Fleische passenden Topf unter fortwährendem Umrühren bräunlich werden, nimmt die Fettwürfel heraus, legt das mit Salz und Pfeffer eingeriebene Fleisch hinein und brät es ringsum braun, indem man es mit einem kleinen eisernen Füllöffel stets begießt. Nach einer halben Stunde wird der Braten herausgenommen, alles Fett abgeschöpft und die Sauce mit Bouillon oder Fleischextrakt zubereitet, wie es bei andern Saucen geschieht.

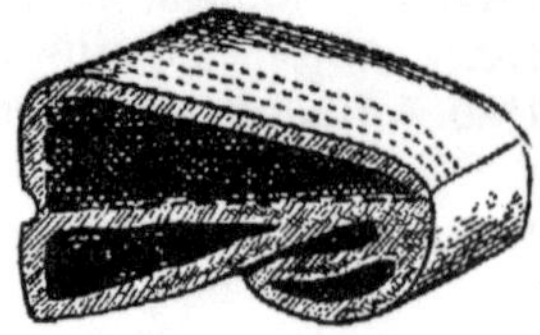

ROASTBEEF
(nach Johanna Kuß)

Das Mürbebratenstück wird ziemlich groß ausgehauen und das dünne Ende dann abgeschnitten und anderweitig verwandt, damit der Braten die richtige Form bekomme. Das Fleisch darf nicht zu frisch gebraucht werden, es muß mindestens eine halbe Stunde tüchtig geklopft und der Mürbebraten gespickt werden. Dann schneidet man gut ausgewässertes Nierenfett in Würfel und lasse es in der Pfanne ganz weich werden, worauf das mit Salz bestreute Stück Fleisch hineingelegt wird, doch so, daß der Mürbebraten nach oben komme. Mit heißem Fett begossen, muß er zuerst rasch, allmählig langsamer braten, nach und nach wird wenig kochendes Wasser darunter gegossen. Da Roastbeef doch gewöhnlich inwendig roth gewünscht wird, so darf es kaum 2 Stunden braten, bei einem etwas kleineren Stücke sind 1½ Stunden ausreichend. Beim Anrichten wird das Fett abgenommen und die Sauce eben gerührt.

Ein gängiges Gesellschaftsessen ist auch Mockturtleragout gewesen. Es wird anstelle von Schildkrötenragout, sozusagen als „Fälschung“, serviert und besteht aus einer Einlage von gebratenem Kalbskopf und Kalbszunge, nebst Trüffeln, Champignons, Petersilie, Gewürznelken, Pfeffer, Tomaten etc. Es ist etwas aufwendig in der Zubereitung. Dieser Mühe hat sich Dorothea Storm offenbar gern unterzogen, denn Storm berichtet am 24. Februar 1888, einige Monate vor seinem Tode, aus Hademarschen an seinen Sohn Karl:

„Mama ist auch leidlich und will Montag eine Gesellschaft von 18 Personen geben. Du solltest nur hier sein, es gibt Mockturtleragout usw.“

ENGLISCHES KALBSKOPF- ODER MOCKTURTLE-RAGOUT
(nach Henriette Davidis)

Ein ganz frischer, abgebrannter und gewässerter Kalbskopf und zwei Ochsengaumen werden in Wasser und Salz abgeschäumt, mit Schalotten oder Zwiebeln, Nelken, Pfefferkörnern und einigen Lorbeerblättern während 2–2½ Stunden gar gekocht. Der Ochsengaumen muß mindestens 2 Stunden vorgekocht sein, um mit dem Kalbskopf gar zu werden. Darauf wird das Fleisch in passende Stückchen geschnitten, 250 Gr. Midder (Kalbsmilch), Fleischklöße und 250 Gr. Saucissen (kleine gebratene Schweinswürstchen – Anm. d. Verf.), beides vorher angebraten, und womöglich die Hälfte eines gebratenen Hasen hinzugegeben. Dann schwitzt man Butter mit Mehl braun, rührt eine gute mit Wurzelwerk und einigen Schalotten gekochte Rindfleischbouillon hinzu, gibt das Fleischwerk hinein nebst Morcheln, Champignons, Kapern, Zitronenscheiben, gestoßenem Pfeffer, Nelken und Nelkenpfeffer, eine Prise Cayenne-Pfeffer und beim Anrichten ¼ Flasche Madeira. Mit Schnitten von Blätterteig serviert, vertritt dies Ragout die Stelle einer schmackhaften Pastete.
Vorstehende Angabe reicht hin für eine Gesellschaft von 20 Personen.

Wenn Theodor Storm ab und an nur zu Grütztellern und Suppenschüsseln greift, so liebt er doch auch die delikaten und besonderen Fleischgerichte, verschmäht, wie bereits erwähnt, keinesfalls Schinken und Schweinebraten. Soweit die Gerichte damals schwer verdaulich waren, läßt seine Lena Wies in der gleichnamigen Erzählung in stoischer Ruhe erklären:

„Geduld überwindet Schweinebraten!“

Theodor Storms literarische Teestunden

Die Vorliebe Theodor Storms für vielfältige Gebäcksorten seines Landes werden begleitet von einer wahren Passion für eine Tasse Tee. Er selbst bezeichnet den Tee in der Novelle „Eine Halligfahrt" als ein modernes Getränk:

„Wir aber schlürften bald aus zierlichen Tassen den Trank der modernen Welt; ich meine nicht den Kaffee, sondern den Tee, den wir Küstenbewohner auch an einem heißen Hochsommervormittage nicht verschmähen."

Wo immer Storm seine Zelte aufschlägt, ob in Husum, Potsdam, Heiligenstadt oder Hademarschen – die nachmittägliche Teestunde ist ihm heilig. Zu dieser bedarf es eines gewissen Zeremoniells, das ihm unverzichtbar erscheint. Sein Dichterfreund Theodor Fontane (1819–1898) betrachtete dieses fast als Spleen:

„In Storms Potsdamer Hause ging es her wie in dem öfters von ihm beschriebenen Hause seiner Husumer Großmutter …

Das Lämpchen, der Teekessel, dessen Deckel klapperte, die holländische Teekanne daneben, das alles waren Dinge, darauf nicht bloß sein Blick andächtig ruhte – das hätte man ihm gönnen können, – nein, es waren auch Dinge, die gleiche Würdigung von denen erwartete, die, weil anders geartet, nicht viel davon machen konnten und durch das Absichtliche darin ein wenig verstimmt wurden", beschreibt er in seinen Erinnerungen „Von Zwanzig bis Dreißig" die Teestunden, die er im Hause Storm in Potsdam erlebte.

Zu einer echt Stormschen Teestunde gehört nicht nur eine große Menge Tee, der bei ihm jedoch wider Erwarten gar nicht so kräftig gewesen sein kann, denn er schreibt hinsichtlich der Zubereitungsart seiner Braut Constanze im Dezember 1846:

„… Vier Teelöffel Tee für vier Personen ist eine große Verschwendung …"

Zur Teestunde gehört vor allem ein Kohlebecken, ein sogenannter Teekomfort. Das ist ein eimerförmiger Behälter aus Messing oder mit Blech ausgeschlagenen Mahagonistäben. Auf ihm wird das Teewasser in einem Kessel über glühenden Torfkohlen heiß gehalten. Storm verschmäht zu diesem Zweck den praktischen Spirituskocher, damals wohl der „letzte Schrei" und erklärt in der Erzählung „Am Kamin":

„‚Wenn der Teekessel ein Vertreter des häuslichen Herdes sein soll, so muß er unbedingt auf einem Kohlenbecken

kochen; und zwar auf Torfkohlen, gehörig durchgeglühten. Das hält auch besser Dauer, als jene ungemütliche Maschinerie.' – ‚Nun, alter Herr, es soll mir auf ein Kännchen Sprit nicht ankommen!' – ‚Bleibt aber doch immerhin die Apothekerflamme der Berzeliuslampe! – Indessen, da es hierorts weder einen Torf- noch einen Teekomfort gibt, – Sie kennen das Ding wohl nicht einmal? – so akzeptiere ich das Kännchen Sprit.'"

Hierbei sei vermerkt, daß Storm unter einer „Berzeliuslampe" eine Spirituslampe, benannt nach dem schwedischen Chemiker Johann Jakob Berzelius (1779–1848) versteht.

Der Tee kommt bei Storm in einer kleinen Kanne als Extrakt zu Tisch. Dazu gibt es – möglichst in einem rubinroten Zuckerglasschälchen – Kandisbrocken, die man von einem Zuckerhut abgeschlagen und mit einer scharfen Zuckerzange in kleine Stückchen zerteilt hat. Vielleicht haben ihm die kultivierten Teestunden bei seinem Lübecker Lehrer Johannes Classen (1805–1891), der gerne nachmittags seine Schüler des Katharineums um sich sammelte und mit ihnen klassische Texte las und diskutierte, zu seinen eigenen Teestunden ebenso inspiriert wie die Husumer Familiengewohnheiten im Elternhaus.

Nach Bedarf wird zum Tee Rahm gereicht. Storm trinkt den Tee „weiß". Selbst einem gelegentlichen Glas Bier oder Wein oder gar einem gewürzstarken Punsch und einem – wenn auch dünnen – Grog nicht abgeneigt, versteigt er sich in obiger Erzählung zu der zweifelhaften Feststellung, daß er aus der Art des Teezeremoniells auf die Intelligenz und den Charakter der Gastgeber schließen würde (!).

So berichtet auch Ludwig Pietsch, der zu Storms Jugendnovelle „Immensee" im Jahre 1856 kongeniale Illustrationen geschaffen hatte und Storm seitdem freundschaftlich verbunden war, später in seiner Biographie „Wie ich Schriftsteller geworden bin" (1893) mit Verwunderung über einen Besuch bei Storm im Mai 1856:

„Ich mußte den schönen Maisonntag mit ihm verbringen. Teils in der Wohnung beim selbstbereiteten Tee von idealer Vortrefflichkeit – er behauptete, nach der Art, wie sich der Mensch zu diesem Getränk, zu dessen Bereitung und dessen Genuß verhalte, ließen sich Wesen und Wert der Persönlichkeit, des Herzens und Geistes sicher bestimmen, teils auf langsamen Spaziergängen ... über die weiten blühenden Wiesen."

In edler Selbsterkenntnis, mit einem Schuß Selbstironie, beschreibt Storm in der Erzählung „Am Kamin" aber auch persönlich seine Eigenart, aus der Qualität eines Teezeremoniells auf das Wesen der Gastgeber schließen zu wollen, indem er einen Teilnehmer der Teerunde erklären läßt:

„‚O der! Der prophezeit aus der Teetasse oder vielmehr aus der Tasse Tee wie die Hexe aus dem Kaffeesatz. Nämlich nicht etwa das Schicksal, sondern den Bildungsgrad der Familie, in der die Tasse präsentiert wird; und wenn wir hier nicht so ganz unzweifelhaft gebildete Leute wären, ich glaube, er wäre im Stande mitunter daran zu zweifeln."

Der Hademarschener Stormforscher

Max Suhr hat sich der Mühe unterzogen u. a. sämtliche Bemerkungen zu Teestunden, sei es in den Novellen Storms, sei es in dessen Briefen, zu archivieren. Max Suhr kommt auf fast einhundertsechzig Hinweise zur Stormschen Teestunde, ein Indiz für den hohen Stellenwert, den Storm diesen Augenblicken der Besinnung, sei es am Morgen, Nachmittag oder auch noch am Abend, alleine, im Freundes- oder Familienkreise, beigemessen hat!

Die Behaglichkeit einer nordfriesischen Teestunde genoß Storm bereits als junger Mann. Hierin war er eines Sinnes mit seiner Cousine Constanze, die allerdings im bürgermeisterlichen Elternhaus in Segeberg wohl nicht gelernt hatte, einen derartigen Kult damit zu betreiben, wie ihn Storm praktizierte. Doch Teestunden pflegte man auch in Segeberg im Rathaus, der Dienstwohnung Schwiegervater Esmarchs, und auch in der Alterswohnung der Schwiegereltern in der Kieler Straße 18 (heute Kurhausstraße 22) zu halten. Ebenfalls fanden sich die alten Storms in der Husumer Hohlen Gasse 3 immer wieder zu Teestunden zusammen, sei es in den Wohnräumen, sei es im Garten in der sommerlich grünen Laube. Gertrud Storm beschreibt derartige Stunden mehrfach in ihren Erinnerungen an den Dichter.

Als Constanze einige Monate im Winter 1843/44 bei der Tante Lucie Woldsen in der Hohlen Gasse weilt, kommt täglich Vetter Theodor aus seiner Junggesellenwohnung Großstraße 11 herüber.

„So ließ es sich der Vetter auch nicht nehmen, während Constanzes Besuch in der Hohlen Gasse die Behaglichkeit der Teestunde mit ihr, der Mutter und den Geschwistern zu genießen. – Sie saßen an dem großen runden Familientisch im Wohnzimmer und der kupferne, blankgeputzte Teekessel mit dem mit glühenden Torfkohlen gefüllten Komfort sang dann seine eintönige Melodie dazu“, gibt Gertrud Storm hier die Stunden der Muße im großelterlichen Hause in ihrem Vorwort zu den Briefen Theodor Storms an seine Braut wieder.

Als Storm, nach drei anstrengenden und entbehrungsreichen Jahren in Potsdam, im thüringischen Heiligenstadt Fuß gefaßt hat, wird auch hier, wie zuvor in Potsdam, die nachmittägliche Teestunde zum Inbegriff der Gemütlichkeit. Gleichzeitig wird sie zum Symbol der fernen familiären Wärme und Geborgenheit, die die große Familie in den Herzogtümern Schleswig und Holstein, sowohl in Husum wie in Segeberg, vermittelt hat. Die Teestunde wird der ständig neu erlebte Ausdruck für Storms Heimweh nach Schleswig-Holstein! Tochter Gertrud, die später mit dem Vater vieles beim Sortieren seiner Briefe besprechen sollte („Das wird noch einmal berühmt, wenn ich nicht mehr bin“), erzählt in ihrem begleitenden Text zu den „Briefen in die Heimat“:

„Das Leben gestaltete sich nun wieder traulich und inniger für die Heimatlosen. Ein lieber, teilnehmender Freundeskreis versammelte sich oft zur Nachmittagsteestunde (um 5 Uhr) im Dichterheim. Dann brachte das Mädchen, wie es in Norddeutschland Sitte ist, ein messinges Kohlecomfort, in dem glühende Holzkohlen brannten, ein blitzblanker Teekessel begleitete mit seinem behaglichen Summen die Unterhaltung. Theodor Storm erzählte mit besonderer Vorliebe bei Einbrechen der Dämmerung Spukgeschichten: ‚Es klang immer, als würde das, was er vortrug, in der Ferne von einer Violine begleitet', erzählt Fontane, der in Potsdam manchmal seinen Erzählungen lauschte. Während einer so behaglichen Teestunde im Freundeskreis, entstand auch ein reizendes Bild von Pietsch, wo eins von den Stormschen Kindern sich mit beiden Ellenbogen auf den Tisch stützt und zuhört."

Die von Gertrud angesprochene feine Beobachtung Fontanes über Storms beseelte Vortragsweise ist bei Fontane in seinen Erinnerungen an des Dichters Potsdamer Zeit ausführlich nachzulesen:

„. . . So entsinne ich mich eines Abends, wo er das Gedicht ‚In Bulemanns Haus' vorlas. Eine zierliche Kleine, die gern tanzt, geht bei Mondenschein in ein verfallenes Haus, darin nur die Mäuse heimisch sind. Und auch ein hoher Spiegel ist da zurückgeblieben. Vor den tritt sie hin, grüßt in ihm ihr Bild, und das Bild grüßt wieder, und nun beginnen beide zu tanzen, sie und ihr Bild, bis der Tag anbricht und die ‚zierliche Kleine' niedersinkt und einschläft. Dieser phantastische Tanz im Mondenschein bildet den Hauptinhalt und ist ein Meisterstück in Form und Klang. Ich sehe noch, wie wir um den großen, runden Tisch, den ich schon in einem früheren Kapitel beschrieben habe, herumsaßen, die Damen bei ihrer Handarbeit, wir ‚von Fach' die Blicke erwartungsvoll auf Storm selbst gerichtet. Aber statt anzufangen, erhob er sich erst, machte eine entschuldigende Verbeugung gegen Frau Kugler [die Gastgeberin] und ging dann auf die Tür zu, um sie zuzuriegeln. Der Gedanke, daß der Diener mit den Teetassen kommen könne, war ihm unerträglich. Dann schraubte er die Lampe, die schon einen für Halbdunkel sorgenden grünen Schirm hatte, ganz erheblich herunter, und nun erst fing er an: ‚Es klippt auf den Gassen im Mondenschein, das ist die zierliche Kleine ...'

Er war ganz bei der Sache, sang es mehr, als er es las, und während seine Augen wie die eines kleinen Hexenmeisters leuchteten, verfolgten sie uns doch zugleich, um in jedem Augenblick das Maß und auch die Art der Wirkung bemessen zu können. Wir sollten von dem Halbgespenstischen gebannt, von dem Humoristischen erheitert, von dem Melodischen lächelnd eingewiegt werden – das alles wollte er auf unseren Gesichtern lesen, und ich glaube fast, daß ihm diese Genugtuung auch zuteil wurde."

In Heiligenstadt muß Holzkohle den Teekomfort erhitzen. Als Original wird von Storm eigentlich nur das Torffeuer

anerkannt und so bemüht er sich, dieses Brennmaterial wieder auf Vorrat zu halten, nachdem er nach Norddeutschland zurückgekehrt ist. Er schreibt im Juli 1868 an den in der Ferne weilenden Sohn Hans:

„Der gute Großvater schickte uns heute zwei Tagesgrift schönen Torf, so daß wir nun einen netten Vorrat auf dem Boden haben.“

Hierbei wird vermutlich Johann Casimir Storm gemeint sein, der auch ansonsten zahlreiche Naturalien an den Sohn sendet.

Tee und Zucker waren im 19. Jahrhundert, ebenso wie Kaffee und sonstige „Kolonialwaren“, kleine Kostbarkeiten. Es war offenbar üblich, den Dienstboten, als eine Art Trinkgeld, neben Vergütung, Beköstigung und Bekleidung hierfür einen Obolus zu entrichten. Doch Storm, in seinen anfänglichen Husumer Berufsjahren, vermeint, als Junggeselle und Ehemann in spé – von sozialen Anwandlungen unberührt –, hier zuerst die Sparschere ansetzen zu müssen. Als er sich nämlich um die Einstellung eines Dienstmädchens bemüht, die der zukünftigen jungen Ehefrau Constanze in Husum zur Hand gehen soll, schreibt er am 18. Juli 1846 an die Braut:

„Hab' Dir noch zu sagen . . ., daß ich das Mädchen, von dem ich Dir schrieb, gemietet habe; von Tee- und Zuckergeld hab' ich nichts gesagt; das können wir dann noch machen, wie wir wollen.“

Als Storm sich als junger Advokat niedergelassen hat, spürt er recht bald, was es heißt, sich eine Existenz durch eigene Kraft aufzubauen und die Kosten eines Haushaltes tragen zu müssen. Weil

hierbei nur größte Sparsamkeit den Etat niedrig halten kann, bekommt er eine recht profane Hochachtung Geld gegenüber und schreibt am 20. Juli 1846 an Constanze:

„Jetzt habe ich erst die tiefere Bedeutung des Geldes in mir empfunden. Geld ist nicht lumpiges Geld; Geld ist die Möglichkeit, wenigstens die notwendige Bedingung zu einem unverkümmerten Leben, und wirklich verdientes Geld ist noch mehr, das ist meine eigne teure Arbeitskraft und Mühe ... Nicht verdientes und überflüssiges Geld ist freilich beides nicht. Ich glaube, meine Dange, ich hab' Dir's schon einmal gesagt, aber es ist eine wirkliche Wahrheit, die man sich wiederholt zu Bewußtsein bringen darf. – Die Kümmernis um das bürgerliche Durchkommen, mein treues Du, liegt meistens recht schwer auf mir und stört mir manche Nacht; namentlich auch die Sorge, daß ich das Geld, dessen ich nun bedarf, zur richtigen Zeit disponibel erhalte. Wenn wir ein halbes Jahr später heirateten, so würden wir uns jedenfalls freier regen können. Aber wenn Du, meine süße Frau, wie ich es ja weiß, zufrieden bist, in strengster Sparsamkeit mit mir zu leben, und wohl auch manche

Sorge mit mir zu tragen, so will ich mich lieber ein bißchen quälen und winden, als daß wir getrennt blieben noch diesen Winter."

Und so fängt der zukünftige Familienvater Storm auch gleich bei sich selbst mit Sparen an. Hatte er der Braut schon im April 1845 mit Genugtuung mitgeteilt, daß der Sahneverbrauch für den Tee sehr gering sei:

„... denn obgleich mitunter jemand bei mir Tee trinkt, so brauche ich doch ungefähr nur jeden dritten Tag für'n Schilling Rahm",

so kann er es sich im November desselben Jahres dennoch nicht versagen, für den zukünftigen gemeinsamen Haushalt einige Haushaltsgegenstände anzuschaffen, die teilweise auch für die Teestunde bestimmt sind:

„Heute abend wollten alle bei mir Tee trinken, da fehlten die Teelöffel, und sie mußten mit Stangen Siegellack umrühren. Ich habe mir gekauft: ein wunderschönes Teebrett, messingenen Blaker, Senfdose, Griff zum Glockenzug, Brotkorb, Karaffe, Speibecken (!), Wasch- und sonstiges Geschirr."

Das teilt er nach dem Umzug in die Neustadt 56 mit dem 7. November 1845 der Braut mit.

Doch da er auch das Sparen demonstrieren muß, trotz dieser kostspieligen, wenn auch vermeintlich unverzichtbaren Ausgaben für eine gemütliche Teestunde, so vermerkt er im Brief vom 8. November 1845 an Constanze, daß er zum Tee nur einfaches Schwarzbrot gegessen habe, als er mit Ernst Lorenzen, dem späteren Ehemann seiner Schwester Helene, Teestunde gehalten habe:

„Eben haben Lorenzen und ich unsere Teestunde in aller Behaglichkeit zusammen gehalten, und ich – denk' Dir – habe nichts als Schwarzbrot dabei gegessen, obgleich das Weizenbrot dabei lag, so gut hat's mir geschmeckt. Vielleicht bleib' ich dabei, Du ißt ja auch gern Schwarzbrot."

Von seinem Vater bekommt der junge Mann zur Aussteuer nun endlich den für ihn lebensnotwendigen Wasserkessel mit Teekomfort:

„Vater brachte gestern in seiner Freude mir selbst zwei Spielleuchter und Lichtschere mit Bricken (kleines Brettchen – Anm. d. Verf.); daneben schickte er Feuerzange und Schaufeln, einen großen kupfernen Teekessel, einen kleinen zinnernen mit Komfort."

Ein anderes Mal genießt Storm den Tee nur mit Zwieback und meint auch diesen „weltbewegenden" Umstand der jungen Braut mitteilen zu müssen.

Leuchter

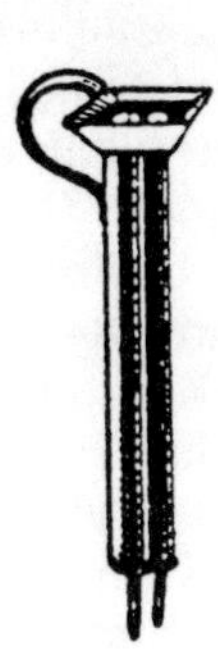

Lichtform

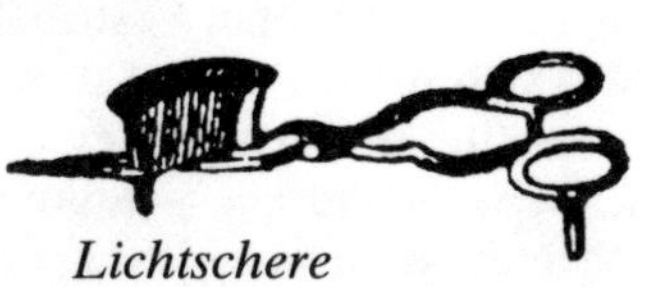

Lichtschere

Und immer saust der Teekessel wie eine Begleitmusik, wenn er es sich bequem macht und einen Brief an die Geliebte schreibt oder einen von ihr liest.

Am 11. November 1845 erhält Storm Damenbesuch. Es ist seine jüngste Schwester Cäcilie und ihre sechzehnjährige Freundin Doris Jensen:

„Um fünf Uhr erwarte ich Cile und Doris Jensen zum Tee. Sie haben sich heute mittag durch Mutter bei mir anmelden lassen ... Nachher gehe ich vielleicht mit ihnen zur Komödie ... Bald aber lasse ich mein bestes Teegeschirr auftragen und setze den schönen Kater (Storms Haustier – Anm. d. Verf.) als Stubenverzierung auf's Sofa", meldet er am selben Tage der Braut.

Das häufige Teekochen, das zu jeder passenden Gelegenheit erfolgt und in jedem Brief in Storms Husumer Zeit gewissenhaft vermerkt wird, macht dem Junggesellen wohl doch einige Mühe, obwohl ihm „Tante Brick" nach wie vor den Haushalt führt. Er vermißt die vorbereitende Hand der Hausfrau, will sich lieber bedienen lassen und schreibt am 9. April 1846 an die Braut, wobei diese es als Kompliment hinsichtlich ihrer Unentbehrlichkeit aufgefaßt haben mag oder als Zumutung:

„Als ich dann nach Hause kam, ließ ich um fünf Uhr mir Teewasser kommen und setzte mich mit meinem Lieblingsdichter Mörike in die Sofaecke. Aber der Tee, den ich mir zum Fest spendierte, wollte sich nicht von selbst machen, und ich mußte immer aus meiner Ecke heraus. Ach, dachte ich, wie gut, wenn Du doch jetzt schon verheiratet wärest!"

Als der Sommer ins Land kommt, nimmt Storm den Tee in dem Garten ein, der sich noch heute, wenn auch verkleinert, hinter dem Hause in der Neustadt 56 befindet. Hier will er neben einem Apfelbaum eine Sitzecke gestalten, um die herum eine Lindenlaube wachsen soll:

„Heute nachmittag habe ich wieder etwas im Garten gewirtschaftet, ich habe noch einen Steig zum Apfelbaum geführt, der recht ein Dach bildet. Dort soll eine Bank stehen und rund herum die Spalierlinden – das soll recht ein Teeplatz werden –", ist bereits in einem Brautbrief vom April 1845 zu lesen.

Der Garten hinter dem Hause ist sehr geschützt, und Storm berichtet am 12. Juni 1846 des Abends an Constanze:

„Ich hab' heute nachmittag einen langen Besuch von dem Amtssekretär Behrens aus Neumünster, dem Bruder der Pastorin Andersen, hier gehabt. Wir tranken Tee im Garten, was fast bei jedem Sommerwetter tunlich ist, da der Garten so sehr im Schutz liegt. Mietze (die Katze – Anm. d. Verf.) fing indes Buchfinken und verspeiste sie, was ich gerade nicht an ihr loben will. – Es ist hier jetzt bei mir so eigentümlich einsam; ich sitz' am Fenster an meinem kleinen Pult, vor mir liegt der kleine stille Garten, aus der Ferne vom Kooge herauf tönt das Rufen der Tiere; die Schwalben schießen schreiend vorüber; in meinem Herzen bist Du, Du ganz allein".

Verfolgt man diese Stormschen Teestunden, sollte man meinen, daß der aufstrebende Jurist und junge Poet nicht sehr viel anderes zu tun hat. Gelegenheit zur Idylle und Behaglichkeit, Muße zur harmonischen Teestunde ohne Zeit und Raum scheinen ihm unbegrenzt zur Verfügung zu stehen!

Auch in den ersten Ehejahren ist dieses traute Miteinander – ungeachtet der erotischen Spannung zu Doris Jensen – Mittelpunkt des Tages. Nachdem Doris entsagend Husum verlassen hat und den Storms der kleine Hans am 25. Dezember 1848 geboren wird, sitzt man zu Dritt beieinander!

„... da sitzen wir den ganzen sonnigen Sonntag Nachmittag in der kleinen rothen Stube und haben das blanke Theezeug vor uns auf dem Tisch, und Hans ist aufs sauberste zum zweiten Mal angezogen", erfährt Freund Brinkmann mit Brief vom 11. April 1851.

Und auch die sommerlichen Teestunden, wie in der Junggesellenzeit des Dichters, werden wieder aufgenommen. In diesem Sinne erinnert er sich an zahlreiche Besuche des Freundes. Im Juni 1853 läßt Storm diese Gartenstunden in einem Brief an Brinkmann, der kurz darauf, im August desselben Jahres, Bürgermeister und Stadtsekretär in Lütjenburg wird, aufleben:

„Husum d. 18. Juni 1853 ...
Wie wir beide den Sommer vor meiner Hochzeit, so sitzen wir auch jetzt, in einem halben Zelt aus Decken, bei der Astrallampe (beim Licht der Milchstraße, astral, d. h. auf die Sterne bezüglich – Anm. d. Verf.) bis Mitternacht im Garten, den sausenden Theekessel vor uns, und dabei guckt der Mond so wunderbar still über die schwarzen Bäume."

Im fernen Potsdam schreibt Storm Jahre später in einem Brief an Mörike von Anfang Oktober 1854:

„Potsdam, Waisenstraße Nr. 68 1854
... Da fällt mir eben ein, Sie im Süden Deutschlands kennen ja keine Teestunde. Wüßten Sie nur, was Sie dadurch entbehren! Der brausende Teekessel mit einer tüchtigen Kohlenglut darunter pflanzt wirklich den ‚häuslichen Herd' in die Stube, und mit den Seinigen und einem Freunde abends am Teetisch plaudern oder lesen, ist ein Tagesschluß, den ich unter keiner Bedingung entbehren möchte. Daß der ganze Vorgang seine Bedeutung verliert, wenn man, wie hier, statt der Kohlen eine Spiritusflamme unter dem Kessel anmacht, versteht sich von selbst. Könnten wir Sie und die Ihrigen doch einmal an unserm Teetisch haben!"

Um mit Fontane zu sprechen, so steigert sich Storms „Provinzialsimpelei mitunter bis zum Großartigen"; denn, so läßt der Berliner Schriftsteller in seinen Erinnerungen verlauten – und hierbei spürt man durchaus eine gewisse Arroganz des welterfahrenen und weitgereisten preußischen Autors – Storm „glaubte ganz ernsthaft, daß eine wirkliche Tasse Tee nur aus seiner Husumer Kanne kommen könne".

Doch die heimatlichen Teestunden, deren Ritual natürlich nach Heiligenstadt mitgenommen wird, bleiben für Storm auch hier sein Tagesmittelpunkt.

Nachdem die Rückkehr nach Husum am 15. März 1864 erfolgt ist, endet Constanze so tragisch im Wochenbett, und Storm heiratet, unter Protest der Schwestern Esmarch, Doris Jensen. Am 13. Juni 1866 wird das kirchliche Zeremoniell im damaligen Hattstedter Compastorat, das in diesem Jahrhundert in den siebziger Jahren abbrannte, vollzogen. Die Haustrauung zelebriert Pastor Peter Heinrich Herr, ein ehemaliger Husumer Schulkamerad Storms.

An dieser Hauscopulation nehmen Storms Mutter, seine ältesten vier Kinder und Constanzes Bruder Hermann Esmarch, der seit 1853 das Haus in Husum, Großstraße 30, bewohnt, teil. Schwager Hermann und Sohn Hans sind die Trauzeugen. Die Feierlichkeit wird durch eine schlichte Teestunde beschlossen, was Storm mit Brief vom 29. Juni 1866 Freund Brinkmann mitteilt:

„Nachdem der Act still und einfach sogleich vollzogen war, tranken wir eine Tasse Tee, spatzierten in dem Pfarrgarten umher, der voll von Kindererinnerungen für mich ist und fuhren um 4 U. unmittelbar zur Eisenbahn und nach Hamburg ...“

Auch die Ehejahre in der Wasserreihe und in der Altersvilla in Hademarschen werden täglich gekrönt von der Teestunde, die jahreszeitlich bedingt, im Hause oder in der wachsenden Lindenlaube in der Husumer Wasserreihe 31 oder später auf der Veranda am Hademarschener Haus stattfindet. In einem Ausruf an Erich Schmidt im Brief vom 25. Juni 1877 drückt sich Storms ausgesprochene Vorliebe hierfür aus:

„... Nachmittags ist, wenn nur irgend möglich, immer großer Thee am Rasenplatz – Herz, was begehrst Du mehr!“

Bei diesen zahlreichen Beschreibungen der Teestunden wird man neugierig und fragt, wie wohl der Tee geschmeckt haben mag, der im Hause Storm zubereitet worden ist. Zitiert ist bereits sein Spar-Ratschlag aus der Junggesellenzeit an Constanze, daß ein Löffel Tee pro Person bereits zuviel sei, obwohl dieses das landesübliche Maß zur Bereitung eines wohlschmeckenden Tees war und immer noch ist.

Bei Doris Stender, der glaubwürdigen Zeitzeugin einer guten bürgerlichen, zeitgemäßen Küche des vorigen Jahrhunderts, ist die Teezubereitung durchaus ein Akt der Wissenschaft.

THEE ZUBEREITEN
(nach Doris Stender)

Vom gewöhnlichen Thee. 2 Theile Pecco und ein Theil Kugelthee geben eine feine Mischung. Der schwarze Thee soll indessen die Nerven weniger angreifen, daher in Ländern, wo viel Thee getrunken wird, wie in Holland, gewöhnlich halb Haysen-, halb Congothee getrunken wird. – Um recht wohlschmeckenden Thee zu erhalten, spült man den Theetopf einige Male mit kochendem Wasser aus, giebt den Thee hinein und so viel Wasser darauf, daß derselbe eben damit angefeuchtet ist, und stellt den Topf zum Ziehen einige Minuten auf eine heiße Platte, darauf füllt man ihn vollends mit kochendem Wasser. Beim Serviren giebt man nur 2 bis 3 Tassen aus dem Topfe und füllt dann wieder so viel kochendes Wasser nach. Weiches Wasser macht den Thee angenehmer, als hartes.

THEE ZU MACHEN
(nach Johanna Kuß)

Unter den verschiedenen Arten von Thee, die in den Handel kommen, ist der schwarze am meisten im Gebrauch und wird der Congo besonders für den täglichen Bedarf verwendet. Man unterscheidet bei diesem: Extrafeine Sorte etwa à 1/2 Kilo 4 M., feine à 3 M. und gewöhnliche à 2,40 M.

Der feinste Thee ist der Pecco, und kommen in dem gewöhnlichen Handel Sorten bis zu 9 M. à 1/2 Kilo vor, dahin gehört besonders der mit weißen Spitzen. Der Pecco kommt aber auch schon zu 4 M. in den Handel, dazwischen liegen mehrere Sorten, z. B. Pecco-Souchong, die auch zu empfehlen sind.

Der grüne Thee dient nur als Beimischung zu dem schwarzen Thee. Man hält ihn viel weniger der Gesundheit zuträglich, als den schwarzen und macht man dem Thee überhaupt den Vorwurf, daß er die Nerven aufregt, so gilt das besonders vom grünen Thee.

So einfach es scheint, den Thee zu machen, ist es doch um eine gute Tasse Thee ein eigen Ding, und es liegt sehr viel an der Zubereitung. Man rechnet auf eine Person einen Theelöffel voll Thee. Es ist sehr zweckmäßig, einen nicht zu großen Theetopf zu gebrauchen. Nachdem dieser mit kochendem Wasser ausgespült ist, wird der Thee hinein gethan und etwa halbe Tasse kochendem Wasser aufgegossen; darnach setzt man ihn zum Ziehen an einen warmen Ort, etwa auf einen dampfenden Theekessel, auf einen Ofen oder auf Kohlen, doch darf der Thee nicht kochen. Ohngefähr nach einer Viertelstunde schenkt man mehr nach, doch muß der Thee immer so stark bleiben, daß, wenn mehrere Personen da sind, er in den Tassen mit kochendem Wasser verdünnt werden kann, weil der erste Aufguß der beste ist; daher darf der Theetopf auch, solange getrunken wird, nie ganz leer geschenkt werden, es muß vielmehr nach dem Einschenken immer gleich wieder etwas nachgegossen werden. Für die Bereitung des Thees ist weiches Wasser vorzuziehen.

In dem bereits häufig zitierten „Appetitlexikon" von Rudolf Habs heißt es denn auch hierzu treffend: „Und wer im Winter halb erstarrt nach Hause kommt, der trinke Tee. Kein Mittel erwärmt so schnell und so angenehm wie eine Tasse warmer Pecco – und wäre er auch ohne Rum!"

Hochf. chines. Thee
aus der Theehandlg. v. **G.F.H. Voss, Hamburg.**
Fine Congo in Pack. à 1/2, 1/4, 1/8 Pfd. à 2.00,
Finest Congo „ à „ „ „ „ à 2,40,
Finest Pecco Souchong „ „ „ „ à 3.00,
Finest Pecco in Pack. à „ „ „ „ à 3.60.
Alleinverkauf für **Husum** und Umgegend
C. Strüven, Großstr., neben der Post.

Bereits aus den zahlreichen Hinweisen zu Punsch und Bowle ist das tröstliche Gefühl erwachsen, daß Theodor Storm, dieser starke Verfechter einer gemütlichen Teestunde, nicht ganz abstinent lebte. Das wäre bei den nördlichen Temperaturen seiner schleswigholsteinischen Heimat auch nur bedauerlich!

Sein Freund, der Schriftsteller Wilhelm Jensen, brachte die gemütliche Wechselwirkung zwischen Alkoholischem und Nichtalkoholischem dann auch mit einem umfänglichen Gedicht auf den Punkt, als er zur letzten Husumer „Stormsaison" am Geburtstag des Grafen zu Reventlow, dem 6. Januar 1888, dichtete:

„So sitzt ihr einmal drüben wieder
In eurer ‚grauen Stadt am Meer';
Ihr singt nicht grad' mehr Burschenlieder,
Doch Gläser dampfen um euch her.
Und wenn es etwa Tassen wären,
Ist sicherlich drin wenig Tee –."

Storm trinkt jedoch nicht nur schwarzen Tee. Aus gesundheitlichen Gründen unterzieht er sich bereits als junger Mann im Januar 1843 einer Diät, wohl verbunden mit Kräutertee, wie er Theodor Mommsen am 23. Januar 1843 berichtet:

„Die Uhr ist halb zehn; und bei meiner Hunger- und Kräuterkur gehe ich also bürgerlich zu Bette."

Doch auch etwas Lebertran als Nachttrunk läßt er sich angedeihen, wie Braut Constanze in einem Brief vom Mai 1844 lesen muß:

„Mittwoch abend 9 Uhr ... Doch nun gute Nacht, gute Nacht; es geht auf zwölf, die Augen sind mir überwacht. Nun noch einen Schluck Tran auf unsre Gesundheit, und dann zu Bett, Dein Brief mit."

Gegen eine im Dezember 1845 eingefangene Erkältung geht er mit Kamillen- und Fliedertee (aus den getrockneten Blüten) vor, was er Constanze am 26. Dezember mitteilt:

„Aber jetzt ist die Uhr zehn, ich muß zu Bett; Tante Brick kocht schon den Kamillentee, gestern trank ich Flieder, der machte mir aber Kopfschmerz, ohne auf den Schweiß zu wirken; ich gehe, wie Du siehst, mit Gewalt gegen meine Erkältung zu Felde."

In Erinnerung an Husumer Tage und die dortige „Europamüdigkeit", eine Bezeichnung für das enttäuschte deutsche Kleinbürgertum aus den dreißiger Jahren des 19. Jahrhundert, die insbesondere durch den Roman von Ernst Willkommen (1810–1886) „Die Europamüden" (1838) publik wurde, hält er sein Haus- und Stammgetränk doch immer wieder für belebend. So lesen Hartmuth und Laura Brinkmann in Storms Brief aus Potsdam vom 28. September 1855:

„Der kleine Losche (Karl) und Lisbeth schlafen auch; der alte bekannte Teekessel singt – wie oft hat er uns so gesungen! ... So! Nachdem ich die erste Tasse des Getränkes getrunken, das uns in Husum so oft die ‚Europamüdigkeit' vertrieb, fahre ich fort."

Liebevoll bezeichnet er seinem Vetter Friedrich Feddersen, von dem die jugendliche Profilzeichnung Constanzes stammt und der anfangs zu schüchtern ist, als „Teeput“ (niederdeutsch „Teetopf).

„Husum 1844 Mai. ... Mittwoch abend 9 Uhr ... Constanze, mein treues Lieb! ... Feddersen, der übrigens Großes auf Dich hält, hat mir mit jungfräulicher Verschämtheit gestanden, wie großes Verlangen er gehabt, Dich zu zeichnen, daß er jedoch zu blöde gewesen, um sich anzubieten – der Teeput!!“

Mit der Redensart, daß Tee Leib und Seele erquicke, bringt er in einem Brief an Friedrich Eggers vom 11. Januar 1858 aus Heiligenstadt die erfrischende Wirkung dieses Getränkes auf den Punkt:

„Jetzt Teetrinken, dat quickt eens Seel un Liv!“

Die winterlichen Teestunden in Hademarschen beschreibt Gertrud Storm in ihren Erinnerungen an den Vater „Theodor Storm, ein Bild seines Lebens“ sehr anschaulich. Diese Stunden, verschönt durch das Vorlesen eigener und fremder Literatur, sind offenbar die Stunden, aus deren Harmonie er noch Kraft für sein poetisches Alterswerk schöpfte:

„Das häusliche Leben mit Frau und Kindern gestaltete sich so, wie Storm es sich bei seinem Fortgange von Husum gedacht hatte: traulich und innig. Nachmittags um 4 Uhr trat Storm, durch den Mittagsschlaf erquickt, unten in die Wohnstube, stets ein Buch, aus dem vorgelesen werden sollte, in der Hand. Der große, weiße Kachelofen, in dem, wie einst zu Storms Kinderzeiten, die Bratäpfel schmorten, verbreitete eine behagliche Wärme, der Teekessel sang sein Lied, die Tassen standen bereit und der Tee erfüllte mit seinem Dufte das Zimmer. War dann der Tee getrunken, so begann Storm mit sanfter Stimme zu lesen. Er empfand es immer mit Betrübnis, wenn zu dieser Stunde ein Familienmitglied fehlte. Ein fremder Gast, der die Behaglichkeit der Teestunde unterbrach, wurde als Störung empfunden, ausgenommen die Töchter von Johannes Storm, Lucie und Helene, die in einem innerlich sehr nahen Verhältnisse zu ihrem Onkel standen. Bis 6 Uhr wurde an den Winternachmittagen gelesen. In den letzten Jahren, als Storm es nicht mehr vermochte, las immer eine der Töchter vor.

Um 8 Uhr vereinigte das Abendessen Eltern und Kinder, und danach fanden sich alle zum Tagesschlusse in Storms Poetenwinkel wieder zusammen. Diese Stunden waren die schönsten des Tages.“

Constanze Storm als Braut, Bleistiftzeichnung von Friedrich Feddersen, 1843

Von Kaffeetafeln und Picknicks im Grünen

Wer nun meint, daß Storm nur ein Verfechter des Teetrinkens gewesen wäre und den Kaffee ständig gemieden hätte, der irrt! In der Novelle „Die Söhne des Senators" läßt er uns an der sonntäglichen Kaffeetafel im Gartenpavillon der Familie Jovens teilnehmen. Die Frau Senator ließ es sich nicht nehmen, in ihrem Garten mit der Kaffeetasse in der Hand zu lustwandeln:

„Mitunter ging auch wohl die kleine, freundliche Frau Senator'n mit ihrer Kaffeetasse in der Hand den Steig hinab, um die Enkelinnen des alten Andreas (des Gärtners – Anm. d. Verf.) mit einer Frucht oder einem Sonntagsschilling zu erfreuen ..."

Auch im Hause der Urgroßmutter wurde Kaffee serviert, wie Storm in „Von heut' und ehedem" beschreibt:

„In der Tiefe des Zimmers war der Kaffeetisch serviert. Daneben stand die Urgroßmutter, eine noch immer hübsche Frau, deren feiner Kopf jedoch heute einen fast zu hohen Bau aus Spitzen und Gaze zu tragen hatte. Ihre eine Hand ruhte auf dem Griff der Porzellankanne, aus der sie schon die runden Tässchen vollgeschenkt hatte, mit der anderen drohte sie, nicht gerade gar zu ernsthaft, dem eben eingetretenen Töchterchen.

Ein überfliegendes Rot machte ein paar Sekunden lang die jungen Augen dunkeln. ‚Verzeihen Sie, Mama!' Dann nahm sie geschickt das große Präsentierbrett, auf dessen schwarz lackierter Fläche sich ein Muster von kleinen Rosenbouquets zeigte, und bot mit wohlgeschultem Knix einem jeden Gast sein Schälchen dar ... Und alsbald, unter den belebenden Duftwolken des javanischen Trankes, erscholl das gesellige Klirren der Tassen und Löffelchen; wäre ein Kanarienvogel hier gewesen, er hätte jetzt unfehlbar seinen Sang erschallen lassen."

In der Sommergeschichte „Im Sonnenschein", die 1854 in Potsdam entstand, zeichnet Storm das Porträt seiner alten Großmutter Magdalena Woldsen, geb. Feddersen in der Hohlen Gasse.

„In dem oberen Zimmer nach dem Garten hinaus saß eine alte Frau. Auf ihrem Schoße, den sie mit einem weißen Schnupftuch überbreitet hatte, hielt sie eine dampfende Kaffeetasse; doch schien sie heute des gewohnten Trankes zu vergessen, denn nur selten und wie in Gedanken, führte sie die Tasse an den Mund."

In diesem alten Familiengarten hinter dem Hause, heute leider ein Parkplatz, befindet sich ein Lusthäuschen, bei dessen Anblick sich die alte Magd der Großmutter erinnert:

„Danach stand sie noch eine Weile und sah durch die Zweige des hohen Ahornbaums nach dem alten Lusthäuschen hinüber, wohinaus sie vor Zeiten ihren jungen Herrschaften so oft das Kaffeegeschirr hatte bringen müssen".

VOM KAFFEE
(nach Doris Stender)

Der feinste und am lieblichsten schmeckende, aber auch der theuerste Kaffee ist der Mocca, nach diesem ist der braune und gelbe Java, und der Minado der beste; diese 3 Arten sind milde und stark; Portoriko ist auch stark, aber etwas scharf; Domingo ist weniger stark und häufig unrein, aber milde von Geschmack und soll sehr gesund sein. Der angenehme Geschmack des Kaffees hängt vom Brennen desselben eben so sehr ab, als von der Qualität; er muß gehörig ausgesucht und bei starkem Feuer gebrannt werden, während man ihn beständig schütteln muß, damit er egal wird. Ehe er zum Schwitzen kommt, muß er schnell in ein bereit stehendes Gefäß geschüttet und zugedeckt werden, weil er sonst das Feine verliert und schwächlichen Personen nicht gut bekommt. Zu dunkel darf der Caffee nie gebrannt werden. Beim Bereiten des Kaffees rechnet man zu starkem Kaffee auf 5 Personen 1 Loth. Die Kanne muß, ehe der Kaffee beim Filtriren hineingegeben wird, erst mit kochendem Wasser heiß gemacht werden. Hartes Wasser macht den Kaffee wohlschmeckender als weiches.

Auch Storm bevorzugt im Alter Kaffee und teilt insoweit Tochter Elsabe am 10. Oktober 1884 aus Hademarschen mit:

„Mein' liebe Ebbe, Dein lustiger Brief ist eben beim Morgenkaffee – denn wir trinken jetzt immer Kaffee – vorgelesen und hat uns recht gefreut."

Auch bei Tochter Lisbeth in Heiligenhafen wird ihm bereits im Jahr davor Kaffee eingeschenkt, allerdings nicht am Morgen! Dann gibt es Tee, wobei am Teetisch das jüngste Kind gebadet wird! Kaffee gibt es nachmittags. Es ist eine glühende Hitze und Storm berichtet der Tochter Ebbe:

„Heiligenhafen, 2. Juli 83. Mein' Ebbe! . . . Wenn nur der ewig blanke Sonnenschild nicht gar so unbarmherzig herabfunkelte! Unten im Hause ist es bis Nachmittag ganz leidlich, nur zum Nachmittagstee bzw. -kaffee ist es auch noch, wenn man hübsch still sitzt, in dem schönen Gartensaal ganz nett – aber die Nächte."

Chr. Carstens,
Husum, am Markt.
Specialität
in
feinst gebrannten Kaffee's,
garantirt feinschmeckend,
täglich frisch aus meiner Dampfkaffeebrennerei.

f. Santos,	. . . à Pfd. M.	—.90,
Laguayra,	. . . „ „ „	1.—,
ff. Laguayra,	. . „ „ „	1.10,
f. Portorico,	. . „ „ „	1.20,
hochfein Java,	. . „ „ „	1.40,
hochfein Ceylon,	. „ „ „	1.40,
Carlsbader Mischung,	„ „ „	1.20,
Wiener Mischung,	. „ „ „	1.40.

Letztere beiden Mischungen sind sehr empfehlenswerth und allseitig beliebt. — Postversandt in 9 1/2 Pfd.-Packeten und Nachnahme.
Wiederverkäufer Rabatt.

Storm bleibt bis ins Alter ein Charmeur. So genießt er es sehr, anläßlich seiner Reise nach Weimar, die er am 27. April 1886 antritt, Mittelpunkt eines Jungmädchenkaffees in Gotha zu sein. Der Rechtsanwalt Friedrich August Emil Jacobs in Gotha (1841–1895), Enkel des Altphilologen Friedrich Jacobs (1764–1847), hatte Storm zu sich eingeladen. Neben einem Sohn hat Jacobs fünf Töchter. Die Älteste, sechzehnjährig, arrangiert einen Kaffee mit ihren Freundinnen, bei dem Storm vorlesen muß. Und er genießt diese jugendliche Huldigung sehr! Rückblickend berichtet er am 2. Juni 1886 an Erich Schmidt:

„Sie (Susanne Jacobs – Anm. d. Verf.) wollte 7 16–17jährige Freundinnen zum Kaffee bitten, denen sollte ich eine Akademie geben. Und so erfuhr ich das Allerlieblichste, las vor 8 zum Theil bildhübschen Mädchen ‚Späte Rosen' und eine Reihe von Gedichten, die aber mehrere sehr genau kannten. Wie sie lautlos und mir die hübschen Köpfe entgegenstreckend lauschten, besonders die schöne keusche, bescheidene, jungfräuliche Lansky mit den schönsten Augen, die ich – ich glaube es wirklich – je gesehen habe; ich trank wahrhaften Jugendnectar von jungen Lippen und aus märchenhaften Augen. – –

‚Nun, nun Alter!' werden Sie sagen. Nun, Sie sehen ja, ich bin nicht in den gefährlichen Augen ertrunken, sondern sitze hier heimatfroh an meinem Nordostfenster und schreibe an meinen jungen Freund Erich, den Archivdirector."

Vier Jahre zuvor, am 14. September 1882, berichtet Storm an Schmidt über seine geplante Geburtstagsfeier, die mehrere Tage dauert. Und es erstaunt zu lesen, daß es nicht am Nachmittag einen Geburtstagstee, sondern einen Geburtstagskaffee geben soll!

„Hademarschen, 13 Septbr 82.
Und nun – Schluß, u. weiter in den Geburtstag; heut Nachmittag großer Familienkaffee; und jetzt scheint auch schon die Sonne."

In der 1878 entstandenen Novelle „Zur ‚Wald und Wasserfreude'", deren Hauptschauplatz der Ort Schwabstedt an der Treene bildet, wird der Vorgängerbau des heute noch gleichnamigen Gasthofes beschrieben. Es wird von dem „Kirchspielskrug mit seinem alten wetterbraunen Strohdach" erzählt, in dem sich die Gäste sehr wohl fühlten:

„Land- und Gastwirtschaft gingen Hand in Hand:
Die Gäste fanden neben bäuerlicher Behaglichkeit billige Preise, frische Butter zum selbstgebackenen Brote und goldgelben Rahm zum wohlgekochten und geklärten Kaffee."

Man meint bei dieser Beschreibung, daß Storm sich Anregung in der Idylle „Luise" von Johann Heinrich Voß, dem Patenonkel seines Schwiegervaters Esmarch geholt hat, wo es heißt:

„Hole die silberne Kann, und spute Dich, liebe Susanne, daß den Kaffee du geklärt einbringst ..."

Und in der Idylle „Der siebzigste Geburtstag" dichtete Voß:
„Schnell von der Leiter
Stieg sie herab und brachte der emsigen Mutter die Botschaft,
Welche der Milch abschöpfte den Rahm zu festlichem Kaffee."

Der Kaffee wurde früher aufgebrüht und dann durch einen spitzen Stoffbeutel gefiltert, oder man klärte ihn, speziell an der Nordsee, mit Hilfe eines verquirlten Eies.

Auch servierte man ihn ganz ungefiltert und ließ dann dem Kaffeesatz nur ein wenig Zeit, sich am Boden der Kanne zu setzen. Dann schenkte man sehr vorsichtig ein, damit der Bodensatz nicht wieder aufgewirbelt wurde. So ist mir noch in den sechziger Jahren dieses Jahrhunderts der Kaffee von meiner Schwiegermutter serviert worden.

GEKLÄRTER KAFFEE
(Hausrezept aus Nordfriesland)

Für 4 Personen wird 1 Liter Wasser zum Kochen gebracht, dann verquirlt man ein ganzes Ei mit etwas Kaltwasser und fügt 8 Teel. gemahlenen Kaffee hinzu. Diese Mischung schüttet man in das sprudelnde Wasser und läßt alles zwei- bis dreimal aufwallen. Dann läßt man den Kaffee 10 Minuten ziehen, filtert ihn und serviert ihn heiß.

Die ausführliche Beschreibung eines Picknicks von Hademarschen aus im August 1868 sendet Storm an seinen Sohn Hans. Man fährt mit drei Wagen Richtung Todenbüttel, und zwar insgesamt vierundzwanzig Personen. Kaffeetassen, Kartoffeln, ein Kessel und eine große Kochschüssel nimmt man in einem Blockwagen mit, in dem alle Teilnehmer auf Strohsäcken sitzen. Bei dem Reiseziel handelt es sich um ein Waldtal, das 1857 einer als „Sängerfest" deklarierten anti-dänischen Versammlung zum Aufenthaltsort bei Todenbüttel gedient hat:

„Hademarschen, 6. August 1868.
Gestern, mein alter Hans, war der anmutigste Tag, den ich seit lange verlebt. Annettens Geburtstag wurde mit einer Waldtour gefeiert. Auf 3 Wagen fuhren wir um 2 Uhr nachmittags davon. 1. Wagen: Onkel Kühl und ich, 3 seiner Söhne und sein Neffe, der Tertianer Brandt aus Rendsburg; 2. Wagen: Tante Rike, Do mit Ebbe, Franz, Anna, Ernst und Onkel Otto als Fuhrmann, 3. Wagen, ein Blockwagen, gefahren von dem Bauer Müller, und alles saß auf Strohsäcken: Tante Agnes, Annette, Fräulein Marie Renard (bei Kühls), Fräulein Olga Mül-

ler aus Rendsburg, ein wahrhaft königlich schönes Mädchen, die beiden Lucien, Helene und sonstiges Gruus; 24 Personen waren's im ganzen. Zwei Stunden fuhren wir in exemplarischem Staub und Hitze; Kessel und Grapen, Kartoffeln und Kaffee und Tassen und Gott weiß was auf dem Wagen. Endlich kamen wir in eine weite hügelige Waldlandschaft, fast wie bei Heiligenstadt. Kurz vorher bei einem einsamen Hause hielten wir und füllten die mitgenommenen großen Blechgefäße mit Wasser. Die Knaben mußten sie wechselweise im schwanken Arme über den Wagen hinaus halten. Noch eine Viertelstunde durch Busch und Felder; dann ging's auf ungebahnten Wegen in den Wald durch blühende Heide und hohes Gras; zur Seite der Wald auf mäßigen Höhenzügen; Buchen, Eichen und Birken. Wo aber war ‚Der tiefe Grund', das Ziel unsrer Reise? Wir hatten uns natürlich etwas verirrt. Da gewahrten wir 2 Holzarbeiter auf einer sanft ansteigenden Höhe; die fragten wir. Ja, die Wagen müßten umkehren. Wir aber stiegen aus und brauchten nur über die Höhe zu klimmen, dann stiegen wir in den ‚tiefen Grund' hinab. Ein ziemlich großes Waldtal, rings von Waldhöhen umschlossen, lag vor uns; man sah es: hier hatte die Kultur noch nicht geleckt; hohes Gras, blühende Heide, dazwischen einzelne junge Birken, Eichen, Buchen und Ebereschengesträuch bedeckte den Boden des ziemlich großen Talkessels; man mußte überall durchs Gekräute waten. Hier wurden die Pferde abgeschirrt und an Bäume gebunden; hier bauten wir Hütten; Du hättest das bunte Getümmel sehen sollen, wie diese ganze Kinder- und Mädchengesellschaft – 2 von Pastors waren auch dabei – von dem Blockwagen heruntergekrabbelt war! Dennoch war in dieser Wildnis zu unsrer Bequemlichkeit eine Spur von Menschenhänden. Von einem etwa vor 20 Jahren hier gehaltenen Sängerfest war an einem Rande des Talkessels, der gerade jetzt im Schatten lag, ein großer Rasensitz unter den Buchen in Form eines römischen Trikliniums ⊓. Darauf wurden nun Tücher und rote Decken ausgebreitet; was müde war, lagerte sich darauf; die übrigen trugen mit großer Geschäftigkeit alles Gerät und Fourage in die Mitte des Trikliniums. Dann wurde ein Feuerplatz ausgesucht, schräg vor unter einem Kranz von jungen Eichen ein Feuerloch gegraben, vorsichtig die dürre Moosdecke abgestochen, ein Eimer zum Löschen dabeigestellt, und Onkel Kühl kommandierte alle Krinolinen nebst den weiblichen Wesen, die darinsaßen, „drei Schritt vom Feuer". Aber im Kreise dieser 3 Schritt stand nun auch alles wie eine Mauer herum. Welch ein Vergnügen, ein Feuer im Walde brennen zu sehen! Ein Feuer, worauf der Kaffeekessel kochen soll. Dann wurden zwei Gabeln und ein Querholz gehauen, um den Kessel daraufzuhängen; schließlich aber die Sache noch einfacher eingerichtet. Was das für eine Hitze war und was da für Schweiß vergossen wurde, und wie äußerst anmutig das war, ist gar nicht zu beschreiben. Hurra, der Kessel kocht! Nun kniet Annette sittig hin, und ihr blaues Halsbändchen weht dabei in einem Zephyrchen, das vorüberflattert, und tut den Kaffee in den Kessel. Jetzt wird der Stock, woran er hängt, von zwei unsrer Jungen über dem Feuer gehalten; denn nur dreimal leicht aufkochen soll der Kaffee. Sie haben Taschentücher über dem Kopf, darunter vergießen sie Ströme von Schweiß. Da braust der braune Schaum aus der Tille! Rasch fort vom Feuer! Aber noch einmal und noch einmal, und nun ist's fertig. Und alles lagert sich im Kreise, und Kaffee und Butterbrot und unaussprechliche Massen von Systerkuchen (ein Blech- oder Topfkuchen mit Hefe – Anm. d. Verf.) verschwinden spurlos; dafür aber erscheint ein Wohlbehagen tiefer Befriedigung auf allen Gesichtern. Wie das geschmeckt hat! Schon beginnt die Jugend die Höhe uns gegenüber zu erklimmen; da krabbelt schon die ganze Kette! Was das ein Lachen und Geschrei ist! Denn der Boden ist glatt, und hier und da purzelt einer und reißt den andern mit hinab; die dicke Ebbe ist unermüdlich, Lute in höchster Aufregung sieht man mit beiden Armen durch die Luft fechten. Endlich haben alle die Höhe erreicht, und nun sitzen sie oben und binden und flechten Kränze von Eichenlaub und schmücken die Kinder damit."

Als Storm im August 1863 einen „Heimaturlaub" in den Herzogtümern Schleswig und Holstein macht, besucht er zuerst die Schwiegereltern in Segeberg. Mit dem Wochenwagen fährt er dann nach Neumünster und von dort mit dem Zug über Rendsburg, Schleswig bis Oster-Ohrstedt. Hier endet die Bahnlinie, und die Passagiere müssen in einen „geräumigen Wagen, dessen Wände aus lauter großen Glasfenster bestanden" umsteigen. Des Nachts bei Mondenschein kommt er in Husum an. Am folgenden Tag gegen Mittag fährt er mit der Mutter, der Gesellschafterin Tine sowie Constanzes Schwester Sophie nach Friedrichstadt zu den Stuhrs, und er berichtet der in Heiligenstadt zurückgebliebenen Constanze:

„Wir gingen dort gleich in den Garten, wo der Kaffee im Lusthaus serviert wurde."

Anläßlich eines Gerichtstermins in Rüstungen, einem kleinen Ort in der Nähe von Heiligenstadt, erklärt er am 10. Mai 1862 seinem Vater in Husum:

„Zunächst, ehe das Geschäft beginnt, wollen wir einen Kaffee kochen; es duftet schon lieblich in die Gaststube hinein."

In Heiligenstadt veranstaltet man mehrfach ein Picknick. So beschreibt der Strohwitwer Theodor Storm am 2. Pfingsttag im Juni 1862 seiner in Segeberg weilenden Ehefrau, daß man in einem großen Kreis von Heiligenstädter Bekannten Kaffee auf der nahen alten Burg getrunken habe:

„Doch auch so war es mit Dortchen (dem Hausmädchen – Anm. d. Verf.) eine kleine Gesellschaft von 17 Personen. Die Kaffeekollation war köstlich gemütlich."

Als Theodor Storm im September 1860 auf einem Holsteinurlaub auch nach Segeberg zu den Schwiegereltern fährt und dort in der Kieler Straße, einige Häuser weiter, Schwägerin Helene und Schwager Doktor Stolle besucht (das Haus steht noch heute, wenn auch mittlerweile äußerlich stark verändert, und dient heute als Rechtsanwaltspraxis, jetzt Kurhausstraße 40), hält man

sich in dem hinter dem Haus gelegenen großen Garten auf und trinkt dort Kaffee. Storm berichtet an seine Frau:

„Segeberg, Donnerstag, den 20. September 1860, abends 7 Uhr. ... Ich habe fast ganz im Freien gelebt; den Vormittag in Stolles großen Garten herumgebummelt, den Nachmittag mit selbigem Ehepaar in ihrer Laube Kaffee getrunken und behaglich Stolles meisterhaftem Vorlesen aus Fritz Reuters ‚Olle Kamellen' zugehört, während Helene ihrem Jungen Hosen nähte."

War der Tee für die Morgenstunden, für die spätnachmittäglichen Mußestunden, für die Augenblicke der Besinnung gedacht, so verbindet Storm mit Kaffeetrinken lebendige Geselligkeit, sei es in Gartenlauben oder bei einem Picknick. Am 5. September 1858 beschreibt er den Eltern eine geplante Fahrt ins Grüne, von Heiligenstadt aus, anläßlich des Geburtstages von Hermann Schnee:

„Es ist heute Hermanns Geburtstag, den wir benebst der landrätlichen Familie mit Kaffee und Kartoffelkochen im Walde feiern werden. Um 3 Uhr fährt der kleine landrätliche Wagen vor; der Proviant und das kleine Kindergesindel beider Familien wird aufgepackt, wir Großen gehen zu Fuß."

In der 1856 bis 1858 aufgeschriebenen Novelle „Auf dem Staatshof" wird auch kräftig Kaffee getrunken:

Der Erzähler ist anfangs noch ein kleiner Junge, der zu Gast auf diesem Eiderstedter Hof ist. Er will bei einem Gegenbesuch von Anne Lene und deren Großmutter einen guten Eindruck machen:

„Am Sonntag Nachmittag stellte ich mich regelmäßig ein, um die Frau Ratmann mit der kleinen Anne Lene zum Sonntag auf den Kaffee einzuladen, was bis zur letzten Zeit vor ihrem Absterben eben so regelmäßig von ihr angenommen wurde. Am Tage darauf präzise um 3 Uhr hielt dann die schwere Klosterkutsche vor unserer Haustreppe; unsere Mägde hoben die alte Dame und ihr Enkelchen aus dem Wagen und meine Mutter führte sie in das Festzimmer des Hauses, das schon von dem Dufte des Kaffees und des sonntäglichen Gebäckes erfüllt war...

Nach einer Weile hörte ich drunten im Wohnhause aus der im Erdgeschoß befindlichen Küche das Kaffeegeschirr herauftragen, das Klirren der Tassen und Kaffeelöffel ...

Wir gingen also hinein; ich machte meine Reverenz vor Anne Lenes Großmutter, und trank, um mich schon jetzt meiner zierlichen Partnerin würdig zu zeigen, meinen Kaffee mit besonderer Behutsamkeit."

Storm erinnert hier an eine Sitte, die noch heute in Nordfriesland vorkommt, nämlich, daß man den Kaffee von der Ober- in die Untertasse schüttet, was offenbar dem Abkühlen des Getränkes dient. Hierzu waren die Untertassen früher besonders tief. Bei den modernen Kaffeegeschirren ist ein Umgießen nicht mehr möglich.

„Mir ist indessen, wenn ich dieser Sonntagnachmittage gedenke, als sei ich niemals unglücklicher in den Versuchen gewesen, meinen Kaffee aus der Ober- in die Untertasse umzuschütten; und ich fühle noch die strengen Blicke, die mir die alte Dame von ihrem Sitze aus hinübersandte, während meine Mutter mir meine kleine Gespielin zum Muster aufstellte, von der ich mich nicht entsinne, daß sie jemals beim Trinken die Serviette oder ihr weißes Kleid befleckt hätte.“

Nachdem die Großmutter verstorben ist, nehmen die Eltern des jugendlichen Erzählers Anne Lene bei sich auf.

Als der Erzähler dann Jahre später Student ist, erzählt er von der Kaffeestunde in der eigenen Familie, wobei Storm sich an die Kaffeestunden im Hause der Großmutter Magdalena Woldsen in der Hohlen Gasse 3 erinnert haben mag:

„Es war im Spätsommer; unsere Familie saß in der Ligusterlaube beim Nachmittagskaffee … Anne Lene ging in stiller Geschäftigkeit ab und zu; bald um im Hause die Bunzlauer Kanne auf's Neue zu füllen, bald um die Wachskerze für die Tonpfeife des Syndikus anzuzünden …“

Bunzlau in Niederschlesien ist bekannt geworden durch seine zumeist braun glasierten Tonwaren, das Bunzlauer Gut. Die Keramikindustrie verdankt ihre weite Ausbreitung den Tonlagern in der Umgebung, die den Werkstoff für die Herstellung der Gefäße liefern. Auch heute erhält man wieder Bunzlauer Keramik mit der typischen durch Pinselabdrücke gefertigten Ornamentik.

In der Novelle „Auf dem Staatshof“, die Storm im August 1856 zu schreiben begann, nachdem er zusammen mit seinem Vater den neuen Dienstort Heiligenstadt besichtigt hatte, verweist er außerdem auf eine nordfriesische Sitte, die weit bis in den Osten Deutschlands bekannt ist, die sogenannte „Nötigung“. Das wiederholte „Nötigen“ galt und gilt immer noch als ein Gebot der Gastlichkeit. Die letzte Tasse Kaffee, die der Gast gar nicht mehr trinken konnte und wollte, mußte aufgedrängt werden, und zwar mit der Redewendung: „Noch een för't Nödigen.“

„Im Zimmer drinnen pflegte dann auf dem langen blank gescheuerten Tische schon der Kaffeekessel seinen Duft zu verbreiten, und die alte Wieb, (die Bewirtschafterin auf dem Staatshof – Anm. d. Verf.), wenn sie mir die Hand gegeben und ihrem Lieblingskinde die heißen Haare von der Stirn gestrichen hatte, schenkte uns viele Tassen ein, so viele, als wir immer trinken konnten, und dann noch eine ‚für's Nötigen‘, wie sie sagte.“

Auch die Atmosphäre in einem besonnten Gartenpavillon auf dem „Staatshof“, ähnlich wie in der Novelle „Die Söhne des Senators“, wird dem Leser veranschaulicht:

„So gelangen wir zu einem Gartenpavillon, in welchem die Gesellschaft bei offenen Türen am Kaffeetische sitzt. Wir werden hereingerufen, und da ich zögere, nimmt meine Mutter einen Zuckerkringel aus dem silbernen Kuchenkorb und zeigt mir den."

Der Begriff Kringel steht für Brezeln und war bereits in Storms Kinder- und Knabenzeit geläufig und wurde sogar in Verbindung mit dem Glöckner des St. Jürgen-Stiftes zu einem Vers gereimt. So erinnert sich Storm in den autobiographischen Skizzen „Aus der Jugendzeit" an „Jochum Pingel, der anläßlich des Pfingst- und Michaelis-Jahrmarktes" „mit der Glocke, die in einem niedrigen Balkengerüst bei dem St. Jürgens-Stift, dem sogenannten ‚Kloster' hing, ‚bingeln' mußte, wozu sonst die großen schönen Glocken unserer ersten und alten Kirche dienten." Aber diese Kirche war ja schon bereits im Jahre 1807 abgebrochen worden. Und die Kinder reimten darauf:

„Jochum Pingel
Treckt de Bingel
För en Kringel
Un en Snaps!"

ZUCKERKRINGELN
(nach Doris Stender)

Man macht einen Teig von 1 Pfund Mehl, $^1/_2$ Pfund ausgewaschener Butter und eben so viel fein gestoßenem Zucker, worauf zuvor das Gelbe einer Citrone abgerieben ist, $^1/_4$ Pfund gestoßenen Mandeln, etwas Kaneel, 6 Eidottern und 2 Löffeln voll sauern Rahms und bildet kleine Kringeln davon, die man ein wenig mit Ei bestreicht und auf Papier im heißen Ofen backt.

Wie Storm den Kaffee liebte, ob auch „heiß wie die Hölle, schwarz wie der Teufel und süß wie die Sünde", ist schlecht nachzuvollziehen, doch wird er ihn, wenn man seinen literarischen Hinweisen folgen darf, auf jeden Fall gezuckert und mit Sahne genossen haben. Bei Krankheit mußte er ihn mit Rücksicht auf seinen Magen vermeiden. So teilt er Friedrich Eggers, der in Berlin „an der Schleuse" wohnt und offenbar berühmt für seinen „Schleusenkaffee" ist, vorsichtshalber am 3. Juli 1853 aus Husum für seinen angekündigten Besuch mit:

„Ad vocem ‚Kaffee': Leider darf ich keinen Schleusenkaffee trinken ..."

Auch eine Kaffeestunde im elterlichen Garten Hohle Gasse 3 während seiner Junggesellenzeit genießt Storm sehr und schreibt hierüber an Theodor Mommsen, der damals Lehrer an der Mädchenschule in Altona war. Nachdem der Advokat Storm dem Pädagogen Mommsen im Laufe des Vormittags ein reizendes Gedicht gefertigt hatte, erzählt er ihm nun am 24. Mai 1843:

„Ich komme soeben aus der Landvogtei und muß jetzt gleich wieder ein wenig reimen.

Die Welt ist voll von Sommerlüften,
Und ich plädiere im Gericht;
In Aktenstaub und Moderdüften
Versinkt das liebe Sonnenlicht.

So scheidet mich allaugenblicklich
Mein Amt aus dieser Sommerzeit –
Nicht jeder ist, mein Freund, so glücklich
Wie Sie in seiner Tätigkeit.

Wenn Sie in Bummelsehnsuchtsstillung
Sich wärmen nicht im Sonnenlicht,
So schaun Sie als Berufserfüllung
Den schmucken Dirnen ins Gesicht.

So schrieb ich heut' morgen; aber ich hab's nachgeholt; nach Tisch trank ich im elterlichen Garten auf dem Bleichplatz Kaffee; der Kaffeetisch stand freilich unterm großen Fliederbusch; aber ich setzte mich so recht in vollen Sonnenschein, und es war alles, daß der Gartenstuhl meine breite Behaglichkeit aushielt."

Am 4. August 1845 schildert Storm Constanze, nach dem Gerichtstermin im Koogsgericht von Simonsberg, in der Nähe Husums, den Tag und berichtet:

„... und ich riskierte noch einmal, mit dem verehrlichen Gerichte etwas Kaffee einzunehmen, Kaffee ist nämlich gut gegen Katzenjammer, und mir war während der Verhandlung von meinem verzweifelten Tabakkauen und dessen Folgen wirklich sehr katzenjämmerlich zumute."

In dem bereits zitierten Brief vom 24. Mai 1843 an Theodor Mommsen fährt Storm bezugnehmend auf den Kaffeeplatz am Bleichplatz fort:

„Was hatte der gute Bleichplatz nicht schon von mir gesehn! Als Knabe meine Räuberspiele, meine Hütten von Laub, die ich im Herbst aus den abgehauenen Zweigen baute, als Primaner machte ich auf dem Platz, wo heute nachmittag der Kaffeetisch stand, meine Abschiedsrede in freiem Jamben (ein Versmaß mit einer kurzen und einer langen Silbe – Anm. d. Verf.) – damals fühlte ich mich recht – dann später auch einmal eine Liebschaft, und jetzt? – Nun, eine Tasse Kaffee ist auch nicht zu verachten. – –"

In der Novelle „Ein stiller Musikant" kommt die Bunzlauer Kaffeekanne erneut zu Ehren:

„Während ich das Titelbild betrachtete ... war eine Magd mit Kaffeegeschirr und Kuchenteller in die Stube eingetreten.

Sie spreitete eine blütenweiße Serviette über den Sofatisch und setzte Alles dort zurecht; zwei blau und weiße Tas-

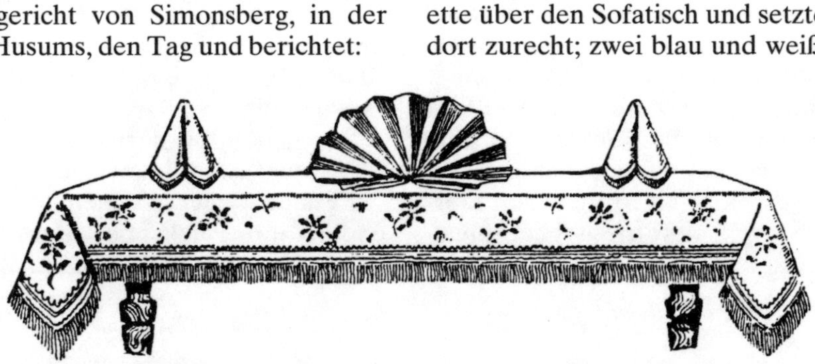

sen standen bald neben der Bunzlauer Kaffeekanne ... Dann saßen wir zu Dreien um den sonntäglichen Kaffeetisch; die kleine Dame machte gar anmutig die Wirtin und hörte im Übrigen schweigend unseren Gesprächen zu.

‚Also, Freund Valentin', sagte ich, ‚noch Eines müssen Sie erzählen; auch dieser braune Trank öffnet ja die Lippen der Menschen'."

In der Spukgeschichtensammlung „Am Kamin" trinkt eine Gesellschaft Kaffee in der Laube:

„Wir ließen uns durch die alte Wirtschafterin den Kaffee in der Gartenlaube anrichten, wir gingen auf die Fennen, um die Ochsen zu besehen, und nachdem Abends die mitgebrachten Flaschen in Gesellschaft des alten Hofmannes geleert waren, fuhren wir alle vergnügt, wie wir ausgefahren waren, wieder heim."

In der Novelle „Im Sonnenschein", der Figuren aus der Familiengeschichte der Woldsens zugrundeliegen, klirren die „holländischen Kaffeeschälchen", was an die „holländische Teekanne" von Storms Großmutter erinnert. Schon Theodor Fontane hatte sich mokiert, daß es in Storms Potsdamer Hause zugehen würde, wie in dem Haushalt seiner Husumer Großmutter. Bei den Tassen handelte es sich um Delfter Fayencen, nämlich glasierte und bemalte Tonwaren, die in Delft erzeugt wurden und durch Blau- oder Manganmalerei (braun-lila – Anm. d. Verf.) auf einer deckenden weißen Zinnglasur dekoriert wurden. Zwar ist diese Schmucktechnik überwiegend auf Fliesen bekannt geworden, die noch bis Mitte dieses Jahrhunderts viele nordfriesische Stubenwände geschmückt haben. Doch neben der Fliesenmalerei gab es auch eine bekannte Gefäßmalerei.

In der Novelle „Abseits" hantiert „die Magd mit dem Kaffeekessel in der Küche" und die alte Mamsell wartet auf den Knecht Marten, der zum Fischen gegangen ist und „der Herrschaft" die gefangenen Karpfen und Hechte in die nahe Stadt bringen will:

„Nun mußte er bald zurück sein; und er hatte ja auch im vorigen Jahre sich zu einem Schälchen Kaffee Zeit gelassen."

Auch hier treffen wir wieder auf die Bunzlauer Kaffeekanne:

„In dem Stübchen drinnen stand auf der weißen Serviette ein sauberes Kaffeegeschirr; die vergoldeten Tassen und die bunzlauer Kaffeekanne blinkten in den schrägfallenden Sonnenstrahlen."

Storm macht uns hier mit einer weiteren Landessitte bekannt: Wenn man keinen Kaffee mehr trinken wollte, legte man den Teelöffel über die geleerte Tasse:

„‚Aber', sagte der Lehrer und legte den Teelöffel sorgfältig über die geleerte Tasse ..."

Um den Kaffee warm zu halten, stellte man damals die Kanne in die warme Ofenröhre, wie es auch die alte Mamsell macht:

„Und sie ging an den Ofen und nahm die Kaffeekanne aus der Röhre. ‚Ich will mich fertigmachen, Friedrich. Trink indes ein Täßchen und setze Dich in den Lehnstuhl!'

So, während sie dazwischen bald eine Pfeffernuß auf seine Tasse legte, bald auf's neue wieder einschenkte, hatte sie endlich ihre Pelzkappe aufgesetzt und

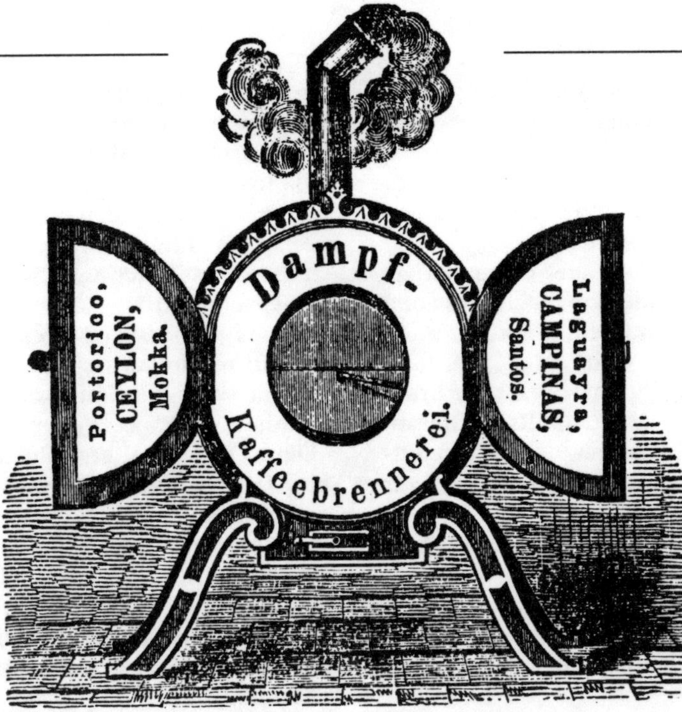

sämtliche Mäntel und Tücher umgetan. Fast hätte ihr jetzt der Mut gefehlt, ihren jungen Gast zu stören; er saß so lächelnd da, und wie ihm Alles schmeckte!"

Die Kostbarkeit von Kaffee und dem dazugehörigen Zucker wird dadurch unterstrichen, daß im vorigen Jahrhundert sowohl die Kaffee- wie die Zuckerdose mit einem Vorhängeschloß versehen war, dessen Schlüssel die jeweilige Hausfrau, ähnlich wie Storms Großmutter, möglicherweise am kleinen Finger oder am Schlüsselbund am Gürtel trug.

In der Novelle „Psyche" heißt es hierzu:

„‚Hm', sagte das Mädchen und nickte lächelnd nach dem Regal hinauf, ‚die Frau Kammerrätin und die Frau Kriegsrätin und die Frau Baronin, die haben Alle die Schlüssel zu ihren Kaffee- und Zuckerdosen in ihren Taschen; schau' nur, da baumeln allenthalben die Vorhängeschlösser; da können wir nicht daran, Kathi'."

Die Bedeutung des Kaffees, und hier besonders des Mokkas und auch des besonders feinen Zuckers in Form von Zuckerraffinade, wird dann weiter im Text unterstrichen:

„Die Mädchenknospe aber langte in den Schlitz ihres Kleides und legte gleich darauf zwei zierliche Papierdüten auf den unter dem Tassenregal stehenden Tisch. ‚Mokka', sagte sie feierlich, ‚und – feinste Raffinade! Mama hat's mir eigens für dich eingewickelt; sie wußte wohl, daß du für mich allein heut' Wache stehen müßtest. Und nun zünd' dir die

Spritmaschine an und koch dir deinen Kaffee, und deinen Kater lass' ich grüßen!'"

Die Mokkabereitung auf einem Spirituskocher beschreibt dann Storm etwas später in dieser Novelle:

„... dann goß sie aus einem Kruge Wasser in einen kleinen Blechkessel und zündete die Spritmaschine an. ‚Das Kind wird heute auch wohl eine Tasse nehmen', sagte sie, indem sie eins der braunen Kännchen von dem Regal herabnahm und den Inhalt des Kaffeedütchens in den darauf gesetzten Trichter leerte."

Da Kaffee zu den Luxusgütern gehörte, wurde insbesondere in Norddeutschland, Nordfrankreich, Belgien, Holland und Dänemark ein Surrogat aus gerösteten und gemahlenen Zichorienwurzeln vertrieben. In der Novelle „Psyche" wird darauf hingewiesen, wenn die alte Badefrau erklärt:

„Ich, Frölen? Ich hab' zu Haus meine Zichorie; dann kriegt der Kater auch sein Teil."

In der Novelle „Ein Doppelgänger" läßt Strom nordwärts zur Seite der Husumer Norderstraße vor den Augen des Lesers große Felder vor der Stadt erstehen, die zum Zichorienanbau benutzt werden und wo fünfzig bis sechzig junge Frauen und Mädchen mit dem Unkrautjäten zwischen den Pflanzen beschäftigt sind. Im September feierte man „auf dem ersten Packboden des ungeheuren Speichers" das „Zichorienbier", eine Art Erntefest, nachdem die Zichorien eingebracht sind.

Die Husumer Zichorienfabrikation war Storm durchaus ein Begriff. Auch insoweit schöpft er aus lokalen Gegebenheiten.

Denn sein zweiter Schwiegervater, Peter Jensen, betrieb im Hause Norderstraße 1 in der ersten Hälfte des 19. Jahrhunderts neben einer Weinhandlung, eine Zichorienfabrik. (Dieses Haus wurde bereits 1908/09 abgebrochen. An seiner Stelle wurde das „Langheinsche Haus", Husums erstes „Hochhaus", errichtet).

„Im September, gegen Abend, wurde auf dem ersten Packboden des ungeheuren Speichers das ‚Zichorienbier' gefeiert, das schon am Nachmittag begonnen hatte; was in der Fabrik in Arbeit stand, der Fuhrmann, der Heizer, der Brenner und wie sie alle genannt wurden, alle waren da, es war wimmelnd voll; Gewinde von Astern und Buchsbaum und von sonstigen Herbstblumen und Blättern

hingen überall an den Balken. An großen Tischen, an über Tonnen gelegten Brettern hatten sie gesessen; nun aber war der Kaffee ausgetrunken; die Lampen und Laternen, die zwischen den Kränzen hingen, wurden angezündet, und in dem dämmerigen Gemunkel wurden eine Klarinette und ein paar Geigen laut, wonach die jungen Dirnen längst die Hälse gestreckt hatten."

Die Zichorie, auch Wegwarte genannt, ist eine vielseitige Pflanze. Abgesehen davon, daß die Blüten mit dem wunderbaren Blauton das Auge erfreuen, bereitet man aus der rübenähnlich fortgezüchteten bitteren Wurzel seit dem Ende des 18. Jahrhunderts den Kaffee-Ersatz. Aus der Wurzel treibt außerdem über Winter in den dunklen Kellern, insbesondere in Frankreich und Belgien, das schmackhafte Feingemüse Chicorée. Die Zichorienbrühe hatte natürlich höchstens das Aussehen und den Geschmack von Kaffee, nicht jedoch die anregende Wirkung. Die Pflanze wurde zuerst 1763 durch den braunschweigischen Major Hein und den Kaufmann Christian G. Förster, die die erste Zichorienfabrik in Braunschweig und 1770 eine zweite in Berlin errichteten, gewerbsmäßig zu Kaffee-Ersatz gebrannt. Durch den Kaffeemangel während der Kontinentalsperre wurde der Absatz und damit auch die Produktion gefördert.

Ist in der Novelle „Ein Doppelgänger" die junge Wieb selbst auf den Zichorienfeldern tätig, so muß allerdings für ihre Hebamme, bei der Niederkunft der jungen Frau, richtiger Bohnenkaffee gekocht werden. Erstaunlicherweise bedürfen und bedurften unzählige Hebammen, wenn sie auf Geburten warteten, Unmengen von Kaffee! Dies muß auch der Mutter der jungen Wieb bekannt gewesen sein, denn obwohl sie nur aus alter Leinwand für das zu erwartende Enkelkind „dürftige Hemdchen" genäht hat, scheut sie nicht die Kosten für Bohnenkaffee. Die Hebamme bewegt sich in Storms Erzählung offenbar von Kaffeetasse zu Kaffeetasse. Denn als der werdende Vater aufgeregt bei ihr erscheint: „Komm Sie mit mir; mein Weib liegt in Kindesnöten; wir bedürfen Ihre Hülfe", da erklärt sie nur in stoischer Ruhe:

„‚Geh Er nur vorab!' ... Ich muß erst meinen Kaffee trinken ... Er hätte das Weib erdrosseln mögen; ... ‚So bitt ich nur, Frau Grieten, trinket nicht zu langsam!' ‚Ja, ja' sagte die Alte, ‚ich trinke, wie ich Lust hab'..."

Bei der Wöchnerin warten die Mutter und der Vater in spe auf die Hebamme, die gleich kommen will:

„Das ‚gleich' wurde zu einer halben Stunde, während John reglos neben der jammernden Wöchnerin saß und die Alte draußen noch einmal Kaffee für Mutter Grieten kochte. ‚Die können allzeit Kaffee trinken', sprach sie zu sich selber, ‚man muß sie sich zu Freunden halten!' "

Prüft man die vielen Hinweise Storms auf das Kaffeekochen und -trinken, so mögen diese vielleicht nicht ganz so zahlreich sein, wie die auf das Teetrinken. Doch kann man sagen, daß ebenso wie der Tee, und zahlreiche alkoholische, insbesondere landschaftstypische Getränke, auch der Kaffee den Lebensweg Theodor Storms begleitet hat.

Poeten lieben Süßes

Daß Storm ein Freund von süßen Kuchen gewesen ist, wurde bereits anfangs erörtert. Er selbst erklärt in der kleinen Erzählung „Zwei Kuchenesser der alten Zeit“:

„Nur Wenige mögen sich noch des Verfassers der Urhygiene entsinnen, insbesondere seiner so beherzigenswerten Worte: ‚Was süß und was lieblich ist, das genießet; aber werfet von Euch mit hochsinnigem Abscheu das giftige Dampf- und Nießkraut!‘ Und doch ist wenigstens der erste Teil derselben seit lange Fleisch geworden; Denker, Dichter und Helden, Alles ißt jetzt Kuchen, ohne dadurch in den Verdacht der Originalität zu kommen oder sonst von der bürgerlichen Reputation etwas Merkliches einzubüßen. Die meisten Älteren aber werden wissen, daß in unserer Jugend Solches für ganz unmännlich galt und lediglich den Frauen zugestanden wurde“.

Storm, als Dichter und Denker, hängt den unzähligen süßen Gebäcksorten seines Landes an, und nicht nur das! Er verweist auch auf Marzipan, Pastillen und Konfekt! Bei der Durchsicht seines literarischen Werkes erschließt sich dem Leser eine Fülle von heimischen Kuchen, jedoch zumeist trockener Art, die teilweise heute nicht mehr begrifflich, geschweige denn geschmacklich gegenwärtig sind. Andererseits haben sich die Kuchensorten, wie Süsterkuchen, Brezel, Pförtchen, Waffeln und Platenkuchen, auch in unser Jahrhundert herübergerettet. Die Stormschen weihnachtlichen Kuchen sollen hierbei gesondert behandelt werden.

Die Backwaren „Heißewecken und Eiermahne“ begegnen dem Leser bereits, wie schon erwähnt, in den „Zerstreuten Kapiteln: Von heut’ und ehedem“. Hierbei ist die Heißewecke noch heute, insbesondere um Fastnacht, ein Begriff, wohingegen das Backwerk Eiermahne leider gänzlich aus den Rezeptbüchern verschwunden ist. Auch in der Novelle „Auf dem Staatshof“ werden „Eiermahnen“, neben „Bieschen“ den Kindern am Nebentisch angeboten. Handelte es sich bei den „Eiermahnen“ um ein halb- oder vollmondförmiges Plunderteiggebäck, so kann man die Form und den Geschmack der „Bieschen“ nur vermuten. Teils ist man der Meinung, daß es eine Verballhornung des Begriffes „Beschüten“ darstellt, herkommend von dem französischen Bisquit, und auf die trockenen Schiffszwiebacke hinweist. Teils ist man jedoch auch der Auffassung, daß ein aus „Beestmelk“, der Biest- (erste Milch einer Kuh, die frisch gekalbt hat – Anm. d. Verf.) oder Kollostralmilch gebackener Kuchen in kleine Stücke geschnitten und geröstet wurde und als Kaffeebrot, nämlich den „Bieschen“, serviert wurde. In der Familie Storm-Woldsen war es offenbar ein gängiges Gebäck, denn Storm teilt dem Sohn Ernst am 16. Dezember 1870 mit, was in dem an ihn abgesandten Weihnachtspaket enthalten sei, nämlich auch „Bieschen und weiße Pfeffernüsse“ von Großmutter. Gertrud Storm hat bei der Herausgabe der Briefe an die Kinder Storms den Begriff Bieschen mit „ein Weihnachtsgebäck“ erklärt, dem jedoch nicht so ohne weiteres gefolgt werden kann. Da Schiffszwiebacke relativ geschmacklos und trocken sind, ist zu bezweifeln, daß die Großmutter diese als Geschenk an den Sohn Ernst gesandt hat. Somit neigt die Verfasserin dazu, unter dem Begriff „Bieschen“ die Verballhornung für kleine feine Biskuitkuchen zu verstehen, und hat in dem Kochbuch von Charlotte Lönne aus dem Jahre 1835 ein entsprechendes Rezept gefunden:

THEE-BISQUIT
(nach Charlotte Lönne)

Von 12 Eiern, die man zu diesem Bisquit gebraucht, rührt man das Gelbe gut aus, gibt 1 Pfd. Zucker, auch etwas Cardamom daran und mischt dieses wohl durcheinander. Das Weiße von 8 Eiern muß auf einer Schüssel zu Schaum geschlagen und mit 12 Loth Kartoffel- und 12 Loth Weizen-Mehl zu dem ausgerührten Eigelb gegeben werden. Ist Alles gehörig durch einander, formiert man kleine Kuchen aus der Masse, und setzt solche auf Platen; sie können gerne bei dem Bäcker gebacken werden.

THEE-BISQUIT ANDERER ART
(nach Charlotte Lönne)

Man nimmt zu einem Pfd. Zucker das Gelbe von 10 Eiern und schlägt das Weiße von 6 Eiern zu Schaum, das übrige gibt man zu den in eine Schüssel geschütteten Eierdottern, rührt den Zucker, indianischen Balsam oder Cardamom mit den Eiern, bis es sich hebt, gibt 1 Pfd. Mehl oder besser $^1/_2$ Pfd. Kartoffel- und $^1/_2$ Pfd. Weizenmehl mit dem Eiweißschaum daran, rührt Alles gut durch und setzt den mit einem Löffel auf Platten; es kann im Backofen gebacken werden.

Um dieses Gebäck knusprig zu halten, legte man es möglichst in eine „Kuchentrumme". Das ist ein Blechkasten zum Aufbewahren von Kuchen, worüber Storm sogar einige Verse gemacht hat. Diese Verse hat er zu seinen Lebzeiten nicht veröffentlicht. Sie galten der Mutter von Emma Mannhardt, als Emma Polterabend feierte und Storm am 30. Juni 1882 reimte:

Für Mama zu demselben Polterabend
Mit einer gefüllten Kuchentrumme

Ich weiß nicht, ob es klug oder dumm;
Aber gute Leute sagen:
Hinter dem Ofen die Kuchentrumm'
Schafft erst ein häuslich Behagen.

Zwei heimischer Meister Hände sind's,
Welche das Werk geleistet,
Vorläufigen Inhalts habe dann
Ich selber mich erdreistet.

Zu ernster Stunde ist's ein Scherz;
Doch liegt ein Ernst daneben:
Ein Gruß von mir, so oft du magst
Den bunten Deckel heben.

Emma Mannhardt (1841–1919) war eine Tochter des Wilhelm Mannhardt (1800–1890), der in Hanerau das „Mannhardtsche Knabeninstitut, eine private Schule, gegründet hatte". Am 2. Juli 1882 heiratete sie den Kaufmann Friedrich Hockmeyer.

Dem alten Familienonkel „Onkel Hahnekamm" wurden in „Zwei Kuchenesser der alten Zeit" Törtchen und Rosinen angeboten:

„Indes, der Onkel war einer von den harmlosen Kuchenessern; die Törtchen und Rosinen gehörten zu den wenigen Veilchen, die ihm zuletzt noch an seinem Wege blühten, und er befolgte nur die Mahnung des alten Liedes, sie nicht ungepflückt zu lassen. – –"

Unter dem Begriff „Törtchen" mag man diverses Kleingebäck, welcher Art auch immer, verstehen.

SANDTÖRTCHEN
(nach Doris Stender):

Kleine ausgestrichene Formen werden mit nachstehender Masse $^2/_3$ hoch gefüllt und langsam gebacken. Man rührt 1 Pfund ungesalzene Butter zu Schaum, giebt dazu $^1/_2$ Pfund Mehl, $^1/_2$ Pfund Amidam (Stärke – Anm. d. Verf.), 10 Eidotter, 1 Pfund Zucker, 1 Glas voll Muscatwein, $^1/_2$ Weinglas voll Branntwein, und rührt dies eine Stunde lang in einer Richtung; darauf giebt man das Weiße von 10 Eiern, zu Schaum geschlagen, dazu.

BROTTÖRTCHEN
(nach Doris Stender)

Zu 1 Pfund mit Rosenwasser benetzten gestoßenen Mandeln schlägt man 16 Eier eine Stunde lang, giebt dann 1 Pfund Zucker, 1 Loth Kaneel, $^1/_2$ Loth Nelken, $^1/_2$ Loth Cardomom und $^3/_4$ Pfund geröstetes und gestoßenes Schwarzbrod dazu, rührt Alles gut durcheinander und bäcket in kleinen Formen die Masse langsam gar.

Interessant ist, daß damals die Rosinen als etwas Besonderes auf den Tee- oder Kaffeetisch gehörten. Dem anderen Kuchenesser, dem Herrn „Ratsverwandte Quanzfelder", werden am Fastnachtsmorgen neben Heißewecken, die besonders „butterig" waren und die er außerdem noch mit Butter bestreicht und mit holländischem Käse belegt, Pfeffernüsse gereicht, deren Geruch ihn in Unruhe versetzt!

„Er nahm dann mit der einen Hand eine Pfeffernuß, zugleich aber mit der anderen auch den ganzen Teller und schob ihn neben sich unter das Blumenbrett auf die Fensterbank.

Gesprochen wurde nicht viel; man hörte meistens nur das Klirren der Teelöffel und das Scharren des Kuchentellers, der unter dem Blumenbrett aus- und eingeschoben wurde und unter der pflichtschuldigen Nötigung meiner Mutter sich allmählich leerte. Zuweilen geschah das Abbeißen auch nur scheinbar, und die Pfeffernuß verschwand in dem weiten Rockärmel, worauf dann plötzlich der Herr Ratsverwandte das Bedürfnis empfand, sich die Nase zu schneuzen. Das buntseidene Taschentuch wurde hinten aus der Rocktasche gezogen, und das Backwerk glitt bei dieser Gelegenheit hinein."

Herr Quanzfelder schüttete dann die restlichen Pfeffernüsse in eine Papiertüte, nahm Hut und Schirm und empfahl sich. Als dessen „größte Schandtat" beschreibt Theodor Storm amüsiert, wie dieser kuchenhungrige Onkel dem jüngsten Sohn der Gastgeber, einem kleinen Jungen, sein Stück Kirschkuchen wegnimmt und sich für zu Hause einwickeln läßt:

„Und mein Vater verlor so die Fassung, daß er ihm auch noch einen Bogen schönes weißes Papier darum gab. ‚Danke, danke, min Leeve.' Und fort ging Herr Ratsverwandter mitsamt dem Kirschkuchen; und ich sehe noch meinen Bruder mit seinem langen Gesicht auf den Kindersofa sitzen."

Pfeffernüsse, Waffeln oder gar Bratäpfel stehen für den kleinen Jungen Theodor Storm bei der märchenkundigen Lena Wies unter dem „blanken Messingstülp" auf der Ofenplatte des Bileggers, des Beilegerofens, bereit:

„... er (der Beileger-Ofen – Anm. d. Verf.), strömte auch, was nicht jeder Ofen von sich sagen kann, einen leckeren Duft aus, welcher, mit dem der Levkojen vermischt, noch jetzt in meiner Erinnerung diesen Raum erfüllt, und war überdies allezeit von einer sanften Hausmusik umgeben. Das Erstere hatte seinen Grund in einer Schüssel, je nachdem mit Waffeln, Pfeffernüssen oder Bratäpfeln gefüllt, die unfehlbar unter dem blanken Messingstülp auf der Ofenplatte warm gehalten wurden; und da von der dem Backhause nahen Küche aus geheizt wurde, so mangelte es von dort her nie am Gesange der Heimchen, der gesellig in das Zimmer hineinklang."

Waffeln gibt es von alters her von unterschiedlicher Dicke und unterschiedlicher Form. Beliebt waren die Waffeln als Neujahrskuchen, auch „Neujährchen", „Eiserkuchen" („Iisenkuuken") oder einfach „dünne Waffeln" genannt. Sie wurden hauchdünn und knusprig auf speziellen Waffeleisen auf dem offenen Herdfeuer ausgebacken und dann zu Tüten gerollt und mit Sahne oder gezuckertem Eis gefüllt. Man konnte sie jedoch auch trocken zu Tee oder Punsch genießen. Auch Storm kannte die dicken und die dünnen Waffeln.

WAFFELN
(nach Johanna Kuß)

Das Waffeleisen muß an einem sehr trockenen Orte aufbewahrt werden, und bedarf einer starken Hitze zum Abbacken, so daß Torffeuer allein nicht genügt. Bei Erhitzung des Eisens wird es inwendig wiederholt mit Speckschwarte eingerieben und wenn es tüchtig heiß ist, die eine Seite mit Teig gefüllt, rasch zugeklappt und auf's Feuer gelegt, bis die Seite braun ist. Dann wendet man das Eisen auf dem Feuer, und ist auch die andere Seite gut braun, so nimmt man die Waffel rasch vermittelst eines Messers heraus und hält sie warm auf einer mit Papier belegten Röste, doch dürfen die Waffeln beim Warmhalten nicht auf einander gelegt werden. Fortfahrend bestreicht man jedes Mal das Eisen mit Speckschwarte. Für Sparherde giebt es besondere Waffeleisen, die zu empfehlen sind.
Die Waffeln müssen möglichst rasch zu Tisch gegeben werden.

TÜTEN MIT SCHAUM
(nach Johanna Kuß)

Man nehme 10 ganze Eier und rühre sie mit $^1/_2$ Liter Rahm und 250 gr ($^1/_2$ Pfund) Zucker zu Salbe, dann rühre man 425 gr. feines Mehl hinzu und würze mit Kaneel und Cardamom. Das Eisen wird gut heiß gemacht, mit Speck ausgestrichen, und wenn es eingezogen ist, ein kleiner Löffel voll Teig hineingethan, zugedrückt und auf beiden Seiten hell braun gebacken, der Rand abgeputzt, ausgenommen und rasch zur Tüte gedreht. Bei einander gelegt, werden diese Tüten, wenn sie erkaltet sind, mit Rahmschaum gefüllt und gleich zu Tisch gegeben.
Oder man nehme 500 gr. (1 Pfund) feines Mehl, 250 gr. Zucker, 200 gr. abgeklärte Butter, 2 Eier, etwas abgeriebene Citronenschale und etwas Zimmt. Der Zucker wird in einer Tasse Wasser aufgelös't und, wenn es erkaltet ist, das Uebrige hinzugerührt.
Sonst wie oben.

Schneeschlag-Maschine 1878

IISENKUUKEN
(Hausrezept der Verfasserin)

125 g Butter, 4 große Eier, 250 gr. Zucker, 1 Eßl. Rum, 1 Teel. gemahlenen Zimt, 200 gr. Weizenmehl, 1 Prise Salz.

Hieraus bereitet man einen Teig, den man auf die eingefetteten Eisen nicht zu dick gibt.

NEUJAHRSKUCHEN ZU TÜTEN GEDREHT
(Hausrezept der Verfasserin)

250 gr. Kandis, $^3/_4$ l heißes Wasser, 500 gr. Mehl, 1 Prise Salz, 1 gehäufter Teel. Anispulver, 1 gehäufter Teel. Kardamompulver, Vanille und eventuell geriebene Zitronenschale, eventuell 1 Teel. Zimt, 200 gr. Butter, 2 Eier.

Zubereitung: Den Kandis in heißem Wasser auflösen, die Butter schmelzen und mit den Eiern, der Zuckerlösung, dem Mehl und den Gewürzen gut verrühren. Den Teig löffelweise in das heiße gefettete Eisen geben und nach dem Backen noch warm zu Tüten drehen. Hierzu ein kräftiger Tee, Punsch oder Grog.

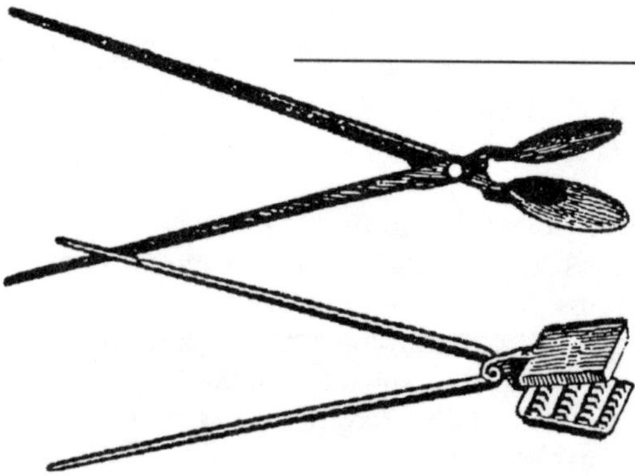

Man bereitete jedoch auch einen ganz festen Teig, den man zu einer kleinen Kugel formte. Diesen gab man in Waffeleisen mit sehr langen Stielen, die in den Ofen gesteckt wurden. Sie waren relativ schwer und mußten von den Männern eines Haushalts in das offene Feuer gehalten werden. Diese Neujahrskuchen-Eisen waren jahrhundertelang in Mittel-, West- und Südwesteuropa ebenso anzutreffen, wie in Skandinavien. Sie wurden bereits im 16. Jahrhundert bei den niederländischen Malern Hieronymus Bosch und Peter Brueghel abgebildet. Die Zutaten richteten sich nach der Landschaft und den ökonomischen Möglichkeiten der Hausfrau. So findet man Rezepte mit gesichtetem (gesiebtem) Roggenmehl, sogar Gerstenmehl, Honig oder Sirup, Schmalz, Butter, Milch oder Wasser. Eier und Gewürze, vor allem Anis, durften nicht fehlen. Im Laufe der Jahrhunderte überwog das Weizenmehl, das einen feineren Geschmack vermittelt.

NEUJAHRSKUCHEN
(nach Lina Rickert, Bad Segeberg)

200 gr. Butter, 250 gr. Zucker, 4 Eier, 500 gr. Weizenmehl, etwas Anis, etwas Zimt, einige Eßlöffel abgekochten Wassers.

Man formt aus dem Teig teelöffelweise große Kugeln, die man zwischen die mit Speckschwarte eingefetteten Eisen legt, und vorsichtig zusammendrückt. Hierbei entsteht ein leises Geräusch, das dem Kuchen den Namen „Kniep" – oder „Piep-Koken" verlieh. Dann schiebt man die Waffeleisen in das glühende Ofenloch. Oder sie werden zwischen zwei eiserne Roste geklemmt, auf oder unter denen sich Torf oder Holzkohle befindet. Man läßt die Waffeln dann erkalten und serviert sie nun oder dreht sie noch heiß zu Tüten, läßt diese kalt werden und füllt sie kurz vor dem Anrichten mit Schlagsahne.

Beim Backen sollte man bei den langstieligen Eisen „dreiundzwanzig, vierundzwanzig, fünfundzwanzig" zählen, das Eisen auf die andere Seite drehen und erneut zählen. Dann sind die Kuchen fertig.

Bei Storm heißen die knusprigen dünnen Waffeln aber anders:

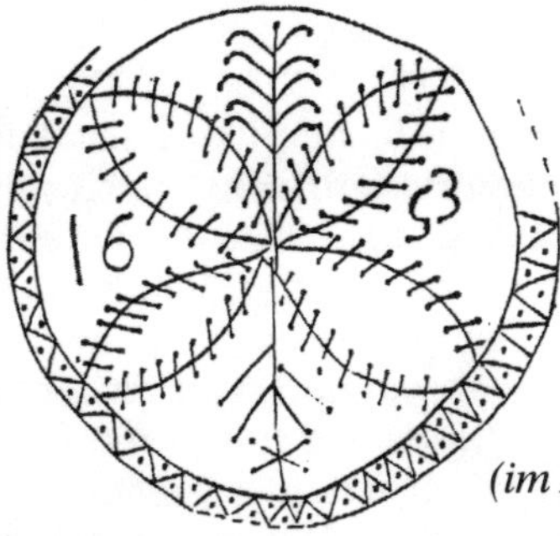

Neujahrskuchen-Eisen von 1653 (im Alt-Segeberger Bürgerhaus)

Am 15. September 1863 teilt Storm Ludwig Pietsch aus Heiligenstadt mit, daß die Familie bei Tee und „Oblätter" zusammengegessen habe, um seinen sechsundvierzigsten Geburtstag am 14. September bescheiden zu feiern. Das Zitat wurde bereits oben wiedergegeben. Hierbei handelt es sich um die dünnen harten Waffeln, die, wie bereits erwähnt, auch „Isenkook" oder „Eisenkuchen" genannt werden und in der Form den sogenannten „Karlsbader Oblaten" gleichen. „Karlsbader Oblaten" werden aus einem Weizenmehlteig in besonderen, verzierten eisernen Formen hergestellt und mit einer Mischung aus Mandeln, Nüssen und Zucker gefüllt. Sie sind etwa untertassen- bis frühstückstellergroß. Ursprünglich stammt der Begriff der Oblate aus dem klerikalen Bereich. Man nannte die dem Kloster übergebenen Kinder, die sogenannten Klosterkinder, im Mittelalter „Oblaten" (Dargebrachte). Auch werden einige Laienbrüder und -schwestern einiger katholischer Orden, das heißt klösterliche Mitglieder, die keine Weihe erhalten haben, so genannt. Die geweihte Oblate dient beim Abendmahl zur Darreichung der Hostie und ist ursprünglich aus einem neutralen ungesäuerten Weizenmehlteig hergestellt worden. Heute werden Oblaten überwiegend in der Weihnachtsbäckerei als Untergrund für Elisenkuchen, Mandelmakronen pp. verwendet, um das Anbacken am Backblech zu verhindern.

Johanna Mestorf (1828–1909), die erste weibliche Professorin Preußens und Direktorin des vaterländischen Museums in Kiel, hat in der Zeitschrift „Die Heimat" im Jahre 1892, wie bereits vermerkt, in Kiel einen umfänglichen Aufsatz über das landesübliche Backwerk in Schleswig-Holstein verfaßt. In der Arbeit schreibt sie zu dem Begriff „Eisenkuchen":

„Isenkok, in der Form den sogen. Karlsbader Oblaten gleichend, entweder aus Weizenmehl, Rahm, Eiern und Gewürz bereitet (Westküste) oder aus gesiebtem Roggenmehl und Syrup mit einem Zusatz von Pottasche. Das Eisen, in welchem sie gebacken werden, gleicht dem Waffeleisen, jedoch mit flachen, tellerförmigen Platten, statt der gefensterten Rechtecke. Auf der einen Platte pflegte eine Inschrift angebracht zu sein, auf der anderen eine bildliche Darstellung. Nachdem die Eisen mit einer Speckschwarte oder mit zerlassener Butter gefettet, wurde ein Löffel voll Teig daraufgegossen, das Eisen geschlossen und auf die Kohlenglut gelegt.

In Wankendorf (Holstein) fand man vor kurzem in den Bauerhäusern noch solche Eisen aus dem 16., 17. Jahrhundert, die jetzt leider an fahrende Händler verkauft sind."

Daneben gab es die etwas dickeren Waffeln, für die es auch eine große Zahl von Rezepten gibt und die heute überwiegend gemeint sind, wenn man von „Waffeln" spricht.

WAFFELREZEPT
(nach Johanna Kuß)

Der Teig wird angerührt wie folgt:
6 Eidotter schlägt man tüchtig, giebt 125 gr. geschmolzene Butter, kaum $^1/_2$ Liter Rahm, 220 gr. Mehl und zuletzt den Schaum der Eier hinzu.

Den von dem „Kuchenesser" unrechtmäßig verzehrten Kirschkuchen liebt Storm aus eigener Erfahrung, denn er schreibt am 23. Juli 1868 dem Sohn Hans:

„Heute ist Großmutters Geburtstag, eben komme ich daher. Alles kleine Doktorische (Familie des Dr. Aemil Storm – Anm. d. Verf.) und unsrige Gesindel saß gratulierend und kuchenessend um Großmutter herum. Heute abend sind die Älteren, Eltern und Kinder dort, und es gibt Kirschkuchen aus eignen Schattenmorellen."

KIRSCHTORTE
(nach Doris Stender)

Man macht von Mehl und Butter, von jedem $1^1/_2$ Pfund, einen Blätterteig, breitet diesen in die Tortenpfanne, legt darauf $1^1/_4$ Pfund entkernte Kirschen, welche man $^1/_2$ Stunde vorher mit Zucker und Kaneel bestreut und wovon man die Feuchtigkeit hat ablaufen lassen, setzt einen Rand auf und backt die Torte $^1/_2$ Stunde. Auf den Tortendeckel legt man $^1/_2$ Stunde vorher schon Feuer, damit er recht heiß wird.

KIRSCHTORTE
(nach Julie Köller)

Man rührt 12 Neuloth (120 g – Anm. d. Verf.) Zucker mit 8 Eigelb dick, giebt dazu 16 Neuloth (160 g) fein geschnittene Mandeln, 7 Neuloth (70 g) gestoßenen, mit Kirschsaft angefeuchteten Zuckerzwieback, $^1/_2$ Löffel feingestoßenen Kaneel und Nelken und das zu festem Schnee geschlagene Weiße der acht Eier. Dann giebt man die kleinere Hälfte des Teiges in eine angestrichene und mit Zwiebackkrumen ausgestreute Form, belegt ihn gut mit frischen oder eingemachten entkernten Kirschen, die andere Hälfte des Teiges darauf und bäckt die Torte bei mäßiger Hitze 1 Stunde. Man überzieht sie mit einer Punsch- oder Wasserglasur.

In Heiligenstadt formiert sich alsbald eine stattliche Anzahl von Familien, die abends ihren Salon abwechselnd öffnen. Serviert wird nur Tee und trockener Kuchen, und man nennt diese Veranstaltung „Römischer Abend". Storm beschreibt diesen seiner Mutter am 9. Dezember 1861:

„Es haben sich nämlich etwa zwanzig der ersten Familien hier in der Weise zusammengetan, daß jeden Donnerstagabend bei einer derselben ‚die Salons' geöffnet sind; man geht und kommt, wie man lustig ist, ohne allen Zwang, aber es gibt nichts als eine Tasse Tee und ein Stück Syster- oder Platenkuchen. ‚Römischer Abend' ist dies Ding getauft . . . es ist eigentlich das Hübscheste, was ich an Geselligkeit seit lange gefunden, und dabei wohlfeil."

Syster- und Platenkuchen sind gerade in Norddeutschland seit alters her sehr beliebt, wobei das Wort Systerkuchen von Schwestern, d. h. wohl von „Kaffeeschwestern" kommt.

FEINER SYSTERKUCHEN
(nach Julie Köller)

Zu $37^1/_2$ Neuloth ($^3/_4$ Pfund) schaumig gerührter Butter mischt man 1 Eigelb, 1 Löffel Zucker und 1 Löffel Mehl, verrührt es gut und wiederholt dies so oft, bis 12 Eigelb, 15 Neuloth (9 Loth) (150 gr. – Anm. d. Verf.) Zucker und $^1/_2$ Kilogr. Mehl mit der Butter vermengt sind: zuletzt gibt man das übrige Mehl, 5 Neuloth (3 Loth) (50 Gramm) feingestoßene süße und einige bittere Mandeln, 1 Teelöffel Salz, feingewiegte Citronenschalen, Muskatblüthe, den Schnee von 6 Eiern und 2 Neuloth (20 Gramm) verrührten, aufgegangenen Geest dazu und knetet daraus mit der nöthigen Milch einen glatten Teig, giebt ihn in eine mit Butter ausgeschmierte Form und bäckt ihn nach dem Aufgehen bei mäßiger Hitze in 1 Stunde gar.

SCHWESTER-, TIEGEL-, TOPF- ODER ASCHKUCHEN
(nach Doris Stender)

Wenn man 3 Kannen Mehl erwärmt hat, so wird daraus mit 1 Pfund weicher Butter, 6 Loth Zucker, 4 Loth bittern Mandeln, 6 Eiern, Muskate, gutem Gäst, kleinen und großen Rosinen und der nöthigen Milch ein nicht sehr fester Teig geknetet und mit einem hölzernen Rührlöffel stark hin und hergerührt. Nun füllt man mit diesem Teige eine thönerne oder kupferne Form, die vorher mit zerlassener Butter dick ausgestrichen worden ist, etwas über die Hälfte an, und stellt sie so lange an einen warmen Ort, bis der Teig gut aufgegangen ist. Dann bestreicht man den Kuchen mit Butter und backt ihn schön braun. Wenn er gebacken ist, wird er umgestürzt und mit Zucker und Kaneel bestreut.

GEST-GEBACKENES
(nach Johanna Kuß)

Vorerinnerung

Das Mehl für solch Gebackenes muß warm und trocken gehalten werden. Man gibt den Gest zuletzt an den Teig.
Geht der Teig zu hoch, so muß er mit etwas Mehl umgearbeitet werden und darnach wieder gehen.
Ueberhaupt ist es dem Teig vortheilhaft 2 Mal bearbeitet zu werden.
Gestgebackenes erfordert einen heißen Ofen.

SÜSTERKUCHEN
(nach Johanna Kuß)

16 ganze Eier werden tüchtig geschlagen und langsam hinzugerührt $^3/_4$–$^5/_4$ Pfund abgeklärte Butter, 2 Pfund gutes, trockenes Mehl, $^1/_4$ Pfund Rosinen, $^1/_4$ Pfund Korinthen, nach Belieben Kaneel, Cardamom und kleingeschnittene Succade. Zuletzt gebe man 3 Löffel voll Gest in $^1/_4$ Quartier Rahm aufgelöst hinzu.
Einige Stunden geht der Kuchen, darnach wird er gebacken.

SOESTER-KUCHEN
(nach Charlotte Lönne)

Die Hälfte von einem Pfd. Mehl wird mit warmer Milch und etwas Geest steif angerührt und sodann an einen warmen Ort, zum Aufgehen gesetzt. Wenn dieses geschehen wird 1/2 Pfd. zu Salbe gerührte Butter, das Gelbe von 7 bis 8 Eiern, (das Weiße wird zu Schaum geschlagen) Cardamom, das andere Mehl, Rosienen und Corinthen zu dem aufgegangenen Teig gerührt und zuletzt der Eierschaum daran gegeben. Die Masse muß stark zusammengerührt und in einer Form gebacken werden.

SCHWESTERNKUCHEN
(Hausrezept der Verfasserin)

30 gr. Hefe, etwa 1/4 l Milch, 1 Teel. Zucker, 250 gr. Butter, 150 gr. Zucker, 3 Eier, abgeriebene Schale einer Naturzitrone, 1 Messerspitze Kardamom, 1 Prise Salz, 500 gr. Mehl, 150 gr. Rosinen oder Korinthen, 100 gr. feingehackte Sukkade, Puderzucker zum Bestäuben.

Zubereitung:
Die Hefe wird mit der Hälfte der lauwarmen Milch und dem Teelöffel Zucker verrührt. Dann läßt man sie in einer Schüssel unter einem sauberen Geschirrhandtuch an einem warmen Ort aufgehen. Butter, der restliche Zucker, Eier, Zitronenschale, Kardamom und Salz werden ebenfalls verrührt. Nach und nach wird das Mehl untergegeben und die aufgegangene Hefe unter den Teig gemischt. Der Teig wird gut geschlagen, bis er Blasen wirft. Zum Schluß werden die gewaschenen Rosinen und die Sukkade daruntergehoben. Nun wird er an einem warmen Ort nochmals 1 Stunde zum Aufgehen hingestellt und dann in eine mit Butter ausgestrichene runde Kuchenform gegeben. Er soll jetzt nochmals aufgehen. Danach die Kuchenform auf den Rost stellen und bei vorgeheiztem Backofen bei 200 Grad (oder Stufe 3) 50 bis 60 Minuten abbacken. Den Kuchen auf ein Kuchenrost stürzen und erkalten lassen, mit Puderzucker bestäuben.

PLATTENKUCHEN
(Hausrezept der Verfasserin)

*500 gr. Butter, 500 gr. feiner Zucker, 8 Eigelb, 375 gr. Mehl, 1 Messerspitze Kardamom, 50 gr. gehackte Sukkade, 8 Eiweiß.
Zum Bestreuen 50 gr. Mandelplättchen, 2 bis 3 Eßl. Zucker.*

Zubereitung:
Die Butter, der Zucker und das Eigelb werden zusammen sahnig gerührt, nach und nach wird das Mehl, Kardamom und Sukkade hinzugefügt. Zuletzt wird vorsichtig der steife Eierschnee daruntergehoben. Die Teigmasse wird auf ein mit Butter bestrichenes Backblech gestrichen und mit Zucker und den Mandelblättchen bestreut. Das Backblech wird in die Mitte des gut vorgeheizten Backofens geschoben und bei 200 Grad (oder Stufe 3) 35 bis 45 Minuten gebacken. Nach dem Backen wird der etwas erkaltete Kuchen mit einem scharfen Messer in schmale Streifen geschnitten. Diese können einige Tage in einer gut schließenden Blechdose kühl aufbewahrt werden.

Verspeiste man nach einer, wie Storm meint, „verrückten Beliebung" auf den Römischen Abenden in Heiligenstadt einen derben Teekuchen, so ist dieses, um mit Fontane zu sprechen, „ein weites Feld". Teekuchen ist letztlich nur die Oberbezeichnung für trockenen Kuchen zum Tee, von unterschiedlicher Geschmacksart. Er ist immer trocken und süß.

THEEKUCHEN
(nach Julie Köller)

Von 20 Neuloth (200 Gramm – Anm. d. Verf.) Mehl, 7 Neuloth Butter, $3^1/_2$ Neuloth Vanillezucker, 3 Löffel Rum und 2 Eigelb wird ein Teig bereitet, mit den Händen rund ausgerollt und in verschiedenen Formen als Kringel, Kränzen, Brödchen etc. bei schneller Hitze gebacken.

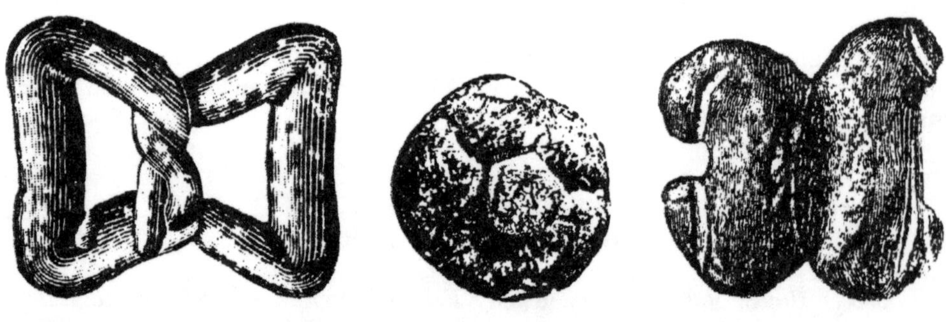

KLEINE THEEKUCHEN
(nach Charlotte Lönne)

Man nehme 1 Pfd. Mehl, $^3/_4$ Pfd. Butter, $^1/_4$ Pfd. Zucker, 2 Eier und 2 Löffel Wasser, lege das Mehl auf den Backtisch, mache in der Mitte eine Oeffnung, schüttet die Eier und Wasser darin und schlage es kurz, dann gebe man die Butter, den Zucker und etwas Cardamom daran, arbeite Alles gut zusammen, rolle es aus, stecke kleine Kuchen davon ab und backe solche.

THEE-KUCHEN ANDERER ART
(nach Charlotte Lönne)

Es wird 1 Pfd. Mehl auf den Backtisch gelegt, in der Mitte eine Höhlung gemacht und das Gelbe von 4 Eiern, imgleichen so viel Wasser, als 2 Löffel fassen, daran gegeben; dieses wird durchgerührt und dann $^3/_4$ Pfd. ausgewaschene Butter hinzu gethan und mit dem Uebrigen durchgearbeitet; ist der Teig recht zähe, gibt man das Eiweiß daran. –
Der Teig wird dünn ausgerollt, zu kleinen Kuchen abgestochen, gebacken und mit Zucker bestreut.

Als der junge Storm, nach seiner Rückkehr aus Berlin, wieder in Kiel studiert, wohnt er 1841 bei einem Bäckermeister Andersen.

Hier ist er Zeuge einer reizenden Szene, die er flugs seinem damaligen Schwarm Bertha von Buchan mit dem 31. Januar weitererzählt:

„Vor der Bäckerbude … kam ein Mann, um Brot zu kaufen, seinen kleinen Buben an der Hand. Die Tochter vom Hause gibt dem Kleinen zwei Pfeffernüsse (wie man sagt) ‚auf zu'; und wie nun der Vater den Knaben zum Danken ermahnt mit den Worten: ‚Wat segst du nu ock?' so antwortet das Büblein: ‚Dat sind man wenig!' "

Als Constanze als junge Ehefrau in Husum in der Neustadt 56 ihre erste Gesellschaft mit dreiunddreißig Personen gibt, reicht sie unter anderem Linzer Kuchen, wie sie ihrer Mutter berichtet. Gertrud Storm gibt den Brief, ohne Datum, auszugsweise in „Theodor Storm. Ein Bild seines Lebens" wieder:

„… Dann wurde gegessen: ein Auflauf, belegte Butterbröte und zuletzt ein Linzer Kuchen. Nach dem Essen wurde getanzt, und um $1^1/_2$ Uhr ging die Gesellschaft auseinander."

LINZER TORTE
(nach Doris Stender)

Man reibt 1 Loth geschälte Mandeln mit Wasser recht fein, wirkt sie dann mit 1 Pfund gestoßenem Zucker, 1 Pfund frischer ungesalzener Butter, $^1/_2$ Pfund feinem Mehl und etwas abgeriebener Citronenschale zusammen, walzt diese Masse dünne aus, schneidet eine runde Platte davon und setzt einen runden Rand darauf. Alsdann belegt man sie mit irgend einer eingemachten Fruchtart, schneidet von der ausgewalzten Masse Streifen, legt sie gegittert darüber, bestreicht solche und den Rand mit geschlagenem Eigelb und backt die Torte bei gelindem Feuer.

LINZER TORTE
(nach Johanna Kuß)

6 ganze geschlagene Eier rührt man mit 1 Pfund Butter gut durch, thut dann 1 Pfund geriebenen und gesiebten Hutzucker, 1 Pfund gestoßene Mandeln (worunter 2 Loth bittere) und 1 Pfund feines Mehl hinzu. Hiervon legt man eine Lage Teig auf ein wohlbestrichenes Blech, legt in die Mitte etwas Frucht-Gelee und darauf den übrigen Teig, und backt den Kuchen ungefähr eine halbe Stunde.

LINZER TORTE
(nach Julie Köller)

Auf ein Küchenbrett werden $^1/_4$ Kilogr. ($^1/_2$ Pfund) Butter, gleiche Quantitäten Zucker, Mehl und Mandeln, 4 Löffel Chocolade, 1 Theelöffel Kaneel, eben so viel Nelkenpfeffer und die Schalen einer Citrone gelegt, dadurch vermischt, daß man es mit dem Rollholz öfter auseinander drückt, und mit Citronensaft und 2 Eiern ein Teig daraus gemacht. Ist die Butter sehr weich, so darf man nur 1 Ei nehmen. Den Teig theilt man dann in 3 Theile, formt 2 davon rund, rollt den 3ten Theil halbfingerdick aus, schneidet ihn in fingerbreite Streifen, bestreicht einen der beiden ersten Theile mit Eingemachtem, legt die Streifen wie geflochten darauf, bestreicht sie mit Ei, und bäckt beide Theile mit einem mit Butter bestrichenen Papierrande bei gelinder Hitze, den dünnen $^1/_2$ Stunde, den dickeren 1 Stunde, streicht auf ersteren Eingemachtes und legt die dickere Hälfte darauf. Nach Belieben belegt man die Torte mit eingemachten Früchten und verziert sie mit einer Zuckerglasur.
Einfacher kann man sie bereiten, indem man 38 Neuloth ($^3/_4$ Pfund) Mehl, 25 Neuloth ($^1/_2$ Pfund) Zucker, $12^1/_2$ Neuloth ($^1/_4$ Pfund) Butter und eben so viel Mandeln, 1 Theelöffel Kaneel und Nelkenpfeffer, eine Messerspitze Nelken und 3 Eier dazu verwendet.

Dem Freund Hartmuth Brinkmann teilt Storm aus Heiligenstadt am 24. März 1857 mit:

„Da halten wir denn nun seit einiger Zeit des Nachmittags Bureaustunde in meinem Zimmer ... Dabei wird Thee und Prophetenkuchen verabreicht."

Ist uns auch heute eine törtchenartige Form des Gebäckes, mit einer kleinen Teigkugel darauf, geläufig, das man auch „Brioche" nennt, backte man im Jahre 1874, zumindest in Schleswig, diesen Kuchen ganz anders, nämlich als Blechkuchen, der mit eingemachtem Obst gefüllt wurde.

„Briochen" hingegen wurden auch „Apostelkuchen" genannt. Diese stellt man aus Hefe in Form eines großen Balles her, auf dem oben als Verzierung eine kleine Teigkugel kam, somit in groß genau in der Form, wie man es heute in klein als Backware angeboten erhält.

PROPHETENKUCHEN
(nach Julie Köller)

Aus 13 Neuloth (130 g – Anm. d. Verf.) Butter, ebenso viel Mehl, 10 Neuloth Zucker, 5 Neuloth feingestoßenen Mandeln, 1 Eigelb, dem Saft und den feingewiegten Schalen einer halben Citrone und 1 Löffel Rahm wird ein Teig gemacht, messerrückendick ausgerollt, in 2 gleich große Theile geschnitten, der eine mit in feine Scheiben geschnittenen Mandeln und Zucker bestreut und beide auf 1 Blech gebacken; dann bestreicht man die andere Hälfte mit Eingemachtem, legt beide übereinander und schneidet den Kuchen in beliebig große Stücke.

Eine Husumer Sitte war das Verteilen von Butterkringeln bei einem Begräbnis. In der Erzählung „Am Kamin" verstirbt eine alte Dame aus einer ehemals reichen holländischen Familie, die der Erzähler als Knabe ab und zu besuchen durfte. Anläßlich des Leichenschmauses gibt es das leckere Gebäck:

„Dann nach einigen Tagen kam die Begräbnisfeier; ich verspeiste mit großem Appetit die leckeren Butterkringel, die beim Leichenschmaus in der Nachbarschaft verteilt wurden, und sah von unseren Treppensteinen aus, den mit schwarzem Tuch bezogenen Sarg aus dem alten Hause hinaus- und die lange Straße hinabtragen."

BUTTERKRINGEL
(nach Julie Köller)

Aus $1/4$ Kilogr. Butter, ebenso viel Zucker, $1/2$ Kilogr. Mehl, den feingewiegten Schalen einer halben Citrone oder Apfelsine und 2 Eigelb wird auf dem Küchenbrette ein Teig gemacht, derselbe in kleinen Quantitäten mit den Händen rund ausgerollt und Kringel daraus geformt, welche man mit Zuckerwasser bestrichen hellbraun bäckt.

Kringel werden nicht nur als kleines Gebäck hergestellt, sondern ein großer Kringel ersetzt auch einen ganzen Kuchen. So berichtet Storm an Erich Schmidt über seinen Geburtstag am 14. September 1882 aus Hademarschen:

„Da haben wir denn die Bescheerung nebst Morgentheestunde hinter uns; der imponirende Geburtstagskringel und das bekränzte, mit heitern Kleinigkeiten bedeckte Geburtstagstischchen fehlten nicht."

Und in Erinnerungen an den ehemaligen Amtssitz des Scharfrichters in Husum, Osterende 4, der Fronerei, deren gewölbter Gefangenenkeller noch erhalten ist, erzählt Storm in „Wie den alten Husumern der Teufel und der Henker zu schaffen gemacht":

„Jetzt ist die alte Fronerei zu zwei bürgerlichen Häusern umgebaut; in dem einen hat sich ein Bäcker eingerichtet, der in der ganzen Stadt die lachendsten Kringel backt".

GEFÜLLTER KRINGEL
(nach Luise Keck)

770 Gramm Mehl, 250 Gramm Butter, 64 Gramm Zucker, 60 Gramm Gest, 4 Eigelb, Zitronenschale und $1/2$ Liter erwärmte Milch

werden zu einem festen Teig verarbeitet. Nachdem die Masse gut aufgegangen, rollt man auf einem Backbrett den Teig aus, bestreut ihn mit gehackten Mandeln, kleinen Rosinen oder Korinthen, geschnittener Sukkade, Zucker und, wenn man will, etwas Vanille. Dann wird der Teig locker aufgewickelt; zu einem Kringel auf der Platte geformt, muß dieser nochmals aufgehen, wird mit Eiweiß bestrichen und mit gehackten Mandeln und Zucker bestreut. Man backt ihn bei guter Hitze $1/2$–$3/4$ Stunde.

HERMELINTORTE
(nach Johanna Kuß)

20 Eidotter werden mit 125 gr. feingeriebenem Zucker recht lange gerührt und nach und nach kaum $^1/_2$ Liter dicker Rahm, sowie Saft und Schale von 2 Citronen dazu gegeben. Diese Masse thut man in eine Kuchenform und backt sie steif. Währenddessen ist der Schaum von 20 Eiern mit 325 gr. Zucker steifgeschlagen und über den Kuchen auf dem Feuer oder im Backofen gegossen und noch eine kleine $^1/_2$ Stunde langsam gebacken. Mit eingemachten Sachen, d. h. Früchten oder Gelee, kann die Torte belegt werden.

HERMELINKUCHEN
(nach Doris Stender)

Man schlage 16 Eigelb stark, rühre sie dann $^1/_4$ Stunde nach einer Seite, gebe 2 Hände voll feinen Zucker, 2 Citronenschalen und Saft dazu, und rühre die Masse wieder $^1/_4$ Stunde. Nun gebe man langsam $^1/_2$ Bouteille gekochten, kaltgerührten Rahm dazu und backe den Kuchen $1^1/_2$ Stunden; wenn derselbe erkaltet ist, wird Rahmschaum und Fruchtsaft darauf gelegt. Backt man die Masse in Butterteig, so muß das Eiweiß zu Schaum geschlagen werden, wenn dann der Kuchen beinahe gar ist, gebe man den steifen Schaum darauf und backe ihn hellbraun.

Von der Schwester seines Potsdamer Kreisgerichtsdirektors Karl Gustav von Goßler (1810–1885), der Pianistin und Komponistin Klara Goßler (1827–1864), die Patentante von Lucie Storm wurde, erhält Storm mehrfach eine Schachtel oder eine Schüssel voll „Annettenkuchen“ oder „Tante-Nettenkuchen“, die sie, wie Storm am 13. September 1859 Schwiegervater Esmarch mitteilt „vortrefflich zu fabrizieren weiß“. Im Herbst des Jahres 1858 überreichte sie Storm zum ersten Mal diese Kuchen, worauf dieser seinem Vater am 29. September 1858 tiefsinnig mitteilt:

„Da schmeckte ich denn deutlich, ‚wie süß die Poesie ist‘.“

Ob Klara Goßler, die Gedichte von Storm vertonte, nun noch mit zweitem Namen Annette hieß und der Kuchen nach ihr benannt wurde, konnte die Verfasserin nicht ermitteln! Die Bezeichnung „Annettenkuchen" findet sich auch in keiner der der Verfasserin zugänglichen Rezeptsammlungen. Etwas anderes ist es mit dem Hermelinkuchen. Diesen versteht Tochter Lisbeth Haase, als ihr Ehemann Pastor in Grube wird, anläßlich des Visitationsessens, unter Anwesenheit von Propst und Landrat, vortrefflich zu backen.

In Heiligenstadt macht Storm dann mit den Hamburger Plätzchen Bekanntschaft, die ihm die Frau des Freundes Otto Speckter schickt. Der Begriff „Keks" kommt ohne Zweifel von dem englischen „Cake" und hat dann über Großbritannien nach Hamburg kommend seinen Weg gefunden. Storm belustigt sich noch über die Aussprache und weiß auch nicht so recht, wie man dieses Wort schreibt. So fragt er bei Otto Speckter mit Brief vom 28. November 1863 an:

„Sie (Doris Storm – Anm. d. Verf.) grüßt freundlichst, leider noch immer unbekannter Weise, Sie und Ihre Frau und dankt für die netten – wie werden die Dinger nur geschrieben? – Keaks, Kacks, Kieks? – ich weiß nicht aber sie haben vortrefflich geschmeckt."

Otto Speckter, Kuchen und Brot

KIEKS
(nach Johanna Kuß)

4 Lot (70 gr.) Butter werden zur Salbe gerührt, $^1/_4$ Quatier ($^1/_4$ Liter) Rahm sowie 1 Pfd. feines Mehl und etwas gesiebter Zucker, hinzugethan. Dann bearbeitet man den Teig eine Stunde, rollt ihn aus und sticht mit einem Weinglase Kuchen daraus, die sehr hell gebacken werden müssen.

Jahre später weiß Storm immer noch nicht, wie dieses Gebäck geschrieben wird, und er läßt seine Tochter Lisbeth aus Hademarschen am 5. Juli 1887 mit folgendem Schlußwort seines Briefes grüßen:

„Und so grüß' ich Euch alle herzlich, Gustav junior und Lite und Nanna, von deren an Großmutter geschenkten Kakes (richtig geschrieben?) wir gestern noch wehmütig gegessen haben, und sage: Auf Wiedersehen zum 14. September! Herzlich Euer Vater Th. Storm."

KAKES
(nach Julie Köller)

Man rührt 10 Neuloth (6 Loth) (100 g – Anm. d. Verf.) Butter schäumig, giebt dazu $^1/_4$ Liter Rahm, $^1/_2$ Kilogr. Mehl, 10 Neuloth Zucker, verarbeitet dies recht gut zu einem Teig, welchen man entweder theelöffelweise auf eine Kuchenplatte giebt, oder ausrollt und in verschiedenen Formen aussticht.

In der Novelle „Auf dem Staatshof" macht uns Storm noch mit einer weiteren Gebäcksorte vertraut:

„Ich dachte nichts als Anne Lene; und als ich ihr am Montage darauf ein vergessenes Arbeitskörbchen in's Haus brachte, hatte ich es zuvor ganz mit Zuckerplättchen angefüllt, deren Ankauf mir nur durch Aufopferung meiner ganzen kleinen Barschaft möglich geworden war."

ZUCKERPLÄTTCHEN
(nach Johanna Kuß)

5 Eidotter und 2 Eiweiß werden mit 250 gr. Zucker, 8 gestossenen Nelken und etwas geriebener Citronenschale, sowie 250 gr. feinem Mehl tüchtig gerührt und der Teig mit einem kleinen Löffel auf die Platten gesetzt.

ZUCKERPLÄTZCHEN
(nach Julie Köller)

Nachdem man 2 Eiweis zu festem Schnee geschlagen hat, mischt man so viel feinen Zucker darunter, daß es ein fester Teig wird, rollt denselben aus und bäckt bei sehr schwacher Hitze beliebige Formen daraus.

Ein Apfelkuchen, dessen Rezept Doris Storm an Helena Wachs (1831–1889), geb. Mannhardt, Ehefrau des Dr. Hans-Heinrich Wachs, Arzt und Gutsbesitzer in Hanerau, gegeben hat, ist in derem handgeschriebenen Kochbuch erhalten geblieben und durch die Ehefrau ihres Urenkels, Frau Christiane Niemöller, freundlicherweise übermittelt worden.

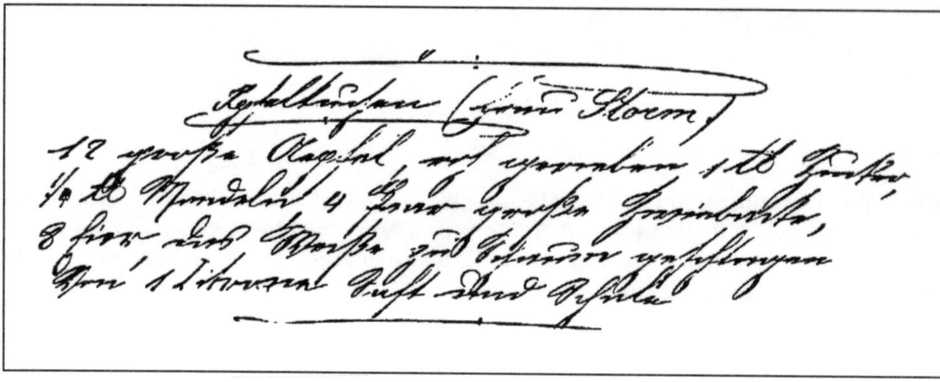

APFELKUCHEN
(Frau Storm)

12 große Aepfel, roh gerieben, 1 Pfd. Zucker, 1/4 Pfd. Zucker, 1/4 Pfd. Mandeln, 4 Paar große Zwiebacke, 8 Eier, das Weiße zu Schnee geschlagen, von einer Citrone Saft und Schale.

Die Verfasserin hat den Kuchen ausprobiert und festgestellt, daß 100–125 g weniger Zucker genügen und man noch ein Fläschchen Zitronenöl zufügen sollte. Man backe den Kuchen ca. 2 Stunden bei 200° C; in der letzten halben Stunde wird der Kuchen mit Alu-Folie abgedeckt, um ein zu starkes Bräunen zu verhindern. Man serviere den Kuchen, etwa als Nachtisch, lauwarm, nie kalt und reiche dazu ungesüßte Schlagsahne.

Etwas ganz besonderes war eine Konditortorte, die ein hohes Maß an Zuckerbäckerkunst erfordert. Die Krone war hierbei natürlich eine mehrstöckige Hochzeitstorte. Zu den unterschiedlichsten Anlässen stellten die Konditoren Torten mit Makronenmasse und Zuckerornamenten, nebst Marzipanröschen und Tauben aus einer Tragantmasse her. In der Novelle „Auf dem Staatshof" wird eine derartige Torte ansatzweise beschrieben:

„... denn Wieb teilt zum Dessert noch die Zuckertauben von einer Konditortorte zwischen uns; nur scheint es nicht ganz unparteiisch herzugehen, denn Anne Lene erhält immer die Hahnenschwänze und die Kragentauben."

Eine klassische Torte mit Tauben nebst einer entsprechenden Zeichnung als Dekorationsbeispiel vermittelt der Pâtissier Carl Gruber, und diese sei daher als Muster für alle Torten des 19. Jahrhunderts wiedergegeben:

HOCHZEITS-TORTE
(nach Carl Gruber)

Eine beliebige Torte aus feiner Masse wird gebacken, gefüllt, glasiert und auf ein etwas größeres Makronenblatt gesetzt, welches man zuvor mit Marmelade bestreicht. An der oberen Fläche der Torte wird ein Makronenrand angebracht. Diese beiden Makronenränder werden nun mit Mandelbögen verbunden und inzwischen kleine Makronen ebenfalls angeklebt und zwar alles mittels geschmolzenem Zucker. Die Oberfläche der Torte wird geschmackvoll mit Marzipanrosen und Belegfrüchten dekoriert, während man in der Mitte auf einem Makronenblatt einen Croquantwagen mit Tragantamor und ziehenden Traganttäubchen befestigt. Auch modelliert man zwei Herzen aus Marzipan oder Tragant, die vereint im Wagen angebracht werden. Den Wagen dekoriert man vorher mit einer sehr feinen Spritzglasurtüte. (Siehe Illustration). Die Täubchen befestigt man an einem Stück Felsenzucker. Der Wagen kann von Croquant aus irgend einer Muschelform ausgedrückt werden.

Eine große Torte, die letztlich in die Hand eines Konditors gehört, war auch damals für die Hausfrau eine „Staatsaktion“. Und so machten die Kochbücher, die eine große Zahl von Rezepten für trockenen Kuchen vermittelten, Mut zu den sogenannten „kleinen Torten“.

KLEINE TORTEN
(nach Mary Hahn)

Eine schöne und gute Torte ist nicht allein eine Tafelzierde, sondern es ist auch ein Genuß, davon zu essen. Meist ist sie für den Nachtisch bestimmt und zu Kaffee, Tee und Wein sehr beliebt. Viele schrecken jedoch zurück beim Lesen von Rezepten, wo 12–20 Eier zu einer Torte angegeben sind. Eine Torte von 20 Eiern ist eine Riesentorte und als Nachtisch für 20–25 Personen ausreichend. Obgleich man jede große Torte in verkleinertem Maßstabe herstellen kann, so dürfte es doch wohl mancher Hausfrau oder Köchin angenehm sein, hier die Rezepte einer Reihe kleiner, sehr guter Torten zu finden, bei denen alle nötigen Zutaten berechnet sind und für 8 Personen genügen. Bei mehr als 8 Personen kann man jede dieser Torten größer machen, bei entsprechender Zugabe der Torten in einer Torten- oder Springform und nach dem Erkalten in 2–3 oder mehr Scheiben geschnitten, je nach der Höhe der Torte.

Für die dekorativen „großen Torten“ war Tragant als Dekorationsmittel unerläßlich!

Tragant ist eine süße Modelliermasse, die im vorigen Jahrhundert und auch zu Beginn noch dieses Jahrhunderts in der Zuckerbäckerei sehr beliebt war. In der Erzählung „Zur ‚Wald- und Wasserfreude‘“ läßt Storm den Herrn Zippel in seinem Konditorei- und Bäckereigeschäft in dem Schaufenster einen Tempel aus Tragant ausstellen und plaziert dieses elegante Gebilde neben profanen Brötchen:

„Im dritten Hause von der Marktecke, wo in dem Schaufenster der Tempel aus weißem Dragant mit Rosengirlanden und fliegenden Amoretten zwischen einer Garnitur von Franz- und Sauerbrötchen prangte, wohnte derzeit Herr Hermann Tobias Zippel ... In seinem jetzigen Hause hatte er eine Konditorei und eine Bäckerei errichtet, deren notwendige Verbindung dem beschränkten Geiste dieser Stadt bisher noch unentdeckt geblieben war; nach Erbauung des weißen Draganttempels wurde dann auch noch eine Tapetenhandlung angelegt; d. h. was man wirklich so Tapeten nennen konnte; denn vor ihm, wie er händereibend zu versichern pflegte, hatten die Leute sich ihre Stuben nur mit einer Art von buntem Löschpapier verkleistert.“

Tragant (oder Dragant) ist eine schleimige, erstarrende Absonderung des Boxdorns (lat. astragalus). Eine Sorte dieses Schmetterlingsblütlers, von dem es etwa 1600 Arten gibt, ist die kleinstrauchige Pflanze der Gruppe Tragacantha. Dieser Boxdorn wächst im Mittelmeergebiet und in Vorderasien. Aus seinem Saft wird die gummiartige Süßigkeit hergestellt. Tragant wurde schon im Altertum medizinisch und technisch verwendet, im Mittelalter zu Augensalbe und in neuerer Zeit als Pillenformstoff und in der Konditorei als Bindemittel für Zieratteig, auch diente er der Industrie für Appreturen und Sohlenlederglätte. Ihn fachkundig zu verwenden, bedurfte einer gewissen

Kenntnis, so daß hier nicht versäumt werden soll, Gebrauchsanleitungen und Dekorationshinweise wiederzugeben. Liest man allerdings die Zubereitungshinweise, kann man sich nur davor hüten, derartige dekorative Gegenstände zu essen!

TRAGANTTEIG
(nach Carl Krackhart)

Ueber ein Quantum weißen Gummitragant in einem Topf, z. B. 140 Gr. ($^1/_4$ Pfund), gießt man so viel Wasser, daß der Tragant gerade bedeckt ist und läßt ihn über Nacht stehen. Ist er nächsten Tages oben trocken geworden, so gießt man Wasser nach. Nach 24–36 Stunden preßt man ihn durch ein starkes leinenes Tuch, damit das Unreine zurückbleibt, in den rein ausgewaschenen Mandelstein, reibt ihn tüchtig und setzt nach und nach etwas fein gestoßenen Staubzucker zu, bis er recht weiß ist und sich in lange Fäden zieht. In einem Topf hebt man ihn zum Gebrauch auf.
Das Wort Tragant kommt her von Tragacantus und bedeutet ursprünglich Bocksdorn.

TRAGANT-MISCHUNG

Ein Quantum des zubereiteten Tragants bringt man auf die Marmorplatte, arbeitet es mit flacher Hand nochmals tüchtig durch und wirkt so viel feinen Staubzucker hinzu, bis ein zarter feiner Teig entsteht. Zu Gegenständen, die voraussichtlich nicht gegessen werden, wirkt man Puder hinzu. Solche Gegenstände lassen sich jedoch nicht candiren.

TRAGANT-FIGUREN

Es ist nicht möglich, alle Gegenstände einzeln aufzuführen und zu beschreiben, die sich von Tragant herstellen lassen. Dem Geschmack und der Empfindungsgabe jedes Einzelnen bleibt es überlassen, etwas Passendes darzustellen. Bei Allem richtet man sich nach der Natur. Die verschiedenen Figuren, Aufsätze und dergl. werden theils in Formen gedrückt, theils mit der Hand modellirt, was selbstverständlich Uebung erfordert.

FORMEN ZU TRAGANT-FIGUREN; HERSTELLUNG DERSELBEN IN SCHWEFEL

Die darzustellenden Gegenstände modellirt man entweder aus weichem Thon oder man verwendet Sachen aus der Natur als Modell. Das Modell, sei es Thonmodell oder Naturmodell, legt man auf die Marmorplatte, setzt rings, jedoch etwa 1 Fingerbreit entfernt, von Thon einen Rand herum und bestreicht Alles mit Oel, d. h. Thonrand, Modell und den Zwischenraum auf der Marmorplatte. Man läßt nun Schwefel auf dem Feuer zergehen, läßt ihn ein wenig abkühlen und gießt ihn über das Modell. Ist der Schwefel fest, legt man ihn in Wasser und nimmt oder wäscht das Modell heraus. In die fertige Form drückt man den Tragant ein, schneidet ihn mit einem Messer der Form gleich ab und nimmt ihn mit der feuchten Tragantmasse heraus.

In der Novelle „Ein stiller Musikant“ werden Pfefferminzpastillen genascht. Hiermit geht eine „alte ausgebrauchte Sängerin“ sehr großzügig um, was ihren Stimmbändern aber nichts nützt, denn Storm schreibt mitleidslos:

„Ihre arme alte Kehle war freilich jetzt nicht viel besser, als eine Türangel . . . Hatte ich nach ihrer Meinung meine Sachen gut gemacht, dann zog sie wohl ihr stets gefülltes krystallenes Naschdöschen aus der Tasche und steckte mir mit eigenen dürren Fingern eine Pfeffermünzpastille in den Mund.“

PFEFFERMINZ
(nach Henriette Davidis)

125 Gr. Zucker, einige Tropfen Pfefferminzöl.

Den Zucker lasse man kochen, wie zu gebrannten Mandeln, und gieße die Masse in eine lange, von starkem weißen Papier geformte Tüte und schließe sie oben wie üblich; dann schneidet man die Spitze desselben ein wenig ab, nimmt die Tüte in die rechte Hand und bildet durch einen Druck von Daumen und Zeigefinger die aus der Öffnung derselben dringende Zuckermasse zu kleinen runden Kuchen auf einer mit Mandelöl oder Wachs bestrichenen Metallplatte.
In ein mit geschliffenem Glasstöpsel versehenes Glas gibt man dann etwa 12 Tropfen Pfefferminzöl und 2 Gr. Schwefeläther, die hartgewordenen Zuckerplätzchen hinzu, schließt das Glas fest und schüttelt alles gut um.

Die gesamte Familie Storm erfreute sich offenbar der Marzipanleidenschaft! So will Storm seine Ehefrau Constanze zu deren Geburtstag am 5. Mai 1850 mit einem Marzipankuchen überraschen, den Schwiegervater Esmarch von einer Firma Jacobsen in Lübeck besorgen soll. Vier Jahre später schreibt er am 22. Dezember 1854 seiner Schwiegermutter hinsichtlich einer Weihnachtsüberraschung für Constanze:

„Du liebe Mutter, erinnerst Dich vielleicht eines kleinen Kästchens mit einer rothen Rose in Perlenstickerei, ich meine von Emilie Sommer; das habe ich wieder, wie es gewesen, heimlich zurecht machen lassen und werde es, mit Marzipanbrödchen gefüllt, neben den andern Sachen stellen, eine Erinnerung an vergangene Zeit."

LÜBECKER MARZIPAN
(nach Henriette Davidis):

1 Pfd. frische süße Mandeln (bittere werden entfernt), 1 Pfd. feiner durchgesiebter Zucker, außerdem noch Zucker zum Unterstreuen, Orangenblütenwasser.

Die Mandeln werden abgebrüht und abgeschält, schadhafte Stellen davon abgeschnitten, dann gewaschen, mit einem Tuche abgetrocknet, auf einer Mandelreibe möglichst fein gerieben und dann mit etwas Orangenblütenwasser und dem Zucker in einem kupfernen Kasseröllchen auf gelindem Feuer so lange gerührt, bis die Masse nicht mehr an der Hand klebt; trockner aber darf sie nicht werden. Dann legt man dieselbe auf ein mit Zucker bestäubtes Backblech, rollt sie aus, während man so viel durchgesiebten Zucker zum Über- und Unterstreuen anwendet, als zum Ausrollen nötig ist, formt sie zur Torte mit einem schönen Rand, wie nachstehend bemerkt oder sticht mit Förmchen kleine Figuren davon aus und läßt solche in einem abgekühlten Ofen ein wenig trocknen, doch muß der Marzipan nicht hart werden, sondern weich und schneeweiß bleiben.

Marzipanmodel, Lübeck 1550

Auch im Jahre 1857 schenkt Storm Constanze Marzipan und berichtet den Schwiegereltern in Segeberg am 21. Dezember 1857:

„Für Constanze habe ich außer dem Vater-Unser von L. Richter (Adrian Ludwig Richter, dessen Radierungen teilweise in diesem Buch enthalten sind – Anm. d. Verf.) und einem echten Lübschen Marzipan (ihre Leidenschaft), ein kleines zierliches Mahagoni-Lesepult ...“.

Im Januar 1865 erhält sein Bruder Aemil von einem Patienten ein köstliches Geschenk. Storm berichtet dem Sohn Hans mit Brief vom 2. Januar 1869:

„Den Weihnachtsabend begingen wir mit Tredes … (Der Baukondukteur Trede und Frau hatten das Erdgeschoß des Stormschen Hauses in der Wasserreihe gemietet – Anm. d. Verf.) Da die Sache aber schon um 4½ U. begann, so wurde der Abend etwas lang, und Trede und ich wanderten aus in strömendem Regen und landeten bei Onkel Emil, wo von seinem Patienten Lorenzen ein wahrer Riesenmarzipan mit einer Taube in halber, Georginen (eine Asternsorte – Anm. d. Verf.) und Apfel darauf in ganzer Lebensgröße angelangt war."

Den Weihnachtsabend 1871 ist Sohn Ernst bereits im Studium, so daß Vater Storm ihm nur berichten kann, daß man ein Kästchen mit „2 Marzipanschweinsköpfen" geschenkt erhalten habe. Diese Sitte, aus Marzipan Schweinsköpfe zu formen, ist der Verfasserin übrigens noch aus den fünfziger Jahren dieses Jahrhunderts erinnerlich, wo man staunend und von der Nachkriegszeit ausgehungert, vor den letztlich bescheidenen Auslagen eines Bäckers gestanden und die weihnachtliche Marzipanausstellung bewundert hat.

Die Familie beschränkte sich jedoch nicht nur darauf, gelegentlich Lübecker Marzipan zu kaufen, sondern man stellte dieses auch selbst her.

So schildert Storm den Eltern in Husum am 24. Dezember 1856, daß auf den bunten Tellern der Kinder auch selbstgebackenes Marzipan läge.

MARCIPAN
(nach Charlotte Lönne)

Es werden 1 oder 2 Pfd. Mandeln und ebensoviel Zucker genommen. Die Mandeln werden gebrüht und auf ein Tuch zum trocknen gelegt. Sind die Mandeln trocken, werden sie, so fein, als möglich, gestoßen, auch etwas Zucker, Orangen oder Rosenwasser, abgeriebene Citronenschale und ein wenig Citronensaft daran genommen und Alles zusammen gerührt. Das so Zubereitete wird abgebacken, bis es los läßt, auf den Backtisch ausgerollt und zu beliebigen Formen gebildet; man kann auch die ganze Masse zusammen lassen. Der Marcipan wird fingersdick ausgerollt, auf Oblaten gesetzt und in einem verschlagenen Backofen mehr getrocknet, als gebacken. Ist der Marcipan trocken, giebt man einen Guß darüber, und werden beim Aufsetzen die Kanten mit einem kleinen Kneifeisen, oder mit einer Scheere verziert.

MARZIPAN
(nach Julie Köller)

½ Kilogr. süße und 3 Neuloth (30 Gramm – Anm. d. Verf.) bittere, abgezogene Mandeln werden sehr fein gestoßen und dabei häufig mit Orangenblüthenwasser oder Rosenwasser bespritzt. Dann vermischt man dieselben mit ½ Kilogr. sehr feinem

Zucker und rührt diesen Teig auf dem Feuer so lange, bis er nicht mehr am Finger festklebt, arbeitet ihn dann auf einem mit Zucker bestreuten Küchenbrett gut durch und läßt ihn mehrere Stunden an einem kalten Ort liegen. Dann rollt man ihn aus; zeigt er sich dabei spröde, so giebt man Eiweis dazu; sticht dann beliebige Formen aus und läßt sie mit Eiweis bestrichen auf einer mit Wachs bestrichenen Platte im Ofen trocknen.

MARZIPAN
(nach Doris Stender)

2 Pfund Mandeln werden ganz rein gewaschen und in Rosenwasser ganz fein gerieben, dann giebt man die Mandeln nebst 2 Pfund Zucker in einen Kessel und rührt es auf Kohlenfeuer so lange, bis es vom Kessel in den Löffel losläßt. Wenn es gut abgerührt ist, läßt man die Masse kalt werden. Von dieser Masse werden auch die kleinen Kirschen, Aepfel, Birnen, Herzen, Erdbeeren, Wurzeln und sonstige Sachen zu Weihnachtsbäumen etc. gemacht.

So, wie Ehefrau Nummer eins, Constanze, zum Geburtstag alljährlich Lübecker Marzipan von ihrem „Göttergatten" verehrt erhielt, so schenkt Storm der Ehefrau Nummer zwei, Dorothea, alljährlich zum Weihnachtsfest Pralinen und kandierte Früchte von der Firma Reese und Wiechmann. Er macht es sich insoweit sehr leicht und erklärt Tochter Lisbeth am 26. Dezember 1870:

„Ich verstehe das Schenken schlecht." Er berichtet ihr, daß er Dorothea außer Heyses Novellen eine Schachtel Konfekt geschenkt habe.

Geflissentlich verschweigt er hierbei, daß ihm der Neffe Hans Storm aus Ha-

Imkerverein für Husum und Umgegend.

Der Alleinverkauf des Honigs von den Mitgliedern des Imkervereins für Husum und Umgegend ist dem Herrn Georg Hanssen, Drogenhandlung, in Husum, übertragen.

Der Vorstand.

demarschen das Konfekt besorgt hat, und berichtet mit dem 13. Dezember 1870 dem Sohn Ernst:

„Für Mama hab' ich die 2 Bände Erzählungen von Stifter; eine Spitzengeschichte, und dann soll Hans Hademarschen mir eine möglichst schöne Konfitürenschachtel für sie von Reese und Wiechmann besorgen."

Hierbei muß es sich um ein Süßwarengeschäft in Hanerau-Hademarschen gehandelt haben. Trockene Konfitüren fielen im vorigen Jahrhundert unter den Oberbegriff „Konfekt". Es handelte sich um mit Zucker eingemachte und glasierte Früchte und Wurzeln, z. B. Quitten, Melonen, Aprikosen, Angelica oder Kalmuswurzeln.

Etwas besonderes war im Haushalte Storm Honig. Die Imkerei war Storm seit seiner Jugend von dem bäuerlichen Anwesen seiner Verwandten in Vordamm bei Rendsburg bekannt. Er beschreibt einen Immenhof, wie er ihn dort als Junge wahrgenommen hat, in der Novelle „Im Schloß" und in der Erzählung „Ein grünes Blatt".

In der Novelle „Im Schloß", verweist Storm übrigens auf das „Abnahmehäuschen", also das Altenteilhäuschen. Es ist das Fachwerkhäuschen, zu dem ihm dasjenige auf dem „Vordamm", im Besitz seines Vetters, bei Westermühlen stehend, Modell stand und das sich heute als „Kate Storm" im Freilichtmuseum Molfsee befindet.

In der Novelle beschreibt Storm einen klassischen holsteinischen „Immenhaag". Auch hierfür holte er sich die Anregung auf „Vordamm":

„Vor uns, seitwärts von dem Hauptgebäude, lag das jetzt leerstehende Abnahmehäuschen. Auf einer Wiese dahinter befanden sich die Reste eines im Viereck gezogenen lebendigen Zaunes, welche die Neugierde meines Bruders erregte. Auch ein Paar Pfähle standen noch in den Büschen, zwischen denen einst ein Pförtchen den Eingang in den kleinen Raum verschlossen haben mochte. ‚Es ist ein Bienenhof', sagte Arnold, ‚den mein Vater als Knabe vor vielen Jahren angelegt hat. Als sein Bruder später das Gut erhielt, hatte er zwar weder Zeit noch Lust, den Betrieb des jungen Bienenvaters fortzusetzen; aber er ließ den Zaun zu seinem Angedenken stehen, und mir zu Liebe hat es auch der Schulze so gelassen.' "

Ähnlich heißt es in „Ein grünes Blatt":

„... ein gerader Steig zwischen schmalen Gemüsebeeten führte sie durch den Garten, und aus diesem heraus auf eine kleine Wiese, von welcher ein viereckiges Plätzchen durch dichte Buchenhecken abgezäunt war. Die kleine Pforte, welche den Eingang zu demselben verschloß, war niedrig genug, daß Gabriel über sie hinweg das Innere übersehen konnte. Als sie herangetreten waren, gewahrte er gegenüber an der Laubwand, schon in halbem Schatten, ein hölzernes Bienenhäuschen, worauf die Strohkörbe neben und in doppelter Reihe über einander standen.

Seitwärts auf einem Bänkchen saß ein Greis in der Bauerntracht dieser Gegend; die Sonne schien auf seine gänzlich weißen Haare. Eine Drahtmaske, ein leerer Korb und anderes Geräte lag neben ihm auf der Erde; in der Hand hielt er einen Melissenstengel, den er aufmerksam zu betrachten schien. Im schärfern Hinsehen bemerkte Gabriel, wie das Kraut von einzelnen Bienen umschwärmt wurde, während andere von den Blättern auf die Hände des alten Mannes hinüberkrochen . . .

‚Treten Sie nur herein, junger Herr', sagte er. ‚Mit dem Schwärmen hat es heut' ein Ende.'

Sie traten hierauf in den innern Raum. Regine nahm den leeren Korb und die übrigen Geräte, deren es nun für heute nicht mehr bedurfte, und ging damit in's Haus zurück. Der Alte strich behutsam die Bienen von seiner Hand. ‚Sie haben Menschenverstand', sagte er, ‚man soll nur die Geduld haben.' Dann legte er das Kraut vor dem nächsten Stock in's Gras und reichte Gabrieln die Hand.

Dieser mußte sich neben ihm auf die Bank setzen und der Greis erzählte ihm von seinen Bienen, wie er sie schon als Knabe gehegt, wie er später, nun schon vor über siebzig Jahren, diesen Zaun gepflanzt habe, und wie sie darauf ihm so reichen Gottessegen zugetragen, daß er seinen Hausstand damit habe einrichten können . . .

Endlich, als es kühler zu werden begann, stand er auf. ‚Wir wollen in's Haus gehen', sagte er, ‚es wird Abend; die Tiere sind auch schon zu Quartier.' Dann, nachdem sie mit einander hinausgegangen waren, schob er sorgfältig den Riegel vor die kleine Pforte."

Honig wird ausdrücklich bei einem Essen des Landrats Wussow in Heiligenstadt erwähnt, und hier zusammen mit anderen delikaten Köstlichkeiten im Brief vom 11. Juli 1858 an die ortsabwesende Constanze, wie bereits zitiert, aufgezählt.

Storm muß als „Hausmann" eines Tages Lehrgeld zahlen. In Heiligenstadt läßt er sich statt eines Topfes Honig eingedickten Weizensirup oder Möhrensaft andrehen. Storm berichtet hierzu den Eltern am 23. September 1863:

„Gestern bin ich einmal echt eichsfeldisch betrogen worden. Um den Kindern ein Fest zu machen, kaufe ich von einer Bauernfrau einen schönen Topf mit Honig, und als Nachmittags beim Tee die Feierlichkeit losgehen soll, ist's Weizensyrup oder Möhrensaft. So hatten sie Constanze einmal getrocknete süße Schlehen, statt Kirschen verkauft. Ich werde indeß auf ersteres Weibsbild fahnden lassen."

Auch der Zucker war, wie bereits erwähnt, schon in Storms Junggesellenzeit ein „angreifender Artikel“. Man unterscheidet zwischen Rüben- und Rohrzucker, wobei letzterer der kostspieligere ist, da die Herstellung arbeitsintensiver ist und bereits auf den westindischen Inseln und in Brasilien erfolgen muß. In großen Kisten oder Säcken kam der Zucker in ungereinigtem, rohem Zustand aus den Kolonien und wurde für den Verbrauch zum Süßen von Speisen, Getränken, für Konfekt und Eingemachtes, in Siedereien (den sogenannten Raffinerien) gereinigt. Das Königreich Dänemark besaß bis ins 19. Jahrhundert die sogenannten Jungferninseln, die sich durch intensive Zukkerrohrproduktion für Zucker und Rum auszeichneten. Hiervon müssen auch die ehemaligen Herzogtümer Schleswig und Holstein noch im 19. Jahrhundert profitiert haben. Der Zuckerpreis war dennoch sehr hoch. So wurden zum Beispiel in der Novelle „Beim Vetter Christian“ einer armen Verwandten zum Weihnachtsfest zwei Zuckerhüte als Geschenk überreicht:

„Als man die einzuladenden Gäste zusammenrechnete, da waren es sechzehn, die beiden Hausgenossen ungezählt; dazu ein armes Fräulein, das von der Großtante alle Weihnacht ein Liespfund Kaffee und zwei Hut Meliszucker zum Geschenk erhielt.“

Der Meliszucker ist ein Zucker von geringerer Güte als der raffinierte. Er war als Hut- und Plattenzucker im Handel. Hierbei sei am Rande bemerkt, daß ein „Liespfund“ ein Schiffsfrachtgewicht von sieben bis acht Kilogramm ist und aus dem Livländischen und dem Niederdeutschen stammt. Die Bezeichnung rührt aus dem Begriff „Livisches Pfund“ her. Bedenkt man, daß der Tante mindestens 16 Pfund Kaffee verehrt wurden, so kann man über den Kaffeekonsum nur erstaunt sein, wenn nicht gar erschrocken, da es sich hierbei um eine alleinstehende Person gehandelt hat!

Einen Hinweis auf die kräftezehrende Art, wie man Zucker vom Zuckerhut zerkleinerte, gibt Storm in einer Randbemerkung im Brief vom 14. Januar 1862, in dem er Constanze, die wieder einmal in den Ferien in Schleswig-Holstein ist, mitteilt, daß er für die Haushaltung „zwei steinerne Streubüchsen, eine Kristallschale zu Streuzucker“ angeschafft habe. Dieses bedeutet, daß der Zucker, wenn er in Brocken vom Zuckerhut geschlagen worden ist, nun noch so weit zerkleinert werden mußte, daß man ihn durch den perforierten Deckel einer Dose streuen konnte. Hierfür gab es aber bereits Zuckermühlen, wie zum Beispiel im Freilichtmuseum Molfsee eine zu sehen ist. Doch wurde diese per Hand gedreht.

Bedenkt man, welchen hohen Stellenwert der Zucker als Kostenfaktor in einem Haushalt des vorigen Jahrhunderts hatte, so ist es durchaus verständlich, daß die Würdigung jedes gebackenen Kuchens und zahlreicher Süßspeisen in den Briefen an Familienangehörige und Freunde erfolgt.

Mehl und Zucker, als zwei der wichtigsten Grundzutaten für das Gebäck, sind letztlich für Storm Luxusgüter, die der Erwähnung in seinen Briefen und seinen Novellen bedürfen.

Es riecht so nach Äpfeln und Nüssen

Anhand von Storms autobiographischen Feststellungen sehen wir, vielleicht zu unserem großen Erstaunen, wie bescheiden man im 19. Jahrhundert war. Bereits die schlichte Tasse Tee, mit einem Zwieback oder einem Stück Brot, hebt diese kleine Mahlzeit aus dem Alltäglichen heraus; wie sehr dann erst Gebäck und Kuchen! Das ist wirklich nur den besonderen Festtagen, Geburtstagen, Weihnachten oder einer Einladung zu einer Teegesellschaft vorbehalten. Und das fließt daher auch als Ausdruck der besonderen Feierlichkeit einer dieser Veranstaltungen ein in sein dichterisches Werk.

Der Höhepunkt aller Genüsse ist hierbei die Advents- und Weihnachtszeit, die Vorfreude beim Zubereiten des Gebäcks, das erste Probieren, der Duft, der durch das Haus zieht und dann das Verspeisen während der Festtage.

In vielen Briefen und insbesondere in der Novelle „Unter dem Tannenbaum" wird die Erinnerung an die gemütlichen Weihnachtsstunden in Husum in der Hohlen Gasse, in seinem Eltern- und Großelternhaus, wach:

„Ich schließe die Augen, denn ich will nichts sehen, und trete in das gegenüberliegende, festlich erleuchtete Zimmer, das ganz von dem Duft der braunen Kuchen und des heute besonders fein gemischten Tees erfüllt ist. Die Hände auf dem Rücken mit langsamen Schritten geht mein Vater auf und nieder … Und schon ist auch Onkel Erich bei uns. … Er grüßt die Großmutter, den Vater; er nimmt meiner Schwester die Tasse ab, die sie ihm auf dem gelblackierten Brettchen präsentiert … Dann, während in dem blanken Messingcomfort der Teekessel saust, beginnt er eine seiner kleinen Erzählungen von den Begebenheiten der letzten Tage, seit man sich nicht gesehen."

An Therese Rowohl (1782–1879), die Pflegemutter der jungen Bertha von Buchan (1826–1902), die er als Student sehr verehrt, berichtet Storm Anfang März 1838 aus Kiel vom vergangenen Weihnachtsfest, das er noch in Husum im Kreise der jüngeren Geschwister verlebt hat:

„Den letzten Weihnachten habe ich wieder einmal nach drei Jahren im Kreise der Meinigen zugebracht; meine Geschwister harrten und horchten, jubelten und sprangen wie sonst, der Baum brannte; ich ward freundlich und reichlich beschenkt wie vor Jahren; allein der Zauber der Kinderwelt war verschwunden; und daß ich dies fühlte, war ein harter Schmerz für mich am Heiligen Abend; die Welt, die wir in unserm Geiste bauen, ist alles: wir streben nach Wahrheit, und die beglückende Täuschung fällt. – Darum liebe ich die Kinder, weil sie die Welt und sich selbst noch im schönen Zauberspiegel ihrer Phantasie sehen."

Am 31. Januar 1841 erzählt er Bertha von seinem in Kiel verlebten Weih-

nachtsfest. Für insgesamt fünf Husumer Freunde arrangierte er die Feier im Hause seiner Wirtsleute, Bäckermeister Andersen in der Flämischen Straße:

„Für die Gesamtbeiträge wurde für jeden ein Geschenk gekauft, außerdem wurden gegenseitig an uns als Kommission manche Privatgeschenke abgeliefert, ferner hatte ich von den Eltern, Geschwistern, Bräuten der andern alle zum Weihnachtsabend bestimmten Geschenke an mich schicken lassen. Das alles stellten wir auf großen Tischen um den Weihnachtsbaum, und nachdem wir alle Lichter angezündet hatten, riefen wir die ungeduldigen Kinder (seine Freunde – Anm. d. Verf.) zum Christfest. Unsre Einrichtung verfehlte ihren Zweck nicht. So rasch sie bis zur Tür stürmten, so langsam gingen sie hinein; denn der Christbaum ist ein brennendes Geheimnis! Ich sah es wohl, ihre Herzen waren in der Stunde wie die der Kinder. ‚Engel knieten an der Schwelle, hütend bei dem frommen Schein; von den Lippen klang es helle; nur die Kinder gehen ein!' (Zeilen aus Storms 1840 entstandenem ‚Weihnachtsgruß' – Anm. d. Verf.) So blieb die Stimmung den ganzen Abend; wir freuten uns stundenlang am Baum, an den Geschenken, an den guten Einfällen, die dabei vorkamen; kein leichtsinniges Wort hätten wir geduldet. Bei Tisch brachten wir das erste Glas allen unsern Lieben in der Ferne, das zweite der bleibenden Vereinigung unseres Vaterlandes in den beiden Herzogtümern, das dritte unserer Vereinigung. Um 1 Uhr ging jeder mit seinen Geschenken beladen nach Haus, die bei allen noch manchen Tag auf dem Tische zur Schau standen."

Als junger Familienvater schildert er im Dezember 1851 aus der Husumer Neustadt 56 an die Freunde Hartmuth Brinkmann und dessen Verlobte Laura Setzer (1823–1906) das Weihnachtsfest mit Ehefrau Constanze, den Söhnen Hans und Ernst, sowie der Großmutter Magdalena Woldsen, den Eltern und einigen Freunden der Familie. Von „Zuckerzeug" aus Altona, wohl etwas ganz Besonderem, Girlanden aus Rosinen, vergoldeten Walnüssen und Eiern am Weihnachtsbaum ist die Rede. Die Weihnachtsstimmung ist bald auf dem Höhepunkt. Gegen neunzehn Uhr fährt die Familie Storm-Woldsen in der eigenen Kutsche die wenigen Meter zur Hohlen Gasse zurück, und die Kinder werden zu Bett gebracht. Der Rest der Gesellschaft läßt die schönen Stunden bei dem traditionellen Weihnachtsessen ausklingen:

„Wir saßen in der angenehmsten Wolke von Tannenbaum- und Weihnachtskuchenduft; dann kam noch das unerläßliche Festgericht, Fische und Futjen (so schreib' *ich* diese Lieben); und dann war die Polizeistunde und die vollständigste Müdigkeit da.“

Steht man heute in der Vorweihnachtszeit vor dem altertümlichen Haus auf der Neustadt 56, so kann man sich mühelos die Wärme, den Duft, die Geborgenheit und Fröhlichkeit vorstellen, die diese Räume einst durchzogen!

Es ist müßig, alle Briefstellen aufzuführen, in denen Storm die heißgeliebten „Futjen“ erwähnt. Diese Pförtchen, an der Westküste immer noch ein sehr beliebtes Weihnachts- und Silvestergebäck, werden am schönsten in einer heißen Fettmischung aus Rindertalg und Schweineschmalz, wie mich meine Tante auf Pellworm wissen ließ. Sie dürfen fast kein Fett ziehen, müssen innen goldgelb und locker und von außen kroß und mittelbraun sein. Werden sie richtig gebacken, sind sie lange nicht so schwer bekömmlich wie die obligaten „Berliner“, zumal sie nur halb so groß sind.

Storm hat, wie eingangs erwähnt, ein Pförtchenrezept, von denen unzählige in Schleswig-Holstein kursieren, in ein Kochbuch geschrieben. Ein weiteres handschriftliches Rezept befindet sich in der Hanerau-Hademarschener Familie Dr. Peters, Abkömmling der Familie Mannhardt. In einem alten Mannhardtschen Kochbuch ist eine Niederschrift über „Forten von Mad. Storm“ enthalten. Die Familie Peters hat freundlicherweise die Veröffentlichung gestattet. Herr Max Suhr hat sich der Mühe unterzogen, ebenso wie bei dem Apfelkuchenrezept aus der Familie Dr. Wachs, die Handschrift zu entziffern.

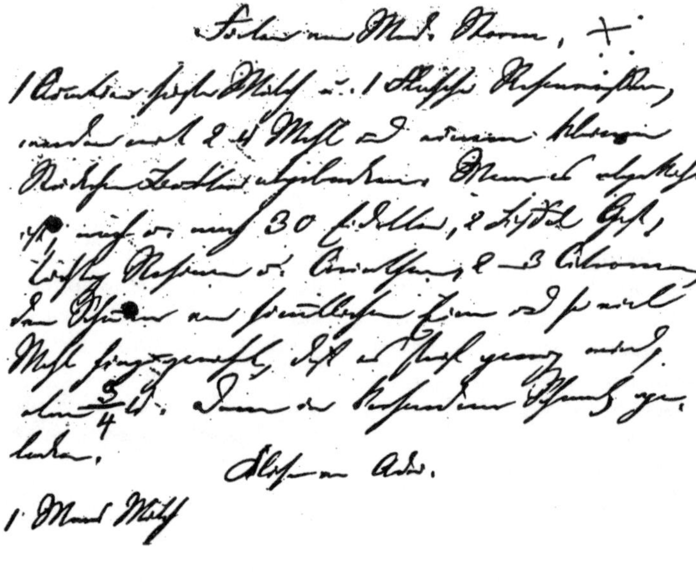

FORTEN
(von Mad. Storm)

1 Quartier heißer Milch u. 1 Flasche Rosenwasser, werden mit 2 Pfund Mehl und einem kleinen Stückchen Butter abgebacken. Wenn es abgekühlt ist, nachher noch 30 Eidotter, 2 Löffel Gest, tüchtig Rosinen oder Corinthen, 2–3 Citronen, den Schaum von sämtlichen Eiern und so viel Mehl hinzugemacht, daß es steif genug wird, etwa $^{3}/_{4}$ Pfund. Dann in kochendem Schmalz gebacken.

Hierbei handelte es sich bei dem Rosenwasser um kleine Glasfläschchen von der Größe der heutigen Aromafläschchen für Zitronenöl. Rosenwasser, das seit Generationen als ein Geschmacksverbesserer bei der Weihnachtsbäckerei gilt, wird aus Rosenöl mit destilliertem Wasser hergestellt. Bulgarien ist heute der Hauptlieferant.

FÖRTCHEN
(nach Julie Köller)

2 Neuloth Geest löst man in $^{1}/_{2}$ Liter Milch auf, verrührt 6 Eigelb mit 10 Neuloth (6 Loth) zerlassener Butter, feinen Citronenschalen, Cardamom, Salz, Zucker und $^{1}/_{2}$ Kilogr. Weizenmehl, giebt zuletzt die zu Schnee geschlagenen 6 Eiweiß dazu, rührt es nochmals gut durcheinander und läßt an an einem warmen Orte aufgehen. Dann zerläßt man in einem Geschirr eine Quantität Butter und eben so viel Schweineschmalz, oder man verwendet zerflossenes Butterschmalz allein oder Schweineschmalz allein, setzt dann eine Pfanne mit Vertiefungen auf's Feuer, giebt in jede 1 Theelöffel Fett und, wenn dies heiß ist, 1 Eßlöffel von dem aufgegangenen Teig, legt eine Messerspitze voll Eingemachtes, Pflaumenmuß oder Aepfelschnippel darauf und dann wieder etwas Teig und läßt sie dann auf mäßigem Feuer backen; sind sie auf der untern Seite braun, so kehrt man sie mit einer Gabel um und läßt die andere Seite auch braun werden.
Man servirt sie auf einer Schüssel mit Zucker bestreut. –
Will man sie nicht gefüllt haben, so giebt man gleich 2 Löffel Teig in die Vertiefung, nach Belieben Gelée oder Eingemachtes apart mit zu Tische.

FÖRTCHEN AUF EINFACHERE ART
(nach Julie Köller)

Die Bereitung ist dieselbe wie in voriger Nr., es werden jedoch nur 3 Eier, 5 Neuloth (3 Loth) zerlassene Butter und 37 Neuloth ($^3/_4$ Pfund) Mehl dazu genommen. Nach Belieben kann man sie in halber Größe auf beiden Seiten braun backen und bevor sie zu Tisch gegeben werden, eines mit Eingemachtem belegen und ein anderes darauf thun.

Dem in Tübingen studierenden Sohn Ernst schreibt Storm am 30. Dezember 1871 zum Jahreswechsel aus Husum:

„Morgen abend sind wir still mit den Kindern zu Haus, aber Fürtchen werden gebacken, das geht ja nicht anders. Könnten wir, mein lieber Junge, diese Festkuchen noch einmal wieder zusammen essen, die mir immer noch den Duft der Jugend bringen."

In der Novelle „Carsten Curator", die als Alterswerk in Hademarschen entsteht, wird auf eine weihnachtliche Teestunde hingewiesen, wohl in Erinnerung der Teestunden im großelterlichen und elterlichen Kaufmanns- und Juristenhaushalt:

„Endlich war der Nachmittag des heiligen Abends herangekommen ... Vom Arbeitstische, der heute von allen Rechnungs- und Kontobüchern entlastet war, blinkte auf schneeweißem Damast das Teegeschirr mit goldenen Sternchen, während daneben die frischgebackenen Weihnachtskuchen dufteten."

Im ersten Jahr in Potsdam fahren Storm und Constanze in der Adventszeit allein nach Berlin, wie er den Eltern in Husum am 19. Dezember 1853 aus der Wohnung, Brandenburger Straße 70, mitteilt:

„Gestern abend, Sonntag, 5 Uhr, fuhr ich mit Constanze allein nach Berlin, damit sie den Weihnachtsmarkt sich einmal ansehn sollte ... Otto (Storms Bruder, der zu dieser Zeit auch in Berlin lebt – Anm. d. Verf.), dem ich geschrieben, traf ich nicht; ... doch haben wir schon früher abgemacht, daß er Weihnachtabend bei uns sein soll; wir wollen dann die alten, lieben Husumer Futjen backen. Ich fürchte fast, ich werde sie in Tränen essen. Wir wollen dann einen kleinen Baum aufputzen und den Kindern einige Kleinigkeiten bescheren."

Am 15. Januar 1854 berichtet Constanze den Schwiegereltern in Husum vom verlebten Weihnachtsfest, wobei ihr Heimweh unverkennbar ist:

„Doch nun zuerst so herzlichen Dank für Eure Briefe und Gaben. Theodor setzte sich mit dem ganzen Packet Briefe auf's Sofa. Otto und ich um ihn herum und nun begann das Vorlesen – ein Brief nach dem Andren, – wir waren wieder bei Euch in der Heimat. – Es verging fast eine Stunde, bis wir zu Ende waren – in jedem Brief fanden wir etwas Neues, Gutes und auch manches Traurige – und doch als wir zu Ende gelesen – hätten wir gerne, ach so gerne, noch weiter gehört, Otto's ganzes Herz hängt ja auch an Husum.

Ja, das Weihnachtsfest in der Fremde war uns Allen doch recht traurig. Wir hatten allerlei Kleinigkeiten für die Kinder eingekauft, kleine Spielsachen – und ein Tannenbaum brannte auch hier. Er war freilich nicht so groß wie der Husumer – aber die Knaben waren froh, auch Berta (das Husumer Mädchen – Anm. d. Verf.) … Nachdem sich die Kinderfreude etwas beruhigt hatte, aßen wir Fisch und Futjen – ganz wie zu Hause."

Das Weihnachtsfest 1854 wird schon ein wenig optimistischer erwartet. Storm teilt seinen Eltern am 17. Dezember 1854 mit:

„Wollt Ihr nun wissen, wie es Weihnachtabend bei uns aussieht? Ein Tannenbaum, freilich so groß nicht wie in Husum, wird jedenfalls brennen. Auf einen Tisch gegenüber an der Wand, wird unter Tannenzweigen ein großer hölzerner Vogelbauer stehen, darin ist eine lebendige Wachtel … Außerdem wird ein Baukasten da sein und ein paar Bilderbücher, für Carl ein ausgestopftes Kaninchen; für Constanze ein Muff, deren sie sehr bedarf und ein Buch ‚Paul Heyses Novellen'."

Doch am Tage darauf überfällt ihn wieder das Heimweh:

„18. December. Kaum habe ich dieß geschrieben, so kommen heute schon alle Eure Briefe; und Du, lieber Vater, hast mit Deinem vorsorgenden Herzen schon allen meinen Wünschen genügt, Constanze und ich sind vor Freude halb krank. Ja, könnten wir mit vollen Ehren und ganzer Persönlichkeit zurück in die Heimat – das sollte ein Fest werden, ein stilles, aber wunderschönes. Ich glaube fest an die Rückkehr . . ."

Neben dem Tee lagen dem Dichter die „braunen und weißen Kuchen und Pfeffernüsse" sehr am Herzen. Traurig teilt er vor Weihnachten 1854 aus Potsdam seinen Schwiegereltern mit:

„Freitag, d. 22 December 9 Uhr . . . Constanze wird Husumer Pfeffernüsse und Kuchen backen, und ich werde – wie leider vorauszusehen – nicht dabei helfen können" (wegen beruflicher Arbeitsüberlastung – Anm. d. Verf.).

Doch zuversichtlich fährt er dann fort, daß er bis Mittwoch, den 27. Dezember 1854 mit dem Kreisgericht „abschließen werde".

„[Ich werde] mich lediglich dem Weihnacht widmen, Netze schneiden, Bonbons und Chokolade einwickeln, in Ermanglung von Eiern Kartoffeln vergolden, und die schon auf dem Weihnachtsmarkt gekaufte Tanne mit aller Kinderherrlichkeit behängen."

Ähnlich, wie der jüngere Dichter und Jurist aus Holstein Timm Kröger (1844–1918) immer Waffelkuchen riecht, wenn er an Heimat denkt, erklärt Storm am 28. März 1855 aus der Potsdamer Wohnung, Waisenstraße 68, dem Vater Johann Casimir:

„Wenn die Sonntagssonne durchs Fenster scheint, wie wir uns dann sehnen, mit den Kindern nach der Hohlen Gasse gehn zu können; mir ist, als schmecke ich Mutter ihren Tee, als röche ich Husumer Pfeffernüsse."

Pfeffernüsse, auch Husumer Pfeffernüsse, sind generationenlang in unterschiedlichster Variation gebacken worden. Entscheidend ist hierbei, daß aus dem Teig Würstchen gerollt und davon Scheibchen abgeschnitten werden.

Auf den Husum benachbarten Nordseeinseln, stellte man die Pfeffernüsse mit Schmalz her.

PFEFFERNÜSSE
(altes Föhrer Rezept)

1½ Pfund Mehl vermischt man mit feinem Zimt, gestoßenem Kardamom, Nelken, 170 Gramm Zucker, 1 Teelöffel Hirschhornsalz, 300 Gramm Butter oder Schmalz, geschmolzen, mit 1 Pfund Kuchensirup und etwas Salz. Wenn diese Mischung etwas abgekühlt ist, 2 geschlagene Eier dazu und alles gut mit so viel Mehl verkneten, daß man daraus Rollen formen kann, die in fingerdicke Scheiben geschnitten werden. Auf einem Backblech backen.

Dieses Rezept rettete Catharina Lüden vor dem Vergessen durch die Veröffentlichung in ihrer Broschüre „Feiern im Jahreskreis der alten Föhrer“, als sie das handgeschriebene Kochbuch ihrer Großmutter aus dem Jahre 1870 fand.

„Wie unendlich gemütlich war das einst vor Jahren, zu Hause, wenn in der großen Stube die Lichter angezündet waren, der Teekessel sauste, die braunen Kuchen und Pfeffernüsse standen auf dem Tisch . . .“ erinnert sich am 19. Dezember 1858 Theodor Storm in dem Weihnachtsbrief, der an die Eltern in Husum gerichtet ist.

Auch den Freundeskreis läßt Storm an dem Husumer Gebäck teilhaben. So berichtet Gertrud Storm erläuternd zu der von ihr herausgegebenen Sammlung „Briefe in die Heimat“:

„Storm konnte nur den kurzen Zeilen seiner Frau, der das Anrühren und Backen der braunen und weißen Kuchen, nach heimatlichen Rezepten, keine Zeit übrig ließ – denn dieses Mal mußte Frau Constanze auch dem verwaisten Landrat (Alexander von Wussow – Anm. d. Verf.) die Weihnachtskuchen backen, einen Gruß hinzufügen.“

Diese Weihnachtskuchen, insbesondere die Husumer Pfeffernüsse, waren offenbar so gut gelungen, daß sich der Landrat revanchierte und Constanze seinerseits eine Portion Pfeffernüsse nach einem anderen Herstellungsverfahren zukommen ließ.

Hierzu schreibt Storm mit dem 15. Januar 1861 an seine Eltern:

„Gegen 8 Uhr kam plötzlich Wussow auf einige Augenblicke angefahren, von seinem Herzen getrieben und brachte mir sein Bild und Constanze eine Portion Pfeffernüsse als Lohn dafür, daß sie auf seine Bitte ihm, dem Strohwitwer, Husumer Pfeffernüsse und Kuchen gebacken.“

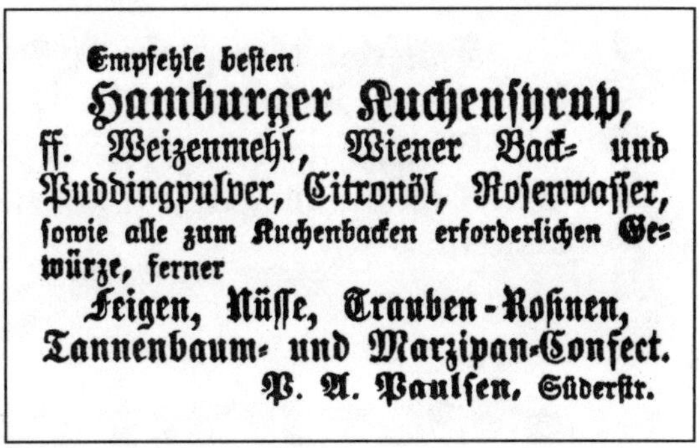

PFEFFERNÜSSE
(nach Johanna Kuß)

750 gr. ($1^1/_2$ Pfd.) Syrup werden mit 125 gr. Butter und 125 gr. Schweinefett aufgekocht und nach gehörigem Abkühlen 1 Kilo (2 Pfd.) Gerstenmehl (oder Weizenmehl), etwas gestoßener Koriander und Anis und 34 gr. Abends zuvor in Wasser aufgelös’te Pottasche hinzugerührt. Nachdem der Teig einen Tag an einem warmen Orte zum Aufgehen gestanden hat, knetet man ihn durch, rollt ihn mit der Hand in lange Striemen und schneidet diese in Würfel, die dann auf Platten gesetzt werden.

Als die Kinder später das Haus nacheinander verlassen, wird jedem eine Weihnachtskiste mit kleinen Geschenken und natürlich auch Weihnachtsgebäck gepackt. In Hademarschen werden diese Gaben durch Storms zweite Ehefrau Dorothea in einem alten Kinderwagen zum Bahnhof befördert. Storm schreibt an den Jura studierenden Sohn Ernst mit dem 16. Dezember 1870 nach Tübingen:

„In der Kiste sind außer den genannten Sachen ... weiße Pfeffernüsse von Großmutter ... So – und jetzt nimm einen braunen Kuchen, iß ihn und denke dabei an uns und die alte Familienheimat.“

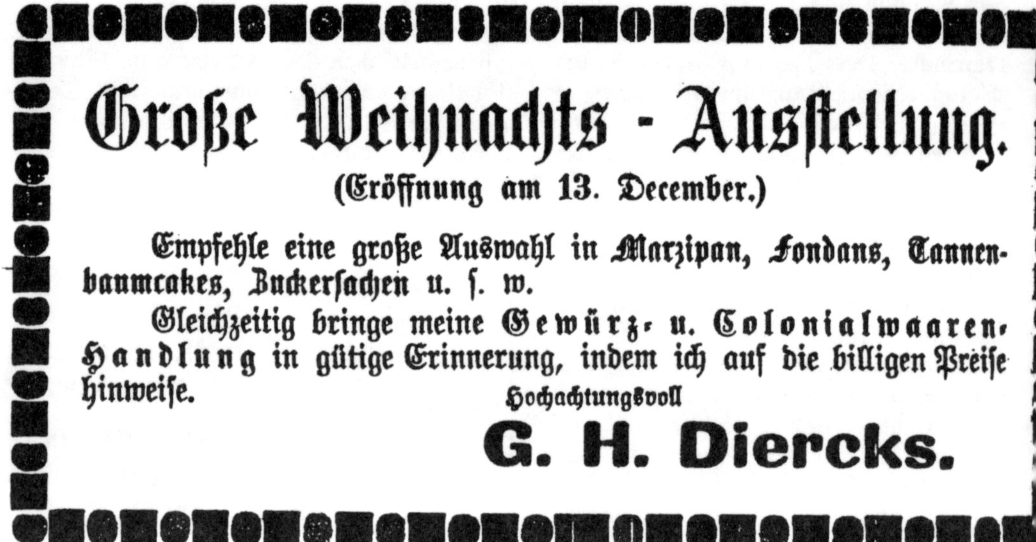

Große Weihnachts-Ausstellung.

(Eröffnung am 13. December.)

Empfehle eine große Auswahl in Marzipan, Fondans, Tannenbaumcakes, Zuckersachen u. s. w.

Gleichzeitig bringe meine Gewürz- u. Colonialwaaren-Handlung in gütige Erinnerung, indem ich auf die billigen Preise hinweise.

Hochachtungsvoll

G. H. Diercks.

WEISSE PFEFFERNÜSSE
(nach Julie Köller)

18 Neuloth (11 Loth) heller Kuchen-Syrup wird zum Kochen gebracht, vom Feuer genommen und $^{1}/_{4}$ Kilogr. Zucker, ebenso viel Butter, $1^{1}/_{2}$ Neuloth gereinigte Pottasche, nach Belieben ein wenig Gewürz, $1^{1}/_{2}$ Neuloth in Milch aufgelöster Geest, $1^{1}/_{4}$ Kilogr. Weizenmehl und nach Belieben 10 Neuloth (6 Loth) feingewiegte Mandeln gut mit dem Syrup verrührt. Dann rollt man aus diesem Teig Kugeln in der Größe einer Wallnuß und bäckt diese auf einer mit Butter bestrichenen Platte bei schwacher Hitze krusch.

In Potsdam bastelt Storm für die Kinder, zusammen mit Hermann Schnee, eine märchenhafte Weihnachtslandschaft. Er berichtet am 20. Dezember 1855 den Eltern in Husum:

„Unser großes Weihnachtskunstwerk rückt auch allmählig weiter. Vorgestern Abend modellirte Hermann voll seligen Eifers den großen Felsen aus Ton und Moos. Gestern Nachmittag war Hermann mit Hans und Ernst, alle wohl vermummt nach Sans-souci zu seinem Onkel, Hofgärtner Selle, um allerlei wintergrünes Gebüsch zu dem Walde zu holen. Heute Abend wird das Pfefferkuchenhaus gemacht ... Constanze wird heute Abend weißen und braunen Kuchen anrühren, ich werde vergolden und Netze schneiden, Hermann baut Kuchenhäuser. So sind wir denn eifrig beschäftigt, uns in das so ziemlich graue Leben für einen Abend ein kleines Paradies hineinzubauen, worin nichts sein soll, als der Weihnachtsbaum mit seinen Kerzen und seiner kleinen Herrlichkeit, als lächelnde Kindergesichter und stille friedliche Gedanken."

Auch braune Kuchen gehören zum festen Weihnachtszeremoniell, ebenso wie die Teestunde.

Die Novelle „Unter dem Tannenbaum" wird letztlich vom Heimweh diktiert. Storm verfaßte sie im Jahre 1862. Die autobiographischen Züge sind unverkennbar.

In der Novelle, in der ein schleswigholsteinischer Amtsrichter das Fest in der Fremde feiern muß, wird, wie im Hause Storm, die Husumer Familientradition gepflegt:

„Nachdem sie auf dem Flur die beschneiten Überkleider abgetan, traten sie in das Arbeitszimmer des Amtsrichters. Hier war heute der Tee serviert; die große Kugellampe brannte, Alles war hell und aufgeräumt. Auf der saubern Damastserviette stand das feinlackierte Teebrett mit den Geburtstagstassen und dem rubinroten Zuckerglase; daneben auf dem Fußboden in dem Comfort von Mahagonistäbchen mit blankem Messingeinsatz kochte der Kessel, wie es sein muß, auf gehörig durchgeglühten Torfkohlen; wie daheim einst in der großen Stube des alten Familienhauses, so dufteten auch hier in dem kleinen Stübchen die braunen Weihnachtskuchen nach dem Rezept der Urgroßmutter."

Ein Jahr später schwärmt Storm gegenüber seinen Eltern aus Heiligenstadt, wohin man nun verzogen ist:

„Heiligenstadt, 20. December 1856
Es wird Weihnachten! Mein ganzes Haus riecht schon nach braunem Kuchen – versteht sich nach Mutters Recept – und ich sitze so zu sagen schon seit einer Woche im Scheine des Tannenbaums. Ja, wie ich den Nagel meines Daumens besehe, so ist auch der schon halbwegs vergoldet. Denn ich arbeite jetzt Abends nur in Schaumgold, Knittergold und bunten Bonbonpapieren; und während ich Netze schneide und Tannen- und Fichtenäpfel vergolde, und die Frauen, d. h. meine Frau und Röschen (Rosa Stein, eine junge Freundin der Familie – Anm. d. Verf.), Lisbeth's Puppe ausputzen, liest Onkel Otto uns die ‚Klausenburg' von Tiek vor, oder gibt hin und wieder eine Probe aus den Bilderbüchern, die Hans und Ernst auf

den Teller gelegt werden sollen. Gestern Abend habe ich sogar Mandeln und Citronat für die Weihnachtskuchen schneiden helfen, auch Kardemon dazu gestoßen und Hirschhornsalz. Den Vormittag war ich stundenlang auf den Bergen in den Wäldern herumgeklettert, um die Tannenäpfel zu suchen. Ja, Ihr hättet mich sogar in meinem dicken Winter-Sürtout hoch oben in einer Tannenspitze sehen können. Freilich hatte ich mich vorher gehörig umgesehen; denn der Herr Kreisrichter durfte sich doch nicht auf ganz offenbarem Waldfrevel ertappen lassen.

Jeden morgen, die letzten Tage, kommt der Postbote und bringt ein Päckchen oder einen Brief aus der Heimat oder aus der Fremde von Freunden. Die Weihnachtszeit ist doch noch grade so schön, wie sie in meinen Kinderjahren war.

Wenn nur noch der Schnee kommen wollte; wir wohnen hier so schön einsam zwischen den Bergen, da müßte der Weihnachtsbaum, wenn er erst brennt, prächtig in die Winterlandschaft hinausleuchten ..."

„24. December ... Nachmittag.
Den Weihnachtsbaum, der auf der Diele steht und genau bis an die Decke reicht, habe ich bis auf das letzte Fädchen ganz allein hergestellt, außerdem eine schöne Tannenverzierung über dem Sofa, vor welchem nach alter Weise der Teetisch mit den braunen Kuchen steht ... Die Frauen, da sie nichts dabei getan, haben hier in die Herrlichkeit garnicht hinein dürfen. Die Teller mit Äpfeln, Nüssen und Kuchen und sehr leckerem, selbst gebackenem Marzipan, die sie für Jeden, auch für sich und mich aufgebaut haben, sind ihnen vor der Tür abgenommen. Constanze ist so vergnügt, wie ich sie am Weihnachtsabend fast noch nicht gesehen habe und auch mir ist friedlich und still zu Mute. Draußen liegt eine wunderschöne Schneelandschaft – es ist äußerst anmutig hier auf dem stillen Weihnachtskämmerchen.
Jetzt, liebe Mutter, wünsche ich Euch herzlich vergnügte Weihnachten.
Euer Theodor."

Auch die immer wieder zitierten braunen und weißen Kuchen erfreuen sich einer großen Herstellungsvielfalt. Der Teig hierfür konnte schon Mitte November angerührt werden und stand dann in vielen Haushalten bis zur Weihnachtsbäckerei in einer abgedeckten Tonschüssel auf dem Küchenschrank.

Was die „braunen" Kuchen betrifft, so muß es sich im Hause Storm um eine Art großer Printen gehandelt haben und nicht um die hauchdünnen mit gehackten oder halbierten Mandeln zubereiteten rechteckigen, gezackten Plättchen, die hierzulande, je nach Farbe, als „weiße" oder „braune Kuchen" bekannt sind. Denn Storm beschreibt sie in der Erzählung „Unter dem Tannenbaum" als sehr hart, mit kleinen Stückchen Kandis darin.

„Sie ... legte ein großes Stück braunen Weihnachtskuchen vor ihm auf den Tisch. ‚Sie sind eben vom Bäcker gekommen', sagte sie, ‚prob nur; Deine Mutter backt sie Dir nicht besser!'

Er brach einen Brocken ab und prüfte ihn genau, aber er fand Alles, was ihn als Knaben daran entzückt hatte; die Masse war glashart, die eingerollten Stückchen Zucker wohl zergangen und kandiert."

Im Archiv der Storm-Gesellschaft befindet sich ein altes Rezept einer Frau Möller „aus dem Umfeld Storms", wie man sagt. Auch hierin wird zerschlagener Hutzucker verwendet, der nie so fein war wie der heutige Streuzucker.

Adrian Ludwig Richter, „Laßt auch dieses Jahr gesegnet sein."

BRAUNE KUCHEN
(nach Frau Möller, Husum)

4 Pfund Sirup läßt man ein wenig aufkochen. 4 Pfund Mehl, ein Lot Nelken, eindreiviertel Cardamom, ein Lot Canel. Die Schale von drei Citronen kleingeschnitten, $^1/_2$ Pfund Butter, zwei Lot gereinigte Pottasche (in Rosenwasser von Rosen geweicht oder 3 Lot Hirschhornsalz, halb und halb), $^3/_4$ Pfund Mandeln, $^1/_2$ Pfund Succade, 1 Pfund weißen Hutzucker in kleine Stücke geschlagen. Alles durcheinander gerührt, 1 oder 2 Tage stehen lassen, dann ausmangeln, in Formen stechen u. bei starker Hitze gebacken.

BRAUNE KUCHEN ZU BACKEN
(nach Charlotte Lönne)

Zu 5 Pfd. gutem Mehl nehme man 5 Pfd. Syrup, es kann Candies, oder ordinairer Syrup seyn. Ist das Mehl in ein Gefäß geschüttet, gebe man die abgeriebene Schale von 3 oder 4 Citronen, 1 Loth Canehl, $^1/_2$ Loth Cardamom, einige Nelken, etwas gestoßenen Ingwer, $^1/_2$ Pfd. feingehackte Mandeln, worunter auch einige bittere seyn müssen, und gehackte Pommeranzenschale, die zuvor gekocht und von denen das Weiße abgestreift worden, daran. – Statt der getrockneten Schale kann man besser 2 frische Pommeranzen in Wasser mürbe kochen, klein schneiden und mit ziemlich viel Zucker an die Masse geben; 1 Pfd. nicht zu fein gestoßnenen Zucker giebt man, gleichfalls zu dem Mehl und mengt Alles durcheinander.
Die angebene Quantität Syrup wird mit $^3/_4$ Pfd. Butter gekocht, und werden $1^1/_2$ Loth Pottasche, die Abends vorher in Rosenwasser eingeweicht werden, daran gegeben. Wenn der Syrup schäumt, wird er geschwinde zu dem Mehl gegossen und Alles sehr gut durchgearbeitet. – Der Teig kann gerne einige Tage stehen, ehe Kuchen daraus formirt und gebacken werden; vor dem Backen belegt man die Kuchen mit Mandeln.

Ein Original-Braune-Kuchen-Rezept aus dem Hause Storm gelangte auf Umwegen zu dem Bäckermeister Heinrich Kolls nach Quickborn. Dieser gestattete freundlicherweise die Veröffentlichung.

Die Husumerin und Ehefrau eines Quickborner Apothekers, Frau Meta Baar, schrieb hierzu am 18. November 1977:

„Diese Braunen Kuchen wurden zu jedem Weihnachtsfest im Elternhaus des Dichters Theodor Storm gebacken. Er lebte von 1817 bis 1888 in Husum, der ‚Grauen Stadt am Meer'. Das Rezept erwarb ein Konditor, ein Zeitgenosse des Schriftstellers. Die Tochter dieses Konditors schenkte es einer Quickborner Freundin mit der Erlaubnis, es nach ihrem Tode einem Fachmann weiterzugeben. Wenn dieses Rezept vielleicht auch kein Geheimnis in Dithmarschen ist, so möchte ich es doch wegen seines originellen Weges meinem Nachbarn, dem besonders tüchtigen und originellen Konditor Heinrich Kolls schenken. Der Vater meiner Freundin, der erwähnte Konditor, ist mir unvergesslich, weil er jeden Weihnachten die schönsten, leckersten Schaufenster in meiner Heimatstadt hatte. In der Mitte der vielen Marzipansachen standen immer die Theodor Storm'schen Braunen Kuchen. Jetzt bin ich 80 Jahre alt und möchte diese köstlichen Braunen Kuchen mit 13 Zutaten als Weihnachtsleckerei erhalten wissen."

Das Rezept ist von Meister Kolls schon häufig in der Vorweihnachtszeit für seine Kunden gebacken worden.

THEODOR STORM'SCHE BRAUNE KUCHEN

$3^{1}/_{2}$ Pfund dunklen Sirup, 1 Pfund Zucker, 1 Pfund Butter, 4 Pfund Mehl,
12 Gramm Nelken, 16 Gramm Zimt, 6 Gramm Cardamom,
$^{1}/_{2}$ Pfund dünn geschnittene Mandeln (nicht gehackt),
$^{3}/_{8}$ Pfund dünn geschnittene Succade (nicht gehackt),
$^{3}/_{8}$ Pfund Pommeranzenschale (nicht gehackt),
das Abgeriebene von 2 grossen gelben Zitronen,
10 Gramm Hirschhornsalz, 10 Gramm Pottasche

Der Sirup wird bis zum Kochen erhitzt. Darin unter Rühren den Zucker auflösen. Ebenfalls die Butter. Vom Feuer nehmen, etwas abkühlen lassen. 2 Pfund Mehl vermischt man mit Zimt, Nelken, Kardamom. Dann rührt man portionsweise das gemischte Mehl und die restlichen 2 Pfund ungemischtes Mehl in den abgekühlten Sirup. Nun die flach geschnittenen Mandeln, Succade und Pommeranzenschale darunter arbeiten. Zuletzt die Pottasche und das Hirschhornsalz, in etwa 100 ccm. warmen Wassers (lauwarm) aufgelöst, darunterrühren.

Bei den Rezepten sollte man es immer wieder würdigen, daß der Zucker erst mühsam von einem Zuckerhut in Brokken abgeschlagen werden mußte, um dann zu kleinsten Stückchen zerteilt zu werden. Auch konnte man sich zum Kneten der großen Teigklöße höchstens der strammen Arme einer Köchin, nicht jedoch einer Knetmaschine bedienen! Die Mengen von Blechen mit Plätzchen wurden, mangels eines eigenen Backofens, zum nächstgelegenen Bäcker gebracht. So schreibt Constanze am 20. Dezember 1861 an ihre Eltern:

„Vor mir auf dem Tisch liegen die Weihnachtskuchen, die so eben vom Becker gekommen, ich bin in der vollen Weihnachtsarbeit, backen, scheuern, puppen! ... Viel kann in diesem Jahr nicht gemacht werden, weil alles hier so über die Maaßen theuer ist, d. h. die Fressalien – 1 Pfund Butter 13 1/2 Schilling, 100 Pfund Mehl 4 pr. ‹preußische› T ‹Taler› 20 Sch‹illing› u. in der Weise alles – u. da ich nun im Monat ungefähr 150 Pfund Mehl gebrauche, so könnt Ihr wohl denken, daß einem das Leben nicht gerade leicht wird."

Man stelle sich die tüchtige Constanze vor, die für die weihnachtlichen Teestunden in der engeren Familie oder mit Freunden und Bekannten waschkorbweise oder milchkannenvoll Gebäck herzustellen hatte. Das war schon Schwerstarbeit!

Bereits acht Jahre vorher hatte Storm am 28. November 1855 an den Vater geschrieben, daß man „einen viertel Centner Mehl von der Dampfmühle" hat kommen lassen, „davon wollen wir uns zu Weihnachten die heimatlichen braunen Kuchen backen ..."

Weiße und braune Kuchen muß auch Doris Jensen, Storms zweite Frau, backen. Tochter Gertrud schildert dieses später wieder recht anschaulich in „Vergilbte Blätter aus der grauen Stadt": Die Kinder „helfen" in der Küche der Wasserreihe beim Backen.

„Auch wir Kinder haben unseren Teil bekommen. Wir stehen an unserem kleinen Kindertisch, ein weißes Nachthemd über unsere Kleider, ein gezipfeltes Taschentuch auf dem Kopfe. Jedes von uns hat ein Klümpchen weißen und braunen Kuchenteig vor sich, der bald unter unseren geschäftigen kleinen Händen in die wunderbarsten Dinge gewandelt wird. Die Tür öffnet sich und unser Vater tritt mit dem freundlichsten Leuchten seiner blauen Augen ins Zimmer.

‚Ihr seid ja alle gewaltig in der Fahrt', neckt er und bewundert unsere herrlichen Schöpfungen, von denen man meistens nicht zu erkennen vermag, was sie vorstellen sollen."

Storm, der, wie seine Tochter Ebbe einmal von ihm sagt, „ein Weihnachtslicht in seinen Augen" hatte, hinterließ der begierigen Nachwelt leider nur vier handgeschriebene Rezepte: das besagte Punsch-Rezept, die Anweisung für Pförtchen, ein Mus-Rezept und die Zutaten für einen Gewürzkuchen.

Zufällig fand sich im Jahre 1989 in der Schleswig-Holsteinischen Landesbibliothek auf der Rückseite eines Briefes an den Verleger Heinrich Schindler ein Kuchenrezept von der Hand des Dichters. Hierbei ist jedoch unbekannt, ob es sich um ein heimatliches oder Heiligenstädter Rezept handelt. Es ist für heutige Verhältnisse zu süß und zu stark gewürzt, doch dieses liebte der Dichter:

„INGWERKUCHEN

3/4 Pfund Syrup, warm gesetzt mit 1/4 Pfund Butter, dann 1/2 Pfund Zucker, 1 Pfund Mehl, 1/4 Pfund Citronat, 4 Loth (ca. 60 g) Ingwer (gerieben), 2 Loth Coriand.sam. (Koriandersamen), 3 Eier, 1 Theelöffel Hirschhornsalz/Pulv."

Das Hirschhornsalz wird in etwas Wasser aufgelöst und mit den übrigen Zutaten vermischt. Der zähe Teig wird auf ein gefettetes Kuchenblech gegossen, und bei ca. 200 Grad Celsius etwa 50 bis 60 Minuten lang gebacken. Nach dem Garwerden wird er sofort in kleine Stückchen geschnitten. Er soll sich nach den Erfahrungen der Damen aus dem Stormhaus in der Husumer Wasserreihe monatelang in einer Blechdose frisch halten.

Im thüringischen Heiligenstadt hält man sich nicht mehr so streng an die Sitte des Weihnachtskarpfens, da gibt es auch einmal Hasenbraten, aus Husum von den Eltern geschickt, oder gebratene Gans.

Als man nach Husum zurückgekehrt ist, gibt es mittags bei Storms nur Butterbrot und Kaffee. Dann gehen die Kinder in das St. Jürgen-Stift, um zwei alte Tanten zu besuchen. In der Dämmerung kehrt man in die Wasserreihe zurück, wo dann beschert wird. Theodor Storm freut sich am Jubel seiner Kinder.

Dann wird der obligate Tee und Weihnachtskuchen gereicht. Gertrud Storm berichtet in „Vergilbte Blätter aus der grauen Stadt“:

„Nachdem sich das erste Entzücken gelegt hat, bringt die Köchin das messingene Kohlenkomfort, auf dem gar bald der blitzblanke geputzte Teekessel ein melodisches Lied anstimmt, und der Duft feinsten Tees vermischt sich mit dem der Tanne und der braunen Weihnachtskuchen. Die beiden Mädchen in den gleichen maiengrünen Festgewändern, mit Häubchen und blendend weißen Schürzen angetan, präsentieren den Tee, wir Kinder den knusprigen Weihnachtskuchen.“

Bei Storms zweiter Frau Doris wird nach dem Tee Sauerbraten und der bereits zitierte große Apfelauflauf, „Tante Moritz“ genannt, gereicht. Danach wird der traditionelle Punsch serviert. Und die auf der Straße umherziehenden, singenden Kinder erhalten keine Pförtchen mehr, sondern: „Ein großer Korb mit Wasserkringeln steht bereit, mit denen die kleinen Sänger belohnt werden.“

Wasserkringel wurden auch „Sadenkringel“, d. h. gesottene Kringel genannt. Sie waren hart, und man brockte sie auch in süße Milch oder Buttermilch.

Diese Kringel werden aus einfachem Teig hergestellt und, nachdem sie geformt sind, in kochendes Wasser geworfen. Danach werden sie, ohne Zucker, mit Anis, Kümmel oder Fenchelkörner bestreut und im Ofen abgebacken, oder der Teig wird gesüßt.

GESOTTENE KRINGEL
(nach Johanna Kuß)

7 Eier und 100 gr. feiner Zucker nebst etwas Cardamom werden mit einander geschlagen und dann in 500 gr feines Kuchenmehl gethan, welches auf einem Kuchenbrette ausgeschüttet worden ist. Nachdem die Masse mit den Händen gehörig durchgearbeitet worden, formt man kleine runde Kringel daraus, etwa von der Größe eines Species (Talergröße – Anm. d. Verf.). Diese Kringel müssen dann gleich gekocht werden, indem man sie in ein recht weites Gefäß mit sprudelnd kochendem Wasser wirft – doch nicht zu viele auf einmal, da sie aufgehen. Sie sinken zu Boden und müssen, wenn sie nicht gleich wieder nach oben kommen, sobald sie kochen, vermittelst einer Schaumkelle sorgfältig vom Boden aufgerührt werden. Sobald die Kringel oben schwimmen, werden sie mit der Schaumkelle ausgenommen und in kaltes Wasser geworfen, aus welchem sie jedoch gleich wieder herausgenommen werden, damit sie bis zum folgenden Morgen gut abtröpfeln. Dann backt man sie rasch und trocknet sie hart.

Der festtägliche Sauerbraten kann von Rind- oder Schweinebraten hergestellt werden.

Gertrud Storm läßt uns leider nicht wissen, welche Art im Elternhause bevorzugt wurde.

SAUERBRATEN
(nach Charlotte Lönne)

Ist das zum Sauerbraten bestimmte Fleisch gewaschen, wird es mit Essig und Wasser zu Feuer gebracht und wenn es abgeschäumt ist, giebt man Gewürz, Zwiebeln und Lorbeerblätter daran, legt auch einige Stücke Speck in das Bratgeschirr und brät es nicht zu mürbe. – Der Braten kann in der eigenen Schüe (Jüs = Fleischsaft – Anm. d. Verf.) zulaufen.

SAUERBRATEN
(nach Johanna Kuß)

Die Kluft oder das Binnenlendenstück, das Schwanzstück, auch den Mürbebraten verwendet man am Besten zu diesem Zwecke, da es kein Knochenstück sein darf. Das Stück wird nun gehörig geklopft und dann in der Weise des boeuf à la mode zubereitet.

2–3 Stunden kocht man den Braten in halb Essig und halb Wasser mit Lorbeerblätter, ganzem schwarzen Pfeffer und Salz, schäumt ihn gut und bewahrt ihn in der Brühe auf, so daß das Fleisch davon bedeckt ist. Zum Zuschmelzen wird wohl genügendes Fett darauf sein, sonst giebt man etwas hinzu.

Soll der Braten verwendet werden, so bratet man ihn in gebräunter Butter oder gebräuntem Fett noch 1–1½ Stunden und verfährt dabei wie beim Ochsenbraten, nur giebt man statt Wasser von der Brühe darunter.

An den Sohn Hans in Kiel, der erkrankt ist und von dem Storm hofft, daß er zum Weihnachtsfest nach Husum kommt, schreibt er am 16. Dezember 1866: „Tante Do wird Dich auch recht pflegen. Was hat sie nicht alles für Dich! Rollen und Sauerbraten und Kuchen und Pfeffernüsse, zu Neujahr auch Futjen.“

„Saure Rollen“ werden noch heute, nach dem Rinderschlachten, an der Westküste zubereitet. In Sauer eingelegt, sind sie lange Zeit haltbar. Zum Verzehr werden sie abgetropft, in Scheiben geschnitten, gebraten und zu Bratkartoffeln gereicht.

RINDFLEISCH-ROLLEN
(nach Henriette Davidis)

Zu 10 Pfund Fleisch 170 Gr. feingestoßenes Salz, 15 Gr. Pfeffer und ebensoviel Nelken.
Man schneidet mageres und fettes Rindfleisch in dünne Streifen (das schlechteste kann hierzu gebraucht werden), jedoch wird alles Häutige entfernt, legt es durcheinander und bestreut es mit den genannten Gewürzen.
Dann schneidet man die wohlgereinigte und gewässerte Wamme (Pansen) zu großen länglich-viereckigen Stücken, legt das Fleisch darauf und näht solche recht dicht zu, damit die Kraft nicht zu stark aus Fleisch und Gewürz kocht, doch dürfen sie des Platzens wegen nicht zu fest gefüllt sein. Die übrige Brühe kann zweckmäßig zum Ausbraten des Nierenfetts, auch zu den Würsten gebraucht werden.

ROLLEN ZU MACHEN
(nach Charlotte Lönne)

Wenn man einen Ochsen oder eine Kuh im Herbste einschlachtet und Würste macht, kann der Abfall recht gut zu den Rollen benutzt werden; ist dieser nicht hinreichend, nimmt man von dem Fleisch, das sonst nicht gut placirt werden kann, dazu. – Das Fleisch wird darauf gehackt, jedoch nicht fein; Fett und Talg, Reis, der gut gewaschen ist, ein wenig Nelken, und schwarzer Pfeffer nimmt man daran.
Sind nun die Calldauen (hier: Rinderpansen – Anm. d. Verf.), von dem Schlachtvieh, gereinigt und gebrüht, werden Stücke daraus geschnitten, die, wenn sie zusammen genäht, die Form einer dicken Wurst, nur nicht die Länge derselben haben. Es wird eine Oeffnung in der Rolle gelassen, worin der Teig gestopft, wird die Oeffnung zugenäht und werden solche so dann gekocht. – Sie können einige Stunden kochen, worauf sie mit ziemlichem Gewicht beschwert, in die Preße gelegt werden. –
Es werden die Rollen in Lake und Essig, bis zum Gebrauch aufbewahrt und will man sie essen, werden sie in Scheiben geschnitten, in Mehl und Zwieback umgekehrt, gebraten und Kartoffeln und sonstiges Gemüse dazu gegeben.

In den letzten Lebensjahren sind in Hademarschen die Stormschen Kinder, außer Gertrud und Friederike, alle aus dem Hause. Alljährlich packt das Ehepaar Kisten und Päckchen, in denen sich immer braune Kuchen für die Kinder befinden.

Wie bereits Storm selbst, hängen auch später seine Kinder an den alten Weihnachtstraditionen, die schon seine Eltern und Großeltern gepflegt haben. Als alte Frau erinnert sich Gertrud noch im ostfriesischen Varel, wo sie ihrem unverheirateten Bruder Karl eine Zeitlang

den Haushalt führt, an das Weihnachtsfest daheim bei den Eltern in „Vergilbte Blätter aus der grauen Stadt“:

„Unser Vater war ein echter, rechter Weihnachtsmann, er wußte jedes Fest erst recht zu einem Feste zu gestalten. Und so feiern auch wir, seine Kinder, unsere Weihnachtsfeste ganz im Sinne unseres Vaters. Der Weihnachtsbaum wird genau so geschmückt, wie er einst von ihm geschmückt wurde, die Kuchen nach den althergebrachten Rezepten gebacken, wie sie schon sein Kinderherz entzückten.

Wenn das alte, liebe Weihnachtsfest wieder naht, und ich mich in eine rechte Weihnachtsstimmung versetzen will, setze ich mich in der Dämmerung in einen tiefen Lehnstuhl. Von draußen wirft die Laterne traulich ein mattes Licht durch die Fenster. Ich schließe die Augen, und bald bin ich daheim in unserem großen, alten Hause in Husum in der Wasserreihe. Meine Geschwister und ich, wir sind wieder Kinder …

Draußen auf den stillen Wegen des Gartens, den Sträuchern und alten Bäumen liegt glitzernder Schnee. Im ganzen Hause duftet es nach Tannen und braunen Weihnachtskuchen.“

Das letzte Weihnachtsfest, das Storm erlebt, ist sehr melancholisch. Sein ältester Sohn Hans ist bereits verstorben, was den alten Vater nicht zur Ruhe kommen läßt und ihn besonders am Heiligen Abend bewegt.

Gertrud Storm berichtet:

„Wir singen nicht weiter, wir gehen zu ihm und nehmen sanft seine lieben Hände, und eine schmerzliche Ahnung, daß wir wohl so zum letzten Male mit unserem lieben kleinen Vater unter dem brennenden Lichterbaum stehen, durchzittert unsere Herzen. So endet das letzte Weihnachtsfest mit unserem Vater.“

Als säß' mein eigen Kind auf jenem Stein, und schrie' nach Brot...

Bei der Betrachtung der unzähligen Getränke, Fleischspeisen, Mehlgerichte, Kuchen, Gemüse- und Obsthinweise vermeint man, daß Storm, der zeit seines Lebens über die hohen Kosten der Haushaltung stöhnt, übertrieben hat. So beklagt er sich schon bei seiner Braut Constanze am 9. Januar 1846 abends um dreiundzwanzig Uhr, daß bei ihm Freunde und Verwandte, die von achtzehn bis einundzwanzig Uhr Whist gespielt hätten, seine sämtlichen Vorräte aufgegessen hätten:

„... nachher aßen alle in meiner Stube, was Helene ohne weiteres so arrangiert hatte. Dabei hatten sie einen so entsetzlichen Appetit, daß sie mir meinen ganzen Vorrat von hier, Zucker und Butter, verzehrten und mich dabei beständig heruntermachten, daß ich nichts mehr aufzutischen hatte. So wurde denn ein Rest nach dem anderen hereingebracht ..."

In der Ehe in Heiligenstadt lobt er Constanze, daß sie sparsam wirtschafte, wie er ihrem Vater schreibt:

„Heiligenstadt, August 1861 ... Verzeih mir lieber Vater, wenn ich Dir auf meine Schuld dieß Jahr nur eine Abschlagzahlung 20 r (Reichstaler – Anm. d. Verf.) sende; Du weißt wohl, es will schließlich denn doch immer nicht reichen; ... So sind wir denn wenigstens nicht rückwärts gegangen. Constanze hält es aber auch tüchtig zusammen, und der einzige Luxus, den wir uns je zuweilen erlauben, ist die Anschaffung eines und -andern Buches."

Den Eltern gegenüber schildert er am 6. Dezember 1861 aus Heiligenstadt folgende Episode, die die Armut der jungen Familie Storm aufdeckt:

„,Wo ist mein Schlüsselbund?' fragt Constanze. ‚Der Herr hat es gehabt', sagte das Mädchen. ‚Ich hab dem Herrn Butter holen müssen.' – ‚So?' sagte Constanze, sehr gedehnt, ‚also Butter hast Du heute Morgen gegessen und auch wohl Zucker?' Beides ist nämlich seit einem Vierteljahr nur zum Nachmittagstee gestattet. – Ich aber nahm das Häppchen aus dem Schrank und sagte triumphirend: ‚Ist was davon gegessen?' Nein! Dann aber mußte ich gestehen, daß ich heute morgen eine so große Lust zu süßem Tee und Butterbrod gehabt, daß ich indeß, nachdem die Butter schon requirirt, dies Gelüste dennoch glücklich bezwungen. –"

Neben Zucker war auch Butter ein erheblicher Kostenfaktor, weshalb die Eltern, wie bereits erwähnt, den Storms tonnen- bzw. kruckenweise die Butter aus dem Schleswig-Holsteinischen senden. Butter genoß eine allgemeine große Wertschätzung. So berichtet Storm einmal in seiner Verlobungszeit der Braut am 4. August 1845, daß ihm eine Mandantin, nämlich die alte Elsabe Pernan, „das alte tolle Weib", vor den Mitgliedern des Koogsgerichts in Simonsberg, wo er sie habe vertreten müs-

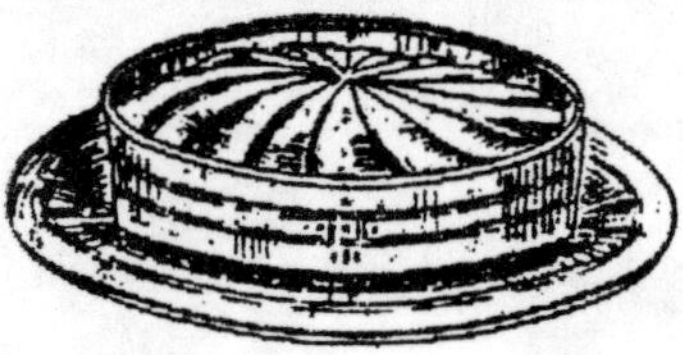

sen und wo er mit der Klage abgewiesen worden sei, angeschwärzt habe. Denn sie habe dem Gericht eine Geschichte erzählt, „worin die Advokaten sich durch Butter und fette Gänse bestechen ließen“ (!)

Storm, der in den Potsdamer Jahren um sechshundert preußische Taler jährlich verdient hat, aber meint, nicht unter eintausend leben zu können, wird finanziell in Husum, nachdem er das Landvogtsamt angetreten hat, anfangs besser gestellt. Nach der Trennung der Gewalten durch die Preußen und Auflösung des Amtes des Landvogtes und Ernennung zum Amtsrichter, wird sein Gehalt jedoch wieder reduziert, so daß er gezwungen ist, ein Dienstmädchen zu entlassen und in dem Hause in der Wasserreihe die untere Etage zu vermieten. Er erklärt seinem Freund Ludwig Pietsch am 10. Dezember 1866:

„Nicht ganz zu diesem Komfort stimmt es, daß das preußische Regiment (d. h. Herr von Zedlitz, so viel ich weiß) mich auf etwa 4200 Mark Gehalt fixiert hat – meine aus Sporteln (Gebühren – Anm. d. Verf.) bisher bestehende Einnahme betrug zirka 6000 Mark, wovon in unserm teuern Lande absolut nicht zu leben ist. So essen wir denn in unsrer fetten Heimat, wie einst auf dem magern Eichsfelde, die Semmeln wieder ohne Butter und trinken den Tee ohne Zucker; aber auch das hilft nicht. Wenn ich den guten Alten nicht hätte (sein Vater – Anm. d. Verf.), so wäre die Sache sehr übel.“

Und auch Sohn Hans erfährt am 20. November 1866:

„Wir müssen uns durchlügen. Du könntest uns jetzt wieder wie in Heiligenstadt bei einer Tasse Tee ohne Zucker und einer Semmel ohne Butter finden; denn der Wetterschlag der preußischen Regierung hat uns getroffen. 3400 Taler Fixum, 1000 Taler Kontorkosten und die Prozente von dem Mobiliarauktionen und Landverheuerungen (in diesem Jahr 650 Taler). Die reine Einnahme stellt sich sonach auf 4200 Taler; in den letzten Jahren hatte ich über 6000 Taler. Ich arbeite jetzt an einem energischen Protest ... Wir wollen nicht den Mut verlieren; wenn wir alle sparsam und fleißig sind, so soll es schon gehen.“

Auch in Hademarschen wird weiter gespart, obwohl Storm in all den Jahren aus seinen Honoraren nicht unbeträchtliche Einnahmen hat. Es ist gerade rührend zu lesen, wie Dorothea ihrem Ehemann, der sich auf Reisen befindet, Ende September 1880 mitteilt:

„... ich kann von diesem Monat Winterbutter Einmachen u alles bezahlen und behalte vielleicht noch mehr nach, kommen wir erst in den Winter hinein wird es ganz gut gehen, und ich dann hoffentlich ganz gesund u frisch.“

Am 10. Dezember 1869 offenbart Storm auch seinem Sohn Ernst seine existenziellen Sorgen:

„Aber die Nahrungssorge sitzt wie eine schwarze Spinne auf meinem Gehirn; wenn nicht eine Erleichterung eintritt, so weiß ich nicht, wie es werden soll, und – wie ich's ertragen soll, ohne krank zu werden. Ich habe 1000 Taler aufgenom-

men; aber ich sehe, daß ich wenigstens 1500 Taler aufnehmen muß, damit ich mit den Neujahrsrechnungen fertig werde. Die Ausgaben sind ungeheuer, und mein armer Kopf ist krank, ich kann außeramtlich nichts mehr erwerben … Du und Hans, Ihr dürft es beide nicht vergessen, daß Ihr die Kinder eines bedürftigen Mannes seid, und daß Euer beiderseitiges Studieren ein Wagestück ist, das nur mit größter Vorsicht durchgeführt werden kann, wenn nach meinem Tode Euren Geschwistern nicht ihre Existenz ganz verkümmert werden soll.“

Im 19. Jahrhundert breitete sich in Mitteleuropa, wie bereits erwähnt, eine Massenarmut, verbunden mit Teuerungen aus, die man möglicherweise im wirtschaftlich dänisch orientierten Schleswig-Holstein nicht so stark gespürt hat. Aber in Preußen ist beispiels-

Männergesangverein.

Die Weihnachtsbescheerung

armer Kinder findet am ersten Weihnachtstage, Nachmittags 4 Uhr, in der „Centralhalle" statt, wozu die Bewohner Husums und der Umgegend ergebenst eingeladen werden.

Entree à Person 20 Pf.

Casseöffnung $3^1/_2$ Uhr.

Das Concert, die Leerung der Sammelbüchse und sonstige Beiträge haben eine Netto-Einnahme von ca. 440 M. ergeben, wodurch wir in den Stand gesetzt sind, vielen armen Kindern eine Weihnachtsfreude bereiten zu können.

Indem wir den freundlichen Gebern unsern herzlichsten Dank aussprechen, bitten wir, etwa noch für diesen Zweck bestimmte Geschenke dem Cassirer Herrn Svenningsen gefälligst übermitteln zu wollen.

Die Direction.

weise das Eichsfeld davon erheblich betroffen gewesen, bevor die Storms dorthin ziehen. Hiervon erholt man sich auch Jahrzehnte später noch nicht. Mißernten und Abwärtskrisen führen zum Beispiel 1803–1804 und 1816–1817 zu riesigen Engpässen, die sich später noch verstärken, als in Deutschland um 1847 ganze Jahreskartoffelernten ausbleiben. Daher steigen die Preise der am dringlichsten begehrten Nahrungsmittel weiter erheblich, insbesondere auch die Preise der einfachen kalorienhaltigen Nahrungsmittel, im Gegensatz zu den Gemüse- und Fleischpreisen, weil die Kaufkraft der breiten Masse der Bevölkerung es gar nicht gestattete, auf eiweißreiche und kalorienarme Nahrungsmittel zurückzugreifen. Man spart an allen Enden, an Kleidungsstücken und Hausgeräten. Dienstboten werden entlassen, wie auch Storm in Heiligenstadt nach dem Umzug in das Stadtinnere ein Dienstmädchen entläßt. Hierdurch kommt es zu einem Prozeß der Verarmung in weiten Bevölkerungskreisen, wobei Storm mit einem Jahresgehalt von nur selbst 600 preußischen Talern in Preußen noch zu den Besserverdienenden gehört. Erhält doch ein Steueraufseher beispielsweise in Preußen um 1840 zwischen zweihundertvierzig bis dreihundert Taler und ein Postbeamter im ersten Jahr seiner Beschäftigung gar nichts und dann fünf bis sechs Taler monatlich. Von diesem Einkommen können nicht einmal die dringendsten Nahrungssorgen bewältigt werden, und der Hauptteil des Einkommens wird für die Beschaffung von Grundnahrungsmitteln ausgegeben. Aus dieser Situation heraus ist es verständlich, daß Theodor Storm immer wieder gerade in den Jahren seiner politischen Emigration, von Nahrungsmittelengpässen, aber auch von Geburtstagsessen und sonstigen Einladungen als den familiären Höhepunkten an die Eltern in den Herzogtümern Schleswig und Holstein berichtet. Offenbar ist seine wirtschaftliche Situation letztlich schlechter, als man bei der Darstellung der „heilen Welt", wie sie teilweise in seinem Novellenwerk zu finden ist, vermuten möchte. Motor seiner literarischen Aktitvität ist vor allem, das sieht man deutlich aus seinen Briefen, die Angst, die immer größer werdende Familie nicht ernähren zu können, was sich massiv in dem Gedicht ausdrückt, das er um die Jahreswende 1852/53 in Berlin schreibt, als er persönlich sein Gesuch auf Anstellung bei der preußischen Regierung vorantreiben will.

Weihnachtsabend 1852

Die fremde Stadt durchschritt ich sorgenvoll,
Der Kinder denkend, die ich ließ zu Haus.
Weihnachten war's; durch alle Gassen scholl
Der Kinderjubel und des Markts Gebraus.

Und wie der Menschenstrom mich fortgespült,
Drang mir ein heiser' Stimmlein in das Ohr:
„Kauft, lieber Herr!" Ein magres Händchen hielt
Feilbietend mir ein ärmlich' Spielzeug vor.

Ich schrak empor; und beim Laternenschein
Sah ich ein bleiches Kinderangesicht;
Wes Alters und Geschlechts es mochte sein,
Erkannt' ich im Vorübertreiben nicht.

Nur von dem Treppenstein, darauf es saß,
Noch immer hört' ich, mühsam, wie es schien:
„Kauft, lieber Herr!" den Ruf ohn' Unterlaß;
Doch hat wohl Keiner ihm Gehör verliehn.

Und ich? War's Ungeschick, war es die Scham,
Am Weg zu handeln mit dem Bettelkind?
Eh' meine Hand zu meiner Börse kam,
Verscholl das Stimmlein hinter mir im Wind.

Doch als ich endlich war mit mir allein,
Erfaßte mich die Angst im Herzen so,
Als säß' mein eigen Kind auf jenem Stein,
Und schrie' nach Brot, indessen ich entfloh.

So vermitteln die zahlreichen Hinweise auf Essen und Trinken in Schleswig-Holstein zum einen vielfältige volkskundliche Aspekte von unserem Lande für das ausgehende 18. und das 19. Jahrhundert. Sie spiegeln zum anderen ein großes Stück Alltagswirklichkeit, ja Alltagskultur des Poeten Theodor Storm wider. Und sie geben Zeugnis von der existentiellen Not, die wiederum – wie man immer wieder seinen Briefen entnehmen kann – ein nicht zu unterschätzender Arbeitsantrieb für seine literarischen Leistungen war.

Nachwort

„Eine besondere Lustquelle menschlicher Existenz ist das Essen“, vermerkt Alois Wielacher, Professor für interkulturelle Germanistik an der Universität Bayreuth, in seiner Arbeit „Vom Essen in der deutschen Literatur.“ „Nie erschöpft sich sein Sinn darin, kreatürlichen Hunger zu stillen. Es war immer auch Genuß und Kommunikation, war Heimat, Glück, Versöhnung, Macht, Verführung und Erkenntnis.“

In der Literatur wird das Essen bei vielen Autoren zu einem Mittel der Darstellung. So findet man bei Gottfried Keller, Joseph Roth, Thomas Mann, Franz Kafka, Friedrich Dürrenmatt u. a. immer wieder Beschreibungen mehr oder weniger üppiger Tafelfreuden als Wiedergabe des sozialen Verhaltens einzelner gesellschaftlicher Klassen oder bestimmter Individuen. Durch die fundamentale Bedeutung des Essens im menschlichen Leben ist Essen sehr eng mit dem Kommunikationssystem verbunden, wird Essen zum „sozialen Totalphänomen“ (so Wielacher). Eßgewohnheiten offenbaren nicht nur Aspekte der Zivilisation, sondern der Alltagskultur.

Darüber hinaus wird die Schilderung von Mahlzeiten und Eßsitten zum Stilmittel für die Offenlegung von inneren Vorgängen. Die Beschreibung einer üppigen Mahlzeit offenbart die Dekadenz einer sozialen Schicht. Sie wird aber auch zum Symbol für eine Liebesbeziehung. Mit Hilfe der literarischen Dokumentation von Speisefolgen wird einzelnen Tischgenossen Bedeutung gegeben oder sie werden der Lächerlichkeit preisgegeben. Eine letzte Mahlzeit vermittelt den Abbruch einer zwischenmenschlichen Beziehung oder den Abschied vom Leben selbst. Ein gemeinschaftlich gehaltenes Mahl wird aber auch zum Zeichen einer erwachenden Beziehung.

Die in Storms Novellen dargestellten Mahlzeiten aus germanistischer Sicht auf eine derartige Aussage hin zu erfassen, konnte allerdings nicht Sinn und Aufgabe der hier vorliegenden Arbeit sein. Da der Schwerpunkt mehr auf der Wiedergabe einzelner Speisefolgen und der Art der Nahrungsbeschaffung liegt, sollte, unter Zuhilfenahme der Briefe sowie von volkskundlichen, historischen, geographischen und küchentechnischen Aspekten der Alltag des Juristen und Poeten vermittelt werden.

Bei dieser Arbeit haben mich vor allem Max Suhr, Hanerau-Hademarschen, und Dr. Reinhold Möller, Boostedt, unterstützt. Max Suhrs umfangreiche Kartei zu Speisehinweisen bei Theodor Storm ergänzte und bestätigte meine eigenen Unterlagen, wofür ich ihm, ebenso wie für seine zahlreichen Hilfestellungen, sehr danke! Mit nicht versagendem Engagement, Fleiß und unermüdlicher Sorgfalt hat Reinhold Möller mein Manuskript gelesen, ergänzt und berichtigt. Für diese zeitaufwendige und uneigennützige Mitarbeit, die monatelang dauerte, darf ich ihm herzlichen Dank sagen!

Mein Dank gilt auch dem Verleger-Ehepaar Alix und Ingwert Paulsen, Schobüll, das durch persönlichen Einsatz an der Gestaltung des Buches tatkräftig mitwirkte.

Für die Anregungen und Hilfen der Theodor-Storm-Gesellschaft, Husum, der Schleswig-Holsteinischen Landesbibliothek, Kiel, und der Stadtbücherei Neumünster bin ich den Mitarbeitern sehr verbunden. *A. E. D.*

Register der Rezepte

BRATEN, RAGOUTS, SCHLACHTWAREN, GERÄUCHERTES

GEFLÜGEL, AUCH WILDGEFLÜGEL

WILDBRET

FISCHE, KRUSTEN- UND SCHALENTIERE

KARTOFFEL- UND GEMÜSEGERICHTE, SALATE

SÜSS-SPEISEN

EINMACHEN VON OBST UND GEMÜSE

BROT, KUCHEN, TORTEN, KLEINGEBÄCK UND KONFEKT

SONSTIGES

Gedruckte Quellen, Sekundärliteratur

Theodor Storm, Sämtliche Werke in vier Bänden, hrsg. von Karl Ernst Laage und Dieter Lohmeier, Frankfurt, 1987/88

Briefwechsel, zwischen Theodor Storm und Emil Kuh, hrsg. von Paul R. Kuh, in: Westermanns Monatshefte, Braunschweig, Oktober 1889

Theodor Storm, Briefe in die Heimat (an die Eltern), hrsg. von Gertrud Storm, Berlin, 1907

derselbe, Briefe an seine Braut, hrsg. von Gertrud Storm, Braunschweig, 1915

derselbe, Briefe an seine Frau, hrsg. von Gertrud Storm, Braunschweig, 1915

derselbe, Briefe an seine Kinder, hrsg. von Gertrud Storm, Braunschweig, 1916

derselbe, Briefe an seine Freunde (an Brinkmann und Petersen), hrsg. von Gertrud Storm, Braunschweig, 1917

Der Briefwechsel zwischen Paul Heyse und Theodor Storm, hrsg. von Georg J. Plotke, 2 Bände, München, 1917 u. 1918

Briefwechsel zwischen Theodor Storm und Eduard Mörike, hrsg. von Hanns Wolfgang Rath, Stuttgart, 1919

Theodor Storms Briefe an seinen Freund Georg Lorenzen, hrsg. von Conrad Höfer und Poeschel u. Trepte, Leipzig, 1923

Theodor Storm – Erich Schmidt, Briefwechsel, hrsg. von Karl Ernst Laage, zwei Bände, Berlin, 1972 und 1976

Theodor Storm an Doris Jensen, in: Gerhardt Ranft, Theodor Storm und Dorothea geb. Jensen, Ein unveröffentlichter Briefwechsel, Schriften der Theodor-Storm-Gesellschaft, Heide, Schrift 24/1975

derselbe an Gräfin Emilie Reventlow, in: Ferdinand Trömel, Theodor Storms Briefe an die Gräfin Emilie Reventlow, Schriften der Theodor-Storm-Gesellschaft, Heide, Schrift 25/1976

Theodor Storm – Ernst Esmarch, Briefwechsel, hrsg. von Arthur Tilo Alt, Berlin, 1979

Theodor Storm – Theodor Fontane, Briefwechsel, hrsg. von Jacob Steiner, Berlin, 1981

Theodor Storm – Hartmuth und Laura Brinkmann, Briefwechsel, hrsg. von August Stahl, Berlin, 1986

Theodor Storm – Klaus Groth, Briefwechsel, hrsg. von Boy Hinrichs, Berlin, 1990

Theodor Storm – Otto Speckter, Theodor Storm – Hans Speckter, Briefwechsel, hrsg. von Walter Hettche, Berlin, 1991

Theodor Storm – Gottfried Keller, Briefwechsel, hrsg. von Karl Ernst Laage, Berlin, 1992

Theodor Storm, Briefe, Band I u. II, hrsg. von Peter Goldammer, Berlin/Weimar, 1972

Adelbert Graf Baudissin, Schleswig-Holstein, Meerumschlungen, Schleswig, 1865

Gertrud Benker, In alten Küchen, München, 1987

Karl Leonhardt Biernatzki, Volksbuch für die Herzogtümer Schleswig, Holstein und Lauenburg, Kiel und Altona, Jahrgang 1848

Georg Bollenbeck, Theodor Storm, Eine Biographie, Frankfurt a. M. 1988

Antje Erdmann-Degenhardt, Storm aber reiste nach Segeberg, Segeberg, 1985

Gerd Eversberg, (Hrsg), Theodor Storms Weihnachten, Husum, 1993

Theodor Fontane, Von Zwanzig bis Dreißig, Frankfurt a. M., 1980

Rudolf Habs und L. Rosner, Appetitlexikon, o. Jahrgang, Reprint München, 1977

Wilhelm Jensen, Gedicht an Theodor, Storm zum 6. Januar 1888, zitiert in Gertrud Storm, Theodor Storm, Ein Bild seines Lebens, s. d.

derselbe, Heimaterinnerungen, auszugsweise wiedergegeben in a.a.O., Band 2, S. 141

Karl Ernst Laage, Theodor Storm, Studien zu seinem Leben und Werk mit einem Handschriftenkatalog, Berlin, 1985

Friedrich Johann Lorenz Meyer, Darstellungen aus Nord-Deutschland, II. Teil, Sommerreise in Holstein 1815, Hamburg, 1816

Johanna Mestorf, Das landesübliche Backwerk in Schleswig-Holstein, in: „Die Heimat“, Kiel 1892, Nr. 5 u. 6, S. 97 pp.

Hermione von Preuschen, Erinnerungen an Theodor Storm, in: „Deutsche Revue“, Band 3, 1899

Franziska Gräfin zu Reventlow, Erinnerungen an Theodor Storm, in: „Frankfurter Zeitung“, Nr. 71, 1897, wiedergegeben in: dieselbe, Autobiographisches, hrsg. von Else Reventlow, Frankfurt a. M., Berlin, 1986

dieselbe, Ellen Olestjerne, in: Autobiographisches, hrsg. von Else Reventlow, München, 1980

Alois Schlögl, Bayrische Agrargeschichte seit 1800, München, 1954
Felix Schmeißer, Alt-Husumer Bilderbuch, Husum 1939
G. F. Schumacher, Genrebilder aus dem Leben eines siebzigjährigen Schulmannes, Schleswig, 1841
Hans Jürgen Sievers, Husum um die Jahrhundertwende, Husum, 1982
Hans Staack, Eine Wanderung durch die Schleswigsche Geest zu Theodor Storms Zeit, in: Sonderdruck aus dem Jahrbuch für die Schleswigsche Geest, Schleswig, 1967
Gertrud Storm, Theodor Storms Altersheim, Vossische Zeitung v. 14. September, Berlin 1917, Nr. 469
dieselbe, Vergilbte Blätter aus der grauen Stadt, Regensburg und Leipzig, 1922
dieselbe, Theodor Storm, Ein Bild seines Lebens a.a.O. (Nachdruck der 2. Auflage, Berlin 1912/1913), Hildesheim, Zürich, New York, 1991
Max Suhr, Theodor Storm in Hademarschen und Hanerau, Hanerau-Hademarschen, 1988
Alois Wielacher, Vom Essen in der deutschen Literatur, Stuttgart, Berlin, Köln, Mainz, 1987

Kochbücher

Sophie Barthmann, Neues Schleswig-Holsteinisches Kochbuch, 2. Aufl., Altona
Friedrich Bechthold, Neues Niedersächsisches Kochbuch, 4. Aufl., Altona, 1807
H.Behnke,Geprüft und bewährt,Hamburg, 1910
Henriette Davidis (nach dem Tode der Verfasserin fortgeführt von Luise Rosendorf), Praktisches Kochbuch für die gewöhnliche und feinere Küche, 27. Aufl., Bielefeld und Leipzig, 1885
Hannelore Doll-Hegedo, Das Kochbuch von Sylt, Amrum und Föhr, Münster, 1971
Betty Gleim (hrsg. von Auguste Köhler), Betty Gleim's Bremisches Kochbuch, 8. Aufl., Bremen, 1847
Carl Gruber, Die Conditorei in Wort und Bild, 4. Aufl., Frankfurt a. M. (nach 1904)
Mary Hahn, Illustriertes Kochbuch, 3. Aufl., Frankfurt a. M., 1912
Traugott Hammerl, Norddeutsches Kochbuch für die herrschaftliche, sowie für die feinere bürgerliche Küche, Wismar, 1898
Eve Marie Helm, Hasenöhrl und Kirmesfladen, München, 1984
Luise Keck, Kochbuch für Norddeutschland, insbesondere für Schleswig-Holstein und Mecklenburg, 3. Aufl., Schleswig, 1905
Julie Köller, Allgemeines Schleswig-Holsteinisches Kochbuch, Schleswig, 1874
dieselbe, Hausbuch, Ein Koch- und Wirtschaftsbuch für deutsche Hausfrauen, 2. Aufl., Schleswig, 1879
Kari Köster-Lösche u. Karl-Heinz Lösche, Küchen und Kochen in Nordfriesland, Hamburg, 1989
Carl Krackhart, Neues illustriertes Conditorei-Buch, 6. Aufl., München, 1898
Johanna Kuß, Die Holsteinische Küche, 1. Aufl., Altona 1856
dieselbe, Die Holsteinische Küche, 17. Aufl., Leipzig, 1892
dieselbe, Die Norddeutsche Küche, Leipzig
Marcus Loofft, Nieder-Sächsisches Kochbuch, 3. Ausgabe, Altona und Lübeck, 1758
Charlotte Amalie Lönne, Practisches Kochbuch, Schleswig, 1835
Catharina Lüden, Feiern im Jahreskreis der alten Föhrer, Wyk auf Föhr, ohne Jahrgang
Frieda Ritzerow, Mecklenburgisches Kochbuch, Wismar, 1892
Carl Friedrich Felix von Rumohr, Geist der Kochkunst, Reprint, Frankfurt, 1978 (überarbeitete Ausgabe von Joseph König, Geist der Kochkunst Stuttgart und Tübingen, 1822)
Amalie S....g, Die Holsteinische Küche, Hamburg, 1843
Doris Stender, Schleswig-Holsteinisches Kochbuch, Oldenburg/H., 1847
Oberrheinisches Kochbuch, Mülhausen, 1811
Margaretha Willerns, Ihr geschriebenes Koch-Buch, Rüxbüll in Cating, 1747 (Handschrift, mit freundlicher Genehmigung der Schleswig-Holsteinischen Landesbibliothek, Kiel)

Inhalt

Maße und Gewichte

Diese sind regional z. T. sehr unterschiedlich, wobei sich beispielsweise alte schleswig-holsteinische und alte preußische Maße unterschieden:

1 Loth	=	15 Gramm, 1 Neuloth = 10 Gramm
1 Liter	=	knapp $^1/_2$ Kanne (schleswig-holsteinisch) = knapp 1 Quart (preußisch), genau $^7/_8$ Quart
1 Quartier (schleswig-holsteinisch)	=	1 Quart (preußisch)
1 Spint	=	10 Liter (teilweise $2^1/_2$–7 oder 8–10 Liter) als Gewicht in Holstein: 170 g
1 Metze	=	3,435 Liter (in Preußen)
1 Bouteil	=	$^3/_4$ Liter
1 Tonne	=	zwischen 100–200 Liter
1 Ohn	=	130–160 Liter
1 Scheffel	=	54,96 Liter